Biografisches von
Lena Rothstein

Biografisches von
Lena Rothstein

Angekommen – eine Heimkehr

nap new academic press

Diese Publikation wurde ermöglicht durch die Unterstützung folgender Institutionen:

Stadt Wien
Gefördert von der
Stadt Wien Kultur

ZukunftsFonds
der Republik Österreich

NATIONALFONDS
DER REPUBLIK ÖSTERREICH FÜR OPFER DES NATIONALSOZIALISMUS

Bundeskanzleramt

Bundesministerium
Kunst, Kultur,
öffentlicher Dienst und Sport

Bibliografische Information der Deutschen Nationalbibliothek
Die Deutsche Nationalbibliothek verzeichnet diese Publikation in der
Deutschen Nationalbibliografie; detaillierte bibliografische Daten
sind im Internet über http://dnb.de abrufbar.

www.newacademicpress.at

ISBN: 978-3-99036-030-9

Umschlaggestaltung: Peter Sachartschenko
Satz: Peter Sachartschenko
Druck: Prime Rate, Budapest

Inhalt

Vorwort

Lena hat ein Buch geschrieben. Ein Buch, auf das man in Wien und vielleicht auch im Rest der Welt lange warten musste. Es ist die Geschichte ihres unverständlich-verständlichen Lebens. Eines Lebens, das ohne ihr Zutun in der Fremde begonnen hat und dann doch so heimisch wurde.

Heimisch, weil Lena Rothstein dazugehört. Mittendrin ist in diesem Österreich, aus dem ihre Eltern als junge Menschen nur mit Müh und Not entkommen konnten. Mit sogenannten Kindertransporten gelangten sie nach Großbritannien – und waren fürs Erste gerettet. Aber wie schwer das Leben dieser Kindertransport-Kinder war, war lange unbesprochen und unbekannt. Auch unerhört. Denn hat jemand zugehört nach dem Ende des barbarischen Krieges, der 1939 begann und 1945 endete?

„Der Krieg war vorbei und man jubelte, aber war wirklich alles vorbei, weggewischt wie ein Spuk?", schreibt Lena Rothstein. Geboren wurde sie 1943 in Glasgow. Glasgow! Im Vorübergehen, wenn man so will. Aufgewachsen ist sie – für drei Jahre – in London. Den Eltern hat „das Heimweh oft nachts das Herz abgeschnürt". Aber dann, Ende 1946, ging es „nun endlich – nach Hause!"

Wie konnten diese wenigen, die überlebten, so „nach Hause" fahren, zurück nach Österreich, wo viele Nazis nach wie vor in hohen Positionen saßen und Einfluss ausübten? „Niemand sprach gerne über Zeiten, in denen die Menschenwürde Mangelware gewesen war", schreibt Lena Rothstein. Das war keine Einzelerfahrung. Viele waren es nicht, die nach dem großen Morden zurückgekehrt waren. Manche kamen aus den Lagern zurück, andere aus den europäisch-östlichen Ländern, der Bukowina oder aus Ungarn, wie Rabbiner Akiba Eisenberg, der 1948 der erste Oberrabbiner der wiedererstandenen Israelitischen Kultusgemeinde in Wien wurde und die Geschicke der Gemeinde bis 1983 leitete.

Lena Rothstein, geborene Schwarz, berichtet mit stilistischer Leichtigkeit und herrlichem Humor, der das Tragische, das Traurige, das In-die-unendliche-Tiefe-Fallende nicht ausspart, von dem Wien der „Heimkehr". Einer Heimkehr, die das Ende der Ehe der Eltern mit sich bringt („‚Die KPÖ hat unsere Ehe zerstört', hieß es von Seiten meiner Mutter") und das Leben mit einer alleinerziehenden und ob ihrer Eleganz und Schönheit geliebten und geachteten Mutter. Neue Familienmitglieder und Freundschaften ergeben sich. Die junge Lena springt mit Kopfsprung in das Wien des Wiederaufbaus, der sozialen Revolutionen („das Wiener Mai-Lüfterl"), der bis heute anhaltenden Freundschaften, der eigenen beruflichen Entwicklung.

„Wir lachten viel, vielleicht war man auch überlustig?" Besser so leben als in der Depression. Und weitergehen, weiterleben, in die Zukunft schauen, das Leben genießen, etwas aufbauen, dazugehören. Und doch anders sein. Fremd sein. Diesen Schmerz immer fühlen und die Leerstellen, die die ermordeten Familienmitglieder hinterlassen haben, nicht vergessen.

Ihre Liebe zum Puppenspiel führte später zur Ehe mit einem der größten Puppenspieler der 1960er-, 1970er- und 1980er-Jahre, Arminio Rothstein, auch bekannt als „Clown Habakuk". Mit seinem Zirkus Habakuk im grandiosen ORF-Kinder-Fernsehen bin auch ich aufgewachsen. „Tobi und Tobias" und der böse Zauberer „Tintifax" bevölkerten mein kleines Kinderherz. Lena Rothstein hat sich künstlerisch selbstständig und ihr großes Stimm- und Schauspieltalent zum Beruf gemacht. Auch davon erzählt sie in diesem Buch, das einen großen Bogen über die letzten 80 Jahre der österreichischen Geschichte spannt. Theater und Gesang, sephardische Lieder und großes Theater, Liebe und Verwirrung, Politik und jüdischer Witz. Mit ihrem Mann Tony Scholl, auch als Kind jüdischer Österreicher im britischen Exil geboren, steht sie nach längerer Pause wieder auf der Bühne. Die beiden ernten große Erfolge mit ihren Produktionen „Mein Bruder Vagabund", einer Hommage an den jüdischen, im KZ Buchenwald ermordeten Dichter Jura Soyfer, und mit der Produktion „Tränen weinen – Tränen lachen", einer Kartenpartie, während der die Weltgeschichte anhand von jüdischen Witzen und Liedern durchkämmt wird.

Lena Rothstein-Scholl (wie sie mit bürgerlichem Namen heißt) ist es zu danken, dass sie mit ihren Lebenserinnerungen ein Stück österreichischer Geschichte niedergeschrieben hat.

Renata Schmidtkunz, März 2023

PROLOG

Der Versuch, mein Leben autobiografisch zu ordnen, verlangt mir einiges ab. Das Chaos eröffnet sich mir beim Nachlesen meiner Aufzeichnungen, welche auf losen Zetteln oder in diversen Notizheften je nach Laune und Verfügbarkeit derselben, undatiert und bei weitem nicht nach Themen oder sonst welchen Kriterien geordnet, vor Jahren schon abgelegt und völlig vergessen wurden. Verdrängung? Sind es die unangenehmen Ereignisse, die ich verdränge, um dadurch die beglückenden Augenblicke hervorzuheben, um sie ja nicht zu löschen? Woher aber dieser Drang, alles zu durchleuchten, mir klar werden zu wollen, was mich da treibt, auf die Bühne zu gehen, wenn ich auch jedes Mal vor Angst vergehe!!! Begonnen hat alles mit meinem verfrühten Aufbruch aus dem Patchwork-Elternhaus. Modernes, heiles, vergnügliches Zusammenleben! Alle verstehen sich blendend, jeder in diesem System spielt mehr oder weniger perfekt seine Rolle. Ich bin besonders begabt im „Fröhlichsein", bin immer lustig und zu Scherzen aufgelegt und bin die Erste, die hinausgeht in die EHE.

Wie verführerisch, gemeinsam mit meinem zukünftigen Mann, Arminio Rothstein, ein Marionetten-Theater aufzubauen, auf der Bühne Geschichten zu erzählen, abends im Café Hawelka zu starten und die Nächte bis in den frühen Morgen in Jazzlokalen Boogie und Swing tanzend zu verbringen. Nebenbei nehme ich Schauspielunterricht und lebe sorglos in den Tag hinein.

Ich bin 16 Jahre jünger als mein Zukünftiger und eben erst 19 Jahre alt, als wir heiraten.

Nach sechs Jahren Ehe kommt es zur Scheidung. Auf mich selbst gestellt, musste ich vorerst auf Identitätssuche gehen, „jüdisch sein" war ein Nebenschauplatz, etwas, das nicht angesprochen wurde, das lief im Schatten mit und war doch immer ein wichtiger Anteil, der erst später eine Wirkung zeigen sollte. Im Alter von fünfundzwanzig Jahren fing ich nun „von vorne an"! Wohngemeinschaften, One-Night-Stands und kurze Beziehungen, die höchstens drei Jahre dauerten. Immer nach dem gleichen Muster: Im ersten Jahr die beschwingte Verliebtheit, eine Zeit, in der ich alles, was ich mir aufzubauen versuche, vernachlässige, der Liebe zuliebe, die im zweiten Jahr in Frage gestellt wird und deren Verblassen im dritten Jahr zur endgültigen Trennung führt. Dann brauchte es eine Zeitspanne, um mich wieder zu erden, zu bewahren, was ich mühsam erarbeitet hatte, und um mich zu profilieren.

Bevor ich also meine eigenen Musik-Gruppen aufbaue, tingle ich auf verschiedenen Bühnen – da sind unter anderem die Wiener Kellertheater, die zum Teil sehr interessante Produktionen hervorbringen –, ich nehme im Dramatischen Zentrum[1] an Workshops des La MaMa-Theaters aus New York teil[2] und versinke fast in der „tiefenpsychologisch“ ausbeutenden, selbstdarstellerischen Lebens-Bühnen-Arbeit mit den Puristen der Grotowski-Theater-Leute aus Polen.[3] Ich debütiere auf Landesbühnen in Linz und Bregenz, versuche mich durch Stipendien in der DDR am Brecht Theater und an der Volksbühne weiterzubilden und kehre nach einer Filmproduktion in Ostberlin, wo ich in einem Zwei-Personen-Stück von Franz Xaver Kroetz als totale Fehlbesetzung ein graues Mäuschen spiele – was mir aber sehr gut gelingt, wie ich später bei Betrachten des Ergebnisses erstaunt feststelle –, nach Wien zurück. Freude hat mir die Arbeit immer gemacht, aber es bringen mir fremde Werke nicht dieselbe Erfüllung wie später meine eigenen Produktionen.

Nach einigen schmerzhaften Erfahrungen, die sich wie ein Puzzle im Laufe einiger Jahre zusammenfügen lassen, widme ich mich mit großem Interesse meiner jüdischen Herkunft. Ich vertiefe mich in die Aufarbeitung der jüdischen Kultur, stürze mich in dieses Abenteuer, das mir die Vielfalt der jüdischen Musik aus den verschiedensten Strömungen bietet – vom Askenasischen östlicher Prägung bis zu den sephardisch-spanischen Wurzeln des Wiener Judentums und darüber hinaus – bis ich endlich eigene Lieder kreiere, aber bis dahin ist es noch ein langer Weg.

---

1 Das **Dramatische Zentrum** in Wien, das zwischen 1972 und 1989 bestand, hatte der damalige Burgtheater-Dramaturg Horst Forester gegründet. Es war ein Zentrum für experimentelles Theater und stellte Probe- und Aufführungsräume zur Verfügung. Es wurden Gastdozenten und Workshopleiter aus den verschiedensten Ländern eingeladen, man bot Aus- und Weiterbildungskurse sowie Stipendien an, erforschte neue Wege der Theaterarbeit und förderte alternatives dramatisches Schaffen in Österreich. Quelle: Wikipedia, https://de.wikipedia.org/wiki/Dramatisches_Zentrum, abgerufen am 20.12.2022.

2 Der **La MaMa Experimental Theatre Club** (La MaMa E.T.C.) ist ein Off-Off-Broadway-Theater, das 1961 von Ellen Stewart, einer afroamerikanischen Theaterregisseurin, Produzentin und Modedesignerin, gegründet wurde. Das Theater in Manhattans East Village begann in der Kellerboutique, in der Stewart ihre Modeentwürfe verkaufte. Stewart verwandelte den Raum nachts in ein Theater und konzentrierte sich auf die Arbeit junger Dramatiker. La MaMa hat sich in seiner fünfzigjährigen Geschichte zu einer weltbekannten Kulturinstitution entwickelt. Quelle: Wikipedia, https://de.wikipedia.org/wiki/Off-Off-Broadway, abgerufen am 14.12.2022.

3 **Jerzy Marian Grotowski** (* 11. November oder 11. August 1933 in Rzeszów, Polen; † 14. Jänner 1999 in Pontedera, Italien) war ein polnischer Regisseur und Theaterleiter, -methodiker, -theoretiker und -reformer. Er gilt als einer der führenden Vertreter der Theateravantgarde, Mitbegründer der Theateranthropologie und zusammen mit Henryk Tomaszewski und Tadeusz Kantor als einer der größten Künstler des polnischen Theaters des 20. Jahrhunderts. Quelle: Wikipedia, https://de.wikipedia.org/wiki/Jerzy_Grotowski, abgerufen am 14.12.2022.

TEIL 1

Ennsgasse – Bücher – Briefe – Schallplatten – 1949 bis 1957

„Ihr naht euch wieder, schwankende Gestalten,
Die früh sich einst dem trüben Blick gezeigt.
Versuch ich wohl, euch diesmal festzuhalten?
Fühl ich mein Herz zu jenem Wahn geneigt?
Ihr drängt euch zu! Nun gut, so mögt ihr walten,
Wie ihr aus Dunst und Nebel zu mir steigt;
Mein Busen fühlt sich jugendlich erschüttert
Vom Zauberhauch, der euren Zug umwittert.
Ihr bringt mit euch die Bilder froher Tage,
Und manche liebe Schatten steigen auf. …"
Johann Wolfgang von Goethe {aus dem Prolog im Himmel in Goethes Faust)

Es ist zehn Uhr am Abend, eigentlich sollte ich das Licht längst abgedreht haben und schon tief schlafen, wenn Mammi nach Hause kommt. Morgen ist Schule! Ich kann's aber nicht lassen, alles, was auf Papier gedruckt ist, muss „konsumiert" werden. Alles, was ich in den verschiedensten Bücherkästen und Regalen finden kann, wird verschlungen. Ich erinnere mich sehr deutlich an das erhabene, befreiende Gefühl, als ich trotz später Stunde, hellwach, aufrecht in meinem Bett stehend, voll Inbrunst, in voller Lautstärke, die obigen Zeilen aus Goethes Faust deklamierte, die ich sicherlich mit meinen dreizehn Jahren inhaltlich nicht verstand. Wie ich heute annehme, war es wahrscheinlich die Melodie dieser genialen Sprachgestaltung, die mich in ihren Bann zog. „Fang ein Buch immer beim Vorwort an, lies nie das Ende vorher, und auf keinen Fall Eselsohren machen, sondern hübsche Lesezeichen einlegen!" Soweit die Ermahnungen meiner Mutter. Gerne hätte sie mir ihre Lieblingskinderbücher zu lesen gegeben, aber in den dunklen Zeiten der Nazi-Herrschaft waren diese zum Teil verloren gegangen, waren den Bücherverbrennungen der Nazis zum Opfer gefallen. Zum Glück gab es für mich Leih-Bibliotheken und diverse Geburtstage, ich wurde zur Leseratte. „Das doppelte Lottchen", „Emil und die Detektive", „Pünktchen und Anton" von Erich Kästner, von Karin Michaelis die vielbändige Ausgabe „Bibi", eine dänische Vorgängerin der Pippi Langstrumpf, „Dr. Dolittle und seine Tiere", „Galja, die Tänzerin", die Biografie der noch jugendlichen berühmten Galina Ulanova,[4] und viele andere Bücher, die

4 „Sie war die letzte der großen Ballerinen, die einst die Tanzwelt und die Herzen beherrschten. Ihr und ihrer Kunst lagen die Menschen, gierig geradezu, zu den göttlich genannten Füßen. Wohin Galina Ulanowa kam, glich ihr Auftreten geradezu einem Staatsbesuch der Kunst. Er machte Herzen höher schlagen, nicht zit-

ich zum Teil bis heute noch seitenweise auswendig kann, waren mir in meiner Einsamkeit Wegbegleiter. Ich las oft mit der Taschenlampe unter der Bettdecke versteckt, denn am nächsten Tag war doch rechtzeitig aufstehen und, wie schon erwähnt, in die Schule gehen angesagt.

Auf keinen Fall wollte meine Mutter, dass ich „Trotzkopf" und „Heidi", „Nesthäkchen" und andere „kitschige" Mädchenromane las. Heimlich aber verschlang ich sie alle, wissend, dass dies nicht gewünscht war. Wie z.B. auch die Schund-Romanhefte aus den Trafiken. Das waren Liebesromane über Bauern, Wirte, Jäger und Wilderer und die guten und die schlechten Frauen. Die Schwarzhaarigen waren meist schlecht, die Rothaarigen ganz schlecht, nur die Blonden waren gut und brav. Auch gängige Landser Hefte hatte ich ergattert, da kamen die edlen Helden vor, Soldaten, die groß und ebenfalls blond und blauäugig waren und die reihenweise starben oder gerettet wurden – von blonden Frauen.

Ich wusste, dass meine Großeltern in der Nazizeit umgekommen waren. Ich hatte aber auch alles über die KZs aus der Nazizeit gewusst. Alles, was ich dazu finden konnte, hatte ich nach und nach heimlich verschlungen. Die Vernichtungslager in Auschwitz-Birkenau, die ermordeten Opfer in Mauthausen, alles das hatte sich in meinem Kinderkopf eingefunden. Wenn ich die Fotos von fast verhungerten KZ-Insassen in ihren gestreiften Gewändern zu Gesicht bekam, die damals in Schaukästen an der Straßenbahnhaltestelle auf der Wiener Ringstraße ausgestellt waren, dachte ich immer: „Sind da meine Großeltern dabei, haben sie so ausgesehen, so geschaut mit diesen großen traurigen Augen?" Ich hatte sie ja nicht gekannt, so war in meine Seele statt Trauer eher das Grauen eingebrannt. Ich war eine „Wissende"! Nein, weder mit meinen Eltern noch mit meinen Verwandten wurde viel darüber gesprochen. Wenn mein Onkel Walter, der jüngere Bruder meines Vaters, viel später über seine Gefangenschaft in Auschwitz erzählte, was sehr selten geschah, dann wurde vom „Lager" gesprochen, ja, vom Hunger, von abenteuerlichen Geschichten, wie z.B., dass man während einer Ausspeisung einmal einen Toten aufsetzte, um dessen Kartoffelschalen zu ergattern. Oder wie man mit polnischen Arbeitern versuchte, „Geschäfte" zu machen und irgendwelche Kleidungsstücke der Ermordeten gegen Konservendosen tauschte. „Leider", erzählte er grinsend, „entdeckte man darin, als die Dosen geöffnet wurden, Scheiße! – Ja, so waren sie halt, die Polen", so sein lakonischer Kommentar. Und das war's. Als ich seine Frau, meine angeheiratete Tante Diti, die eben-

---

tern. Das war ein beseligender Unterschied mitten im Kalten Krieg, den die Ulanowa wie kaum eine zweite zu erwärmen verstand" (Zitat von Klaus Geitel, Nachruf auf Ulanova, Berliner Morgenpost 23. März 1998). Quelle: Fembio, https://www.fembio.org/biographie.php/frau/biographie/galina-ulanova/, abgerufen am 14.12.2022.

falls Auschwitz überlebt hatte, einmal schüchtern fragte, wie sie das alles ausgehalten hatte, erklärte sie:

„Ich hab mir bei der Zwangsarbeit auf dem Feld in der eisigen Kälte die Röcke zwischen den Beinen zusammengebunden, denn ich wollte doch unbedingt nachher noch ein Kind auf die Welt bringen.“ Das ist ihr 1949 auch gelungen. Die Freude war unbeschreiblich, doch mit den Jahren wurde die Beziehung zu ihrer Tochter schwierig. Wie sollte denn auch irgendjemand aushalten, was sie alles aushalten hatte müssen? „Reiß dich zusammen!“, war ein gängiger Zuruf, auch wenn es einen fürchterlich schmerzenden Schiefer betraf, den ich mir einmal eingezogen hatte.

Als mein Vater 1989 an seinem dritten Herzinfarkt im Sterben lag, stand sein Bruder Walter an seinem Bett und schrie, dass es im ganzen Wilhelminenspital hörbar war: „Reiß dich zusammen, Georg!“ Hat aber nichts genützt. Drei Stunden später schloss mein geliebter Vater die Augen. Seine letzten Worte, die er an mich richtete: „Um dich hab ich mich nicht genug gekümmert“, klangen wie eine Entschuldigung und ich nahm sie von ganzem Herzen an.

Ich war, wie schon erwähnt, ein richtiger Bücherwurm, wissbegierig und neugierig und dabei völlig auf mich allein gestellt. Mein Vater lebte seit der Scheidung mit seiner neuen Familie woanders, und meine Mutter hatte im Büro oft noch bis spät am Abend viel zu tun. Manchmal ging sie nach der Arbeit noch ins Kino oder ins Konzert, und manchmal nahm sie mich auch mit. Meine trotz dauernder Geldsorgen immer elegante und gepflegte hübsche Mama.

Frei nach dem alten, jiddischen Bonmot:

Frage: „Welches Kleid soll ich heute anziehen?“

Antwort: „Tochter, das Grine“

(Dieser kleine Dialog beinhaltet das Wissen über sonstige Kleider, die man nicht hatte, das Grine war das einzige.)

Solche Sprüche gab es viele, überliefert aus dem Sprichwort-Schatz meiner Großmutter Helene, die ich nur aus Erzählungen, später Briefen, Fotos und auf diesem Zitaten-Wege kennenlernen konnte.

Hand in Hand, mit mir als Neunjähriger in meinem graublauen Faltenrock und dem rosafarbenen Nylonpulli, betreten meine Mutter und ich eine fremde, glänzende Welt. Den strahlenden, prunkvollen Musikvereinssaal, der sich allmählich mit eleganten Menschen füllt. Auf dem Podium die Künstler, leises Raunen … und allmählich wird das Saallicht eingezogen, es wird still … unschöne Töne beginnen den Raum zu füllen, es klingt wie Katzenmusik …

„Hat es schon angefangen?“, flüstere ich enttäuscht.

„Nein, Puppilein", flüstert meine Mutter zurück, „sie stimmen noch die Instrumente!"

Nun tritt der Dirigent auf, verbeugt sich, dreht uns den Rücken zu, hebt den Arm und mit einem kleinen Stöckchen, das er plötzlich in der Hand hält, gibt er ein Zeichen. Die ersten Takte eröffnen den Abend.

Die Musik war sehr feierlich, aber ich kannte mich nicht immer aus, manchmal war es schwierig zu folgen; ich konnte mich nicht konzentrieren, aber die Atmosphäre beeindruckte mich. „Ob die vielleicht Fehler machen?", schoss es mir durch den Kopf. „Ich kann doch gar nicht erkennen, ob sie alles richtig spielen!" Ich ließ meine Blicke durch den festlichen Saal mit seinen goldenen Säulen bis hinauf zum Balkon wandern. Ich bewunderte die schön gekleideten Damen, beobachtete die Herren, die mit geschlossenen Augen der Musik lauschten, wobei manche aber schon tief schlafend sich über ihre Notenbücher gebeugt hatten. Meine Ohren und mein Herz öffneten sich nur allmählich für die anspruchsvollen Darbietungen; und dann, eines Tages, auf einen Schlag, packte mich die Matthäus-Passion unter dem Dirigat von Lorin Maazel. Ich war wie elektrisiert, Johann Sebastian Bachs Werk hatte mich in den Bann gezogen. Wobei mir völlig egal war, was da textlich gesungen wurde. Ob ich eine Beziehung zu Jesus aufbauen konnte? Nein, eigentlich nicht, aber diese Musik, der Gesang, der Chor ... Ich denke, es war das Sakrale, das mich so berührte, wie auch viel später der Gesang der jüdischen Kantoren in der Wiener Synagoge.

Unsere Ausflüge in die Welt der Künste waren vielfältig, mit einem neuen, schönen, roten, vorne durchgeknöpften Wollkleid, meinem ganzen Stolz, fühlte ich mich adäquat gekleidet, und in feierlicher Stimmung erlebte ich im Ronacher die große Kunst des berühmten und unvergesslichen Zauberers KALANAG. Mein erster Theaterbesuch in der Dependance des von den Bomben getroffenen Burgtheaters, damals ebenfalls im Etablissement Ronacher, war „Der Bauer als Millionär".

Nach den kulturellen Erbauungen führte mich meine Mama noch ins Quisisana aus, eines der ersten Espressi, am Ring gleich neben dem Burgkino (in das sie mich auch öfters mitnahm), und wir bestellten Cevapcici, die wir so gerne aßen, die aber nicht so gut waren wie die im Wiener Prater, denn diese waren auf echter Holzkohle gebraten. Dann stiegen wir in die Straßenbahn, die die Ringstraße entlang bis zum Schwarzenbergplatz fuhr, wo wir immer auf mein Drängen hin ausstiegen, um dem großen, imposanten Hochstrahlbrunnen zuzusehen, dessen beleuchtete meterhohe Fontänen wechselnd, mal in Blau, Rosa, dann Rot, Violett und schließlich in Orange, Gelb und Grün erstrahlten. Anschließend fuhren wir mit dem B-Wagen über die Uraniabrücke in den uns verhassten zweiten Bezirk, in unsere ärmliche „Übergangsbehausung“ in der Ennsgasse 4 mit Klo und Wasser am Gang. Wir wohnten ebenerdig, die Fenster gingen in den grauen Hof, in dem die Mauern noch Einschusslöcher vom Krieg aufwiesen. Man betrat die winzige Wohnung vom Hausgang aus über die völlig unzureichende Küche. Da war ein Schemel mit einem Lavoir, eine Kredenz und ein zweiflammiger Gasherd, auf dem ich mir, wenn ich nach der Schule oder vom Eislaufen oder nach dem Besuch bei meiner Schulfreundin Yvette nach Hause kam, eine Knorr-Packerlsuppe, meist mit einer hineingeschnittenen Knackwurst, zubereitete. Übrigens auch heute noch eines meiner Lieblingsessen. Nachher bereitete ich mir zwei bis drei Butterbrote mit Schinken, und anschließend gab es eine oder zwei oder mehrere kleine Bensdorp-Schokoladen, deren Schleifen ich sammelte, um sie gegen weitere Schokoladen einzutauschen. Wir hatten beim gegenüberliegenden Greißler[5] in der Ennsgasse Kredit, da durfte ich „aufschreiben lassen“ und ich holte mir, worauf immer ich Lust hatte, meist aß ich ja leider unkontrolliert und aus Langeweile viel zu viel.

Neben dieser winzigen Küche befand sich, von einer Schiebetür aus Pressglas abgeteilt, mein Bett und ein Fenster, unter diesem ein Fach für meine Schulsachen, in dem auch das obligate Radio stand. Von diesem Mini-Zimmerchen aus führte eine Tür in das gemeinsame Wohnzimmer, in dem das Bett meiner Mutter stand, und an der gegenüberliegenden Wand der gemeinsame Kleiderkasten. Das wichtigste Möbel in diesem Raum war ein Überseekoffer zwischen den beiden Fenstern, mit einem teppichartigen, orientalisch gemusterten Überwurf, auf dem an die Wand gelehnt ein Spiegel stand. Da lagen Kamm und Bürste und daneben ein altmodischer Handspiegel, viele Fläschchen, ein Flacon mit der Aufschrift Soothing-Lotion (von Elizabeth Arden, glaube ich) und Lippenstifte, Mascara, und eine wunderschöne, aufklappbare Puderdose mit Innenspiegel. Das war Mammis Schminktisch. Dieser diente mir, wenn ich allein zu Hause war, als Experimentierfeld der Schminkkunst, der ich mich mit Begeisterung heimlich hingab.

In diesem Koffer fand ich eines Abends, als Dreizehnjährige, Briefe in einer „Übergangsschrift“ von Kurrent zu moderner Schreibweise, die sicherlich nicht für mich bestimmt waren und die ich heimlich und mühsam entzifferte, wofür ich einige Abende brauchte und deren Inhalte mir bestimmt nicht guttaten. Lange Jahre hatte ich darüber geschwiegen, vor allem aber meiner Mutter gegenüber niemals ein Wort über diese Briefe verloren. Auch sie selbst hatte diese nie erwähnt. Erst nach ihrem Tod fand ich sie gebündelt unter ihrem Nachlass wieder.

Das Bücherregal hinter dem Kopfende des mütterlichen Bettes beherbergte

5 Anm. der Autorin: Lebensmittelhandlung

einen großen Schatz unveröffentlichter Musterexemplare an Langspielplatten, aus der „Columbia", dem großen, internationalen Musikverlag, in dem meine Mutter als Chefsekretärin arbeitete.

Als knapp Siebzehnjährige war sie mit einem Kindertransport von Wien nach England den Nazis gerade noch entkommen, die Matura oder ein sonstiger Schulabschluss waren ihr als Jüdin verwehrt gewesen. Nachdem sie 1946 nach ihrer Rückkehr aus London als Fremdsprachen-Korrespondentin bei der HIAS, einer jüdischen Hilfsorganisation, und anschließend in der Thea, einem Autohaus, gearbeitet hatte und bei Harry Brauns Schreibmaschinenfirma zur Sekretärin aufstieg, konnte sie sich dank ihres Charismas, ihrer Intelligenz und ihres einnehmenden Auftretens auch aufgrund ihrer Schönheit und bescheidenen Vornehmheit beruflich qualifizieren. Nach einem kurzen Intermezzo als Sekretärin in einer Kronenkorkenfabrik, deren Besitzer nach Australien ausgewandert war und sie gerne mitgenommen hätte – ob ihrer Tüchtigkeit oder doch, weil er in sie verliebt gewesen war? –, wurde nun die Krönung ihrer Berufskarriere diese Stellung als Chefsekretärin in der Musikbranche. Viele österreichische Jazzmusiker, die ich später kennenlernte – wie Oscar Klein, Hans Salomon, Erich Kleinschuster und Bertl Maier sen., Joe Zawinul und viele andere, die sie im Laufe ihrer Tätigkeit betreut hatte –, erinnerten sich an meine schöne charmante Mutter, was mich mit großem Stolz erfüllte.

Das war zwar alles sehr ehrenvoll und spannend, doch die Gehälter für Frauen waren in den Fünfziger-, Sechzigerjahren niedriger als niedrig. Geldsorgen gehörten zu unserem Alltag, es ging sich nie gut aus. Sehr oft besuchte meine Mutter ihre geliebten Konzerte auf Stehplatz, um die großen Werke unter den großen Dirigenten dieser Zeit genießen zu können. Monatlich zahlte sie in eine ominöse Genossenschaft ein, um uns eine Eigentumswohnung zu sichern, die erst nach bangen dreizehn Jahren Wartezeit endlich fertiggestellt und beziehbar wurde. Zu dieser Zeit aber waren sie und auch ich nicht mehr darauf angewiesen. Diesen Umstand werde ich später noch kommentieren.

Unsere Substandardwohnung in der Ennsgasse war nicht weit vom Wurstelprater entfernt, wo es die Standeln mit den Cevapcici (die auf der Holzkohle), die Wägelchen mit gegrilltem Kukuruz, die fahrbaren Fässer mit den eingelegten Salzgurken und die bunten, auf Stangen gesponnenen Zuckerwatten gab. An den Wochenenden kehrten wir manchmal auf eine gebratene Stelze ins legendäre Schweizerhaus ein. „Nicht gerade koscher", schmunzelte meine Mutter, der allerdings immer etwas mulmig im Magen wurde, vor allem, wenn wir nachher auf mein Betteln hin mindestens zweimal mit der Hochschaubahn fuhren. Wenn es dann nach Hause ging, waren das die Abende, an denen ich nicht allein war. Wie schön, wie liebesbedürftig und wie hektisch ich diese

Zeit nicht enden lassen wollte. Es war schwer, mich zum Schlafen zu bringen, wie aufgezogen erzählte ich, stellte noch und noch Fragen und wollte einfach nicht zu Bett gehen.

Den Alltag selbstständig zu bewältigen, war ich gewohnt. Um sich morgens und abends zu waschen, musste eine Kanne Wasser vom Gang geholt werden. Dieses wurde auf dem Gasherd erwärmt und in das bereitgestellte Lavoir gegossen. Das verbrauchte Wasser wurde anschließend ins Gang-Klo, das wir mit der Hausbesorgerin teilten, geschüttet.

Nachdem ich meine komplizierte Abendtoilette hinter mich gebracht hatte, kuschelte ich mich in meine Tuchent und im Winter noch in meine rosa Decke und drehte das Radio auf. Wenn sich das Eingangstor des Hauses quietschend öffnete und ich die klappernden Stöckelschuh-Schritte meiner Mutter im Gang vor unsrer Wohnungstür hörte, drehte ich schnell ab, knipste die Nachtlampe aus und stellte mich schlafend. Sie ging dann auf Zehenspitzen an meinem Bett vorbei in ihr Zimmer. Manchmal hörte ich sie dann noch leise telefonieren. Sie tat mir sehr leid, denn ich wusste ja, sie hatte bessere Zeiten erlebt. Sogar in der Emigration waren die Wohngelegenheiten angenehmer gewesen. Wenn ich heute daran denke, kommen mir die Tränen, die ich damals natürlich nicht weinte, denn zu meinem Mitleid mischte sich auch Zorn über diese Armut und dass ich kein schönes Zuhause hatte, keine „richtige" Familie wie die anderen Kinder in der Schule, weil meine Mammi ja meinen Papa verlassen hatte und meine Großeltern ermordet worden waren!

Mein Ersatz für dieses „Familiengefühl" war die Radiofamilie mit Helly Servi und Vilma Degischer und Guido Wieland und Kurt Sowinetz und wie sie alle hießen. Der Sender Rot-Weiß-Rot spielte die Kabarettsendungen mit Helmut Qualtinger, Gerhard Bronner und Luise Martini, Maxi Böhm, Karl Farkas und Ernst Waldbrunn, Elly Naschhold, Cissy Kraner, Peter Wehle und Georg Kreisler und so vielen anderen, denen ich begierig lauschte. Nicht alles verstand ich, dennoch, alle diese Figuren waren meine Heldinnen und Helden.

Wir waren nicht gerade gesegnet mit irdischen Gütern und mein ganzer Stolz war mein „geheiligter" Plattenspieler, den ich zum elften Geburtstag geschenkt bekommen hatte. Auf diesem spielte ich Mammis Vinyl-Platten ab. Ich genoss Musik aus allen Sparten, von der Matthäus-Passion über Bill Haley und die Platters bis Elvis Presley. Bach-Kantaten gesungen von Gérard Souzay begeisterten mich ebenso wie die Jazzplatten mit Ella Fitzgerald und Louis Armstrong. Fado aus Portugal und Beethoven-Klavierkonzerte, gespielt von Swjatoslaw Richter und Claudio Arrau, begleiteten mich in die Nacht und in meine Träume. Das alles, wie schon erwähnt, leider im Alleingang, den ich aber nicht missen möchte; intensiver kann ein Kind Kultur doch nicht erleben. Ein bisschen durcheinander und dennoch ohne Ablenkung. Bei so einem vielfältigen Angebot kam allerdings die Schule etwas zu kurz, da wurde leider nicht viel Interessantes geboten.

Einige Berufsziele, die ich hätte aufzählen können, hätte man mich damals gefragt: Schauspielerin, Richterin, Sängerin und Schriftstellerin.

Kindertagebuch 1

Ich bin anders als die anderen Kinder. Ich brauch deswegen in der Schule auch nicht beten, in der Früh. Mein Religionsunterricht ist ein paar Gassen weiter, über den Praterstern, in der Novaragasse, die ist auch im 2ten Bezirk, wo wir wohnen. Jeden Donnerstag um 5h Nachmittag. Dort lerne ich von Adam und Eva und vom „Heiligen Land" und Hebräisch lesen und beten. Meine Mama kennt sich da nicht aus, weil sie hat nie Religion gelernt, und so weiß sie auch nie, wann die Feiertage sind, trotzdem sie auch Jüdin ist wie ich und deswegen aus Österreich weggelaufen ist, aber da war sie schon 17 Jahre alt. Wenn ich sie daran erinnere, dass Pessach ist oder Purim oder so ..., ist das gar nicht so einfach, weil ich doppelt schulfrei hätte. Aber wir halten die jüdischen Feiertage nicht auch noch, weil ich eh nur allein zu Hause wäre. Zu Weihnachten stellt sie aber jedes Jahr unseren wunderschönen Chanukka-Leuchter unter den kleinen geschmückten Tannenbaum (den hab ich mir gewünscht, weil alle anderen Kinder auch einen haben), weißes Engelhaar und weiße Glaskugeln und weiß eingewickelte Süßigkeiten, jeden Tag nur ein Stück? Ha-Ha-Ha. Acht Tage lang zünden wir an der Chanukkia die bunten Kerzen an, und auch die am Baum, die weißen, weil das so hübsch aussieht. Ich hab meine Mammi dann immer sehr lieb und das gehört nur uns. Vor dem Schlafengehen schmiert sie mich gerne mit einer Creme ein, das ist mir nicht so angenehm, aber es ist schön, weil sie Zeit für mich hat. Da halt ich dann immer die Luft an. Manchmal singt sie mir was vor, „schlafe, mein Prinzchen, schlaf ein" und weil sie sonst fast nie singt, weil sie ja nicht immer da ist, kommt uns das beiden ein bisserl komisch vor. Ich kann leider nicht so schön singen wie sie.

Schottland – Bomben – erste Freundinnen – 1943 bis 1946

In Glasgow, einer Industriestadt, die angeblich nicht viel aufzuweisen hat, erblickte ich sozusagen im Vorübergehen 1943 das Licht der Welt. Tatsache ist, dass ich seit dieser schottischen Geburt nie wieder einen Fuß auf diesen Landstrich gesetzt hatte.

Meine erste Kindheit bis zum vierten Lebensjahr verbrachte ich anschließend in London, mit kürzeren und längeren Unterbrechungen wie zum Beispiel meiner Evakuierung: Auf Anordnung der britischen Regierung mussten alle Kleinkinder zum Schutz vor den deutschen V2-Raketen aus der Stadt hinausgebracht werden. Am 16.8.1944 kamen wir Kinder also im „Max Poffle House“ an. Dieses alte Schloss, im Baronial-Stil des 19. Jhdt. errichtet, mit seinen typischen Türmchen und Zinnen, soll in einem desolaten Zustand gewesen sein. Die britischen Streitkräfte hatten, bevor wir es „okkupierten“, dort zuvor Ausbildungen abgehalten und die Betreuerinnen von uns Kindern und Babys mussten ganze Arbeit leisten, um die Riesensäle bewohnbar zu machen.

Wir blieben dort bis Mai 1945. Ich habe keinerlei Erinnerungen daran, nur wundere ich mich, dass in meinen Träumen sehr oft riesige hohe Räume mit großen Türen und Fenstern und verblichenen Tapeten vorkommen, in denen ich ganz klein und irgendwie verloren herumliege. Der immer wiederkehrende Traum, fest eingewickelt, ja eingeschnürt zu sein und dass es mir nur mit Aufwendung all meiner Kräfte gelingt, mich herauszuschälen aus diesem undefinierbaren Gefängnis, scheint Indiz dafür zu sein, dass ich mir schon sehr früh selbst helfen musste.

Jahre später versuchte ich mit meinen Freundinnen, der Psychoanalytikerin Johanna Wagner-Fürst, in meiner Erinnerung „Hanni“ genannt, und Elizabeth Toni Spira, alias Toni, der Journalistin und Verfasserin von so vielen Alltagsgeschichten, die mit mir gemeinsam evakuiert gewesen waren, die Vorkommnisse während dieser Zeit zu recherchieren. Hannah Fischer, die damals blutjunge Kindergärtnerin, und deren ebenfalls junge Assistentinnen erzählten uns später ein wenig, jedoch waren es nur bruchstückartige Splitter, kleine Begebenheiten, Andeutungen, die wir ergatterten. Auch unsere Eltern hielten sich da bedeckt, nicht viel wurde berichtet. Ihre Schuldgefühle ob der langen Trennung waren vorherrschend, obwohl es ja gar nicht anders möglich gewesen wäre. Unsere jungen Leben wurden geschützt, denn die Todesopfer durch die Bombeneinschläge in London waren unzählige. Hannah Fischer, die nach ihrer Rückkehr auch in Wien als Kindergärtnerin arbeitete, berichtete mir, nachdem sie wieder einmal einen Konzertauftritt von mir besucht hatte, dass ich als der blondgelockte, braunäugige, ständig tanzende kleine Star im London-Kindergarten ein „so bezauberndes, hübsches Kind“ gewesen war. Dies hatte mir auch meine Mutter mit tränenumflorter, wehmutsvoller Stimme bei jeder passenden, aber vor allem auch unpassenden Gelegenheit versichert. (Mit der Betonung auf „gewesen“ hab ich mich noch lange Zeit herumgeschlagen.)

An vieles erinnere ich mich vielleicht durchmischt, denn erzählt wurde mir ja einiges aus meinen Kindertagen – was da Erinnerung oder Überlieferung ist, bleibt dahingestellt.

Der typische Geruch Londons ist mir aber noch heute gegenwärtig, und als ich viele Jahre später gemeinsam mit meiner Freundin, der Historikerin

Martha Keil,[6] diese Stadt besuchte, gab es da noch einige verschwommene Verknüpfungen, vor allem die blau gekachelten U-Bahn-Abgänge und die Weidenbäume vor dem Londoner Zoo, wo eine Katze auf den Zweigen bei mir damals als Kind mehr Begeisterung entfacht hatte als all die exotischen Zootiere, die ich mit meinen Eltern an diesem Tag begutachtet hatte.

Schon von früher Kindheit an hatte ich einen eigenen britischen Pass. Von dem Foto blickt ein sehr selbstsicher lächelndes dreijähriges Mädchen, dem man ansieht, dass es noch viel vor hat im Leben, mit einem neugierigen Zug um die Mundwinkel und herausfordernd geblähten Nasenlöchern, in eine ziemlich spannende, interessante Welt, die es zu entdecken gilt. Dieser Pass spielte später eine wichtige Rolle in meinem Leben, half er mir doch darüber hinweg, in so vielen Belangen „nicht dazuzugehören", anders zu sein als andere, aber tatsächlich auch ganz anders zu leben als die neuen Kinder in meinem neuen Umfeld in Wien.

„Ich bin Schottin" zu sagen, erfüllte mich mit ungeheurem Stolz, denn so stand es ja auch schwarz auf weiß – „British subject by birth" – in meinem ganz eigenen Pass, diesem Büchlein aus dunkelblauem Pressleder mit dem goldenen gekrönten Löwen und dem märchenhaften Einhorn drauf, die beide aufrecht stehend das Wappen stützen, auf dem in französischer Sprache geschrieben steht: „honi soit qui mal y pense".

Ich wuchs in einer für mich trotz Krieg, politischer Wirren und Ungewissheit geborgenen Atmosphäre des Zusammenseins auf. Auch während der zeitweisen Trennung von den Eltern und in den provisorischen Wohngemeinschaften waren da immer auch andere Kinder, mit denen ich spielen konnte. Ansonsten war ich umsorgt von Erwachsenen, die das kleine, entzückende und vor allem fröhliche Mädchen wahrnahmen, es herzten und liebten. Später in Wien, den Jahren meiner zweiten Kindheit und der darauffolgenden Pubertät, war diese Zeit umschattet vom nostalgischen Gefühl einer bereits verloren gegangenen Schönheit, gekoppelt mit dem Verlust meiner ersten Heimat und ziemlich bald auch einer aufgelösten Klein-Familie sowie der Trennung von meinen ersten Freundinnen Hanni und Toni, die ich dann beide zum Glück viel später wiedertreffen sollte.

---

6 **Martha Keil** lebte nach der Matura ein Jahr lang in Israel. Sie studierte zunächst die Sprachen Französisch und Spanisch, danach Geschichte und Judaistik in Wien und Berlin. 1988 wurde sie mit der Dissertation *„vormals bey der judenn zeitt"* zum Dr. phil. promoviert. 2002/03 war sie Trägerin des Charlotte-Bühler-Habilitationsstipendiums des Fonds zur Förderung der wissenschaftlichen Forschung. 2007 erhielt sie die Venia Legendi für Österreichische Geschichte an der Universität Wien. Sie ist am Institut für Österreichische Geschichtsforschung der Universität Wien und am Centrum für Jüdische Studien an der Universität Graz tätig. 1988 wurde sie wissenschaftliche Mitarbeiterin am Institut für Geschichte der Juden in Österreich in St. Pölten. Von 1995 bis 2004 war sie stellvertretende Direktorin, seitdem ist sie Direktorin der Einrichtung. Ihr Forschungsschwerpunkt ist die Geschichte der Juden im Mittelalter. Quelle: Wikipedia, https://de.wikipedia.org/wiki/Martha_Keil, abgerufen am 15.12.2022.

Kindertagebuch 2

Die Reise in die Evakirung[7] *soll ja sehr aufregend gewesen sein. Wir waren zwanzig Babys und nur drei ganz junge Kindergarten-Tanten. Der Zug war viele Tage unterwegs. Durch Gebirg und Tal. Über London sind die deutschen V2 RAKETEN geflogen, aber wir waren gerettet. Es war ein altes Schloss, auf altem schottischen Land, wo wir untergebracht waren. Da hatten vor uns viele edle Lords und Ladys gehaust. Leider kann ich mich an nichts erinnern. Meine Mama und mein Papa sind nicht mitgekommen. Das hat die Partei nicht erlaubt. Die mussten ja arbeiten. Die Partei, das war die Beschützerin von Mama und Papa und mir, oder so was Ähnliches. Damit man später wieder in die Heimat zurückkehren kann und sie sozial aufgebaut wird. Wir waren also sehr gut aufgehoben, weil die drei Kindergartentanten sehr lieb waren. Ich habe zwei Schwestern dort gehabt ... Aber keine richtigen ... Wir haben uns aber sehr liebgehabt. Eine hat Hanni geheißen und die andere Toni. Da war ein großer Park und das alte Haus steht heute noch. Einmal hat ein Baby eine Tollkirsche gegessen, das ist dann leider gestorben. Alle Kinder waren viele Monate dort, meine Eltern haben mich dann abgeholt. Mein Papa soll sich sehr gekränkt haben, denn ich habe ihn nicht sehr freundlich begrüßt. Vielleicht hab ich ihn nicht gleich erkannt? Das hat mir meine Mammi erzählt, aber vieles, was sie erzählt hat, bring ich leider durcheinander.*

Flucht – Quäker – Ohrfeigen – 1938/39

Den schweren Kriegszeiten waren meine Eltern ja nicht entkommen, sehr wohl aber der Vernichtung durch die eigenen Landsleute in Wien. Sie waren 1938/39 „gerade noch davongekommen".

Dank der Initiative von Quäkerorganisationen,[8] die unauffällig, ohne sich politisch zu äußern, tausenden jüdischen Kindern aus Deutschland und Österreich die Flucht nach England ermöglichten, waren meine Eltern als Siebzehnjährige mit einem der von Dezember 1938 bis November 1939 organisierten Kindertransporte[9] nach England entkommen. In Wien hatte sich mein Vater

7 Anm. der Autorin: Evakuierung (Kindersprache)

8 Die **Quäker** sind Mitglieder einer christlichen Religionsgemeinschaft. Diese wurde von dem Handwerker und Laienprediger George Fox (1624–1691) in der Mitte des 17. Jahrhunderts im Nordwesten Englands nach dem Englischen Bürgerkrieg gegründet. Ihre meisten Mitglieder leben heute in Großbritannien, Nordamerika und Afrika. Quelle: Wikipedia, https://de.wikipedia.org/wiki/Qu%C3%A4kertum, abgerufen am 15.12.2022.

9 Als **Kindertransport** (auch „Refugee Children's Movement") gilt international die Ausreise von über 10.000 jüdischen Kindern nach Erlass der Nürnberger Gesetze aus dem Deutschen Reich. Auf Initiative jüdischer Organisationen und der Quäker wird der britische Premierminister Neville Chamberlain im November 1938 ersucht, jüdische Kinder aus Österreich und Deutschland nach Großbritannien einreisen zu lassen. Großbritannien wurde schließlich auch das Hauptzielland der Kindertransporte. Quelle: Wikipedia, https://de.wikipedia.org/wiki/Kindertransport, abgerufen am 15.12. 2022.

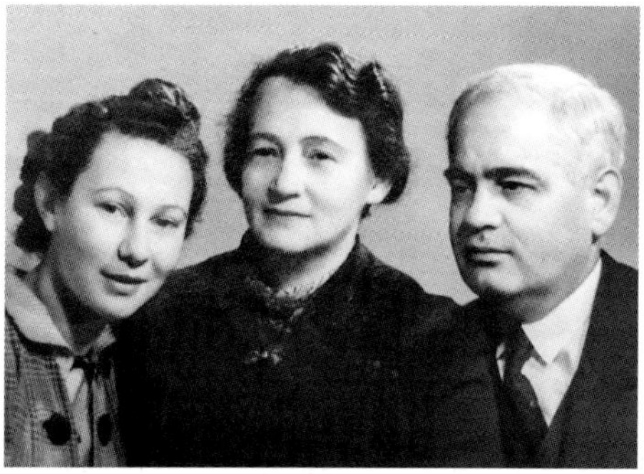

Familie Kolm – meine Mama Elfriede mit ihren Eltern Helene und Emil 1936

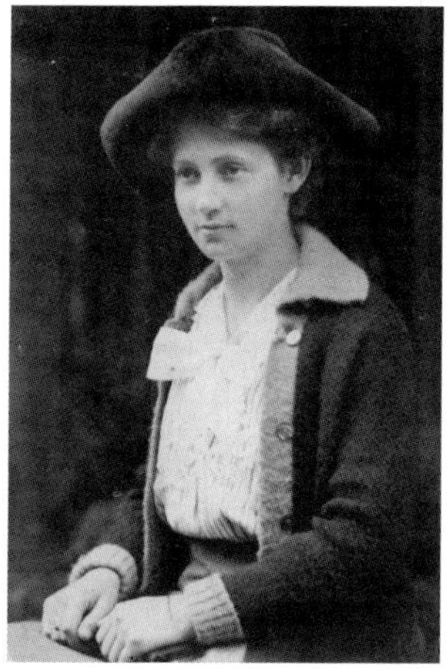

Meine Großmutter Helene Kolm, als sie noch Kohn hieß

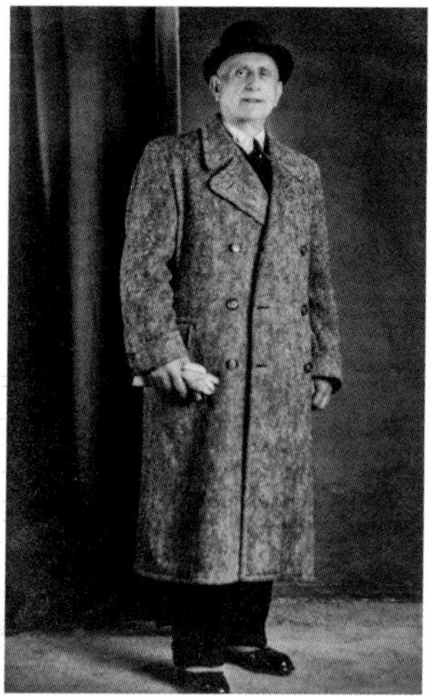

Großvater väterlicherseits Julius Schwarz

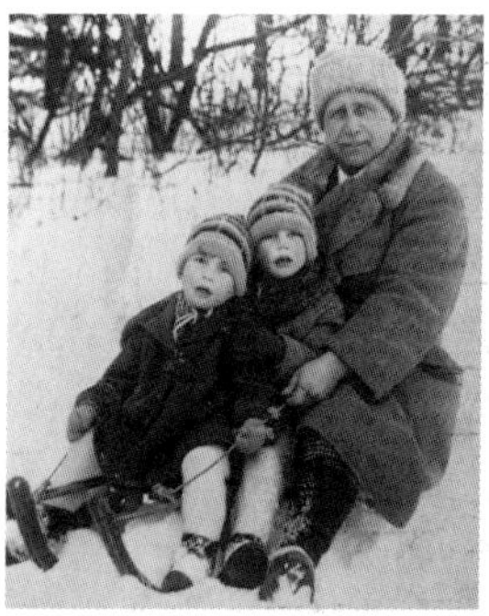

Großvater mit Georg und Walter

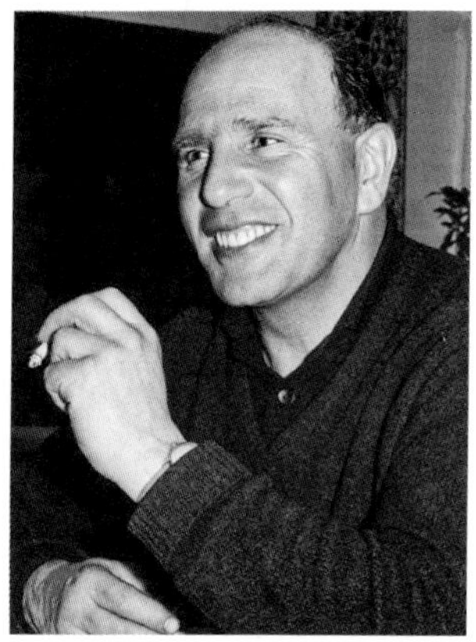

Mein Papa Georg Schwarz

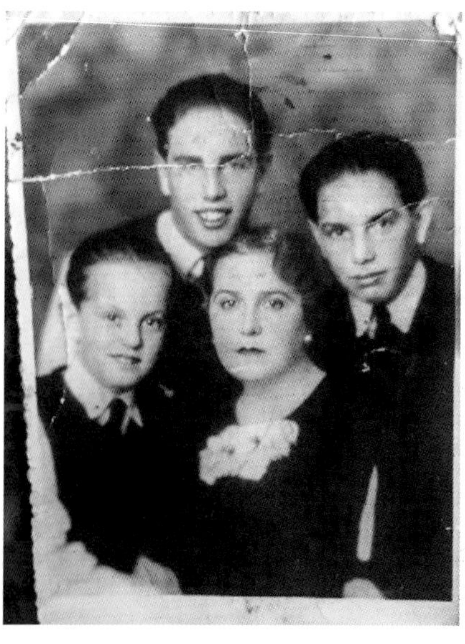

Großmutter väterlicherseits Vilma Schwarz mit den Söhnen Peter, Georg und Walter

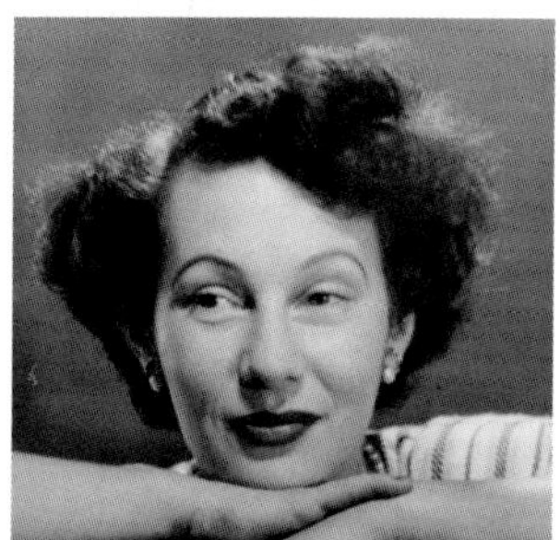

Meine Mama in den 1950er-Jahren

Georg in der Tanzschule als begabter „Eintänzer" sein Taschengeld verdient, indem er mit den sogenannten Mauerblümchen die Walzer, Foxtrotts und English Waltz übte. Als dann die Nazis immer häufiger Razzien durchführten, war er eines Tages, wie so viele andere, von der Straße weg arretiert worden. Von November 1938 bis Jänner 1939 wurde er – da er nicht nur jüdisch war, sondern verdächtigt wurde, sich politisch zu betätigen – auf der Polizeistation in der Boltzmanngasse inhaftiert. Einen dieser Beamten, der dort für Ordnung sorgte, erkannte er als seinen Tanzlehrer, der sich sichtlich auch noch auf andere Weise sein Brot verdiente. Dieser holte ihn eines Abends in die Polizeistube, schlug seinem Lieblingsschüler ins Gesicht, beschimpfte ihn und prügelte ihn durch einen Hinterausgang aus dem Polizeilokal. Vor der Türe beschwor er ihn wütend, so schnell wie möglich zu verschwinden, unterzutauchen und sich ja nicht mehr blicken zu lassen. Er hatte ihm auf diese drastische Weise wohl das Leben gerettet.

Mein Großvater väterlicherseits, Julius Schwarz, hatte zwar am 12. Mai 1938 für die ganze Familie einen Ausreiseantrag nach Buenos Aires/Argentinien gestellt, aber dem wurde leider nicht stattgegeben. Die Nazis hatten ihn all seiner Ersparnisse beraubt und seine Firma liquidiert, deshalb konnte seine Ausreise nicht finanziert und somit auch nicht bewilligt werden. Da die Papiere für die Ausreise meines Vaters nach England – als ältester der drei Kinder (er war siebzehn) – aber schon vorbereitet waren, kam dieser mit einem der letzten Kindertransporte dort an. Seine Brüder Walter (fünfzehn) und Peter (dreizehn) sowie Vater Julius und Mutter Vilma sollten nachreisen. Aber da war nichts mehr zu machen. Der Krieg war ausgebrochen, die Grenzen wurden dichtgemacht und wie so vielen von den wenigen, die dem Naziregime entkamen, war es auch meiner Mutter nicht mehr möglich gewesen, ihre Angehörigen zu retten. Mein Großvater Julius war zwar noch nach Palästina entkommen, aber auch von dort war die Rettung seiner Familie, die er vor Ort anstrebte, nicht mehr möglich.

Der Rest der väterlichen Familie verbrachte eine Übergangszeit (entsetzlich genug) in Theresienstadt (dem Vorzeigelager der Nazis) und dann ging es ab nach Auschwitz.

Die Eltern meiner Mutter, Emil und Helene Kolm, flüchteten nach Belgien,[10]

10 **Verfolgung und Rettungswiderstand: Untergetauchte Wiener Juden und Jüdinnen in Belgien 1940–1945.** Untersuchungsgegenstand des Forschungsprojekts ist das Schicksal jüdischer Emigranten und Emigrantinnen im besetzten Westeuropa während der NS-Zeit. Eine sehr hohe Zahl von politisch und rassistisch Verfolgten aus Österreich floh nach dem „Anschluss" nach Belgien, das als Exilland österreichischer Juden und Jüdinnen immer noch wenig erforscht ist. In Belgien hielten sich im Verhältnis zur Gesamtbevölkerung besonders viele jüdische Flüchtlinge auf. Bei der im Sommer 1942 massiv verschärften Judenverfolgung sollten sie unter der Tarnung „Arbeitseinsatzbefehl" als erste Gruppe systematisch deportiert werden. Als einzige Überlebensmöglichkeit blieb vielen nur die Flucht in den Untergrund, ein Leben im Versteck, als „U-Boot" in einem fremden Land. Quelle: Nationalfonds der Republik Österreich für Opfer des Nationalsozialismus, https://www.nationalfonds.org/detailansicht/5624, abgerufen am 15.12.2022.

wurden aber von den Nazis eingeholt. Es gab jedenfalls bald kein Lebenszeichen mehr von ihnen ... erst viel später erfuhr ich, wo sie umgekommen waren: in Auschwitz! „Umgekommen“, das war die Umschreibung für ermordet.

Kindertagebuch 3

Als wir noch in England waren, war ich nicht so anders. Da waren alle Kinder gleich. Jüdische Kommunistenkinder mit ihren glücklichen Eltern. Weil sie entkommen sind.

Wenn du Eltern hast, bist du nicht so allein. Aber mit meiner Mama ist es auch schön, wenn sie da ist. – Großeltern!!!??? – Das ist vielleicht angenehm und auch praktisch, aber ich hab nur mehr einen Großvater vom Papa, der ist sehr komisch, und er wohnt auch weit weg, so wie der Papa. Meine Großmutter, Mamas Mama, war sehr schön und sie hatte immer ein passendes Sprichwort auf den Lippen. Ich habe zwei Fotos von ihr, da sieht man aber nicht ihre dichten wunderschönen, langen, kastanienroten Haare, weil es ein Schwarz-Weiß-Foto ist und sie einen Hut trägt. Mein Großvater hat Emil geheißen, aber sie sind beide in Auschwitz geblieben. In England haben wir nur Englisch gesprochen und lustige Gedichte aufgesagt; und wir haben sehr schöne Lieder gesungen.

„My Bonnie is over the ocean, my Bonnie is over the sea ... my Bonnie is over the Ocean, oh bring back my Bonnie to me to me, bring back bring back oh bring back my Bonnie to me.“

Das haben wir immer gemeinsam gesungen mit dem Papa. Mammi hat eine sehr schöne Stimme, auch mein Papa. Ob das vor meiner „Evakirung“ war oder nachher, weiß ich nicht mehr. Ich glaube, nachher, weil vorher war ich ja noch zu klein.

Krieg – Streitgespräche – Schnitzelessen

In England waren es die Kommunisten, die sich der Organisation „Young Austria“[11], dem Verein, der sich der österreichischen Emigranten angenommen hatte, anschlossen. Sie waren schon erprobt im Kampf gegen den spanischen und italienischen Faschismus und boten eine Alternative gegen den Nationalsozialismus.

Sie veranstalteten kulturelles und geselliges Beisammensein, und so bewahrten sie meine Mutter davor, ins „Schlüpfrige abzugleiten“. Es war unter

11 Anm. der Autorin: Das „Young Austria“ war anfänglich keine parteipolitische Organisation. Sie wurde von österreichischen Emigranten gegründet, um jungen Menschen zwischen 14 und 20 Jahren, die ihre Heimat verlassen mussten, eine konkrete und effektive Unterstützung zu geben. Diese Organisation wurde bald von den Kommunisten dominiert, die sich im Kampf gegen den Faschismus besonders profilierten.

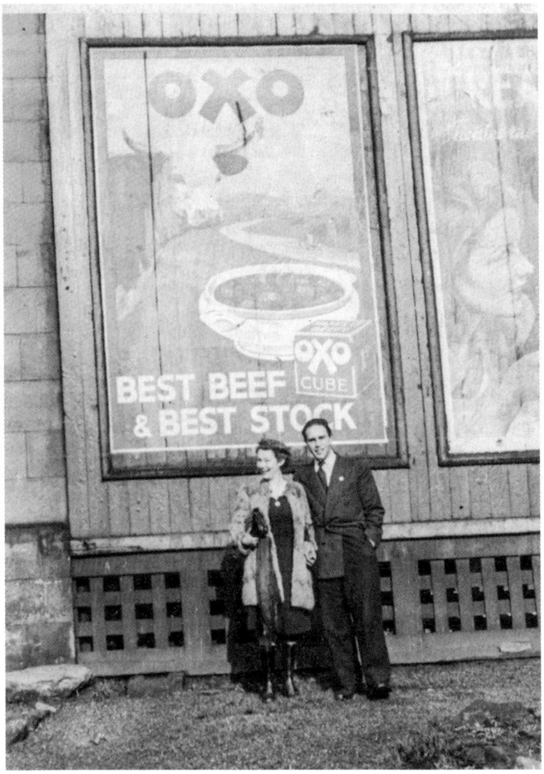

Hochzeitsbild meiner Eltern Elfriede und Georg Schwarz

den Jugendlichen in London damals üblich, an den Abenden in Hotelhallen herumzusitzen, da war es geheizt, und die jungen Mädchen schlossen Bekanntschaften. Alles lief zwar noch sehr gesittet ab, dennoch, die Klubtätigkeit der kommunistischen Agitatoren war letztendlich doch interessanter, man sprach Deutsch und außerdem war man unter seinesgleichen. Meinen Vater bewahrten die politischen Aktivitäten vor einer zweifelhaften Karriere: Zigarettenautomaten knacken und ähnliche Unternehmungen waren die von dubiosen Banden Kleinkrimineller ausgeführten Aktionen gewesen, wobei ihm als Anfänger und Ausländer zum Glück noch nicht mehr als „Schmiere stehen" aufgetragen wurde.

Das Schönste aber war, jedenfalls für mich, die ich sonst nicht auf der Welt wäre: Sie hatten sich unter den Fittichen der politischen Funktionäre dort kennen und lieben gelernt.

Die neue Freiheit war natürlich sehr aufregend für diese jungen Emigranten und sicher auch teilweise genussvoll. Denn trotz aller Trauer über die Vertreibung und die Trennung von den Eltern waren sie jung und neugierig auf das Leben, sie waren aus dem gutbürgerlichen, behüteten Zuhause entwachsen, entwichen in eine unbekannte, interessante, spannende Welt. Wie hätten sie das volle Ausmaß der sich anbahnenden Katastrophe ahnen sollen? Die Kriegsstimmung war beängstigend, der Antisemitismus bedrohlich und der Kampf um die Existenz war schwer, aber das tägliche Leben bot Abwechslung und es war ja alles nur auf Zeit. Sie lebten auf Absprung, und im Hinterkopf war das Zurückkehren programmiert. Es war auch nicht, wie für so viele ältere Emigranten, das Aufbauen einer neuen Existenz gefragt, man war nur etwas früher als gedacht ins volle Erwachsenenleben gesprungen, ein geplantes Studium wurde auf später verschoben, wenn alles vorüber wäre. Sie mussten dann, als es losging, wie alle anderen auch unter lebensbedrohlichen Umständen bei den Bombengeschwadern und den Angriffen der berüchtigten deutschen V2-Raketen in den Luftschutzkeller flüchten. Aber, wie meine Mutter später in Bezug zur antisemitischen Verfolgung in Österreich zu sagen pflegte: „In England hatte man uns Juden nicht die Menschenwürde versagt."

Den Alltag und das praktische Leben vieler dieser jungen Flüchtlinge bestimmte also mehr oder weniger die kommunistische Partei. Für die verlockenden Ideen Humanismus, Gleichheit und Brüderlichkeit (Schwesterlichkeit am Rande) setzte sich damals fast jeder politisch denkende und vor allem solidarisch empfindende Emigrant ein – war man doch an die Grundsätze der Französischen Revolution erinnert, die vor gar nicht allzu langer Zeit in der 6. Klasse des Gymnasiums durchgenommen worden waren.

Das Judentum, die jüdische Religion, spielte keine große Rolle, man war mehr oder weniger assimiliert aufgewachsen und erzogen worden. In der Familie meines Vaters wurden zwar noch die jüdischen Feiertage eingehalten, doch die Eltern meiner Mutter hatten ihre Tochter konfessionslos aufwachsen lassen, man war sozialdemokratisch orientiert und hatte naiverweise im Jahre 1930 den Familiennamen Kohn auf Kolm geändert! Für die rassistischen Antisemiten war das jedoch völlig belanglos.

„Jud bleibt Jud!"

Also bemerkte meine Mutter frei nach Kurt Tucholsky:

„Ich bin stolz darauf, Jude zu sein, wenn ich nicht stolz bin, bin ich auch Jude, also bin ich lieber gleich stolz."

Aber zurück zur neuen, modernen „Religion" :

Die Bindung meines Vaters zur Kommunistischen Partei hatte schwerwiegende Folgen. Meine Mutter zog sich zurück, denn sie wollte von dieser politischen Ausrichtung, die er als Berufsweg einschlug, nichts wissen. So hatten sich meine Eltern bald nach der Rückkehr aus England scheiden lassen.

„Die KPÖ hat unsere Ehe zerstört", hieß es von Seiten meiner Mutter. So wuchs ich denn auf, im Hader gegen die Kommunisten und in abgöttischer Liebe zu meinem „verführten" Vater. Als dieser viele Jahre später mit seiner zweiten Frau Hansi eine befreundete jüdische Familie, die nach dem Krieg in England geblieben war, besuchte, erhob er sich eines Abends während der Übertragung einer Parade, die auf dem Fernsehschirm lief. Er stand da eine Weile regungslos, wie angegossen, kerzengerade, mitten im Wohnzimmer, und auf die Frage der erstaunten Freunde antwortete er: „Es ist der Geburtstag der Queen!“ Und auf ungläubiges Kopfschütteln und fragende Gesichter fuhr mein nun ideologisch nicht mehr so sattelfester Vater fort: „Es ist immerhin das britische Empire, dem wir unser Leben verdanken!“

„Ach, wenn ich euch nur zuhöre!“, seufzte er Jahre später in Wien. „Wir wussten noch, wofür und wogegen wir waren!“

So weit seine empörten Worte, wenn ich zum sonntäglichen Mittagessen bei ihm und seiner Frau Hansi mit meinen beiden Halbbrüdern Peter und Fredi und meinen und deren jeweiligen Freunden und Freundinnen zusammenkam und bei diesen Besuchen oft eifrig über die jeweiligen politischen Ereignisse im Land diskutiert wurde.

Nach dem Essen, das mein Vater mit viel Liebe und in der Küche Chaos hinterlassend zubereitet hatte, zumeist Schnitzel mit Erdäpfelsalat, und während Hansi ohne Murren die Küche wieder in Ordnung brachte, pokerten wir mit Leidenschaft um die hohen Summen von 1 bis 5 Groschen. Wenn uns die Münzen ausgingen, setzten wir kleine Papierzettel ein. Wir verschuldeten uns manchmal bis zu der beträchtlichen Summe von ungefähr 5 Schillingen, die wir aber zumeist kulanterweise den Verlierern gegenseitig nachließen.

Aus seiner Kindheit konnte oder wollte mein Vater (vielleicht waren die Erinnerungen zu schmerzhaft) nicht viel berichten, außer über Lausbubenstreiche mit seinen zwei Brüdern, wie heimliches Aushöhlen von für seine Bar Mitzwa[12] in der „Speis“ gelagerten Torten, oder wie nach einem Zirkusbesuch auf den neu angeschafften Betten Kunststücke geübt wurden und sich die Brüder in den akrobatischen Darbietungen der bewunderten Artisten versuchten, bis die Metallgitter der Betten durchgebogen waren. Sie drehten diese um und turnten auf der Rückseite der ausgeleierten Netze in der Absicht, sie hoffentlich wieder in ihre Urform zurückzubilden. Die Mutter schleuderte in ihrer Verzweiflung den Suppenschöpfer nach ihnen, der aber landete in der Pendeluhr.

Eines Tages wurde mein Vater als Dreizehnjähriger beim Fußballspielen verletzt, der Ball hatte seinen Kopf gestreift und er lag einige Tage im Koma.

12 **Bar Mitzwa** oder **Bar Mizwa** (von aramäisch רַב ‚Sohn‘ und hebräisch הָוְצִמ ‚Gebot‘), für Mädchen **Bat Mitzwa** oder **Bat Mizwa** (hebräisch הָוְצִמ תַב, ‚Tochter des Gebots‘), bezeichnet im Judentum die religiöse Mündigkeit. Jungen erreichen sie im Alter von dreizehn Jahren, Mädchen im Alter von zwölf Jahren. Bar und Bat Mitzwa bezeichnet sowohl den Status als auch den Tag und die Feier, an dem die Religionsmündigkeit eintritt. Quelle: Wikipedia, https://de.wikipedia.org/wiki/Bar_Mitzwa, abgerufen am 15.11.2022.

„Heute ist Mamas Tag“, mit diesen Worten wachte er pünktlich zu deren Geburtstag auf.

Ja, mit der Kraft der internationalen Solidarität den Kampf zu führen gegen eine mörderische Ideologie voller Hass und Verachtung, der sie ja am eigenen Leibe ausgesetzt gewesen waren: Das war damals in England während der Nazizeit das Ziel gewesen! Wie einfach, wie abenteuerlich und mutig das klingt!

Das war der große Traum meines Vaters, der ja zum Teil in Erfüllung ging, aber eben nur zum Teil. Bei den oft heftigen Diskussionen am sonntäglichen Mittagstisch ging es um die Auseinandersetzungen bzw. um „Rechthabereien“, wie ich diese aussichtslosen Haarspaltereien rückblickend benennen würde, zwischen KPÖ, MLS (Marxistisch-Leninistischen Studenten), Trotzkisten und SPÖ-Anhängern in diesen romantisch-revolutionär „verfärbten“ 68er-Jahren des 20. Jahrhunderts.

Konkret in den Verlauf der Weltgeschichte einzugreifen, war in der Diaspora ein ernst zu nehmendes Ziel gewesen. Solche und ähnliche Erwartungen bestimmten damals in der Fremde die Kreativität und den Elan der Betroffenen, schürten vor allem die Hoffnung auf ein Ende des Krieges, das man sehnlichst herbeiwünschte. Dass im Kampf gegen den Faschismus neuerlich einer Ideologie, wenn auch mit moralisch hochstehenderen Werten und Zielen, aufgesessen wurde, vor allem aber dem, was leider daraus hervorging, sollte erst im Laufe der Ereignisse begriffen werden. Aber manche erkannten diesen großen Irrtum viel zu spät. Meinem Vater brach die Enttäuschung über den „realen Sozialismus“ im wahrsten Sinn des Wortes das Herz.

Sein bester Freund und Mentor war der kurz nach ihm verstorbene Historiker Professor Dr. Herbert Steiner, mit dem er als Jugendlicher in England gleich nach der Einreise auf der Isle of Man eine Zeitlang interniert gewesen war. In Wien, nach einem seiner vielen morgendlichen Telefonate mit diesem, kam es zu einem eskalierenden Streitgespräch über den Zusammenbruch der DDR. Mein Vater beharrte auf dem Standpunkt, dass eben alles nur ein Traum gewesen war und eine gute Idee, die sich nicht verwirklichen hatte lassen, und dass es ihm das Herz bräche, da er nun erkenne, wohin das alles geführt hatte. Dann brach er zusammen.

Seine Frau Hansi, die noch schlichtend hatte eingreifen wollen, musste die Rettung alarmieren, es ging ins Wilhelminenspital, und dort erlag er dann einige Stunden später seinem dritten Herzinfarkt. Ich war noch rechtzeitig hinzugeeilt und hielt seine linke Hand und Hansi hielt seine rechte Hand. Mit Grandezza verabschiedete er sich von uns, sein Bruder Walter, der ebenfalls noch rechtzeitig dazukam, wollte ihn zurückhalten:

„Reiß dich zusammen, Georg“, rief er in altbekannter Manier. Und Herbert

Steiner kam fast zu spät. Die gegenseitige Grabrede, die mein Papa mit diesem verabredet hatte, sollte einer vor dem anderen sterben, verbat er sich angesichts der unüberwindlichen Differenzen zwischen den beiden Herren in den letzten Minuten vor seinem Tod. Und wir hielten uns daran. Wir wollten ein stilles, intimes Begräbnis, aber es kamen an die zweihundert Menschen zu seiner Beerdigung.

Kindertagebuch 4

Manchmal mischen sich Erinnerungen mit Erzählungen. Zum Beispiel: wie wir in London einmal in der Wohnung geblieben sind, weil ich im Luftschutzkeller immer geschrien habe. Das hat die Leute gestört, weil wir keine Engländer waren. Das heißt, ich schon, weil ich ja einen eigenen Pass habe mit dem englischen Löwen drauf. Mir gefällt auch die Königin Elizabeth sehr gut und die Prinzessin Anne hat genauso blonde Locken wie ich auf den Fotos. Jetzt sind meine Haare aber viel glatter und braun, so wie Kastanien, hat die Mammi gesagt. Wie die Bomben geflogen sind, war es trotzdem sicher sehr angenehm und gemütlich unter dem großen Tisch. Meine Mama, mein Papa und ich haben uns aneinandergekuschelt, so wie später einmal in Wien, da sind wir bei der Eisrevue gewesen. Das war im Freien im Wiener Eislaufverein am Heumarkt. Es war sehr kalt, mitten im tiefsten Winter, ich hab ein ganz neues Kapperl aus flauschiger orange-roter Wolle bekommen und einen passenden Schal dazu. Mammi hat einen Thermophor mitgenommen und eine dicke Decke zum Warmhalten. Danach haben wir zwei uns nicht mehr mit dem Papa getroffen, nur ich allein manchmal.

Heimreise – Feldarbeit – Reisetage

Meine Eltern hatten, wie erwähnt, zwischendurch in Schottland in der alten Industriestadt Glasgow Zuflucht gefunden, wo sie eine große jüdische Gemeinde vorfanden und wo ich – wie berichtet – zufällig das Licht der Welt erblickte. Nach meiner Geburt verfiel meine noch sehr junge Mutter in eine damals noch unbekannte postnatale Depression. Nun erst war, wie sie mir später erzählte, die Angst vor den Bombenangriffen, den Folgen des Kriegs, die Sorgen um ihre Eltern, all dies Bedrohliche auf sie hereingestürzt. Es war mein jugendlicher Vater, der voll Entzücken an meinem Bettchen weilte, mich wiegte und mich anhimmelte.

Zu dieser Zeit wohnten wir noch bei einer entfernten Großtante der Cousine meines Vaters, Tante Lizzi, ebenfalls Emigrantin; ihr Sohn hatte allerdings schon lange vor Ausbruch des Kriegs dort eine kleine Speiseeisfabrikation aufgemacht. Mein Vater verschenkte leider beim Verkauf am Straßenstand die

Hälfte der bunten wässrigen Kugeln an arme Kinder, deren sehnsüchtige Blicke sein weiches Herz nicht verkraften konnte, und war bald nicht mehr sehr gerne gesehen im Haus des Hans Schwarz, der sich schon lange John und nach seiner Frau Forthning nannte.

Wir zogen nun um in eine Wohngemeinschaft mit dem ebenfalls aus Wien geflüchteten Ehepaar Poldi und Eva Spira, und ich teilte mit der gleichaltrigen kleinen Toni Elizabeth Spira (die später eine große Karriere als Journalistin machte) den Kinderwagen. Meine Mutter war auf die „Spiras“[13] nicht gut zu sprechen, denn es oblag ihr, uns beide kleine Mädchen zu versorgen, herumzutragen und zu beruhigen. Das Ehepaar Spira wie auch mein blutjunger Papa hatten ihre Arbeitskreise und politischen Sitzungen zu absolvieren, um Babys spazieren zu fahren blieb wenig Zeit.

Mein Vater zeigte mir später in Wien die Narben auf den Innenseiten seiner Hände, die er sich zugezogen hatte, als er als Landarbeiter dort in Schottland sein Brot zu verdienen versuchte und ihn ein durchbrennender Ochse, der den Pflug zog, einige Meter über ein Stoppelfeld geschleift hatte. Nach seinem misslungenen Debüt im bäuerlichen Ambiente hatte er sich bei der Bahn verdingt; „Come on, George, let us take a fucking cup of tea“ – dieser mehrmals am Tag georderte Ruf zur gewerkschaftlichen Ruhepause wurde auch später bei uns in Wien zu einem von vielen Running Gags.

Als Papa als Sechzigjähriger eines Tages wieder zu besagtem Landgut kam, um seiner Frau die Orte zu zeigen, an denen er einige Fluchtjahre verbracht hatte, erkannte ihn der dortige ebenfalls sechzigjährige Bauer, der gerade auf einem Apfelbaum saß, sofort.

„George, what are you doing here?“, rief er, und sie umarmten einander herzlichst. Das Wiedersehen wurde von allen ausführlich, freudig und tränenreich gefeiert.

Landarbeit hatte meine Mutter zum Glück verweigern können, sie war zur Zeit meiner „Kleinkindheit“ in einer Munitionsfabrik am Fließband eingesetzt, da war Schichtarbeit angesagt. Was meine Betreuung betrifft, wechsel-

---

13 **Leopold Spira** (geboren am 2. Mai 1913 in Wien, gestorben am 20. Dezember 1997 in Wien) war ein österreichischer Publizist. Als Student engagierte sich Spira in der Zwischenkriegszeit auf der Seite der politischen Linken. Er nahm als Freiwilliger in den Reihen der Internationalen Brigaden am Spanischen Bürgerkrieg teil und saß unter dem autoritären Regime des austrofaschistischen österreichischen Ständestaats fast ein Jahr lang im Gefängnis. Den Zweiten Weltkrieg überlebte Leopold Spira im Exil in Großbritannien, wo er als Redakteur der Exilzeitschrift Zeitspiegel tätig war Die Töchter des Paares, Elizabeth Toni und Margaret, wurden noch in Glasgow geboren. 1946 kehrte Leopold Spira mit Frau und Kindern nach Österreich zurück und wurde in Wien zu einem der führenden Intellektuellen der KPÖ. Spira gehörte mit Ernst Fischer und Franz Marek zum Kreis des Wiener Tagebuchs, der in den 1960er-Jahren eine Linie im Sinne des Eurokommunismus vertrat, weshalb er gemeinsam mit seinen Mitstreitern 1969 aus der Partei gedrängt wurde. Nach dem Tod von Franz Marek fungierte Spira bis 1988 als Chefredakteur des „Wiener Tagebuchs“ und veröffentlichte mehrere Bücher. Quelle: Wikipeda, https://de.wikipedia.org/wiki/Leopold_Spira, abgerufen am 15.12.2022.

ten sich meine Eltern zwar ab, dennoch waren zuweilen auch die anderen hinzugekommenen WG-Mitbewohner, vor allem Mitbewohnerinnen zuständig. Nichtsdestotrotz, ich wurde gewiegt, geherzt und genährt, wie es einem Baby zusteht und so gut es ging. Man hatte überlebt, das war das Wichtigste. Und nun sollte es nach acht Jahren Diaspora endlich nach Hause gehen – für mich als Dreieinhalbjährige ein großes Abenteuer.

Diese „Heimkehr" Ende 1946 von London nach Wien dauerte mehrere Tage. Da beide Elternteile, wie gesagt, oft an verschiedenen Orten und zu verschiedenen Tageszeiten arbeiteten, gestalteten sich schon allein durch diesen Umstand diese Reisetage zu Feiertagen für mich, denn gar zu oft hatte ich die beiden während meines kurzen Kinderlebens nicht gleichzeitig für mich gehabt.

In Paris machten wir Zwischenstation auf unserer langen Reise, ein ganzer Tag lag vor uns: Wir kauften uns Café au lait und frische Croissants, flanierten durch die Straßen und Plätze und bestiegen den so berühmten Eiffelturm, es war ein berauschender Tag! Der Blick über Paris: „Sensationell!", rief mein Vater begeistert, und Mammi hatte einen Schwindelanfall; und ich weiß noch genau, wie wir sie liebevoll hänselten nachher, nach dem Abstieg, und wie ich meinen kleinen rosafarbenen Elefanten an mich drückte, den mir kurz zuvor ein französischer Soldat auf dem Bahnsteig, überwältigt von meinem Charme und den Grübchen in den Wangen, mit Tränen in den Augen geschenkt hatte. Da er schließlich einer Befreiungsarmee angehörte, waren auch die Eltern restlos von ihm angetan. Er muss sehr fesch gewesen sein, denn Mammi erzählte später noch oft von dem netten Soldaten auf dem Pariser Bahnhof.

Nachts in dem großen dunklen Hotelzimmer schmiegte ich mich ganz fest an das kleine rosa Stoffstück. Da war die Stimmung umgeschlagen, es war eine beklemmende Stille zu spüren; ich glaube, dass niemand schlief in dieser Nacht. Es war, als ob Gespenster sich auf unsere Seelen gesetzt hätten, ich ahnte, etwas Unaussprechliches musste geschehen sein, etwas Erschreckendes lag in der Luft, legte sich um meinen Brustkorb und verschlug mir den Atem. Was wohl in den Herzen meiner beiden so geliebten Begleiter vorging? Über einiges haben wir viel später dann Gott sei Dank noch gesprochen, aber wie es ihnen in dieser Nacht wirklich ging, bleibt unbeantwortet.

Nun war es also so weit, aus England, aus dem provisorischen Leben, aus dem Gastland, wo man sich so österreichisch gefühlt hatte, wo sie nach Bertolt Brechts Motto „Schlage keinen Nagel in die Wand" mehr oder weniger unbeschwert gelebt hatten, kehrten sie nun heim. Im Young Austria Center hatten sie in Tanzgruppen den Engländern exotische Tiroler Schuhplattler vorgeführt, es hatte ihnen das Heimweh oft nachts das Herz abgeschnürt, und nun endlich – nach Hause!!!! Georg, mein immer fröhlicher, humorvoller, strahlender, sonniger Vater, den alle liebten, hatte schon damals die Fähigkeit besessen, seine Schattenseiten gut zu kaschieren, heute aber kann ich die Angst, die Unsicherheit der beiden Heimkehrenden und vor allem auch ihre Schuldgefühle gegenüber jenen, die so viel gelitten hatten oder gar nicht mehr am Leben waren, nachempfinden.

Ja, ich muss mich sogar hüten, diese Gefühle nicht zu übernehmen, wobei mir der vom deutschen Bundeskanzler Helmut Kohl heute gängige Ausdruck „Gnade der späten Geburt“ einfällt, eine ominöse Umschreibung, die mir zutiefst ungenügend erscheint, mir aus tiefster Seele zuwider ist. Was für eine Gnade ist da gemeint? Sowohl die Kinder der Opfer als auch die der Täter haben ein Erbe angetreten, welches ich keinesfalls als Gnade, vielmehr als Last wahrnehme.

Meine ganze bewusst erlebte Kindheit hindurch schätzte ich die Menschen, denen ich begegnete, in Gedanken danach ein: „Ob das wohl ein Nazi war?“

Eigenartigerweise behielt ich diese Überlegungen für mich. Niemand sprach gerne über Zeiten, in denen die Menschenwürde Mangelware gewesen war.

Nach unserer Pariser Nacht ging am nächsten Tag die Reise weiter, unzählige Züge wurden in diesen Nachkriegsjahren verschoben oder auf Nebengleisen abgestellt, alles war kompliziert, beschwerlich und aufwendig. Für mich waren diese Ereignisse anscheinend sehr eindrucksvoll, da mit dieser Reise meine ersten konkreten Kindheitserinnerungen verknüpft sind.

Ich verbrachte die meiste Zeit im Gepäcknetz, freiwillig, denn es gab nichts Aufregenderes als dieses Schaukeln und Hüpfen. Einmal nur unterbrochen von einer langen Kotz- und Bauchweh-Phase, die ich aber glücklich überstand. Ich wunderte mich nur sehr, als es von allen Seiten losging und ich nicht wusste, wieso man auf dem Topf sitzend brav drückt, wie man’s gelernt hat, und dann zusätzlich noch eine Menge aus dem Mund herauskommen kann. Ansonsten belustigte ich die Mitreisenden mit meinen Darstellungen verschiedener Variationen von Absprüngen aus dem schon erwähnten Gepäcknetz.

Wir lachten viel, vielleicht war man auch überlustig, es herrschte eine Stimmung vor, die ich im Nachhinein nicht einordnen kann. Jedenfalls ließen sich meine beiden gar nicht so besonders erwachsenen Eltern gerne von mir mitreißen, und mein Übermut war vermutlich auch Ausdruck einer nicht näher definierbaren Grundstimmung. Was sie wohl fühlten und dachten? Immerhin kehrten sie nach acht Jahren in ein Land zurück, aus dem sie brutal vertrieben worden waren. Was war inzwischen wirklich passiert? Wo waren die Eltern, Geschwister, Onkel, Tanten, Cousinen und die Freunde? Was war wahr an den Gerüchten und den Berichten? War das Unfassbare auch den eigenen Leuten angetan worden? Wagte man überhaupt an so etwas zu denken? Vor mir haben sie damals und auch später nur selten über die Gräueltaten der Nazis gesprochen. Der Krieg war vorbei und man jubelte, aber war wirklich alles vorbei, weggewischt wie ein Spuk?

Kindertagebuch 5

Ich hab nicht viel geschlafen auf unserer Reise im Zug und meine Puppe war sehr aufgeregt. Sie hat Bauchweh gehabt, aber dann war's wieder gut, sie ist mit mir im Gepäcknetz herumgehüpft. Die Reise war nämlich sehr lange. Mama und Papa haben viel gelacht und alle Leute im Zug waren sehr lieb zu mir. Manche haben Zeitung gelesen und viel geweint. Mein Papa und meine Mama waren sehr stolz auf mich. Weil ich nicht geweint hab. Aber geraunzt hab ich schon. Manche Leute haben auch gestritten! Und sie haben Karten gespielt und Brote gegessen. Wie wir in Wien angekommen sind, waren alle sehr froh.

Wien – neue Verwandtschaft – neue Kleidchen – 1946

Die erste Begegnung mit meinen neuen Verwandten am Bahnhof in Wien war fulminant. Da war ein Mann, der fast genauso aussah wie mein Papa, nur ein bisschen größer. Walter, der um zwei Jahre jüngere Bruder meines Vaters, für den nach Ausbruch des Krieges keine Ausreise mehr möglich gewesen war, war erst kurz vor uns in Wien angekommen.

Er war nach der Befreiung aus dem Vernichtungslager Auschwitz[14] im Mai 1945, knapp nach seinem zweiundzwanzigsten Geburtstag, auf Lastwägen und in Zügen tagelang, mit Unterbrechungen in Mauthausen und im Nebenlager Ebensee[15], unterwegs gewesen. Die Schreckenszeit im Konzentrationslager hatte er nur dank seiner robusten Natur überleben können.

Es war von beiden Seiten Liebe auf den ersten Blick. Die Brüder Walter (mein neuer Onkel) und Georg (mein Papa) schaukelten und wirbelten mich durch die Luft und so flog und hüpfte ich, von jedem dieser großen Männer an

14 Das **Konzentrationslager Auschwitz-Birkenau** war das größte deutsche Vernichtungslager im NS-Staat. Im Lagerkomplex Auschwitz wurden etwa 1,1 Millionen Menschen ermordet. Der Name „Auschwitz" wurde in der Nachkriegszeit weltweit zum Symbol des nationalsozialistischen Völkermords (Holocaust/Shoa). Von den mehr als 5,6 Millionen Opfern des Holocaust wurden etwa eine Million Juden als rassistisch verfolgte Menschen in Auschwitz-Birkenau ermordet. Quelle: Wikipedia, https://de.wikipedia.org/wiki/KZ_Auschwitz-Birkenau, abgerufen am 15.12.2022.

15 Das **KZ Ebensee** war ein Außenlager des KZ Mauthausen. Die Häftlinge im KZ Ebensee mussten unter schlimmsten körperlichen Bedingungen Stollen und Kavernen für die unterirdische Produktion von Raketen in den Berg treiben. Quelle: Wikipedia, https://de.wikipedia.org/wiki/KZ_Ebensee, abgerufen am 15.12.2022.

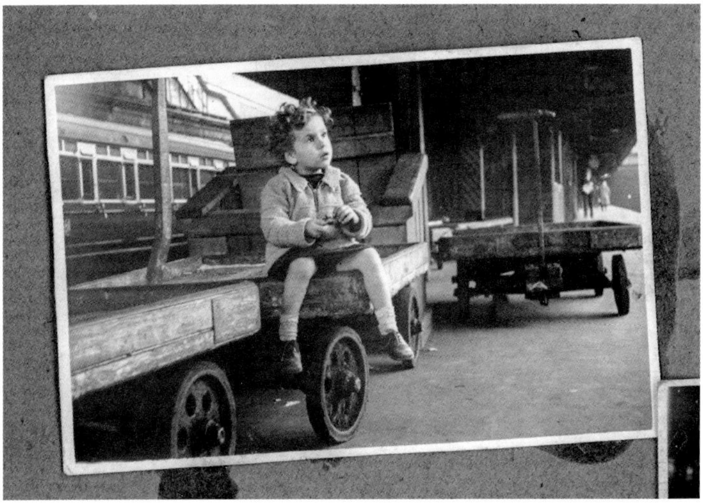

Bahnhof Wien, warten auf die neuen Verwandten

einer Hand gehalten, über die Wasserlacken. Meine ersten deutschen Worte zwischen Quietschen und Johlen plappernd waren: „Hupf in Gatsch, dass alles quatscht, hupf in Gatsch, dass alles quatscht …“ Ich begeisterte mich für diese herrlich klingenden Formulierungen und hörte nicht auf, in die spiegelnden Pfützen zu springen, immer wieder im berauschenden Flug hochgehoben von den beiden starken, fröhlichen Männern. Es war wohl das aufregendste Erlebnis meiner Kindertage. Dass der jüngste der Brüder, Peter, nicht mehr da war? Nein, davon erfuhr ich damals nichts. Auch was das Schicksal der Mutter meines Vaters, meiner Großmutter Vilma, betraf, hüllte man sich vor mir in Schweigen. Man erzählte meinem Großvater, der ebenfalls 1945 aus Palästina zurückgekommen war, dass seine Frau nach dessen Abreise an einem Herzinfarkt gestorben war, was aber nicht stimmte, man wollte ihn nur verschonen; sie war wie alle anderen nach Auschwitz deportiert und dort ermordet worden. Die Sterbensgeschichte seines jüngsten Sohns Peter wurde in zwei Varianten erzählt. Er hatte sich angeblich nach der Befreiung überessen und war an einem Magendurchbruch gestorben; die andere Variante, die eher glaubhafte: Er hatte in den letzten Kriegstagen noch im KZ ein Brot von einem Lastwagen gestohlen und war stante pede erschossen worden. Nun, es wurde über all das nicht viel gesprochen, vor allem nicht vor mir, stattdessen wurden Witze gerissen, unendlich viel gelacht und Blödsinn verbreitet. Ja, es war, wie es war, aber meine beiden Großmütter – väterlicherseits Vilma und mütterlicherseits Helene –, mein Onkel Peter, die Cousinen meiner Mutter und meines Vaters, mein Großvater Emil (ebenfalls mütterlicherseits) – sie alle waren „ins Gas gegangen“.

Meine neue Tante Diti, die Frau meines neuen Onkels Walter, die als eine der wenigen ihrer Familie Auschwitz überlebt hatte, war sehr groß, hatte riesige Augen und eine sehr tiefe Stimme. Sie war ganz besonders witzig und wir verstanden uns auf Anhieb. Ich durfte sie beide bei ihren Vornamen Diti und Walter nennen und das altvaterische „Onkel" und „Tante" weglassen. Beide sprachen ein schauderhaftes Englisch und so kam ich darüber wieder und wieder aus dem Lachen nicht heraus. Diti kam aus einer Schneiderfamilie, die, wie gesagt, fast vollständig „ausgerottet" war, da gab es in Wien vorerst niemanden mehr zu finden. Als sie einmal die Nachbarn ihres ehemaligen Zuhauses aufsuchte, um möglicherweise Details über das Schicksal des vermissten Teils ihrer Angehörigen zu erfahren, bat man sie freundlich auf Kaffee und Kuchen herein. Diese Jause wurde auf dem ihr bekannten seltenen Service aus dem Haushalt der elterlichen Wohnung serviert! So stand sie auf, bedankte sich höflich und unternahm nie mehr etwas in dieser Richtung. Es war nicht mehr notwendig!

Diti nähte mir wunderhübsche Hängekleidchen, eines mit großen Maschen auf den Schultern. Als Krönung des Ganzen trug ich auch eine Schleife von dem gleichen, natürlich rosafarbenen Stoff im Haar, und auch das Höschen war aus demselben mit den kleinen Blümchen drauf. Meine Mutter fand das zwar etwas kitschig, aber ich war überglücklich. Rosa war meine Lieblingsfarbe, ohne meine rosa Decke gab es kein Einschlafen, ich hielt sie mir an die Nase und schnupperte so lange daran, bis mir die Augen zufielen. Dieses Ritual soll ich mir in den stickigen Luftschutzkellern angewöhnt haben, als die deutschen Bomben über London donnerten, und noch heute bekomme ich allergische Reaktionen, wenn ich Kellerluft einatme.

Kindertagebuch 6

An meinem ersten Tag in Wien haben sie uns vom Bahnhof abgeholt.

Ich war damals fast vier Jahre alt, das weiß ich von einem Foto von mir und meiner Mama, wo hinten die Jahreszahl draufsteht. Das Foto haben sie gleich bei unserer Ankunft gemacht, da schauen wir beide in die Zukunft. Ich drücke Mammi ganz fest, weil ich mich auch so freue. Mein Papa und sein Bruder Walter haben mich jeder an der Hand genommen. Es hat geregnet und es waren große Wasserkreise auf den Straßen voller Löcher, da sind wir drübergesprungen.

Wir haben dann alle zusammengewohnt, und ich hab meinen Großvater, den Papa von Papa, kennengelernt. Er hat komische Geschichten erzählt, und in seinem Zimmer war eine nackte Frau an der Wand. Sie hieß Maja. An die anderen Bilder erinnere ich mich nicht, aber zu jedem Bild hat es eine Geschichte gegeben. Ich hab mir keine gemerkt.

Uchatiusgasse – Kränkungen – Fettnäpfchen – 1946

In Wien wohnten wir nach unserer Heimkehr alle zusammen in der Uchatiusgasse, dies war der ausgemachte Treffpunkt für „nach dem Krieg“, im gutbürgerlichen dritten Bezirk, in der großelterlichen geräumigen Wohnung. Mütterlicherseits gab es ja niemanden mehr, was ich natürlich nicht wahrnehmen konnte, wie sollte ich auch. Da waren nun Walter und Diti, und meine Mama und mein Papa. Und immerhin ein echter Großvater. Ein wahres Kinderparadies, denn wer hat schon auf einmal vier Eltern.

Walter und Diti hatten in Theresienstadt im Vorzeigelager der Nazis heiraten dürfen, da waren sie noch nicht einmal volljährig gewesen. Es war eine improvisierte rabbinische Trauung gewesen, und sie hatten sich später noch oft lustig gemacht über ihr mangelhaftes Hebräisch und den ganzen „Klimbim“.

Nach Auschwitz waren sie nicht gemeinsam deportiert worden. Getrennt hatte man die beiden in Viehwaggons von Theresienstadt nach Auschwitz gebracht, wo sie sich die ganzen Jahre nicht sehen oder miteinander sprechen konnten.

Einmal hatte ein Häftling Diti heimlich einen kleinen Zettel zugesteckt, den hat sie bis zu ihrem Tod aufbewahrt wie ein Juwel. Sie hatte ihn in den Rocksaum ihrer Sträflingskleidung eingenäht. Es war ihr einziger Halt, dieses Zettelchen, eine Botschaft, ein Lebenszeichen von ihrem Mann.

Die Mutter meiner Tante Diti war freiwillig mit der Tochter mitgekommen. Diese war nie darüber hinweggekommen: die Trennung auf der Rampe nachts, bewacht von bellenden Schäferhunden; vor Kälte zitternd mitansehen zu müssen, wie ihre Mutter nach der Selektion vor ihren Augen verschwand. „Sie gehen alle ins Gas“, flüsterte ihr ein Mithäftling zu. Wie auch sollte sie so ein Erlebnis verkraften? Ich glaube, dass das gar nicht möglich ist. Und wenn Diti später auch in ihrer immer größer werdenden Aggressivität und Ungerechtigkeit übers Ziel hinausschoss, fanden alle Familienmitglieder, vor allem meine Mutter, man müsse ihr alles verzeihen, jede Kränkung, die sie einem zufügte, ja jedes unbedachte verletzende Wort – und deren gab es viele – musste geschluckt werden, denn sie hatte „so unbeschreiblich viel durchgemacht“.

Nie werde ich die Beklemmung und dieses betretene Schweigen vergessen; es war ein Sonntagvormittag und ich tobte vom Zimmer meiner Eltern ins Zimmer von Walter und Diti, von einem Bettlager ins nächste, und ließ mich bekuscheln und verwöhnen. Aufgeregt und furchtbar geschäftig wirbelte ich herum, da bemerkte ich die eintätowierten Nummern an ihren Unterarmen. „Habt ihr eure Telefonnummern da aufgeschrieben?“ (Ich konnte schon einige Buchstaben und Ziffern erkennen.)

Und da war eine plötzliche, fürchterliche Stille, ein beklemmendes Schweigen. Es trat eine Leere ein, ein Vakuum, in das ich tiefer und tiefer fiel. Es bleibt das mir jetzt noch bekannte und manchmal auch wiederkehrende Gefühl, völlig danebenzustehen und mehr als nur ins Fettnäpfchen getreten zu sein. Ich verstand gar nichts, aber ich erinnere mich an die Situation als wär's gestern gewesen.

Kindertagebuch 7

Es war sehr lustig in der Uchatiusgasse, mit Walter, dem Bruder vom Papa, und seiner Frau Diti, die waren auch Juden, so wie wir. Aber darüber haben wir nie gesprochen. Ich hab sie beide gleich sehr liebgehabt.

Sie waren schon früher in Wien angekommen, beide am gleichen Tag! Das war zufällig. In der Sammelstelle in der Kultusgemeinde. Da hat sie ihn zuerst gar nicht erkannt, weil er so dünn war, nur an der Stimme, wie Walter gerufen hat: DITI!

Walter hatte die Leute, die vorher in unserer Wohnung waren, hinausgeworfen, bis der Mann im Stiegenhaus liegengeblieben ist. Ob er tot war? Am Magistrat hat er dem Beamten dann die Faust gezeigt!!! So haben wir die Wohnung wiederbekommen.

Das hat er im Lager gelernt. Das haben die Erwachsenen erzählt. Walter ist zuerst in Ebensee angekommen. Dort war ein KZ-Nebenlager, da hat er noch Wochen warten müssen, bis es nach Wien ging.

Diese Landschaft dort ist sehr schön, das weiß ich, weil ich viel später einmal mit meinem Papa dort gewesen bin. Man fährt mit der Fähre über den Traunsee, da kann man aussteigen und das Lager betrachten. Aber das wissen nur sehr wenige Menschen auf dem Schiff, weil der Fremdenführer das nicht ansagt. An dieser Station sagt er nur: „Ebensee – bitte aussteigen." Im Hauptlager waren wir auch auf Besuch, in Mauthausen. Dort ist die Landschaft auch besonders schön, und es gibt einen großen Steinbruch, wo die Gefangenen sich zu Tode gearbeitet haben. Es waren furchtbar viele Juden und Ausländer dort eingesperrt, obwohl sie vollkommen unschuldig waren. Man hat sie dort vergast und anschließend verbrannt. Ich glaube, mein Papa hat sich gekränkt, weil er niemanden gerettet hat! Aber er hat nie davon gesprochen.

Verstimmung – Geldsorgen – Trennung

Mittlerweile war das Zusammenleben in der großelterlichen Wohnung nicht mehr ganz so harmonisch wie in den ersten euphorischen Monaten. Mein Großvater Julius hatte vor dem Krieg ein kleines Ledergeschäft im zweiten Bezirk in der Ferdinandstraße betrieben. Diese kurze Seitengasse, gleich neben der Urania, ganz in der Nähe der sephardischen Synagoge, die in der berüchtigten Kristallnacht am 9. November 1938 von den Nazis total zerstört und niedergebrannt wurde, war auch als die Gelbe Straße bekannt.

Es war dies die Geschäftsgasse der jüdischen Ledergerber und Händler, Färber, Taschner und Gürtler.

Meist waren diese 1492 aus Spanien vertriebenen Juden – so wie die Familie meines Großvaters – über die Türkei und Ungarn nach Wien gelangt.

Diese sephardischen Juden waren schon 100 Jahre vor der aschkenasischen Gemeinde in Wien aufgrund des Friedensvertrags von Passarowitz[16] ansässig.

Mein Vater, als ältester Sohn, sollte mit meinem Großvater gemeinsam das Geschäft wieder aufbauen. Vor dem Krieg hatte man ja gar nicht so schlecht davon gelebt. Mein Vater hatte jedoch nur die KPÖ im Kopf, da verdingte er sich ja immer weiter mit Haut und Haar, es sollte doch ein neues, demokratisches Österreich entstehen. Dass dafür die Kommunistische Partei zuständig wäre, war der große Irrtum dieser Generation, junger heimgekehrter Emigranten.

Geld brachte nur sein Bruder, mein Onkel Walter, nach Hause, der in der amerikanischen Besatzungszone als LKW-Fahrer einen Job gefunden hatte und hier alles, was er in Auschwitz gelernt hatte bezüglich Schwarzhandel und „Beschaffung" von Lebensmitteln usw., anwenden konnte.

Eines Tages brachte er einen lebenden Truthahn nach Hause; niemand in unserer kleinen Familie hatte je Geflügel geschlachtet. Das hatte man weder in der Emigration noch in Auschwitz gelernt. Dementsprechend war das Badezimmer blutüberströmt, und das durch Mark und Bein gehende Geschnatter der armen gemarterten Pute und das Gebrüll der beiden Brüder gellt mir noch heute in den Ohren.

Das Ergebnis der Schlachtung landete bei den Nachbarn, Herrn und Frau Palmsdorfer. Das Badezimmer musste frisch ausgemalt werden und ich habe viele Jahre kein Geflügel essen können.

Ich erinnere mich an meinen scharfnasigen, kleinen, hellblauäugigen, eleganten Opapa als einen immer korrekt Gekleideten – mit Panamahut und glänzenden Flügelkappenschuhen, die er mit Spucke polierte –, der mit mir an der Hand am Sonntagmorgen zum „Zeilinger", dem großen Weinhaus auf der Landstraße Ecke Seidlgasse, auf ein „Stehachterl" ging. Nein, man ging nicht in den Tempel wie andere Wiener Juden, das hatte man sich in meiner Familie nach dem Holocaust gründlich abgewöhnt, leider! Diese samstäglichen feierlichen Vormittage im Wiener Stadttempel sollte ich einige Jahre später mit meiner Schulfreundin Yvette und deren Eltern genießen.

---

16 Der **Friede von Passarowitz** beendete den Venezianisch-Österreichischen Türkenkrieg. Er wurde am 21. Juli 1718 in Passarowitz, dem heutigen Požarevac in Serbien, zwischen Karl VI. und Venedig einerseits sowie Sultan Ahmed III. andererseits abgeschlossen. Quelle: Wien Geschichte Wiki, https://www.geschichtewiki.wien.gv.at/Friede_von_Passarowitz, abgerufen am 15.12.2022.

Opapa trank also genüsslich sein Achterl und zog gemütlich an seiner Zigarre, die er zu Hause nur heimlich auf dem Klo rauchen konnte. Er erzählte eigenartige Geschichten, die komisch waren, aber ohne ersichtliche Pointe, die mich manchmal etwas ratlos zurückließen.

Ganz anders als die spannenden Geschichten unseres Nachbarn, des Herrn Palmsdorfer, den ich, nachdem wir ausgezogen waren, nicht mehr wiedersehen sollte. Auch nicht die liebe Frau Palmsdorfer, wieder eine Trennung, wieder ein Verlust, deren gab es viele in meiner bewegten Kindheit.

Mein Großvater tätschelte mir manchmal so nebenbei den Kopf, mir auf diese Weise sein Wohlwollen bedeutend. Mehr war nicht zu erwarten, er lebte in seiner eigenen Welt. Das große Drama aber vollzog sich vor allem für Diti, als mein Großvater eine neue Frau „heranschleppte". Frau Josefine Rumschitzky, genannt Fini, die neue Liebe meines Großvaters war Sudetendeutsche, ungefähr achtundfünfzig Jahre alt, hatte lila Löckchen und wurde von den Erwachsenen abgrundtief gehasst. Ich verstand mich gut mit ihr, vor allem die lila Haare weckten mein Interesse.

Aber meine noch so junge Tante Diti hatte sich, aus dem KZ entkommend, überdrüssig der vielen Menschen, mit denen sie die Wohnung teilen musste, vermutlich eine andere Welt erträumt. Sie, die ihre Jugend in Auschwitz versäumt hatte, wollte verständlicherweise endlich die Zweisamkeit ihrer so jungen Ehe genießen. So wurde das Verhältnis zwischen ihr und den anderen Mitbewohnern, und vor allem zu meiner Mutter, immer angespannter.

Mein Vater verweigerte nach wie vor die Mitarbeit in der Lederhandlung, er war seiner KPÖ treu geblieben und verdingte sich als Parteiarbeiter für den Aufbau eines neuen Österreich. Die familiären Spannungen in der Uchatiusgasse wurden für meine Mutter unerträglich. Sie hatte mittlerweile bei der HIAS, der jüdischen Organisation für Flüchtlingshilfe, als Englischkorrespondentin zu arbeiten angefangen, und beendete nun ihre Ehe mit einem Mann, der sich zwar professionell als „Berufsrevolutionär" politisch betätigte, der aber in ihrem Verständnis die Verantwortung für Frau und Kind nicht übernehmen wollte. So „zogen wir aus" und sie musste nun für uns beide eine neue Unterkunft suchen. Damit ging für mich wieder einmal ein fröhlicher, unbeschwerter Zeitabschnitt zu Ende.

Kindertagebuch 8

In der Uchatiusgasse war ich viel mit Diti, meiner neuen Tante, unterwegs. Wir waren in der Markthalle, da hab ich immer eine Salzgurke bekommen, sie ist auch mit mir auf der Landstraße, das war ja fast um die Ecke, ins Kino gegangen. „Du sollst mein Glückstern sein" – da waren wunderschöne Frauen mit weißen Schlei-

ern, die tanzten und haben zu wunderschöner Musik gesungen. Diti hat gerne den Boden geputzt und ich hab mir die Bürste aufschnallen dürfen und hab geholfen. Einmal hab ich eine Gasmaske gefunden und wie ich sie aufgesetzt hab, sind alle furchtbar erschrocken und haben sie mir weggenommen. „Ich kann machen, was ich will", hab ich geschrien und aufgestampft. Da ist die Bodenbürste durchs ganze Zimmer geflogen. Meine Mama war erst am Abend da, weil sie in der HIAS war, und Papa war in der Partei. Walter und Papa haben einmal Palatschinken gekocht und sie haben sie so hoch geschupft, dass sie am Plafond picken geblieben sind. Papa hat gerne gesungen, wenn er da war, und er hat mit mir getanzt: „Wenn auf Capri die rote Sonne im Meer versinkt" oder „Avanti popolo, bandiera rossa, bandiera rossa, bandiera rossa", aber dieses Lied von der roten Fahne hasste meine Mama, weil sie alles, was kommunistisch war, hasste. Drum haben sie sich auch scheiden lassen. Mein Papa hat der Partei weiter gedient und Mammi hat immer sozialistisch gewählt, aber nie kommunistisch und sie hat das „Neue Österreich" gelesen. Eigentlich war die kommunistische Partei schuld, dass sie sich getrennt haben. Aber sie haben sich sehr lieb gehabt, so etwas spürt man, auch als Kind.

Petersplatz – Kirchgang – sturmfreie Bude – 1948

Ich war nun fünf Jahre alt und auf Veränderungen gebrieft. Der Umzug-Auszug aus der Uchatiusgasse, der Abschied von Walter, Diti, Großvater und Frau Rumschitzky, von den lieben Nachbarn, den Palmsdorfers, und dem Lebensmittelhändler in der Gasse ging für mich von heute auf morgen.

Ich befand mich nun in einer großen leeren Wohnung mit großen Flügeltüren und hohen vergitterten Fenstern. Meiner Mutter und ihrer Freundin Feh war es nur gelungen, diese Wohnung, auf die sie durch ein großes Inserat aufmerksam geworden waren, mit finanzieller Unterstützung zu mieten. Meinem einzigen Großvater tat es sichtlich leid, mit seiner neuen Frau, mit Diti und Walter übrig zu bleiben, denn auch mein Vater, sein Lieblingssohn Georg, verließ die Uchatiusgasse, übersiedelte in den vierten Bezirk und sollte bald eine neue Familie gründen. Opapa Julius griff den beiden Freundinnen großzügig unter die Arme und besuchte uns, so oft es ihm möglich war; allerdings wurden die Besuche immer spärlicher, denn der häusliche Krieg zwischen Diti und Fini wurde immer bedrohlicher, und so wollte er die beiden Frauen nicht unbedingt allein lassen. Ich blieb von alledem unberührt. Ob mir mein Papa abging? Nun, da setzt die Verdrängung ein, ich kann mich nicht erinnern, nach ihm gefragt zu haben! Dieses Thema wurde dann Material für spätere Therapiesitzungen.

Ich fand mich jedenfalls ziemlich bald zurecht in dieser neuen, interessanten Umgebung. Man konnte in der lichtdurchfluteten, unter dem Dach liegenden Wohnung auf dem Fensterbrett sitzen und durch die Gitter auf den Graben hinunterschauen. Der Eingang war auf dem Petersplatz, genau gegenüber einer vom Krieg verschonten Barockkirche, der Peterskirche. Eine großartige Adresse, im ersten Bezirk mitten im Zentrum der Stadt, in einer sehr vornehmen Gegend. Ich erinnere mich sehr gut, dass ich jeden Sonntag in dieses große Gebäude mit den dunklen Wänden, an denen riesige Bilder hingen, pilgerte. Sie ließen mich allein hineingehen, denn was sollten meine jüdische Mama und deren jüdische Freundin in einer Kirche?

Aber ich fand diese Besuche sehr interessant. Das Weihbecken rührte ich nicht an, das Wasser darin war nur Christen vorbehalten; niederknien musste ich mich auch nicht, und das Kreuz musste ich auch nicht machen. Wieso ich das wusste? Wie war mir das beigebracht worden? ... Keine Ahnung!

Wenn die Messe aus war, holte ich nicht weit von uns aus der Trafik am Stephansplatz, die Sonntag geöffnet war, für Feh und Mama Zigaretten und die Zeitung „Neues Österreich". Geraucht wurde ja sehr viel, das war chic und modern. Feh trug immer lange Hosen mit Bügelfalten – wie Marlene Dietrich, sagte sie –, sie aß nur Karotten und grünen Salat. Sie arbeitete als Mannequin, wie damals Models benannt wurden.

Die Trafiken wurden zumeist Kriegsversehrten zugeteilt, so hatte der freundliche Trafikant, der meine Bestellungen immer schon bereithielt, einen Haken statt der Hand, wie Käpt'n Hook, und das war schon sehr interessant für ein fünfjähriges neugieriges Kind. Viele Jahre später kam ich eines Tages, nostalgisch gestimmt, in eben diese Trafik, um mir selbst Zigaretten zu kaufen, und zu meiner Überraschung war der Besitzer noch immer derselbe. Natürlich hat er mich nicht erkannt, aber ich erinnerte mich an ihn, denn er hatte statt der linken Hand einen Haken wie Käpt'n Hook.

Feh, die Freundin meiner Mutter, war ebenfalls frisch geschieden. Deren kleine, dunkelhaarige Tochter Kathi, die so wie ich fünf Jahre alt war, zog bald zu ihrem Vater, kam aber öfters zu Besuch. Wir waren ein hübsches Paar, gleich groß, die eine blond und die andere schwarzhaarig, die Menschen drehten sich auf der Straße nach uns um, wir waren beliebt und fröhlich – und wild! Nein, wir waren keine braven, schüchternen Kinder! Die Pädagoginnen im Londoner Kindergarten hatten uns, nach Anna Freuds Konzept, zu kleinen selbstsicheren Persönlichkeiten heranwachsen lassen.

Kathy blieb jedoch bald ganz bei ihrem Vater, kam in die Obhut ihrer neuen Familie, zu einer neuen Mutter, und um die richtige Mutter Feh nicht zu erinnern, wurde auch der Kontakt mit mir nicht mehr hergestellt. Wieder hatte ich eine kleine Freundin verloren, an die ich mich allerdings nicht mehr sehr deutlich erinnere. Ich lernte sie dann später, wir waren gerade achtzehn geworden, durch gemeinsame Bekannte zufällig wieder kennen. Wir tauschten uns kurz aus, bemüht um unsere spärliche Erinnerung, und dann war sie wieder weggetaucht.

Unsere Mütter, die beiden jungen Frauen in ihrer sturmfreien Bude, der noch lange nachgeweint wurde, schienen ihre neu erlangte Freiheit voll zu genießen. Es gab viele Feste, die Stimmung war beschwingt, die Scheidung und die Beendigung des Zusammenlebens, ja die Flucht aus dem gemeinsamen Haushalt in der Uchatiusgasse, hatten meiner Mutter gutgetan. Ein neuer Anfang war in Aussicht gestellt, aber bald ging diese unbeschwerte Zeit zu Ende, denn Feh wanderte nach Amerika aus.

Jahre später sollte sich am Petersplatz „Fattys Saloon“ etablieren, einer der ersten Jazzkeller in Wien. Natürlich Live-Musik mit Fatty Georges Band, vielen Größen aus den USA sowie mit Hans Koller, Uzzi Förster und Hans Salomon, Bertl Mayer sen., Fritz Pauer und Joe Zawinul. Ach, so viele wunderbare Abende waren das damals in den 60er-Jahren, die sich bis in den frühen Morgen zogen. In der Morgendämmerung aufzubrechen, vermittelte mir, wenn wir über den noch leeren Platz zogen, ein heimatliches Gefühl, obwohl wir dort längst nicht mehr wohnten.

Kindertagebuch 9

Mammi und ich sind mit ihrer Freundin Feh und ihrer Tochter Kathi umgezogen. Kathi ist genauso so alt wie ich, nur drei Tage Unterschied, das weiß ich, weil sie hat schon Geburtstag gehabt und ich war im Juni auch fünf. Es war eine sehr große Wohnung. Ich hab mich gerne an den Türschnallen an den großen Türen hin- und hergeschaukelt, und die Erwachsenen haben geschimpft und das nicht erlaubt, denn was da alles passieren könnte!

Kathi war viel bei ihrem Papa und seiner neuen Frau und dann ist sie gar nicht mehr gekommen, nicht einmal auf Besuch. Meinen Papa hab ich aber nicht vergessen. Ich bin oft lange auf dem Fensterbrett gesessen und hab mit meinen blonden Haaren gespielt. Die sind jetzt leider braun geworden und manchmal hab ich mir eine Locke abgeschnitten, die hat dann der Wind weggeweht. Wenn man ein Aug zudrückt und dann das andere, dann springen die Haare auf alle Seiten. Gleich vis-à-vis von dem Haus war die Peterskirche. Ich bin ganz allein hineingegangen. Es war sehr schön dort, es hat ganz besonders gerochen in der Kirche und die Kleider von dem Priester waren sehr schön, und auch die Musik und die gesprochene Stimme. Ich bin immer weit hinten stehen geblieben, damit niemand bemerkt, dass ich nur zugeschaut hab.

Am Tag war ich viel allein, nur mit einer komischen Kinderfrau, aber die hat Mammi oft ausgewechselt und die hat auch zu viel gekostet. Mammi und Tante Feh waren von Montag bis Samstag im Büro, aber die übrige Zeit mit Mammi und Feh war sehr lustig, es waren immer viele Menschen da, vor allem am Abend. Einmal hab ich mich gefürchtet, da war es sehr laut und niemand hat gehört, dass ich geweint habe.

Fremder Mann – Museumsbesuche – Kindergarten – Eislaufplatz

Als wir gerade dabei waren, uns in der neuen Wohnung am Petersplatz einzuleben, brachte meine Mutter eines Tages auch einen neuen Mann ins Haus. Marcel Rottwin, er war viel älter als mein Vater, da war eher eine Ähnlichkeit mit meinem einzigen lustigen Großvater, beide hatten spiegelnde Glatzen.

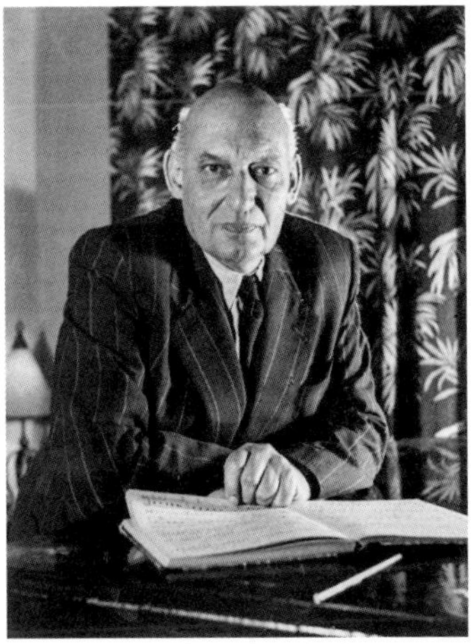

Dr. Marcel Rottwin

Der erste Versuch dieser neuen männlichen, vermeintlichen Autoritätsperson, mich, ein fünfjähriges aufgewecktes, sehr selbstbewusstes und auch selbstständiges Mädchen, erziehen zu wollen, endete kläglich. Wir saßen zu dritt um den Esstisch, ich lümmelte sichtlich lustlos, die Ellbogen auf der Tischplatte aufgestützt, stocherte auf meinem Teller herum und griff mehrmals nach dem Salzfass, schob es hin und her. Da riss er mir dieses abrupt, ziemlich heftig aus der Hand und versalzte mir ostentativ mein Reisfleisch.

Ich brüllte los, sprang auf und verschanzte mich im Nebenzimmer hinter der Couch. Es war nichts mehr mit mir zu machen und weiter kann ich mich nicht erinnern, wie das ausging, aber jedenfalls nicht zu meinen Gunsten. Reisfleisch kann ich bis heute nicht essen.

Ein anderes Mal sollten wir gemeinsam einen Ausflug unternehmen und ich wollte meine geliebte Puppe „Claudia" in ihrem Puppenwagen mitnehmen. Aus unerfindlichem Grund versuchte er mir das zu verbieten. Da kam er aber nicht weit, wieder heftiges Gebrüll! Dann taten er und meine Mutter so, als würden sie ohne mich weggehen. Ich schluchzte herzzerreißend, die Puppe an meine Brust gedrückt, verlassen, allein und ungeliebt. Da kam meine Mutter mit den traurigsten Augen der Welt ins Zimmer (sie waren natürlich nicht wirklich weggegangen) und bat mich, die Puppe doch zu Hause zu lassen, „sonst verlierst du sie noch", und ich solle doch ihr zuliebe jetzt mitkommen. Ob sie mich überreden konnte? Das entzieht sich meinem Erinnerungsvermögen.

Nein, er wohnte nicht mit uns zusammen, er hatte eine kleine Eigentumswohnung in der Fischerstiege, auch im ersten Bezirk. Marcel Rottwin, ehemals Rotwein, dessen Vater Kantor und dessen Mutter Erzieherin bei den

Rothschilds gewesen waren, war dreißig Jahre älter als meine Mutter. Er war Arzt, ein äußerst gebildeter Mensch, Kosmopolit der ersten Stunde, Mitglied der jüdischen Kultusgemeinde, er sang im evangelischen Kirchenchor und im Chor der „Wiener Singakademie", in dem auch meine Mutter aktives Mitglied wurde, er war außerdem Freimaurer und Mitglied der Schlaraffia, eines Narrenclubs, und er war äußerst beliebt bei seinen Patienten (vor allem den weiblichen). Marcel führte in unsere neue familiäre Dreisamkeit das Zelebrieren der jüdischen Feiertage ein, wofür ich ihm bis heute dankbar bin. Vor dem Krieg war er Mitbegründer eines der ersten physikalischen Institute in Wien, der „Helia"[17] am Fleischmarkt.

Während der Nazizeit hatte Marcel in Shanghai recht und schlecht Zuflucht gefunden. Er hatte dort schon als junger Arzt praktiziert und vieles aus der chinesischen Medizin kennen gelernt, und obwohl ich nichts wusste von seinem Aufenthalt dort, hielt ich lange Zeit sein Porträt-Foto, welches über seinem Schreibtisch hing, für die Fotografie eines Chinesen. Der Zauber der Assimilation?

An den Wochenenden durften meine Mutter und ich – später, als wir schon in der Ennsgasse wohnten und dort weder ein Badezimmer noch eine Duschecke hatten – in einer der großen hölzernen Wannen in der „Helia" baden und Kopf waschen.

Ich musste ihn zum Glück weder Papa noch Onkel nennen, sondern ich nannte ihn Marcelli. Nur als Kleinkind war ich ihm und er mir eher unheimlich, später haben wir uns auf eine „Kumpel-artige" Weise ganz gut verstanden. An meinem elften Geburtstag fuhr er mit mir mit der Straßenbahn die Ringstraße entlang, und ich lernte die Stationen dank seiner unermüdlichen Geduld auswendig. Noch heute weiß ich, dass das Naturhistorische Museum, vom Ring aus betrachtet, rechts und das Kunsthistorische Museum links steht. Samstagvormittag bestaunten wir gemeinsam die großen Gemälde in den verschiedensten Museen und er führte mich in die Geschichte der Malerei ein. Meine Mutter verbrachte diese Stunden im Dampfbad in der Weihburggasse, wohin sie mich manchmal mitnahm. Der dichte Dunst und die nackten Frauen

---

17 Die **Helia** ist das traditionsreichste Ambulatorium für Physikalische Therapie in Wien. Ende des 19. Jahrhunderts von Dr. Neumann gegründet, residiert es seit 1903 an seiner heutigen Adresse am Fleischmarkt 7 im ersten Wiener Gemeindebezirk (siehe Erstzulassung). Das Haus war das Stammhaus von Julius Meinl. Der berühmte Hollywood-Regisseur Billy Wilder wohnte dort vor seiner Auswanderung in die USA. 1938 wurde die Helia von der Nationalsozialistischen Regierung enteignet und die Gründerfamilie flüchtete nach Shanghai. Nach 1946 wurde die Helia erneuert und als Ambulatorium für Physikalische Therapie von Dr. Rottwin (Schwiegersohn von Dr. Neumann) bis zu seinem Tod weitergeführt. 1965 erfolgte die Übernahme durch Dr. Richard Bugajer, der die die Räumlichkeiten vollständig renovierte. Seit seinem Ableben 1998 wird die Helia von seiner Witwe, Dr. Hava-Eva Bugajer-Gleitman, geleitet. Quelle: Helia, https://www.helia.at/, abgerufen am 15.12.2022.

waren mir zwar etwas unheimlich, aber die Wärme war angenehm, und wir waren wieder einmal zu zweit! Was gab es Schöneres?

An den Sonntagnachmittagen, lange nachdem wir die Wohnung auf dem Petersplatz verlassen hatten, nach dem Mittagessen, das Marcel in seiner hübschen Wohnung für uns zubereitete, ging ich später dann als Teenager zum Wiener Eislaufverein in der Nähe des Heumarkts, wo meine Freundinnen schon auf mich warteten. Wir drehten unsere Runden, in engen karierten Röhrlhosen und mit rosafarbener Labisan-Heilsalbe auf den Lippen, über die spiegelnde Eisfläche, und aus den Augenwinkeln nahmen wir erste schüchterne „Bubenkontakte“ auf.

Marcels eigene Tochter war als verschollen deklariert worden, niemals wurde sie erwähnt, und ich hatte und habe bis heute keine Vorstellung, kein Bild von ihr, kenne keinerlei Anekdoten über sie. Nach hartnäckigem Nachfragen erhielt ich von meiner Mutter die lakonische Auskunft: „In der faschistischen Nazizeit sind viele Menschen einfach so verschwunden.“

Aber zurück zur Petersplatz-Zeit. Wir hatten uns nun langsam wohnlich eingerichtet und ich kam in den Kindergarten, den ich verabscheute. In London war ich in einem Kinderkollektiv, einem „Kindergarten“ nach dem Modell von Anna Freud, aufgehoben gewesen. Der Unterschied in der Kinderbetreuung muss fulminant gewesen sein, ich war ungern dort. Zum Glück nicht allzu lange habe ich mich im Wiener Nachkriegs-„Kinderabstellgarten“ gelangweilt und viel mehr ist da nicht zu sagen.

Das Leben hatte nun mit den Besuchen von Marcel und den neuen Berufsaussichten für meine Mutter einen mehr oder weniger strukturierten Verlauf angenommen, ... bis ... ja, bis die im Jahre 1938 vertriebene jüdische Familie, die rechtmäßigen Besitzer oder Mieter (so genau weiß ich das nicht), nun zurückkamen aus der Diaspora. Die Wohnung am Petersplatz war an meine Mutter und Feh unrechtmäßig von Ariseuren vermietet worden, die von diesen „unter der Hand“ schwarz kassierte Ablöse verfiel, nun war der „Abstieg“ vorprogrammiert. Wieder mussten wir ausziehen.

Kindertagebuch 10

In Wien waren Ruinen und Bombentrichter, so wie in London. Da waren auch rote Autobusse, aber hier in Wien konnte man nicht hinaufgehen in den zweiten Stock, weil es eben keine Doppeldecker waren. Das hat mich jedes Mal sehr geärgert, schon beim Einsteigen. Immer hab ich gehofft, dass da doch Stufen hinauf gehen. Mammi war dann genervt, aber manchmal auch sehr belustigt. Das wunderbare cremige Obers-Eis hat es auch nicht gegeben, auch kein wackelndes Jelly – weder rot noch grün und so schön durchsichtig. Nur farblos gräulichen Pudding;

und im Kindergarten musste ich nachmittags schlafen, auch wenn ich nicht müde war. Das ist mir furchtbar auf die Nerven gegangen.

Stubenbastei – neue Schwester – erster Schultag – 1949

Nach dem abrupten Auszug aus der schönen Petersplatz-Wohnung fand meine Mutter nach langer Suche vorübergehend ein kleines Untermietzimmer im neunzehnten Bezirk, und ich, gerade sechs Jahre alt, fand mich in einem neuen Zuhause bei einer neuen Familie zurecht!

Da waren Herr und Frau Kariger, die ein Stockwerk höher wohnten, ein Großvater und eine Großmutter und auch ein kleines Mädchen, zwei Jahre jünger als ich, ein neues Schwesterlein, die kleine Renate, genannt Pippi. Das war nun meine Pflegefamilie. Die helle, große Wohnung auf der Stubenbastei lag wieder im ersten Bezirk, nahe des Stadtparks, in dem ich mich auf meinem neuen Roller austoben konnte. Aufgeschlagene Knie waren keine Seltenheit, aber die neue Großmutter verarztete mich fürsorglich, es ging mir ganz gut dort.

Ja, ich hatte nun eine neue Familie. Pippi und ich waren unzertrennlich, mich wunderte nur, dass wir nicht gemeinsam nackt in der Badewanne herumplantschen durften. Es wurde viel gekocht und gegessen. Als es einmal frische Spiegeleier gab, musste ich mich übergeben, war ich doch als Kriegskind von klein auf Eierspeise aus Eipulver gewöhnt. Auch Milch war grauslich, ich hatte immer gerne Trockenmilch geschleckt, aber die gab es hier nicht. Ich war von klein auf eine schlechte Esserin gewesen, wenn es mir aber gelang, mehr und vor allem schneller als Pippi aufzuessen, wurde ich sehr gelobt und im Endeffekt fing ich an zu verschlingen, was man mir vorsetzte, und wurde zum Leidwesen meiner mich dort besuchenden Mutter ein zu dickes Kind!

Es kamen die ersten Schultage in der Zedlitzgasse und, wie sollte es anders sein, wenn man anders ist als andere, dann ist auch die richtige Hand eine andere! Und dass keine Mama und kein Papa da waren, um einen zu beschützen und dass ich Linkshänderin war und bin, ist nicht wegzuleugnen. Der Herr Lehrer aber hatte kein anderes Ziel, als mich umzuschulen. Das Ergebnis: Die Schule wurde zur Tortur, ich verlegte und vergaß alles, die Fäustlinge, das Kapperl, das Federpennal, ja sogar die Schultasche. Ich konnte mich nicht konzentrieren und alles war zu viel.

Als mich meine Mutter im folgenden Jahr zu sich holte, in die Ennsgasse im zweiten Bezirk, in die zuvor schon beschriebene Übergangswohnung, versuchte ich mich zu freuen. Eine Zimmer-Küche-Behausung mit Klo und Wasser am Gang! Das war ich nicht gewohnt! Als meine Mutter meine Enttäuschung, meinen kläglichen Versuch, mein Entsetzen zu verbergen, bemerkte, versuchte sie mich zu trösten: „Das ist nur vorübergehend, mein Puppele, ich habe eine schöne Eigentumswohnung angezahlt, gleich hinter dem Diana-Bad, wo du so gerne schwimmen gehst, die fangen bald an zu bauen und wenn sie fertig sind, ziehen wir gleich um!“ Nun, es dauerte wie schon erwähnt dreizehn Jahre, bis diese Wohnung bezugsfertig war!

Die Themen Lernen und Wohnen, aber vor allem das Thema Essen wurden mir später zum Trauma. Kilo auf, Kilo ab, Abmagerungskuren und Übergewicht in wechselnder Folge. Ein Albtraum. Ich glaube, meine sämtlichen Unverträglichkeiten stammen aus dieser Zeit, in der es mir eigentlich hätte schmecken sollen und dürfen.

Kindertagebuch 11

Manchmal holt mich mein Papa von der Schule ab. Ich freu mich dann so, dass ich mich aufs Stiegengeländer schwinge und runtersause. In der großen Halle lande ich dann direkt in Papas Armen. Da schauen dann alle anderen Kinder und auch die Lehrer zu, dann sehen alle, dass ich auch einen Vater habe.

Wir gehen dann in den Wurstelprater und ich darf überall Ringelspiel fahren und mit der großen Schaukel, die sich oben überschlagen kann, wenn man ganz fest antaucht. Aber das trau ich mich nicht ganz. Nur auf die große Rutsche, den Toboggan lässt mich Papa nicht, es hat sich nämlich dort einmal ein Mädchen aufgespießt, weil ein Brett locker war. Schade. Wenn er mich manchmal am Sonntag abholt, essen wir bei ihm zu Hause mit seiner blonden, schlanken Frau Hansi, die sehr lieb zu mir ist, zu Mittag. Er hat einen kleinen Buben, der heißt auch Peter wie der kleine Bruder vom Papa, der nicht mehr zurückgekommen ist, und auch ein Baby, den kleinen Fredi. Wenn meine Mama mich dann abholt und mich wieder zur Familie Kariger bringt, ist sie ganz verzückt, weil sie ganz vernarrt ist in die beiden Kinder, weil sie ja viel lieber einen Buben bekommen hätte. Sie hat nicht einmal einen Namen für mich gehabt. Martin hätte er heißen sollen, wie ich dann gekommen bin, ist ihr leider nicht Martina eingefallen. Das wäre doch logisch gewesen! Martina würde ich gerne heißen.

Manchmal besuche ich Mammi in ihrem dunklen Zimmer in Döbling. Die Straßenbahn fährt in einer großen Allee mit vielen Kastanienbäumen. Einmal hat sie mir die Haare geschnitten, da hab ich genauso ausgeschaut wie das Mädchen auf dem Bild in ihrem Zimmer, das dort an der Wand hängt. Aber alle haben gesagt, ich schau aus wie Prinz Eisenherz. Meine langen Haare haben mir besser gefallen.

Neue Wohnung – Gänsehäufel – Religionsunterricht – 1949

Nun waren wir also in der Ennsgasse im zweiten Bezirk gelandet. Wie es mir dort erging, habe ich schon im ersten weiter vorne beschrieben. Es waren viele Kinderjahre, in denen wir in dieser unangenehmen Zwischenlösung ausharren mussten, während wir auf eine bessere Wohngelegenheit warteten. Zum Stadtpark, in dem ich so gern mit der kleinen Pippi herumgetollt hatte, war es zu weit (wieder hatte ich ein Schwesterlein verloren). Zu weit war es auch zum dritten Bezirk in die Uchatiusgasse, wo Walter und Diti mit meiner kleinen Cousine Gucki und mein Großvater mit Frau Rumschitzky wohnten. Der zweite Bezirk, die Leopoldstadt, durch die an Einwohnern dezimierten, aber noch zum Teil bestehenden alten jüdischen Viertel auch Mazzesinsel genannt, in dem wir nun unsere Zelte aufgeschlagen hatten, war auf einem anderen Planeten.

Da gab es die Nachbarskinder Erich und Kurti, die Kinder der Frau Perner, die trotz des mageren Einkommens meiner alleinerziehenden Mutter bei uns Putzfrau war. Diese sollte ja auch ein Auge auf mich werfen, was gründlich danebenging. Denn Frau Perner konnte nicht einmal ihre eigenen Kinder im Zaum halten. Ich flitzte mit diesen neuen Freunden auf unseren Fahrrädern durch die Hauptallee, in den Prater, in die Auen bis zur Lobau. Wir schwammen stromabwärts in der Donau, die nach Überschwemmungen allerhand Treibgut mit sich führte, von rostigem Bootszubehör bis einmal sogar einer toten Kuh; es war nicht ungefährlich für uns unbeaufsichtigte Kinder. Auf der Straße zwischen Bombenkratern und Ruinen spielten wir Krieg, nachmittags im Hort hatte ich mir eine neue, unflätige Sprache angewöhnt, die meiner Mutter gar nicht gefiel: „Servas" und „Leiwand" und „so a Schaß" usw. Der Versuch, mich mit der Betreuung von Haustieren ans „Haus zu binden", missglückte kläglich. Vor dem wilden jungen Kätzchen, das meine Mutter in einem Park gefunden hatte, fürchtete ich mich, außerdem war ich schrecklich eifersüchtig, wenn sie sich mit diesem grässlichen Tier mehr als eine Minute beschäftigte. Eines Tages war diese Mitbewohnerin entlaufen. Ich weinte ihr keine Träne nach. Dem nun folgenden Goldhamster-Pärchen war auch nicht lange eine Heimat bei uns beschert. Wir gaben sie nach einiger Zeit gerne weg.

Im Sommer fuhr ich mit Mama und Marcel aufs Gänsehäufel, die große öffentliche Badeanstalt an der Alten Donau. In einem riesigen Areal gelegen, spendeten hohe, rauschende silberblättrige Bäume auf Gänseblumenwiesen Schatten, ein weiter Badestrand lud zum Schwimmen ein. Das war Sommerurlaub für viele Wiener Familien, und da hatte Marcel eine Saisonkabine gemietet.

Bis heute ist es ein Privileg, über so eine Kabine zu verfügen, in der im Winter alles vom Campingtisch bis zum Gartenstuhl und zur Geschirrgarnitur aufbewahrt werden kann.

Als mich Marcel dort einmal abfragen wollte, was wir gerade lernten, gab ich auf die Frage „Wo seid ihr denn jetzt im Religionsunterricht?“ kurz angebunden zur Antwort: „Bei Joseph und seinen Brüdern“ – „No, und was hast du dir gemerkt?“ Antwort: „Joseph ist in die Grube gefallen!“ „Joseph und seine Brüder“ wurde zum Running Gag, wenn mir unangenehme Fragen gestellt wurden, wie z.B. „Wie geht es dir mit der neuen Lehrerin?“ oder „Hast du deine Aufgaben gemacht?“ – „Joseph und seine Brüder.“ Dazu muss ich erwähnen, dass in der Novaragasse, wo ich jeden Donnerstag „hinpilgern“ musste, jedes Jahr ein neuer Student, meist aus Israel, unseren Religionsunterricht gestaltete. So begannen wir jedes Schuljahr wieder von Neuem mit Adam und Eva und kamen nur bis zu Joseph und seinen Brüdern, dann waren Sommerferien. Erst in der französischen Schule gab es regelmäßig und kontinuierlich, immer mit demselben Lehrer, fortlaufenden jüdischen Religionsunterricht.

Schabbes im Kinderheim – Tanzen am Lagerfeuer

Ich hatte nun auch eine neue Freundin, Annie, aus dem Ferienheim der jüdischen Kultusgemeinde. Einige Jahre verbrachte ich dort einen Teil der Ferien.

Die lustigen unbeschwerten Sommertage in diesem Kinderheim in Neulengbach waren es, die mich auf sinnliche und heitere Weise ins jüdische Leben einführten.

Es waren fröhliche Wochen, in denen wir jeden Freitagabend, sobald der erste Stern am Himmel sichtbar war, Schabbes feierten. Wir tanzten Hora um ein großes Lagerfeuer, nachdem ein Becher Wein (für uns Kinder war es roter Traubensaft) sowie Brot und Salz die Runde gemacht hatten. Wir sangen hebräische und jiddische Lieder wie „Hava nagila“ und „he venu shalom alechem“ und „hulet hulet kinderlach“, aber auch Schlager wie „Rosamunde, schenk mir dein Herz heute Nacht“ oder „Auf der schwarzen Erde, da tanzen die Pferde“.

Der fesche Charlie Aufrichtig, der später im Stadttheater Baden, wo er sich Wolf Aurich nannte, als Operetten-Buffo Karriere machte, sang für uns an den bunten Abenden Lieder wie „Mexico“ oder „O sole mio“ und ähnliche Schmachtfetzen. Wir flossen nur so dahin, wir waren jedoch noch „die Kleinen“, und so wurden wir von den angehimmelten Burschen leider nicht beachtet.

Unsere Betreuer waren zumeist, wie auch die Lehrer im Religionsunterricht, junge Studenten, manche ebenfalls aus Israel, wohin ich so gerne ausgewandert wäre, um das Land gegen die „bösen Araber“ zu verteidigen. Aber da war zum Glück meine Mutter strikt dagegen. „Du gehst mir, solange ich lebe, in keinen Krieg.“

Wir sangen von der Früh bis zum Abend. Edek Bartz, der Bub mit den schönen grünen Augen, unser aller Mädchenschwarm, der später die erste jiddische Musik-Gruppe gemeinsam mit Albert Misak gründen sollte, begleitete uns auf der Gitarre. Seine Mama Irene Bartz[18], die unsere Betreuerin war, liebten wir abgöttisch. Das Kinderheim siedelte einige Jahre später nach Allentsteig um, und ein Jahr darauf war ich noch in den neuen Lokalitäten in Bad Vöslau dabei. Allmählich war ich aber einem Kinderlager entwachsen.

Edek und sein Freund Albert hatten bald die Gruppe „Geduldig & Thimann"[19] gegründet und einige Jahre später trat ich mit jiddischen Liedern gemeinsam mit ihnen vor einem großen Publikum, es waren über 2000 Menschen gekommen, im hell erleuchteten Arkadenhof des Wiener Rathauses auf. Bevor ich anfing zu singen, sandte ich im grellen Scheinwerferlicht stehend meiner Mama, die kurz zuvor gestorben war, in Gedanken folgende Botschaft: „Ich singe jetzt für dich! Mammile, hättest du das für möglich gehalten? Jiddisches im Wiener Rathaus!"

Einmal in der Straßenbahn wollte ich ihr „Oifn weg stejt a boim" vorsingen, da hatte sie sich ganz ängstlich umgeschaut. „Nicht so laut!", hatte sie geflüstert, „Puppile, sing mir das zu Hause vor!"

Ich muss erwähnen, dass ich meiner Mutter bis heute dankbar bin, dass sie, obwohl sie unreligiös aufgewachsen war, mich in die jüdische Kultusgemeinde eintragen ließ. Da sie als Konfessionslose nicht nur einen jüdischen Vater, sondern auch eine jüdische Mutter gehabt hatte, ging das dank des Oberrabbiners Eisenberg, des Vaters unseres bis vor kurzem amtierenden Oberrabbiners Paul Eisenberg, gut vonstatten.

„Das Kind soll wissen, woher es kommt", meinte meine kluge Mutter, „und sollte sich nicht nur über den Holocaust mit dem Judentum identifizieren." Meinem Vater war das anscheinend völlig egal, aber als ich einmal Jahre später im „Museum Wien" bei einer Ausstellung über jüdisches Leben mit meiner Band „di swingedijke klezmerkapelje" jiddische Lieder aufführte, war er vor Ort im Publikum dabei, hörte aufmerksam zu und zeigte uns dann anhand eines in der Ausstellung nachgestellten bürgerlichen Wohnzimmers, wie seine Familie dort zu Pessach das Fest zelebriert hatte. Er erzählte von dem Ritual, der Lesung der Haggadah, zum Auszug der Juden aus Ägypten, dem Ende der Sklaverei, dem Ursprungs des zu diesem Fest nicht wegzudenkenden Mazzes, dieses Fladenbrots, das auf der Flucht ohne beigemengte Hefe, auf Steinen ge-

18 Eckstein, Tanja/ Rühle Fabian (Hrsg.) (2017): Es war einmal in Wien. 10 österreichisch-jüdische Lebensgeschichten. Wien: Centropa.

19 **Geduldig & Thimann** war ein österreichisches Musikerduo, welches sich der jiddischen Musik widmete. Das Duo bestand aus Edek Bartz (Künstlername: *Edward Geduldig*) und seinem Schulfreund Albert Misak (Künstlername: *Albert Thimann*). Um ihr Projekt verwirklichen zu können, mussten beide zunächst einmal die jiddische Sprache erlernen. Quelle: Wikipedia, https://de.wikipedia.org/wiki/Geduldig_un_Thimann, abgerufen am 15.12.2022.

trocknet schnell hergestellt werden musste. Man nennt dieses auch das erste Knäckebrot der Weltgeschichte. Als Papa dann die Sitzordnung um den festlich gedeckten Ausstellungstisch erklärte und bei seiner Schilderung ein Platz frei blieb, antwortete er auf die Frage, ob er da wen übersehen hätte, im Brustton der Überzeugung: „Dieser Platz muss frei bleiben, denn da kann jemand hereinkommen!" Er meinte den Propheten Elias, für den bei diesem Fest ein Platz freigehalten wird, und wenn er nicht kommt, wird ein Armer, der vorbeikommt, dorthin gesetzt. „Papa, du bist noch immer ein guter Jud", sagte ich zu meinem kommunistischen Vater, der schmunzelte und nichts darauf zu erwidern hatte.

Aber zurück zu den Strandbad-Gänsehäufel-Besuchen. Manchmal war mir dort ein bisschen langweilig, aber meine Mutter wollte mich nicht den ganzen Tag allein zu Hause lassen mit all den Verführungen, die das gefährliche Bezirksleben bot. Meiner neuen jüdischen Freundin Annie, die, wie sich herausstellte, die Tochter einer entfernten Verwandten war, der einzigen aus Mamas Familie, die den Holocaust überlebte hatte, war ich im jüdischen Kinderheim in Neulengbach begegnet. Sie durfte also mit ins Gänsehäufel-Bad; meine Mutter hatte sie zwar nicht sehr gerne, dieser Zweig der Familie war schon bei ihrer Mutter, meiner Großmutter, nicht gerne gesehen. Da standen schwere Schatten zwischen einer gewissen Tante Frieda und meinen Großeltern. Aus einem später gefundenen Brief sollte ich erst erahnen, wieso. Ich hatte aber mit Annie endlich wieder eine Freundin zum Spielen und Mama konnte sich in ihrer Hängematte ausschlafen.

So wie viele Kinder-Freunde aus dem Ferienlager, die mit ihren Eltern das Land verließen, wanderte auch Annies Mama bald nach Amerika aus. Sollte ich wieder ein Schwesterlein verlieren? Mit Annie kam es anders.

Kindertagebuch 12

Meine Lehrerin in der zweiten Klasse in der Volksschule in der Vorgartenstraße, wo ich jetzt hingehe, weil wir in der Ennsgasse wohnen, die Frau Rothansel, bemerkt sofort das mit den zwei Goldhamstern. Sie flüstert nämlich mit der Handarbeitslehrerin, aber ich versteh jedes Wort.

– „Die fürchtet sich ja vor denen!" – „..."

– „Bringt bitte in die nächste Stunde euer Haustier mit, wenn ihr eins habt!", hat sie gesagt.

„Ich hab sogar zwei", melde ich mich.

Die hat mir die Mama geschenkt. Ich glaub, damit ich nicht so allein bin oder aus sonst irgendwelchen pädagogischen Gründen. Ich hab sie mir nicht ausgesucht, es war eine Überraschung. Na ja, zuerst waren sie ja ganz herzig, aber die fressen ihre eigenen Babys auf! Ganz egal, ob man die grauslichen kleinen rosa Würmer mit beiden Eltern im Käfig lässt oder nur mit der Mutter. Manche überleben aber doch und sind dann sehr schnell groß. Sie kraxeln auch manchmal raus aus dem Käfig und knabbern alle Ecken im Zimmer an. Das macht die Mammi wahnsinnig. Sie wird dann oft sehr wütend. Zu meinem Geburtstag hat sie die Oblaten-Torte (meine Lieblingstorte) zum Abkühlen ins Fenster gestellt. Wie sie dann bemerkt hat, dass die Tauben draufgemacht haben, ist sie richtig tobsüchtig geworden. Wie einmal Wanzen über ihren Kopfpolster gelaufen sind, hat sie bitterlich geweint und das ganze Bettzeug zerrissen. Vielleicht waren es eh nur Käfer oder Ameisen. Jedenfalls ist es hier nicht so, wie es in Hietzing war, als meine Mama noch ein Kind war, vor dem Krieg, da hat sie in einer schöneren Wohnung gewohnt.

Von meinen beiden Goldhamstern hab ich einem den Namen I F A B R U M L Y Z und dem aneren den Namen Z Y L M U R B A F I gegeben, nach den Buchstaben auf der Telefonscheibe, von vorne und von hinten. Goldhamster und Kaninchen, aber auch Mäuse und Ratten schauen dir nie in die Augen, nur so von der Seite. Ich finde das unheimlich. Wie Alice im Wunderland.

Eifersucht – heimliches Singen – Weihnachten – Chanukka

Meinen Vater sah ich während der „Ennsgassenzeit“ selten, aber wenn er für mich Zeit hatte, war das ein Riesenfest. Er nahm mich manchmal mit zu seinem Bruder Walter in die Uchatiusgasse und das war jedes Mal ein vergnügliches Wiedersehen. So kam ich wieder in die Obhut meiner Tante Diti, da deren nun schon dreijähriges Töchterchen Gucki in mir eine Spielgefährtin bekommen sollte.

Mein Großvater mit seiner neuen Frau Fini wohnte noch immer dort, doch sie kamen selten aus dem abgelegenen Zimmer heraus, nur in der Küche traf man sich ab und zu. Meine Tante Diti und die Fini Rumschitzky redeten nicht miteinander, und es war auch nicht gern gesehen, wenn diese mich ansprach. Für meine einst so witzige und von mir heißgeliebte Tante Diti hatten sich ihre Träume, die sie die ganze lange Zeit in Auschwitz aufrechterhalten hatten, nicht erfüllt. Immer unzufrieden, tief enttäuscht, ununterbrochen putzend und auf alle Welt schimpfend, konnte sie zwar ihr Töchterchen vergöttern, aber sie wusste nichts mit ihr und zu meinem Leidwesen auch nichts mehr mit mir anzufangen.

Ich war sechs Jahre älter als meine kleine Cousine und wurde von nun an in meinen Schulferien als praktisches Kindermädchen eingesetzt. Da war ich nun gezwungen, mir täglich was einfallen zu lassen. Ich sollte mit der kleinen Gucki spielen, denn wozu wurde ich sonst fast den halben Sommer, wenn kein Turnus im Kinderheim angeboten wurde, dort geduldet.

Meiner Tante Ditis Verhalten war einer tiefen Eifersucht auf meine berufstätige Mutter geschuldet, die in England überlebt hatte, die nicht täglich dem gleichen Haushaltstrott ausgesetzt war. Meine Mutter ihrerseits neidete ihrer Schwägerin ein Leben, das finanziell abgesichert war. Mein Onkel Walter hatte durch die Rückkehr eines Verwandten aus der Diaspora, aus der Familie seiner Frau Diti, nämlich Adolf Jupiter, der glücklicherweise sein Geschäft mit Hilfe von engagierten Anwälten zurückerkämpfen konnte, die Geschäftsführung von dessen Herrenbekleidungsfirma übernommen. Diese Firma Jupiter en Gros und en Detail hatte ihren Standort auf der Wiener Kärntner Straße 4, später in der Wipplingerstraße 24, beides erstklassige Adressen im ersten Bezirk. Alle, die in der österreichischen Politik Rang und Namen hatten, gehörten zu deren Kundschaft. Als mein Onkel Walter einmal den Bundeskanzler Kreisky im Fernsehen bei strömendem Regen aus dem Dienstauto klettern sah, bemerkte er in seiner trockenen Art: „Ihr werdet sehen, morgen bringen 's uns den Mantel zum Aufbügeln.“ Und so geschah es auch.

Das Interieur der riesigen Lofts mit den großen Fenstern, die auf einer Seite auf die Wipplingerstraße zeigten und auf der anderen den Ausblick über die Hohe Brücke auf den tiefen Graben boten, war im Stil der 50er-Jahre eingerichtet, und dieses Ambiente wurde nie verändert. Es war für die Kunden meines Onkels jedes Mal ein Erlebnis, sich von ihm einkleiden zu lassen, und sowohl meine Mutter als auch ich bekamen oft einen Harris-Tweed-Stoffrest, genug für einen Blazer oder einen schicken Bleistift-Rock. Für mich ging sich auch einmal ein ganzer Wintermantel aus, der als Weihnachtsgeschenk bei mir nicht gerade Jubel auslöste. Unter dem großen, glitzernden, festlich geschmückten Weihnachtsbaum in der Uchatiusgasse 5 (warum sollen Juden keinen Weihnachtsbaum haben?) stapelten sich nämlich die Geschenke für die kleine Cousine, und ich war neidisch und unzufrieden und vor allem, wie meine Mutter meinte, undankbar. Ich spielte also Theater, bedankte mich überschwänglich und fuhr dann brav an der Hand meiner Mutter nach Hause in die Substandardwohnung in die Ennsgasse. Wir zündeten die weißen Kerzen auf unserem kleinen Weihnachtsbäumchen und die bunten Kerzen auf dem darunter platzierten Chanukka-Leuchter an.

Die gegenseitige Eifersucht der beiden Frauen stülpte sich über mich, ich litt unter Ditis und Walters deutlichem Liebesentzug und weinte abends oft in meinen Polster, so unglücklich war ich dort in der Uchatiusgasse, wo wir doch alle einmal so fröhlich gewesen waren.

„Kind“, meinte meine Mutter besorgt, „wo soll ich dich denn sonst unterbringen in den langen Ferien? Willst du lieber wieder bei fremden Menschen wohnen?“ „Nein, bitte nicht“, antwortete ich erschrocken, und so tingelte ich weiterhin, wenn es sein musste, mit der Straßenbahn in mein ehemaliges Zuhause in der Uchatiusgasse im dritten Bezirk.

Ich rächte mich allerdings auf meine Weise und spielte mit der kleinen Cousine Schule, wobei ich sehr streng war und ihr sehr selten eine gute Note gab. Sie aber nahm das nicht persönlich, fand das alles lustig und setzte schreiend und brüllend sowieso immer ihren Kopf durch.

Das Gute aber war: Aus dem Besitz der Familie meiner Tante Diti gab es ein Pachtgrundstück. Ein Sommerhaus mit großem Garten an der Alten Donau. Dort konnte ich wie auch im Strandbad-Gänsehäufel nach Herzenslust viel schwimmen und tauchen und bewegte mich fast ununterbrochen Räder schlagend und Handstand mit Überschlag turnend über die Wiese. Mein Bewegungsdrang war nicht zu bändigen.

Ich hätte auch gerne den ganzen Tag gesungen, aber da man annahm, ich sei unmusikalisch, wenn ich die Melodien auf meine Art und Weise variierte, und meine Mutter vorwurfsvoll klagte: „Wieso singst du so falsch? Von wem hast du das bloß?“, wo sie doch wie auch mein Vater äußerst musikalisch war, ließ ich das vorderhand bleiben. Beide konnten gut tanzen, und sowohl meine Mama als auch mein Vater hatten auffallend schöne Stimmen, auch schon die Sprechstimmen und das wunderbare Deutsch, das sie pflegten, waren einnehmend. Sie sind beide längst nicht mehr da, aber ihre Stimmen habe ich heute noch im Ohr.

Ich aber hatte Singen zu etwas Besonderem gemacht! Ich sang allein zu Hause, wo mir niemand zuhören konnte – wie die nicht gerade hübsche Herzogin Margarete Maultasch aus Tirol, die mit ihrem Boot weit auf den See hinausfuhr und dort in aller Einsamkeit ihre wunderschöne Stimme ertönen ließ. Lion Feuchtwanger hat sie in seinem Roman „Die hässliche Herzogin“ ausführlich beschrieben und verewigt.

Viele Jahre später, lange nach meiner Scheidung, wenn ich mir im Strandbad-Gänsehäufel ein Boot gemietet hatte, paddelte ich auf Besuch in den Garten zu den Jupiters hinüber. Der Bruder meines Vaters, Walter Schwarz, war mittlerweile von dem Erbonkel adoptiert worden und so hatten nun alle drei – Diti, Walter und Cousine Gucki – den neuen Familiennamen Jupiter. Als Walter sich bei seinem Bruder, meinem ach so kommunistischen Vater, für den irdische Güter doch keine Bedeutung hatten, beklagte, nun Jupiter heißen zu müssen, antwortete mein Vater Georg Schwarz ungerührt: „Weißt du was, für so viel Geld ‚heißert‘ ich ungefragt auch gern Kanalgittergeruch!“

Kindertagebuch 13

Heute war ich wieder in der Novaragasse, wie jeden Donnerstag, zum Religionsunterricht. Schon wieder bin ich zuerst zweimal in ein falsches Haustor gegangen. Sehr finster sind da die Gänge. Aber ich hab’s dann eh gefunden.

Herr Bär hat schon gewartet und es waren nicht alle Kinder da! Viele sind schon wieder ausgewandert, zum Beispiel der Samy, der ist mit seinen Eltern nach Amerika gegangen. Schade! Und der Harry und die Lilli auch.

Nachdem wir das Schema Israel gebetet haben (ich kann's nur bis melach haolam auswendig), haben wir von Joseph und seinen Brüdern gelernt. Das ist der mit dem blutigen Mantel in der Grube. Wieso bin ich als Jüdin mosaischen Glaubens? Das versteh ich nicht, warum kann ich nicht bei Religion jüdisch hinschreiben. Aber es geht eh niemanden was an, und wenn ich blonde Haare hätte, würde mich niemand fragen, oder bei blauen Augen vielleicht auch nicht!

Wir sind jetzt geschieden und ich bin mit meiner Mama allein. Weil ich viel allein bin, habe ich ziemlich viel Langeweile. Die Schule in der Vorgartenstraße hat bis Mittag gedauert. Die Lehrerin hat mich sehr gerne gehabt, aber sie hat die Goldhamster auch nicht mögen, das hab ich gleich gemerkt. Weil ich aber nicht nur auf der Ennsgasse gespielt habe, sondern auch um die Ecke, wo eine Kriegsruine steht, hat man mich jetzt in die französische Schule geschickt. Die dauert den ganzen Tag bis 4 Uhr nachmittags. Nachher hab ich keine Lust mehr, Aufgaben zu machen. Die Kinder von der Frau Perner wohnen auch im 2ten Bezirk, also ganz in der Nähe, in der Stuwerstraße; da wohnen die Huren, aber niemand hat mir erklärt, warum sie sagen, dass ich denen aus dem Weg gehen sollte. Am Abend stehen sie manchmal schon sehr früh auf der Straße, einmal hat mich eine angelächelt und gemeint, dass ich schon längst ins Bett gehöre. Die Stuwerstraße ist gleich neben dem Eingang zum Wurstelprater, die Reichsbrücke ist auch ganz nahe, und obwohl das für uns ausdrücklich verboten ist, sind wir drübergeradelt. Wir haben schon viele Radausflüge gemacht. Bis zum Flughafen, wo die Russen stationiert sind. Ich hab das dann zu Hause gestanden und alle waren sehr böse auf uns, und wir hatten auch furchtbare Angst gehabt. Russen haben wir aber keine gesehen. Im Prater haben wir dem Entfesselungskünstler und den Liliputanerzwergen, die geturnt haben, und der Dame ohne Unterleib zugeschaut, die hat einen riesigen Schnurrbart gehabt, und da war auch ein Mann, der mit dem Rollstuhl gefahren ist. Der hat uns Kinder auf den Schoß genommen und uns Geschichten erzählt. Meine Mama war sehr wütend darüber. Ich glaub, das war auch ein Grund, warum ich dann in eine andere Schule in einen anderen Bezirk gekommen bin. Es gibt viele Soldaten in Wien, in manchen Bezirken gibt es Engländer, in manchen Amerikaner und Franzosen und Russen. Ich kann sie eigentlich nicht sehr gut auseinanderhalten. Ich glaub', die mit der Pullman-Kappe, das sind die Franzosen, wo ja auch das Lycée ist – die neue Schule, wo ich jetzt hingehe. Der Soldat in Paris, der mir damals den kleinen rosa Elefanten geschenkt hat, hat auch so eine Kappe aufgehabt; der war sehr freundlich gewesen. Mit Papa hab ich einen Soldatenhelden im Film gesehen, einen russischen Helden, der hatte einen Flugzeugabsturz überlebt und beide Beine verloren. Das war, weil er die Österreicher befreit hat. Aber die waren ja auch Na-

zis. Da kenn ich mich nicht ganz aus. Dean, der amerikanische Soldat, der Freund von Diti und Walter, ist immer sehr lieb. Da war ich noch ganz klein und wir haben sogar zusammen Foxtrott und Boogie getanzt, und ich hab ihn ausgebessert, weil er hat „deense" und ich hab „daaans" gesagt, das war englischer. Ich habe sehr, sehr gerne getanzt. Im Stadtpark zum Beispiel, wie ich noch dort gewohnt habe, im dritten Bezirk, oder war das im ersten Bezirk? Da war vor dem Johann Strauss-Denkmal eine Geigenkapelle, die haben Walzer gespielt, glaube ich. Da hab ich mich immer gedreht und mein Röckchen, das mir Diti genäht hatte, ist im Kreis geflogen, und mein Höschen war aus demselben rosageblümten Stoff. Und auf den Schultern waren große Maschen und meine Haare waren blond gelockt, und später war meine Mama sehr traurig, weil ich nicht mehr so hübsch war. Bei der Pippi und später, wenn ich allein war, hab ich nämlich leider zu viel gegessen, sodass ich auch zu dick wurde. Schönheit kommt von innen, sagte meine Mama und schimpfte mit mir: „Friss nicht so viel", wo ich doch in England überhaupt nicht essen wollte und sie sich darüber große Sorgen gemacht hatte. Sorgen hat sie sich oft um mich gemacht, eigentlich immer! Von ihren Eltern hat sie auch nichts gewusst. Nur, dass in ihrer Wohnung, wo sie einmal gewohnt hat, fremde Leute waren. Weil ihr Papa und ihre Mama nicht zurückgekommen sind. Meine Mama ist oft sehr traurig. Manchmal schaut sie durch mich hindurch und hört mich gar nicht. Und ich hab mich sehr angestrengt, damit sie wieder lacht. Ich hab immer sehr lustige Sachen erfunden. Einmal hab ich mich im Bett so versteckt, dass sie mich nicht gefunden hat, denn ich habe die Tuchent am Bettende aufgeschlagen und mich ganz klein gemacht und mich zusammengerollt und drunter gelegt. Beim ersten Mal hat sie mich sogar am Gang gesucht vor der Wohnungstür, aber ich glaube, bei den anderen Malen hat sie das Versteck schon gekannt und nur mitgespielt. Jedenfalls haben wir dann immer eine große Hetz gehabt.

Wo Kinder spielen

Steinige Ufer letzte Paradiese
Schlüsselkinder am Rande der Stadt
leere Wiesen dürres Geäst am hohlen Baum
ein Traum ein grauer Traum

Refrain: Verfehlt die Gelegenheit verpasst
ein Lebensallerlei schwimmt in der Pfanne
die Suppe versalzen ein Blatt welkt im Öl
im schalen, faden Wind, holt ein Kind
seinen Drachenvogel ein
und bleibt allein

Herbstliche Wälder letztes Flammenbad
weiße Stille die Ruhe vor dem Sturm
schnell kriecht da noch ein kleiner Regenwurm
vor dem langen Schlaf in den Winterturm

Refrain: Und träumt von einer Wunderwirklichkeit
im Glaspalast, von Sturmplanetenreisen
im Wellenreich verschwimmt der dunkle Grund
und im schalen, faden Wind holt ein Kind
seinen Drachenvogel ein
und bleibt allein

Die Rosenknospen treiben jetzt die Uhr
Wir machen die Türen und Fenster weit auf
so finden wir auch die bunte Drachenschnur
Windbräute treiben die Wolken zuhauf
Im blauen Himmel verliert sich die Spur

Refrain: Und in mein Morgengrau
klingt ein Tropfen Tau
und im Sonnenschein wiegen tausend Drachenvögel
sich in meinem Reim
und Kinder spielen dort im Wind
und nicht allein, und nicht allein und nicht allein

Dritte Schule – neue Freundin – alte Adresse – 1951 bis 1957

Als wir im Herbst 1946 nach Wien „zurückgekommen waren", hatte ich mit meinen knapp dreieinhalb Jahren nur ein Kinderenglisch gesprochen. Meine Eltern vermieden es tunlichst, als deutschsprachige „enemy aliens" während der Diaspora in England Misstrauen ausgesetzt zu sein. Aber ich kann mich nicht erinnern, wie ich in Wien dann Deutsch gelernt hatte. Ich konnte es eines Tages, Kinder lernen ja schnell. Leider hatte ich mich vehement geweigert, mein Englisch herüberzuretten, denn das war ja nicht alltagstauglich, es verstanden mich die neuen Menschen um mich herum nicht! So ist meine erste Sprache heute noch im Kinderenglisch verkümmert, das ich, wie ich mir immer wieder selbst verspreche, unbedingt verbessern muss!

Kommen wir nun wieder ins Jahr 1949. Diese Zeit in der zweiten Volksschulklasse in der Vorgartenstraße im zweiten Bezirk ging recht und schlecht vorbei. Nun aber war schon wieder ein Wechsel angesagt. Ich war jetzt fast sieben Jahre alt und sollte in die dritte Schule kommen, nachdem ich ja auch schon einige Kindergartenaufenthalte hinter mich gebracht hatte. Allein in Wien waren wir schon viermal umgezogen.

Der Bus, der mich zur neuen Schule bringt, fährt von der Urania weg nach Breitensee, in den französischen Sektor, dort ist das „Lycée français de Vienne“[20] in provisorisch errichteten Baracken eingegliedert.

„Da wirst du gut aufgehoben sein“, seufzt meine Mutter erleichtert.

„Aber ich kann doch gar nicht Französisch“, murre ich auf dem Rückweg, während ich mich mit aller Kraft an ihrer Hand anhalte, nach der Anmeldung in dieser neuen Schule. Ich bin eigentlich nicht sehr begeistert, dennoch, vielleicht wird es dort lustiger?

„Du wirst sehen, wie schnell das geht, du bist doch so sprachbegabt! Erinnere dich, wie bald du Deutsch konntest. Und außerdem ist das eine Ganztagsschule, die einzige in Wien, und nicht gerade billig.“

„Aber warum muss ich den ganzen Tag in die Schule gehen, die österreichischen Kinder müssen das doch auch nicht“, maule ich.

„Mach nicht so ein Schnoferl, das macht dich ganz hässlich“, antwortet meine Mutter, gehetzt denn nach der Besichtigung der Schule muss sie wieder ins Büro.

„Du bekommst dort ein Mittagessen und bist wenigstens bis vier Uhr Nachmittag versorgt.“

Ich hatte also zwei Volkschulklassen hinter mir und befand mich nun in der 10ième. In der französischen Schule gehen die Klassennummerierungen von oben nach unten, man zählt also von der 12ième hinunter, so entspricht die 10ième der dritten Volksschulklasse in österreichischen Schulen.

Neben mir auf der Schulbank saß ein kleines, schwarzhaariges Mädchen mit vielen Sommersprossen, Yvette, die ich leise fragte: ... „Was heißt, ich muss aufs Klo? ... .“

Sie antwortete ebenso leise:

„Madame, est-ce-que je peux aller au cabinet?“

Das waren meine ersten französischen Worte.

„Mama, die haben in der Schule erzählt, dass der François die Lilliane am Klo gepudert hat!“ Was heißt pudern?

„No comment ...“

---

20 Das **Lycée Français de Vienne** ist eine französische Auslandsschule in Wien und wurde 1946 von Général Béthouart gegründet. Es ist eine Privatschule, welche aber Öffentlichkeitsrecht besitzt. Heute genießt es einen ausgezeichneten Ruf und teilt sich mit dem ebenfalls bekannten Theresianum ein Internat. Quelle: Wikipedia, https://de.wikipedia.org/wiki/Lyc%C3%A9e_Fran%C3%A7ais_de_Vienne, abgerufen am 15.12.2022.

Das war eine meiner ersten Kolportagen aus dem vornehmen Lycée!

Später, viel später erzählt mir Evelyn Grossman, eine Freundin aus dem jüdischen Sommerlager, die ich als Besucherin meiner Konzerte wiedertraf, dass ich es war, die sie sexuell aufgeklärt hatte. „Wie bitte?“, frage ich sie erstaunt, „Wann, wie?“

„Na ja, alles, was mir meine Eltern nie erklärt hatten, alles halt, wie man Kinder macht usw.“

„Wie alt waren wir da?“, frag ich .... „Ungefähr 12.“ „Aha!!“

Nun aber zurück zu den weiteren schulischen Erfahrungen mit Yvette, meiner Sitznachbarin. Sie wurde meine neue Freundin im Lycée und wir waren die einzigen jüdischen Kinder in unserer Klasse. In den Neben-, Unter- und Oberklassen gab es aber genug jüdische Kinder, um diesen einen gemeinschaftlichen Religionsunterricht einzurichten. Leider fand dieser wöchentlich in der großen Mittagspause statt, wo alle anderen Kinder im Schulhof spielen durften.

Die kleine Yvette wurde als Vierjährige von einer Gehirnentzündung (Enzephalitis) heimgesucht und hatte während ihrer Schulzeit noch lange an den Spätfolgen, die sich in etwas langsamer Wortfindung äußerten, zu leiden. Dieser Umstand veranlasste mich, als ihre vermeintliche Beschützerin zu fungieren, wobei mir heute klar ist, dass es ihre Eltern waren, die eher mich beschützten, vor allem Mama Sarah, die als eine typisch „jiddische Mamme“ neben ihrer kleinen Tochter auch mich unter ihre Fittiche genommen hatte.

Stanislaus und Sarah Kriss (Yvettes Eltern) waren 1938 illegal als Flüchtlinge mit Hilfe von Schleppern auf abenteuerliche Weise von Österreich über die Schweiz und Italien reisend endlich in Frankreich gelandet und von französischen Bauern in dem kleinen Ort Puget-Théniers vor den Nazis versteckt worden. Um nicht aufzufallen, war Sarah heimlich in einem Altersheim von der kleinen Yvette entbunden worden.

Nach deren Heimkehr 1948 brachte die Wiener Kultusgemeinde die kleine Familie in einer provisorischen Wohnung in einem der vielen kriegsbedingten Abbruchhäuser im zweiten Bezirk in der Ferdinandstraße 25 gleich hinter der Urania unter. Dort, wo heute in der ESRA, einem jüdischen Institut, fluchtgeschädigten Menschen jedweder Herkunft psychische Hilfe zuteil wird. Pikanterweise war das jene Gasse, in der mein Großvater sein Ledergeschäft betrieben hatte. Das erfuhr ich erst viele Jahre später, der Kontakt zu meinem Großvater war im Lauf der Jahre unterbrochen worden. Trennungen gehörten ja zur Normalität während meines noch kurzen Daseins.

Die Wohnung der Familie Kriss lag im obersten Stockwerk, der Plafond wurde mit Dippelbäumen, das sind geschälte Baumstämme, abgestützt. Wenn ich Yvette besuchte, spielten wir dort Verstecken und Fangerl. Diese Zusammenkünfte weiteten sich zur täglichen Gewohnheit aus. Morgens, im Winter zum Beispiel, nachdem ich meiner Mutter in der Straßenbahn die Finger aufgeklopft hatte (sie hatte immer eiskalte Hände), stieg ich aus, während sie ins Büro weiterfuhr und ich zu Yvette lief. Von dort begleitete uns die kleine dunkelhaarige, etwas rundliche, sehr mütterliche Mama Sarah zum Schulbus, wobei sie nicht nur unsere Jausenbrote, sondern auch unsere beiden Schultaschen trug. Als ich diese einmal beim Einsteigen in den Schulbus auf der Straße stehen gelassen hatte, nahm Mama Sarah sie an sich und fuhr mit dreimal Umsteigen öffentlich, damals eine kleine Weltreise, bis nach Breitensee, wo, wie schon erwähnt, die Schule im französischen Sektor angesiedelt war, um mir die Schultasche in die Klasse nachtragen zu lassen.

Da ich so gerne mit Mamas Schminksachen experimentierte, kam ich einmal mit rotgeschminkten Lippen und schwarz umrandeten Augen bei der kleinen Familie Kriss an. Es war ein Samstagmorgen, ich sollte wieder in den Tempel zum wöchentlichen Schabbes mitkommen. Mama Sarah packte mich und schrubbte mir mit einem Waschlappen gründlich das Gesicht ab. Ich war ziemlich ungehalten, aber in der Synagoge, dem Stadttempel der Wiener Juden in der Seitenstettengasse, unter der schönen hellblau „behimmelten" Sternenkuppel, beruhigte ich mich wieder bei dem anheimelnden, meditativen Gesang des Kantors.

In der spärlich möblierten Wohnung dieser lieben Familie, auch Papa Stanislaus war besonders fürsorglich und herzlich, verbrachte ich einen großen Teil meiner Schulzeit. Französisch konnte ich bald fließend, denn die Familie hatte die französische Sprache zu Hause weiterhin kultiviert und bis heute pflegen Yvettes Sohn und dessen Kinder den Kontakt mit den französischen Helfern, die ihnen das Überleben unter eigener Lebensgefahr ermöglicht hatten.

Unsere Hausaufgaben bewältigten Yvette und ich gemeinsam, das machte viel mehr Spaß als allein zu Hause. Der Tisch wurde, nachdem alles erledigt war, in dem rundum dämmerigen Ambiente mit einem leuchtend weißen Tischtuch gedeckt und war nun Mittelpunkt des Raumes. Es gab nachmittags Kinderkaffee oder Kakao und Kuchen und gegen Abend manchmal auch eine Rindsuppe mit Mazzesknödel oder eine duftende Hühnersuppe und anschließend allerlei Leckereien. Ich langte ordentlich zu und fühlte mich gut aufgehoben.

Onkel Hermann, der schon fast gänzlich erblindete Bruder von Mama Sarah, begleitete mich oft nach Hause. Die Ennsgasse war nicht allzu weit entfernt, man musste über den Praterstern gehen und alles in allem war man zu Fuß in etwa fünfundzwanzig Minuten angekommen. In der leeren Bassena-Wohnung verbrachte ich dann meinen restlichen kulturellen Abend, mit dem Radio und dem Plattenspieler und mit dem „doppelten Lottchen" von Erich Kästner.

Radausflüge – Kugelblitze – Betragensnoten

Allein zu Hause hatte ich manchmal große Ängste auszustehen. Frau Perner, die mich ja – wie gesagt – neben Putzen, was in der winzigen Behausung nicht viel Zeit kostete, auch beaufsichtigen sollte, hatte mir die Gefahren, die von Vulkanausbrüchen, Überschwemmungen und Kugelblitzen ausgingen, eindringlich nahegebracht. Vor allem die Kugelblitze, die durchs Haus rasen und alles vernichten und verbrennen, jagten mir großen Respekt ein. Eines Abends, ich lag schon im Bett, geschah es, dass ich von meinem Fenster aus in dem gegenüber gelegenen Stiegenhaus so einen entsetzlichen Kugelblitz beobachten konnte. Da stürzte sich eine Lichtkugel durch die Stockwerke, von Fenster zu Fenster bewegte sich das gefährliche Geschoss, ich zitterte am ganzen Leib, war schweißgebadet und konnte vor Aufregung nicht einschlafen. Als ich das bekannte Klappern von Mamas Stöckelschuhen hörte, setzte ich mich weinend im Bett auf. „Mammi, Mammi, da war ein Kugelblitz im Haus vis-à-vis, ich hab ihn genau gesehen!“

Sie konnte mich nicht beruhigen, aber an einem der nächsten Abende machte sie sich auf, im gegenüber gelegenen Stiegenhaus das Exempel zu statuieren. Es war, wie es war, der Lichtkegel ihrer Taschenlampe zitterte durch die Fenster, von Stockwerk zu Stockwerk. In der Schule aber blieb ich dabei: „Ich hab's ganz deutlich gesehen, durchs Haus gegenüber ist ein Kugelblitz gefahren!“

Jüdisch zu sein, französisch zu sein und dank meines britischen Passes englisch zu sein und, weil ich so ein hübsches Dirndl mit einer weißen Bluse mit Puffärmeln bekommen hatte, österreichisch zu sein, all das war Ausdruck meiner vielfältigen Identität. Am stolzesten aber war ich auf meine schottische Herkunft.

1954 übersiedelte die französische Schule in den neunten Bezirk, in die Liechtensteinstraße, und wir besuchten nun die schönste, modernste Schule Wiens, mit hellen Klassenzimmern, großen Fenstern und statt der schwarzen waren nun grüne Tafeln an der Stirnwand angebracht.

Ich war, wie mir Yvette später erzählte, immer unruhig, plaudernd, unaufmerksam und frech, also eine „schwierige Schülerin“ gewesen, wie ja auch meine Betragensnoten davon deutlich Zeugnis abgeben. Ich brachte alle anderen Kinder zum Lachen, war so etwas wie eine Alleinunterhalterin, eine Entertainerin, der Clown der Klasse. Es war dies wahrscheinlich meine erste Bühne, auf der ich erfolgreich bestand. Als mich eines Tages Monsieur Grinberg, mit dem ich mir oft einige Schlachten geliefert hatte, mit seinem schmerzhaften Wangenkneifgriff aus der Bank zerrte, wehrte ich mich heftig und schlug ihm mit meinen geschnürten Haferlschuhen mit aller Kraft fest ins

Schienbein. Ich musste dann draußen am Gang Strafe stehen. Die Schulzimmer waren mit verglasten Oberlichten ausgestattet, darunter, auf Kleiderhaken fein säuberlich aufgereiht, hingen Mäntel und Hauben. Ich ließ diese, indem ich sie in die Höhe schupfte, an den oberen Fensterscheiben vorbeifliegen und löste bei den anwesenden Mitschüler/innen drinnen im Klassenzimmer fröhliches Gejohle aus. Monsieur Grinberg, wenn Sie jetzt im hohen Alter (wie ich hoffe, noch am Leben weilend) diese Zeilen lesen, so nehmen Sie bitte meine nachträgliche Entschuldigung entgegen. Ich war sicherlich ein entsetzliches, aber doch auch sehr einsames Kind gewesen, das gezwungen war, das Beste daraus zu machen.

Als es eines späten Nachmittags, ich hatte in der Schule wieder gefehlt, an meiner Wohnungstür klingelte und ich durchs Guckloch Christiane, eine Schülerin aus meiner Klasse, erblickte, hielt ich den Atem an, wartete und vermied es, mich zu bewegen. Nach einer Ewigkeit hörte ich zu meiner Erleichterung ihre sich entfernenden Schritte, dann fiel das Haustor zu. Niemals sollten die Buben und Mädel aus meiner Klasse erfahren, wie ärmlich ich da hauste!

Mit Einsetzen der Pubertät geriet ich immer weiter in neue Allianzen. Yvette, die Behütete, die als kleines Kind so krank gewesen war, konnte und vor allem durfte bei meinen Eislauf-Aktivitäten, meinen Radtouren mit den Perner-Kindern, meinen Waldspielen in Pötzleinsdorf mit den neuen Schulfreundinnen, nicht mitmachen. So verließ ich Yvette, an Trennungen gewöhnt. Zum Glück fanden wir uns später wieder – sie, die wahrscheinlich meine einzige Freundin war und ist, die mich nie verlassen hätte.

Ich wurde nun in größerem, mir gefährlicherem Stil zur „schwierigen Schülerin“. Denn nun kamen auch die immer schlechter werdenden Zeugnisse dazu. Ich wusste genau, dass mir mein Vermeiden jeglicher Lösung von Hausaufgaben oder Vorbereiten auf Schularbeiten zum Verhängnis werden würde.

Da war zum Beispiel das Jahr des Aufstands im kommunistischen Ungarn 1956. Am oberen Ende des Schulparks war das Palais Clam Gallas, das zum Areal der Schule gehörte, in dessen schönen mit Intarsien getäfelten Sälen wir in der großen Pause spielen durften. Es wurden dort Schlaflager und Ping-Pong-Tische für die ungarischen Flüchtlinge aufgebaut. Da waren viele hübsche Jungen in unserem Alter, mit denen wir nun in den Mittagspausen Matches austrugen. Was lag näher, als nach dem Unterricht mit den sportlichen Unternehmungen weiterzumachen?

Hausaufgaben? Wie langweilig. Die Tochter eines Hochschulprofessors an der Wirtschaftsuni – gegen den Jahre später, nämlich 1965, eine der ersten großen antifaschistischen Demos in Wien abgehalten wurde, wofür sie ja nichts konnte und was damals auch niemand von uns vorausahnte – war eine meiner neuen Freundinnen. Die andere, Tochter einer Französin und eines deutschen Generals, ergänzte unser unzertrennliches Trio. Ich, Leni Schwarz, war die Begabteste im Schabernack aushecken, und ich war auch die Einzige, die mitten im Jahr von der Schule flog. Die 4ième entsprach der fünften Klasse Gymnasium, und so stand ich nun vierzehnjährig da mit einem Schulabschluss, der keiner war.

Schulwechsel – Eisvergiftung – neue Familie

Nun war ich also vogelfrei und zum Leidwesen meiner Mama wieder unbeaufsichtigt. Die immer wiederkehrenden Bauchweh, die mich schon während der Schuljahre krank und hilflos ans Bett gebunden hatten, häuften sich nun, dazu kamen die ersten Periodenschmerzen, die mich bis zu deren Enddatum jahrelang quälen sollten. Wie oft ich im Unterricht gefehlt hatte und vor allem wann, daran erinnerte sich meine Freundin Yvette später noch ganz genau: Es waren fast immer die Tage, an denen Schularbeiten waren.

Die Bestrafungen im Lycée folgten einem genau ausgeklügelten System: Wenn wir im Laufe des Trimesters wöchentlich so und so viele schlechte Betragensnoten davontrugen, während der Woche frech oder unaufmerksam waren oder Schulhefte vergessen hatten usw., bekamen wir, die schlimmen Kinder, Karzer-Stunden aufgehalst. Diese Stunden mussten an den unterrichtsfreien Samstagvormittagen abgesessen werden. Meist mussten wir dann hundert Mal irgendwelche Sätze schreiben und völlig blödsinnig die Zeit versitzen. Manche hatten einen Stammplatz, darunter war leider auch ich, denn mich erwischte es schon mehr als nur hie und da. Wenn das Kontingent der vorgegebenen Anzahl der Strafstunden erfüllt war, musste man einige Tage der Schule fernbleiben.

Ich hätte in meiner neu gewonnenen Freiheit so oft ich wollte Eislaufen und ins Kino gehen können, aber ich aß natürlich wieder viel zu viel und durcheinander, vor allem zu viele Portionen im Eisgeschäft am Schottenring. Dieses lag auf dem Schulweg und dorthin hatte ich meine Schulkolleginnen zum Abschied eingeladen. Das Geld hatte ich der Mama nach großem Bittgesuch abgeluchst. Das Ergebnis war allerdings katastrophal. Ich landete mit einer Speiseeisvergiftung im jüdischen Spital in der Seegasse und wurde dort mehr recht als schlecht wieder aufgepäppelt. Ich lag in einem Vielbettzimmer und da waren wir nicht wenige Patientinnen. Mein Bett stand neben einer traurigen, einsamen, älteren jüdischen Dame, die mich nach unserer beider Genesung öfters zu sich einlud. Sie schenkte mir Schokoladen und erzählte mir alles Traurige aus ihrem Leben. Vom Verlust ihres Kindes und Mannes und über ihre Jahre in den verschiedenen Lagern. Ich erinnere mich an keine Details; alles, woran ich mich noch erinnere, ist, dass meine Mutter, nachdem ich ihr von Frau Silbermann erzählt hatte, mir verbot, diese weiterhin zu treffen. „Das sind Geschichten, die dich nichts angehen", wurde mir sehr eindringlich erklärt, und ich hielt mich daran. Unheimlich war sie mir sowieso gewesen und ich war immer bedrückt und traurig nach diesen Besuchen in ihrer dunklen, fensterverhangenen Wohnung.

Wir gingen nun, meine Mutter und ich, nachdem diese nicht wusste, was mit mir anzufangen war, zur Berufsberatung. Mode, Schneiderei? Das weiß ich auch wieder nur aus Erzählungen. Diesen wichtigen, beruflich so eindringlichen Scheideweg hab ich verdrängt! Ich kann mich an nichts erinnern.

Meine Mutter war zu dieser Zeit abgelenkt. Sie switchte zwischen einer neuen Liebe und ihrem geliebten Marcel hin und her. Marcel konnte ihr, wie er meinte, „nichts bieten", vor allem war er verheiratet! Seine Frau lag seit Jahren mit schwersten Depressionen in einer Nervenklinik in den USA. Ich wurde da nicht näher eingeweiht. Jedenfalls war sie Mitbesitzerin des physikalischen Instituts, besagter Helia. So kam eine Scheidung nicht in Betracht. Also wollte er meine Mutter „freigeben", sie sollte einen Mann finden, der sie versorgen würde, sprich heiraten. Wie es damals in den 50er- und 60er-Jahren übliche Denkart war. So kam es dann auch.

Als ich meine Mutter viele Jahre später, während ich sie in ihrer schweren Krankheit begleitete, fragte, wieso und warum und wie das war mit der Liebe, gestand sie mir, dass sich damals beruflich sehr unsichere Aussichten für sie ergaben, da die Geschäftsleitung der Firma Columbia im Begriff war, umzustrukturieren, um eventuell auch den Standort in Wien aufzugeben. Ihre Überlegung war eher eine praktische, heiraten war verlockend. Er vergötterte sie und sie mochte ihn sehr gerne!

Mein Stiefvater hatte mir zwei Geschwister mitgebracht. Meinen neuen zwölfjährigen Bruder Tommy und Michaela, genannt Micki, die schon achtzehn Jahre alt war.

Mamas Dasein wurde zusehends leichter, wir zogen gemeinsam mit der neuen Familie in eine größere Wohnung um. Sie genoss es, endlich für mich Zeit zu haben, zu kochen und den Haushalt zu führen, den sie weiterhin mit Unterstützung von Frau Perner mehr recht als schlecht bewältigte. Für mich war dieses neue Familienleben ungewöhnlich, aber auch reizvoll, und dank der älteren neuen Schwester war das abendliche Tanzengehen zu zweit nun endlich offiziell erlaubt.

Letzter Kindertagebucheintrag 14

Mamas italienische Stöckelschuhe sind kaputt. Die sündteuren aus Perugia, wo sie mit dem Marcel mit dem Chor war im Sommer. Ich bin damit auf dem Kanalgit-

ter hängengeblieben und hab den Absatz abgebrochen. So ist sie natürlich draufgekommen, dass ich sie heimlich angezogen hab! Wie kommt sie nur zu so einem ekelhaften Kind. Mammi kann so schrecklich traurig dreinschauen. Es zerreißt mir das Herz. An meine Betragensnoten im Zeugnis möchte ich gar nicht denken. Mein Lehrer, Monsieur Grinberg, hat mich einmal mit einem ausgesprochen unangenehmen Zwick-Griff an meiner Wange aus meinem Platz gezerrt, weil ich so unaufmerksam war und immer so viel geplaudert habe. Ich hab ihn aber mit meinen Haferlschuhen, die mit den Quasten an den Schuhbandeln, ins Schienbein getreten, weil ich mir einfach nichts gefallen lasse. Ich hab immer zurückgehaut, denn vielen ist bei mir die Hand ausgerutscht, aber oft war ich sogar stärker oder meine Wut war stärker, einmal hat einer sogar ein blaues Aug gehabt. Das war im Ferienlager von der jüdischen Kultusgemeinde und von der christlichen Volkshilfe. Wir jüdischen Kinder waren dort die Mehrheit und so ist es den christlichen Kindern nicht immer gut gegangen, da hab ich dem Jossy eine runtergehaut, weil er die herzkranke Traudl so sekkiert hat. Mit dem Maxi hab ich auf der Wiese geschmust. Aber der Chaim Hirsch, der später nach Israel gegangen ist, hat mich erpresst, weil er behauptet hat, er hätte uns beim Schmusen geknipst. Er hat mir das Foto aber nicht gezeigt. Ich hab mich entsetzlich geniert, ich bin ja erst 14 und meiner Mama wäre das sicher unmöglich vorgekommen! Sie hat immer gesagt, ein Bursch, der dich liebhat, verlangt nie etwas Unanständiges von dir. Und jetzt sowas, ich hab aber nichts tun können, das war ein Tiefschlag, wo man nicht zurückschlagen kann.

TEIL 2

Briefwechsel – Geheimnisse – Reaktionen

Nun sind die Kinderaufzeichnungen aufgebraucht. Hie und da wurde in einer Schachtel mit alten Fotos noch eine Notiz, Eindrücke auf Zettelchen gekritzelt gefunden, und in kleinen Gedichten und Liedertexten hatte ich meine Befindlichkeit ausgedrückt. Worauf kann ich mich berufen? Sind mir die Gefühle, Überlegungen, die Ängste und Freuden noch gegenwärtig in meinem heutigen Leben? Gibt es eine reale Welt neben den Tourneen und Proben, den fröhlichen Nächten, nach den Aufführungen in fremden Städten, in denen ich nichts kennen lerne außer den aktuellen Spielorten mit anschließenden Nachtlokalbesuchen – aber bitte in der Nähe des Hotels –, den Erfolgen in den kleinen Kulturinitiativen, in größeren Städten die größeren Bühnen, Kulturkeller, Bars, Festspielorte usw., die Flughäfen, Tourbusse, Hotelzimmer?

Immer wieder wird nach Wien zurückgekehrt zur Dreisamkeit mit meinen beiden Katzen, nachdem Zweisamkeiten mit Zweibeinern so gar nicht funktioniert hatten. In meine kleine, provisorisch eingerichtete Wohnung, wo ich die Ausflüge der beiden Katzenkinder Sami und Amoma auf dem begrünten winzigen Hinterhof-Klopf-Balkon bewache (eventuelle Suchaktionen, die für nötige Aufregungen gut sind, genügen als Abwechslung). Privatleben? Null.

Aber ich greife vor!

Einschneidend war der vorhin schon erwähnte folgende Briefwechsel, der mein Kinderleben schwerwiegend beendete.

Ist es einem Kind zuzumuten, Familiengeheimnisse zu bewahren, mit diesen Entdeckungen allein umzugehen, den Erwachsenen das Kind vorzuspielen, welches viel zu früh erwachsen wurde? Und ist es diesem Erwachsensein gewachsen? Und doch, es war damals ganz allein meine Entscheidung, vor allem meine geliebte Mama und auch sonst niemanden zu behelligen, als ich die Briefe gefunden hatte. Welche Last musste mein kleines Bäuchlein tragen, ein Bäuchlein, welches sich später als schwerer Bauch, als ein unverlässliches überempfindliches Störelement über Jahrzehnte hinaus bemerkbar machen sollte. Ob da ein Zusammenhang besteht? Dass meine Regelblutungen in viel zu kurzen Abständen von jeweils achtzehn Tagen meine Befindlichkeit immer wieder auf den Nullpunkt brachten? Mich zeitweise schmerzhaft ans Bett fesselten und jedweder Aktivität meinerseits im Wege standen? Übrigens ist es vielleicht gar nicht verwunderlich, dass sowohl der Zeitpunkt als auch das Gewahren meiner ersten Regelblutung im Nirwana versinken. Ich kann mich beim besten Willen wieder einmal nicht erinnern.

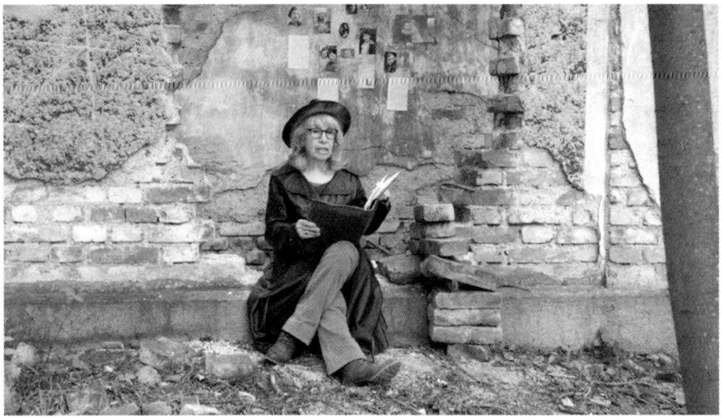

Lesung der Briefe in dem Film FLOW MY TEARS von Alexander Melach. Foto: Birgit Guðjónsdóttir

Brief von M. Franklin

1950 wurde meiner Mutter ein an die Ennsgasse adressierter Brief mit einer persönlichen Botschaft von einem gewissen Herrn Martin Franklin aus England zugesandt. Er kündigt darin Briefe von Emil und Helene Kolm an, den Eltern meiner Mutter, die diese in den Jahren 1939 bis 1940 von Antwerpen aus nach London an ihre Tochter gesendet hatten und die bei ihr nie angekommen waren.

Als Herr Franklin nach dem Krieg Kontakt mit Elfriede Kolm aufnehmen will, erfährt er erst über Umwege von ihrer Namensänderung, was die Suche nach ihr natürlich erschwert. Aus Elfriede Kolm war nämlich mittlerweile durch die Heirat mit meinem Vater Elfriede Schwarz geworden; wie Herr Franklin sie letztendlich ausfindig machte, entzieht sich meiner Kenntnis, er musste zuvor schon einen Brief an sie abgeschickt haben, denn er bezieht sich in folgendem Schreiben auf ihren Antwort-Brief, der leider nicht mehr auffindbar ist, in dem sie wahrscheinlich ihre Identität bestätigt.

M. Franklin (Mr)
38, Garrick Avenue
London, N.W.11.
27.4.50.

Geehrte Frau Schwarz!
Besten Dank fuer Ihren 1. Brief vom 17. ds. M.

Sie sagen in Ihrem Brief, dass Sie gerne wissen möchten, warum ich mich nach Ihrer Adresse erkundigt habe, und will Ihnen dies gerne erklaeren: Vor ueber drei

Jahren wurden mir aus Belgien Briefe gebracht die die dortige „Underground Movement" erhalten hatten, um in London an Sie abzugeben. Ich habe mich dann hier in London sehr bemüht Sie an Ihrer Adresse in Elgin Crescent ausfindig zu machen, jedoch ohne Erfolg. Ich richtete nicht weniger als 6 Briefe an Ihre Adresse, von denen nur einer, ein eingeschriebener Brief, an meine Adresse als unzustellbar zurück kam. Ich versuchte auch durch die Polizei und das Food Office, Woburn House, u.s.w., Ihre Adresse festzustellen, und telefonierte an alle Schwarz die im hiesigen Telefonbuch angefuehrt sind, doch niemand kannte Sie, bis ich endlich durch die hiesige jüdische Organisation und durch die Wiener Kultusgemeinde Ihre Adresse erfuhr.

Ich sende Ihnen anbei mal einen Brief, um zu sehen ob der auch gut ankommt, und will Ihnen dann noch die anderen Briefe die in meinem Besitz sind per Post zusenden.

Ich habe ausserdem fuer Sie noch eine Bernstein Halskette, sowie zwei zerschnittene Ringe, die wohl Ihrer Mutter gehoerten.

Ich will Ihnen diese sobald sich die Gelegenheit ergibt durch jemand der von hier nach Wien faehrt, senden.

Mit bestem Gruss, Ihr
Martin Franklin

Aus der Belgischen Post-Filiale für zensurierte Sendungen, welche während des Zweiten Weltkriegs anscheinend zurückgehalten worden waren, hatte Herr Martin Franklin dieses Bündel Briefe erhalten. Geehrt sei er, der ja sicherlich nicht mehr unter uns weilt. Zu spät habe ich versucht, ihn über alle möglichen Google- und sonstige Internetkanäle ausfindig zu machen. So danke ich ihm auf diesem Wege aus vollem Herzen, denn ohne seine wiederholten intensiven Bemühungen meine Mutter zu finden, hätte ich meine Großeltern, zumindest posthum aus ihren Schreiben, nie kennengelernt.

Ich war, wie schon erwähnt, 13 Jahre alt, als ich diese Briefe aus dem besagten Überseekoffer heimlich gelesen hatte, und wenn ich sie heute wieder zur Hand nehme, fällt mir auf, wie die Papierbögen immer kleiner und dünner werden, wie die Schrift immer enger und fast unlesbar wird und ich eine Lupe zur Hand nehmen muss, um die letztdatierten dieser winzigen Zettelchen zu entziffern.

Was in Belgien mit der jüdischen Bevölkerung und den jüdischen Flüchtlingen passierte, dieses ganze Ausmaß an Grausamkeiten wurde mir erst nach einigen Recherchen mit dem, was da allmählich an den Tag gelangte, immer deutlicher. Was ich im Jahr 2004 gemeinsam mit meinem jetzigen Mann Tony

Scholl auf den Seiten der Holocaust-Memorial-Webseite von Yad Vashem[21] surfend herausfand, war die Gewissheit, dass meine Großeltern Helene und Emil Kolm von Antwerpen aus, wo sie Zuflucht gesucht hatten und vermutlich denunziert worden waren, beide in der ehemalige Kaserne Dossin in Mechelen, einem berüchtigten Übergangslager, einer Art Vorhölle, interniert wurden.

Aus dieser Kaserne führten „praktischerweise" direkt aus dem Hof die Schienen, auf denen die Opfer in Zügen nach Auschwitz deportiert wurden. Sobald die Gefangenen nach ihren Häftlingsnummern für einen Transport eingeteilt waren, wussten sie, „mit dem nächsten Zug kommen wir dran". Da gab es kein Entkommen. Es dauerte die Wartezeit oft tage- bis wochenlang, sodass sich bei manchen die Hoffnung nährte, davonzukommen! Doch das war ein Trugschluss, die Züge kamen und fuhren; diejenigen, die noch nicht dran waren, konnten von den Fenstern aus zusehen, wie die Opfer von ihren Angehörigen getrennt und ganze Familien auseinandergerissen und ohne Rücksicht brutal zusammengedrängt wurden, um dann in die Züge gepfercht zu werden.

Auszug aus einem der Briefe meines Großvaters Emil Kolm 1939 aus Belgien nach London an seine Tochter, Elfriede Kolm (später meine Mutter), der sie erst nach dessen Ermordung 1950 in Wien erreichen sollte.

Antwerpen 3. Dezember 1939

Mein liebes Kind!

Vorgestern, am 30., kam Dein Brief vom 21. Nov. an. Du kannst Dir denken, dass er uns große Freude bereitete und noch mehr, dass Du vorhast uns – so wie wir – jede Woche zu schreiben.

Dein Brief liegt vor mir: Da schreibst Du, dass es kaum einen Sinn hat, an Miss. Wh. zu schreiben. Du siehst es falsch. Der Brief an sie musste doch geschrieben werden. Da kann man doch gar nicht einfach drüber hinweggehen, da muss man doch reagieren – wie immer und natürlich haben wir, wenn auch mit wenig Zuversicht, versucht, ob sich die Situation nicht doch retten ließe. Natürlich und leider gar nicht wider Erwarten, erhielten wir eine ablehnende Antwort. Miss Wh.

21 Die **Zentrale Datenbank der Yad Vashem Holocaust Gedenkstätte**, in der die Namen der Holocaustopfer aufgelistet sind, wurde im Jahr 2000 gegründet. Begonnen hatte man mit der Auflistung von 2,5 Millionen Namen, mittlerweile ist die Anzahl der Namen, die bekannt gegeben wurden, im Jahre 2015 auf 4.800.000 angestiegen. Interessenten können die Datenbank jederzeit durchsuchen. Die genaue Liste wird wahrscheinlich nie komplett sein, da oft ganze Familien ausgelöscht wurden, sodass niemand übrig blieb, der einen Namen hätte nennen können. Quelle: Zentrale Datenbank der Namen der Holocaustopfer: https://yvng.yadvashem.org/index.html?language=de, abgerufen am 15.12.2022.

schreibt auch diesmal wieder: „I want again to impress upon you that Elfriede will not be homeless or without friends in this country. She can always (von ihr unterstrichen) at any time come here to us, or ask us for help in finding new work". Voraussetzung, wenn auch nicht angesprochen ist, dass sie nicht an Dir zweifelt. Du musst dich jetzt bewähren, musst ihr Deine Dankbarkeit auch aussprechen – daran vergiss ja nicht! Das brauchen solche Menschen, auch wenn sie nicht willens sind, etwas davon abhängig zu machen, das soll man ihnen auch erfüllen und es kommt ihnen auch zu. Verhalte Dich gut zu ihr und ihren Helfern, schreibe ihr regelmäßig, auch wenn Du sie nicht brauchst (Du sollst es nie müssen!).

Meine Reaktion auf Großvaters Vorwürfe:

Nein, Miss Wh. hatte kein Recht, eine siebzehnjährige, völlig unerfahrene Person, ein junges Mädchen, sichtlich aus „behütetem Haus", zu Putzzwecken und aufreibender Stall- und Feldarbeit auf einer riesigen Farm einzuteilen. Nicht nur das: Elfriede, die sich später Friedl nennen wird, war ein Kind der Stadt und hatte ja keine Ahnung von Landwirtschaft.

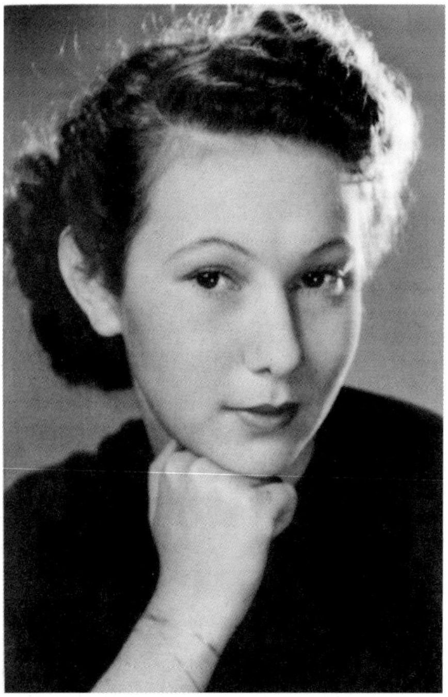

Meine Mama, als sie noch Elfi Kolm hieß

Nach dem Einmarsch der Hitlerarmee hatte sie in Wien das Gymnasium endgültig abbrechen müssen, die Naziverordnungen hatten Fuß gefasst, Freundinnen gab's nur mehr die jüdischen, alle anderen Klassenkameradinnen trauten sich nicht mehr mit ihr zusammenzutreffen.

Sie war in kürzester Zeit von hilfreichen Quäkern notdürftigst eingeschult worden, ein bisschen kochen, Haushalt, Bad und Küche reinigen, Babys betreuen. Windelwechseln war an Puppen geübt worden, das war's. Dann ging es nach dem bitterlichen, herzzerreißenden Abschied von den Eltern gemeinsam mit vielen anderen, viel kleineren Kindern, mit dem Zug und später Schiff, nach England – es war einer der für jüdische Kinder organisierten Transporte – das war Ende 1938. Vater Emil, Mutter Helene und Tochter Elfriede Kolm (meiner Mutter Mädchenname), diese kleine Familie hatte in Hietzing, einem bürgerlichen, wohlhabenden Bezirk, gewohnt. Assimiliert, gut integriert, wie man heutzutage sagen würde, und von heute auf morgen von Nachbarn und vermeintlichen „Freunden" geschnitten, missachtet. Vor allem von den Beamten auf den Ämtern, die aufgesucht wurden, um „legal" ausreisen zu dürfen, wurden sie beschimpft und gedemütigt! Welch Ironie! Zuerst wurden sie enteignet, alle Ersparnisse wurden ihnen gestohlen, und nun verlangte man horrende Summen für gültige Papiere, die sich so viele nicht mehr leisten konnten! Bis es zu spät war!

Ganz anders ging es vorerst im zweiten Bezirk, einem Arbeiterbezirk, zu. Da stolzierten zwar die Burschen alle mit den Hakenkreuzbinden herum, „aber die Goldbergschwestern lasst's in Ruh und den Hansi Weinstein ebenfalls. Das sind unsre Spezis!" Na ja, geholfen hat das wenig. Die Straßen mit dem Zahnbürstel putzen mussten dann auf höhere Anweisung der Nazis alle jüdischen Menschen, in allen Bezirken – ob Spezi oder nicht.

Meinen Großeltern Emil und Helene gelang zum vermeintlichen Glück doch noch die Ausreise über Holland, wonach sie endlich legal, aber völlig mittellos das noch neutrale Belgien erreichten.

Was nun in England die Verweigerung meiner damals so jungen Mama betrifft: Elfi-Friedl konnte und wollte auf keinen Fall irgendwo am Rande eines kleinen Dorfs, weitab jeglichen städtischen Lebens im Dienst der Miss Wh. bleiben, und so zog es sie nach London in die Großstadt, und es ist gut, dass sie die sicher gut gemeinten brieflichen Ermahnungen seitens des Großvaters damals nicht zu Gesicht bekam.

In London wird sie weitergereicht, Bekannte ihrer Eltern, die schon 1935 nach England emigriert waren, nehmen sich des jungen Mädchens an. Das waren Fritz Wessler und seine Frau Fanny, beide Ärzte, die im nebeldurchsetzten London in einer großen Klinik ihr Auskommen fanden und die in der Schauspieltruppe der „Young Austria" als Laiendarsteller und Musiker wirkten – er am Klavier, sie an der Flöte. Sie versuchten zu vermitteln, aber da gibt es nichts mehr zu kitten; sie wird als faul und aufsässig von Miss Wh. abgelehnt, worüber sie eher erleichtert und alles andere als traurig ist. Elfi-Friedl bekommt nun eine Lehrstelle in einer Spitalsküche und wird als Diätköchin ausgebildet. Wunderlich erscheinen daher ihre viel später so üppig ausartenden Kochkünste!

Ich kann nicht mehr rekonstruieren, wie sie dann nach Glasgow in Schottland kam, wo sie ja auch geheiratet hatte, nachdem ich schon zwei Monate in ihrem Bäuchlein wohnte (was ich ihr, als ich das herausgefunden hatte, später mit kindlichen Vorwürfen altklug moralisierend unter die Nase rieb).

Meine Mutter nannte sich Friedl, es klang erwachsener als das süßliche Elfi, wie ihre Eltern sie genannt hatten. Elfriede, Elfi, Friedl war zwar nach außen hin sanften Wesens und jederzeit höflich und zuvorkommend, aber sie wusste schon ziemlich genau, was ihr gut tat und was sie wollte, und das machte gerade ihren besonderen Charme aus.

Später, in ihrer Rolle als Mutter, entsprach sie schon aus Zeitgründen sicher nicht dem gängigen Klischee einer Fürsorglichen, doch bemühte sie sich, soweit sie konnte, mir eine gute Erziehung zukommen zu lassen. Ich weiß jedenfalls, wie man mit Messer und Gabel isst, wie man den Tisch deckt und wie man zu grüßen hat, z.B. im Stiegenhaus oder auf der Straße.

Ihre schrägen, dunkelbraunen Mandelaugen, deren Ausdruck einen sehr liebevoll umfassen konnte, verschleierten sich allerdings im Bruchteil von Sekunden; dann schweifte ihr Blick ins Weite und sie war plötzlich nicht mehr anwesend. Es kostete mich dann viel Einsatz, ich musste an ihr zerren, mich laut artikulieren und produzieren, um ihre Aufmerksamkeit wieder auf mich zu lenken.

Mama liebte Schauspieler und sah selbst aus wie Vivien Leigh oder Jean Simmons, und wie ich dann viel später feststellen konnte, ähnelte sie auch der etwas verrückten Schauspielerin Dianne West aus Woody Allens Film „Hannah und ihre Schwestern", dieser herrlich witzigen und wehmütigen Satire über den Alltag jüdischer Einwanderer während der 50er-Jahre in Manhattan.

Dorthin waren wir leider nicht gekommen, obwohl meine Mutter damals ein wichtiges Dokument von ihrem Verlobten Poldi aus New York erhalten hatte. Dessen Familie hatte ihn nach seinem kurzen Aufenthalt im KZ Buchenwald im letzten Moment noch freikaufen können. Er wollte seine Elfi, seine zehn Jahre jüngere und noch – wie es damals Sitte war – jungfräuliche Verlobte, nach Amerika nachholen und sendete für sie die Bürgschaft, das von so vielen ersehnte und erhoffte Affidavit, am 4. Dezember 1940 nach London. Damals war sie aber schon Hals über Kopf in einen gewissen Georg Schwarz, genannt Schurl, meinen charmanten jungen Papa-Hallodri, verliebt. Ja, sie ließ das Affidavit, die so kostbare Eintrittskarte, die ihr die Ausreise nach Amerika gesichert hätte, verfallen!

Nein, nicht dem Poldi galt später die Sehnsucht und das Bedauern meiner Mutter, aber sehr wohl Amerika. Denn von dort aus hätte sie – wie sie vermeintlich annahm – ihre Eltern noch retten können, was ihrer Freundin Naomi ja gelungen war! Ein Tatbestand, den sie ihr ganzes Leben lang nicht verkraftet hatte.

Lesen wir weiter in Großvaters Brief:

Antwerpen 3. Dez. 1939

... Lasse Dir also raten! Stark und leistungsfähig bleiben, ist das Um und Auf in der Welt. Wehe, wenn man das, was der Andere kann, nicht kann. Poldi: wovon leben die dort? (...) Was für Projekte hat Poldi?

Mit „dort" meinte mein Großvater Amerika. Meine Mama hatte ja schon ein Affidavit, eine Erlaubnis sozusagen, ein Visum für „drüben", aber wie schon berichtet, kam es nicht dazu, lernte sie doch in England meinen Papa kennen ... So lese ich weiter:

Und wenn er hofft, Dich im Frühjahr schon dort zu haben, so ist das doch nicht nur eine Angelegenheit der Fahrt. Apropos, Fahrt. Man kann doch nicht nur einsteigen, es gehört doch noch einiges dazu, nicht zuletzt das Geld. Wie stellt ihr euch das vor? Es ist nicht gut, die Hilfsquellen leichtsinnig zu verschütten, anstatt sie zu pflegen und womöglich neue dazu zu bekommen. „Dass alles noch gut werden wird" scheint mir weniger wahrscheinlich als Dir, denn wie können wir denn durchhalten? Es ist sehr lieb von Dir, was Du vorhast, aber das wird sich ja gar nicht verwirklichen lassen. Und damit Du mich nicht missverstehst, so will ich Dir vor allem sagen, dass ich Dir unsere traurige Lage nicht aus Berechnung schilderte, damit Du uns von dem Wenigen, das Du vielleicht hast, etwas schickst. Ich schrieb Dir dies alles, weil Du unser Kind bist und wissen sollst, wie es mit uns steht, auch deshalb, um Dir begreiflich zu machen, dass wir in dieser traurigen Lage nicht so tragfähig sind für Kummer, Sorgen und Kränkung, die nicht notwendig wären und „last not least", weil wir gar niemanden haben, von dem wir Hilfe erwarten dürfen und uns sagten, vielleicht gelingt dir in England eher, jemanden, oder einige gemeinsam, dafür zu interessieren. Der Krieg hat dies natürlich sehr erschwert. Aber wie denn sollen wir durchkommen? Eine Weile geht es noch, solange wir noch ein paar „Netsch" zum Zusetzen haben, es ist der letzte Rest von dem, was uns Celine schenkte, als wir hierher kamen und sparsam unangetastet ließen, ...

Wenn dieses Wenige zugesetzt sein wird – und man kann sich das an den Fingern ausrechnen – so wissen wir nicht was wir tun sollen; (...) Du bist noch reichlich unerfahren, wenn Du uns versprichst, uns das zu schicken, was wir nun also nicht mehr bekommen können. Erstens hast Du noch keinen Posten, zweitens zahlt man den Anfängern nicht viel, man nützt ihn nur aus, drittens bekommt man das Geld erst im Nachhinein, viertens wird in der Regel alles Mögliche abgezogen (Krankenkassa etc. etc.), fünftens hast Du doch einen gewissen laufenden Bedarf (Strümpfe und sonstige Kleinigkeiten), sechstens musst Du an Anschaffungen denken, für die unbedingt etwas auf die Seite gelegt werden muss, siebentens musst Du dir unter allen Umständen eine Reserve für etwaige Überbrückung von Postenlosigkeit anhäufen, da Du sonst jedem Gauner und Wucherer ausgeliefert bist. Das alles muss ich Dir vor Augen führen, da Du es im Einzelnen wohl weißt, aber im Ganzen, zusammengefasst, in der Gesamtwirkung, nicht voll überblickst. Da sollst Du noch imstande sein uns zu helfen? Wir sind sehr gerührt von Deinem naiven guten Willen und es tröstet uns schon dieses Zeichen Deines kindlichen Gefühls für Deine Eltern; dass dieses erloschen sein sollte, konnten und wollten wir nicht glauben und so schrieb ich es Dir auch immer. Aber bleiben wir nüchtern bei der Sache. Für uns gibt es nichts Anderes, als dass uns Hilfsbereite beispringen und wenn sich Dein zweiter Optimismus (der erste sieht Dich im Frühjahr bereits in Amerika) erfüllt, nämlich die Hoffnung, richtiger gesagt der Wunsch, dass wir dann nicht lange zu warten haben, so wäre diese Beihilfe nicht auf unabsehbar lange. Du für Deinen Teil brauchst Dich Gottseidank nicht allzu sehr zu sorgen. Nicht dass es bis zum Frühjahr nicht gar so lange ist – Du wirst noch Augen machen, wie sich das immer wieder verzögern wird (nach Amerika ists weit, bis England ging es noch, aber dann zieht sich der Weg). Nun läßt sich doch noch manches gutmachen und manches retten. Verabsäume das nicht. Hättest Du nicht Fleiß und wenig Eignung, so wäre das kaum wettmachbar. Da Dir aber die Eignung bei allem Tadel nicht abgesprochen werden kann – der Fleiß, das ist etwas, das man noch schaffen kann und das musst Du auch hoffen. Dazu genügt die Erkenntnis und zu der könntest Du nun doch gelangt sein. Bist Du erst fleißig unentwegt, so wirst Du auch leichter Freunde und Helfer finden und nur so kann wieder die Existenz unser aller drei aufgerichtet werden. Du glaubst nicht, wie die Dinge zusammenhängen, aber schon uns zuliebe solltest Du dich bewähren. Zu unserem Trost, aber auch zu unserer Hilfe; denn untätig läßt sich nichts erringen. Und wenn wir ins Grab beißen müssen, so laß uns dies doch mit dem Troste tun, daß Du ein wertvoller Mensch geworden bist, der sich bewährt und der geschätzt wird. Und vergiß nicht, auch Deinem Zukünftigen stehst Du dann anders und aufrechter gegenüber. Je weniger Du Dich bewährst, desto größer werden die Gefahren für Dich, desto schwerer wirst Du ihnen standhalten können.

Eingefügt: Jetzt muss ich schließen, die Stunde der Postschiffe pocht, Mutti kann nicht mehr daran schreiben, sie läßt Dich tausendmal küssen, and so do I, Dein Vati

EINGEFÜGT: Ganz einfach: Du wirst ohne Gefahr, öfters ohne Geld öfters ohne Hilfe sein: folglich größere Gefahr unterzugehen, schwerer Kampf, Abgleiten und nicht mehr hochkommen!

Zweite Reaktion von mir auf die Ermahnungen meines Großvaters:
Wie froh bin ich, dass dieser Brief meine Mutter damals nicht erreichte.

Doch wie groß ihre Schuldgefühle gewesen sein mussten, als sie alle diese Schreiben so viele Jahre später, als ihre Eltern schon längst ermordet worden waren, in den Händen hielt, kann man sich nur in etwa vorstellen. 1983 diagnostizierte man bei ihr Gebärmutterhalskrebs im fortgeschrittenen Stadium. An die Wand gelehnt, Halt suchend, die Hände an den Tumor in ihrem Bauch gepresst, gestand sie mir, wie sehr sie diese Krankheit als Strafe empfände, da sie es verabsäumt hatte, alles zu tun, um ihre Eltern zu retten. Ich musste mit aller mir zur Verfügung stehenden Schärfe widersprechen.

„Mammilein, bitte sag das nicht, das ist doch völlig unrealistisch, auch wenn du in Amerika gelandet wärst, du hättest zur damaligen Zeit niemals mehr etwas unternehmen können." „Aber die Naomi hat's geschafft, die leben alle heute in New York ... sie mit ihrer Familie und auch mit ihren schon sehr alten Eltern", antwortete sie verzweifelt, mit Tränen in den Augen. „Mammi, bitte, das war doch noch knapp vor dem Krieg, und da war ja noch ein wenig von deren Vermögen übrig, die konnten sich noch retten. Aber denke an die vielen anderen aus unserer Familie, denen es nicht mehr gelang. Das ist doch nicht deine Schuld! Es war zu spät, die Grenzen waren doch schon geschlossen!"

Wieder überkam mich wie so oft diese Verpflichtung, das Gefühl, ihr helfen zu wollen, sie glücklich zu sehen, ihren Humor wieder zu wecken, der ihr immer wieder geholfen hatte, so vieles zu bewältigen.

1984 starb mein Stiefvater, auch ihn hatte ein Krebsleiden dahingerafft, während meine Mutter um Gesundung rang. Er hatte den Gedanken nicht verkraftet, ohne seine geliebte Frau weiterleben zu sollen.

Ab dem Moment, als ich mich entschieden hatte, meine Mutter, die nun allein dastand, in ihrer Krankheit zu begleiten, hatte ich alle meine künstlerischen Verpflichtungen, Tourneen und Gastspiele abgesagt. Meine Mutter hatte nach dem Tod ihres Mannes aus ihrem Haus im Weinviertel wieder zurückgefunden in ihren Heimatbezirk Hietzing und dort ihre Zelte in einem schönen, lichtdurchfluteten Dachatelier aufgeschlagen. Ich zog nun zu ihr und wir verbrachten noch viele schöne und gehaltvolle Tage, bis sie 1985 trotz all der vielen ärztlichen Bemühungen für immer die Augen schloss.

Bis dahin gingen wir oft im nahe gelegenen Schönbrunn oder im Lainzer Tiergarten spazieren und eines Tages erinnerte sie mich an einen Ausflug, den wir damals, als sie mich im Kinderheim in Neulengbach besuchte, zusammen gemacht hatten. Wie wir uns mitten in den Feldern die wilden Heidelbeeren schmecken ließen und ich nachher beim Blumenpflücken auf einer steilen Halde fast abgestürzt wäre. Dass ich so erschrocken war, da ich sie auf einem Bankerl auf mich wartend weinend vorgefunden hatte, dass der Sturz dadurch ausgelöst wurde, nein, davon hatte ich ihr weder damals noch diesmal oder später erzählt. Die Erinnerung an diesen Ausflug bewahrte ich in mir, als eines der wenigen gemeinsamen Ereignisse, für die sie sich Zeit nehmen konnte.

Als sie bei einem meiner ersten Konzertauftritte Abbitte leistete von wegen ihrer Vorbehalte, ich wäre „unmusikalisch und so", hielt ich kurz die Luft an! Es erübrigte sich jedweder Kommentar meinerseits, ich war nur maßlos erleichtert und überglücklich, sie war endlich zufrieden mit mir!

Eines Tages begleitete ich sie zu einem Auftritt der großen argentinischen Sängerin Mercedes Sosa ins Wiener Konzerthaus. Als diese zu singen anfing und meine Mama vor Rührung zum Taschentuch griff, beugte ich mich zu ihr und flüsterte: „Mammi, das ist eine Kommunistin." Unter Tränen lächelnd antwortete sie ebenfalls flüsternd: „Sei ruhig, du dummes Kind!"

So holten wir die doch nicht ganz verlorene Zeit unserer vielen Trennungen nach. Wir schauten uns im Fernsehen Denver Clan und Dallas an, gingen ins Theater und Kino, aßen gut und lachten viel. Sie absolvierte tapfer ihre Therapien, kaufte sich eine hübsche Perücke, und meine Hoffnung bekam allmählich Nahrung und breitete sich aus. Ich durfte sie zu diesen Chemotherapien nie ins Spital begleiten oder wenigstens abholen, das wollte sie allein durchstehen. Aber nach den diversen Operationen saß ich mit im Thermobehälter mitgebrachter Hühnersuppe – dem „jiddischen Penizillin", wie es so schön heißt – und sonstigen frisch zubereiteten Köstlichkeiten an ihrem Bett.

Die Ärzte hatten ihr drei Monate gegeben, aber so wie sie ihren Mann überlebt hatte, verbrachte sie auch mit mir noch fast ein ganzes Jahr des vergnüglichen Zusammenseins. Sie erzählte mir aus ihrem Leben, vieles wurde deutlicher, konturierter, aber über die Existenz der verspäteten Brief-Botschaften ihrer Eltern aus Belgien verlor sie kein Sterbenswörtchen. Eines Tages hatte ich sie dabei beobachtet, wie sie einige Päckchen Briefe auseinanderfaltete und ins Feuer warf. Auf meine erschrockene Frage: „Mammi, was machst du da?" antwortete sie verschmitzt grinsend: „Das sind Liebesbriefe und die gehen dich überhaupt nichts an, meine Süße!"

Warum sie wohl die Briefe ihrer Eltern nicht wie die vielen anderen Schreiben vernichtet hatte?

„Danke, Mammile, für dein Vertrauen!"

Die letzten Tage und Stunden im Krankenhaus verfiel sie erstaunlicherweise ins Jiddische, welches sie ihr Leben lang (außer einiger Sprichworte und gängiger Ausdrücke) nie gesprochen hatte. Ihre Stiefkinder Michaela, Tommy und ihre Enkelkinder Miriam und Markus, auf die ich bis dahin so eifersüchtig gewesen war, weinten mit mir! Dies hält uns für immer zusammen, wir alle hatten sie sehr geliebt.

Brief von meiner Großmutter Helene Kolm aus Belgien 1940, der meine Mutter ebenfalls wie alle anderen erst 1950 in Wien erreichte:

Antwerpen, 22.4.1940

Mein geliebtes Kind!

Der gestrige schöne Frühlingssonntag brachte leider keinen Brief von Dir, auch heute warteten wir vergebens. Da wir, wenn die Pausen so groß sind, Deinetwegen immer wieder in große Unruhe geraten, die (...) sich nicht legen will, ist uns das Herz sehr schwer. Ist man mit dir zufrieden? Erfüllst Du pünktlich und sorgfältig alle Deine Pflichten? Bist Du auch darauf bedacht Dich nicht durch zu großes „make up" missliebig und allzu auffällig zu machen? Speziell letzteres macht mir viel Sorgen, da ich sehr fürchten muss, dass Du meine Warnungen, in dieser Hinsicht, weil Du vielleicht glaubst, sie als veraltet zur Seite schieben zu können, eben nicht beachtest. Auch Poldi zuliebe sei vorsichtig, gehe nicht mit jungen Leuten aus, keinesfalls allein. Ich kann mir nicht denken, dass man dort in einer engeren Kleinstadtatmosphäre, Dir keinen Vorwurf machen würde. Und dazu kommt noch, in erster Linie, die Gefahr, die darin auch für das bravste und tapferste Mädel liegt. Dass aber Poldi ein Recht darauf hat, dass Du Dich keiner üblen Nachrede, auch wenn sie unberechtigt wäre, aussetzt, brauche ich wohl nicht zu betonen. – Dies alles zu schreiben, fällt mir furchtbar schwer; es zu unterlassen, noch schwerer.

Da ich nun schon einmal beim Schreiben von Dingen bin, die mir großen Kummer machen, muss ich heute auch in einer sehr wichtigen Sache das Wort ergreifen. Seit Monaten, seit vielen, quält mich all dies furchtbar und ich ringe schon lange mit dem Entschluss, Dir dies mitzuteilen. Es fällt mir sehr, sehr schwer, doch es muss sein. Es muss vor allem sein, weil Du von mir hören musst, wie sich die Dinge verhalten, um dir selbst ein Urteil bilden zu können. Ich kann und will Dir nicht länger vorenthalten, wovon ich fürchten muss, dass es Dir entstellt und hämisch zugetragen würde. Auch hoffe ich, dass Du dann eher imstande bist, diesen Dingen gegenüberzutreten. Hätte sich Dein Fortfahren nicht so blitzschnell abgewickelt, dann wäre mir vielleicht Zeit geblieben mich mit dir nochmals auszusprechen, Dir alles noch vorher zu sagen. Viele, viele trübe Stunden wären mir erspart geblieben und die härteste Angst, die Angst der Mutter, ihr Kind zu verlieren. Doch musst Du bedenken, dass Du zur Zeit, als wir so plötzlich auseinandergerissen wurden, doch noch an der Schwelle des Erwachsenwerdens warst. Die Zeit in der Fremde hat dich mit Riesenschritten vorwärtsgebracht. Wenn wir uns jemals wiedersehen sollten, bin ich bereit alle Fragen, die Du an mich stellen wirst, zu beantworten; schriftlich ist mir das unmöglich, es geht über meine Kraft. Du sollst aber wissen, dass ich damals, so wie immer im Leben bereit war, für meine Fehler einzustehen. Ich machte Vati den Vorschlag mich von ihm scheiden zu lassen und schreckte nicht davor zurück, Dich aus meiner eigenen bescheidenen Kraft zu erziehen. Dass ich Dir eine gleich schöne, sorgenlose und glückliche Jugendzeit nicht hätte bieten können, als wir Dir gemeinsam geboten haben, war mir klar, und auch du sollst das nicht aus den Augen verlieren. Vati wollte trotz alledem hievon nichts wissen und war bereit, Dich als sein eigenes Kind zu erziehen, und anzunehmen. Wir betrachteten dies als eine Angelegenheit, die eben nur uns beide und natürlich auch dich angeht. Dabei haben wir aber vergessen, mit der Böswilligkeit der Menschen zu rechnen. Ich will es unterlassen, Dir zu schildern was ich seit vielen Jahren von sogenannten Freunden, zu ertragen habe. Ich muss dies wohl auf mich nehmen. Nur auf eines möchte ich hinweisen, was ich seit August 1939 an Kummer trage, das geht weit über das Maß des zum Ertragenden hinaus.

Das wir mit dir einmal darüber sprechen werden müssen, war mir immer klar; Vati hielt dies in seiner Güte für nicht notwendig, sonst wäre es vielleicht doch noch geschehen.

Ich weiss nicht, wie du dies alles aufnehmen wirst. Eines ist aber sicher. Für dich war und blieb Vati ein zärtlicher liebevoller und verständlicher Vater, wie du ihn dir besser und verständnisvoller nicht vorstellen und schon gar nicht hättest wünschen können. Darüber brauche ich wohl kein Wort zu verlieren. Daran hat sich auch nichts geändert und ich weiß, dass durch diese Worte Deine Liebe zu ihm nicht ins Wanken geraten kann.

Für meinen Teil habe ich aber noch folgendes zu sagen. – Du weißt, dass ich nicht gesund bin und durch meine Krankheit noch leichter, wie jeder andere, ein ganz schnelles und plötzliches Ende haben kann. Nimm es nicht als „gemütslos“, dass ich dies so trocken ausspreche, aber ich bin immer dafür, den Dingen ruhig ins Auge zu sehen. Dies vorausgesetzt, wirst du vielleicht nun besser verstehen, wenn ich annehme, dass ich voraussichtlich keiner Hilfe bedürfen werde. Wohl aber Vati, der glücklicherweise, wenn man dies heute ein Glück nennen darf, von robuster gesunder Konstitution ist. Und ich bitte dich, betrachte es als deine heilige Pflicht, ihm, sobald du erst einmal kannst, zu helfen, soweit Du es imstande bist. Hilf ihm hinüber, hilf ihm sich über Wasser zu halten, bis er sich irgendwie zurechtgefunden hat. Er ist trotz seiner gründlichen und vielseitigen Kenntnisse doch ein so bescheidener Mensch und wird bestimmt nichts verabsäumen um euch so wenig als möglich zur Last zu fallen.

Hier reißt der Brief ab ... dann folgt eine Fortsetzung ...

Soweit war dieser Brief geschrieben und wartete lediglich auf Deine nächsten Zeilen um abgesendet zu werden. Leider blieben diese aus und, nervlich in Unruhe geraten, konnte ich mich nicht entschließen, ihn Dir zu übersenden, ohne auch nur zu ahnen, in welcher Gemütsverfassung Du Dich eben befindest. Für uns tauchen aus Deinem langen Stillschweigen eben immer wieder finstere, schwere Schatten auf, die zu benennen für mich ein schweres Stück Arbeit ist.

Doch habe ich Dir noch allerlei zu sagen. Bis jetzt habe ich mich darauf beschränkt, Dir Tatsachen mitzuteilen. Ich muss aber doch, in den langen schlaflosen Nächten drängt sich dies auf, versuchen dir zu erklären, wieso es so kommen konnte.

Wie du weißt, haben Vati und ich aus Liebe geheiratet. Dazu kam noch eine besonders starke gegenseitige Wertschätzung, eine gleichgerichtete Weltanschauung. Dass wir bei Vorhandensein von so viel Harmonie die sofort sichtbar werdenden Anzeichen von Nicht-zueinander passen in sehr vielen Dingen nicht beachteten, ja nicht beachten wollten, sie dadurch zu sehr unterschätzten, war unser großer, grober Fehler, an dem wir aber beide in gleichem Maße Schuld tragen. Denn wir waren beide intelligent genug, uns sagen zu müssen, auf die Dauer werde dies alles doch kein gutes Zusammenleben verbürgen können. Allerdings haben wir beide damals ehrlich geglaubt, über all das hinwegkommen zu können.

Ich will in diesen Stunden auf niemand einen Stein werfen, meine Schuld durchaus nicht verkleinern; aber eines ist sicher, wäre mir in dieser kritischen Zeit eine aufrichtige Freundin zur Seite gestanden, vielleicht wäre es doch möglich gewesen, mich von Unbesonnenheiten abzuhalten. Eine bittere und schwere Erkenntnis wurde mir daraus: Der Glaube an die Möglichkeit des Bestehens einer solchen Freundschaft zwischen Frauen wurde gänzlich zerstört.

Erst als es zu spät war, habe ich an mir gesehen, dass man auch gegen ein allzu lebhaftes Temperament kämpfen kann, wenn man nur ernstlich will. Das ich dies durch fast 20 Jahre ehrlich getan habe, weiß niemand, so wenig wie irgendjemand ahnt, was dies für einen gesunden Menschen zu bedeuten hat.

Sinn und Zweck haben alle diese Mitteilungen allerdings nur dann, wenn Du daraus lernst auf Dich zu schauen und Dich brav zu halten. Wenn ich dabei hoffen dürfte, dass Du Deine Mutter wohl als unbesonnen, doch nicht als schlechten Menschen betrachtest, wäre ich sehr glücklich. Denn Muckerle, das Härteste ist jetzt für mich, dass ich aller Voraussicht nach von Dir gehen muss, ohne zu wissen, wie Du nun über mich denkst.

Trotz alledem bitte ich dich, behalte mich ein wenig lieb und denke, ehe Du irgendeinen folgenschweren Schritt unternehmen willst: was würde meine Mutter dazu sagen. Wenn ich Dich dadurch vor Unvernünftigem bewahren kann, dann ist mein Leben, obwohl ich so schwer daran getragen habe, doch nicht vergeblich gelebt gewesen.

Viel viele tausendmale umarme und küsse ich dich im Geiste. Meine letzten Gedanken werden um dich sein. Deine Mutter

Brief des Großvaters 24. Mai 1940

Mein liebes Kind!

Sei nicht erstaunt darüber, dass ich dich nach wie vor mit denselben Worten anrede; mir aber erscheinen sie selbstverständlich, denn mir bist Du das, was Du mir immer warst. Zu den Worten Deiner armen Mutti hätte ich so Vieles zu sagen, dass ich gar nicht weiß womit und wie ich beginnen soll. Am schönsten und auch am besten wäre es, wenn wir uns sprechen könnten; die Hoffnung darauf wird sich wohl kaum erfüllen! Ein Brief aber ist immer nur ein Auskunftsmittel. Doch hat auch er seinen Wert. Nicht etwa den, dass der Schreiber „ausreden" kann – es wäre oft besser, wenn nicht – aber das geschriebene Wort wird bleibender, es verfliegt nicht, es kann bewahrt werden. Und es ist das Erste, was ich dir nun sagen will: Bewahre diesen Brief, es sind die goldenen Worte der unendlichen Liebe einer Mutter, Deiner Mutter! Sie sind im tiefsten Schmerz und in innigster Liebe geschrieben und keine Liebe kommt der der Mutter gleich.

Und das Nächste, das ich dir zu sagen habe, ist: Glaube nicht, dass das, was Mutti dir heute eröffnet, einer von den unzählbar vielen niedrigen, frivolen und lüsternen oder leichtsinnigen Ehebruchsfällen ist. Mutti war nur das Opfer schwerer seelischer Not; Umstände, über die ich noch sprechen will, setzten ihr Innenleben Konflikten aus, denen sie einfach nicht mehr gewachsen war; sie raubten ihr die Besinnung und jeden Blick für einen denkbaren anderen Ausweg.

Sie konnte nicht mehr für sich. Sie war aber immer ein treuer, gewissenhafter Mensch und braver Kamerad.

Welche sind nun die Umstände, die Mutti in ihren Briefen mit „nicht zueinander passen" umschreibt, die schon von Anfang her bestanden und deren tiefgehende Wirksamkeit wir nicht erfassten?

In wie vielen Neigungen und Interessen wir auch übereinstimmten, in einer Beziehung, in der geschlechtlichen Veranlagung sind wir grundverschieden: für mich war das Geschlechtsleben immer nur meine eigene Angelegenheit, ihm nachzugehen gleichsam nur das Öffnen eines Ventiles; auf das Verlangen von der anderen Seite reagierte ich nicht immer – dies ist gewiss nicht normal und für eine Ehe eine unmögliche Verfassung; aber so lange ich ledig war, fiel mir natürlich nichts auf, war ich ahnungslos, ist doch in der Regel der Mann der Herausforderer. War es aber die Frau – und das war damals als ich noch jung und nicht eben mies war, sehr oft, allzu oft der Fall – so hat mich das eher abgestoßen; auch wollte ich mich nicht „einfädeln" lassen und so verkannte ich den eigentlichen Grund meiner Zurückhaltung. Muttis dezentes Wesen aber zog mich an und ganz selbstverständlich, erst im Zusammenleben zeigte sich mein Mangel und seine böse Wirkung. Infolge meiner Einseitigkeit konnte ich Muttis Wünsche, die nur die Wünsche einer normalen Frau waren, nicht immer erfüllen.

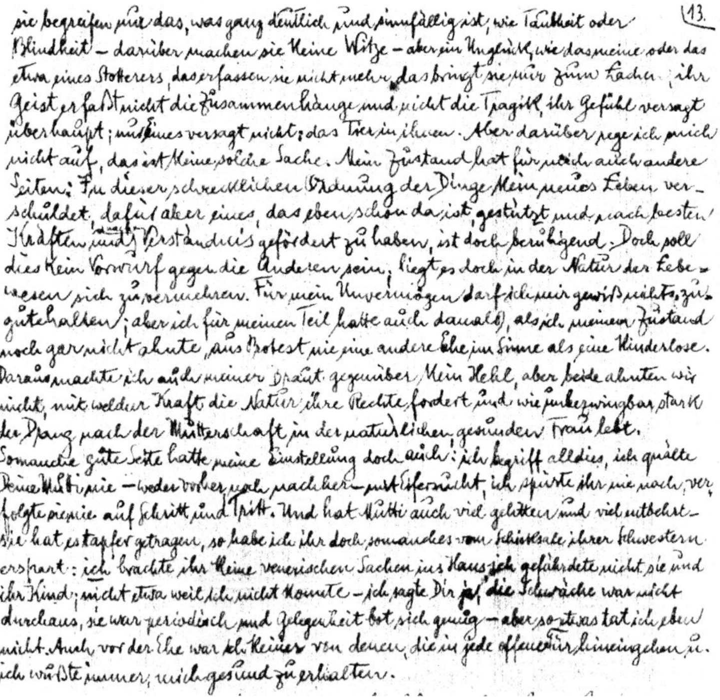

13.

sie begreifen nur das, was ganz deutlich und sinnfällig ist; wie Taubheit oder Blindheit – darüber machen sie keine Witze – aber ein Unglück, wie das meine oder das etwa eines Stotterers, das erfassen sie nicht mehr, das bringt sie nur zum Lachen; ihr Geist erfaßt nicht die Zusammenhänge und nicht die Tragik, ihr Gefühl versagt überhaupt; nur Eines versagt nicht: das Tier in ihnen. Aber darüber rege ich mich nicht auf, das ist keine solche Sache. Mein Zustand hat für mich auch andere Seiten: In dieser schrecklichen Ordnung der Dinge kein neues Leben verschuldet, dafür aber eines, das eben schon da ist, gestützt und nach besten Kräften und [illegible] Verständnis gefördert zu haben, ist doch beruhigend. Doch soll dies kein Vorwurf gegen die Anderen sein, liegt es doch in der Natur der Lebewesen sich zu vermehren. Für mein Unvermögen darf ich mir gewiß nichts zugutehalten; aber ich für meinen Teil hatte auch damals, als ich meinen Zustand noch gar nicht ahnte, aus Protest nie eine andere Ehe im Sinne als eine kinderlose. Daraus machte ich auch meiner Braut gegenüber kein Hehl, aber beide ahnten wir nicht, mit welcher Kraft die Natur ihre Rechte fordert und wie unbezwingbar stark der Drang nach der Mutterschaft in der natürlichen gesunden Frau lebt. So manche gute Seite hatte meine Einstellung doch auch: ich begriff all dies, ich quälte Deine Mutti nie – weder vorher noch nachher – mit Eifersucht, ich spürte ihr nie nach, verfolgte sie nie auf Schritt und Tritt. Und hat Mutti auch viel gelitten und viel entbehrt – sie hat es tapfer getragen, so habe ich ihr doch so manches vom Schicksale ihrer Schwestern erspart: ich brachte ihr keine venerischen Sachen ins Haus, ich gefährdete nicht sie und ihr Kind; nicht etwa weil ich nicht konnte – ich sagte Dir ja, die Schwäche war nicht durchaus, sie war periodisch und Gelegenheit bot sich genug – aber so etwas tat ich eben nicht. Auch vor der Ehe war ich keiner von denen, die in jede offene Tür hineingehen u. ich wußte immer, mich gesund zu erhalten.

Auszug aus einem der Briefe meines Großvaters Emil Kolm

Dadurch büßte ich aber auch das Gefühl der Sicherheit ein, das mir doch immer unbewußt selbstverständlich war, und es kam zu Perioden der Schwäche, die mitunter recht lange andauerten. Eine solche trat auch Ende 1919 ein – in einer Zeit als meine Nerven nach dem Kriegsende durch arge geschäftliche Überarbeit bei Tag und politische Arbeit bis in die Nacht der Überlastung nicht mehr standhielten – und dauerte viele Monate an. Dem konnte auch Deine arme Mutti nicht mehr standhalten. Gerade damals wurde sie von einem sogenannten „guten Freund des Hauses“ bedrängt und gab gewiss nicht gleich nach. Ihre Freundin und Beraterin aber, in die sie alles Vertrauen setzte, auf die sie hörte, weil sie an sie glaubte, war jene unvermeidliche Tante Frieda, über die ich heute lieber nicht sprechen will – sie ist ein Kapitel für sich! An diese denkt auch Mutti, wenn sie seufzt „wäre mir in dieser kritischen Zeit eine aufrichtige Freundin zur Seite gestanden“ oder (in dem anderen Brief) klagt „verloren ist man erst … wenn falsche Freunde meinen, man könne nicht dagegen ankämpfen“. So fiel Mutti ihrer schweren Seelennot zum Opfer. Und da sollte ich ihr böse sein, ihr Vorwürfe machen? Nein! Das konnte ich nicht, das brachte ich nicht übers Herz und schon gar nicht hätte ich mich dazu entschlossen, Mutti, die ich so liebte, den Rücken zu kehren. Sie war ja brav, sie ließ mich nicht erst darauf kommen, stellte mir jede Entscheidung anheim. Ich aber wußte, dass auf diesen Mann schon nach seiner Art, noch mehr aber da er verheiratet und Familienvater war, kein Verlass war und entschloss mich, sie und ihr Kind, das ich schon ihretwegen liebte, ehe es noch da war, nie und nimmer im Stiche zu lassen. So kam es, dass ich Dein Vater wurde und hätte nicht das grausame Schicksal es anders gewollt, ich hätte wohl bis an das Ende meiner Kraft, mein Wort gehalten. Du bist unter meiner Hand aufgewachsen, ich habe dich immer liebgehabt und werde es bis an mein Lebensende. Ob du nun, da du alles weißt, auch mein Kind bleiben willst, liegt an Dir. An Dir liegt es den natürlichen Vater gelten zu lassen. D.i. der, der an der Vaterschaft das leichteste, das was jeder Dummkopf kann, vollbrachte und sich danach auch nicht mit der leisesten Geste darum scherte – oder den der alle Aufgaben der Vaterschaft auf sich nahm und gewissenhaft erfüllte! Aber nur eines bitte ich dich noch, nachdem du nun die ganze Tragik eines solchen Zustands kennst: widersetze dich den rohen und öden Witzen der Verständnislosen, sie begreifen nur das, was ganz deutlich und auffällig ist, wie Taubheit oder Blindheit – darüber machen sie keine Witze – aber ein Unglück wie das meine oder etwa eines Stotterers, das erfassen sie nicht mehr, das bringt sie nur zum Lachen, ihr Geist erfasst nicht die Zusammenhänge und nicht die Tragik, ihr Gefühl versagt überhaupt; nur eines versagt nicht; das Tier in ihnen. Über das rege ich mich nicht auf, das ist keine solche Sache. Mein Zustand hat für mich auch andere Seiten: Zu dieser schrecklichen Ordnung der Dinge kein neues Leben verschuldet, dafür aber eines, das schon da ist, gestützt und nach besten Kräften und Verständnis gefördert zu haben, ist doch beruhigend. Doch soll dies kein Vorwurf gegen die Anderen sein; liegt es doch in der Natur der Lebewesen sich zu vermehren. Für mein Unvermögen darf ich mir gewiss nichts zugutehalten; aber ich für meinen Teil hatte auch damals, als ich meinen Zustand noch gar nicht ahnte, aus Protest nie eine andere Ehe im Sinn als eine kinderlose. Darüber machte ich meiner Braut gegenüber keinen Hehl, aber beide ahnten wir nicht, mit welcher Kraft die Natur ihre Rechte fordert, und wie unbezwingbar stark der Drang nach der Mutterschaft in der natürlichen gesunden Frau lebt.

So manche gute Seite hatte meine Einstellung doch auch! – ich begriff all dies – ich quälte Deine Mutti nie – weder vorher noch nachher – mit Eifersucht, ich spürte ihr nie nach, verfolgte sie nie auf Schritt und Tritt. Und hat Mutti auch viel gelitten und viel entbehrt – sie hat es tapfer getragen, so habe ich ihr doch manches vom Schicksal ihrer Schwestern erspart: ich brachte ihr keine venerischen Sachen ins Haus, ich gefährdete nicht sie und ihr Kind; nicht etwa, weil ich nicht konnte – ich sagte dir ja, die Schwäche war nicht durchaus, sie war periodisch und Gelegenheit bot sich genug – aber so etwas tat ich eben nicht. Auch vor der Ehe war ich keiner von denen, die in jede offene Tür hineingingen und ich wußte immer mich gesund zu erhalten.

Hier im Anhang weitere Zeilen meiner Großmutter:

Vati hat seinerseits hier abgebrochen und ich bin nie ganz einverstanden gewesen, dass er so bis ins kleinste Detail ging, doch wollte ich ihm nicht die Möglichkeit nehmen, eben nach seiner Art (...) zu schreiben. Deine Mutter

Bericht aus dem jüdischen Deportations- und Widerstandsmuseum in Mechelen/ Belgien

1940 leben ca. 70 000 Juden in Belgien. 36 Prozent von ihnen werden von der Dossinkaserne in Mechelen aus transportiert, weitere 5034 vom französischen Drancy in der Nähe von Paris aus. Zwischen Sommer 1942 und Sommer 1944 verlassen 28 Züge das Sammellager Dossin. Sie bringen 24 916 Juden, aber auch 351 Sinti und Roma nach Osteuropa, meist ist Auschwitz das Ziel.

Am 19. April 1943 fährt der XXste Konvoi mit 1636 Opfern in Richtung Auschwitz los. Der XXste Konvoi ist ein besonderer Transport. Er ist zunächst ein außergewöhnlich großer Konvoi. Die Menschen werden erstmals in Viehwaggons – 8 Pferde oder 40 Menschen – transportiert. Zuvor sind stets Waggons dritter Klasse verwendet worden, aus denen es einfacher war, durch die Fenster zu flüchten. Außerdem werden jetzt die Zugtüren mit Stacheldraht zusätzlich gesichert.

Gegen 23 Uhr fährt der Zug los. Mit einem Revolver und einer mit rotem Papier beklebten Sturmlampe ausgerüstet zwingen drei ehemalige Studenten des *Atheneum te Ukkel*, George Lifshitz, Robert Maistriau und Jean Franklemon, den Zug auf der Strecke Mechelen-Leuven zwischen Boortmeerbeek und Haacht zum Anhalten. Dies ist ein einmaliges Ereignis in der Geschichte des Holocausts. Während des Zweiten Weltkriegs ist in ganz Europa kein einziger Judentransport befreit worden.

Der XXste Konvoi wird von einem speziell aus Deutschland kommenden Kommando der Schutzpolizei begleitet, welches aus einem Offizier und einer 40-köpfigen Mannschaft besteht.

Trotz der Bewachung gelingt es Robert Maistriau einen Wagen zu öffnen. Siebzehn Menschen wagen den Fluchtversuch. Während der Zug weiterfährt, können noch weitere Deportierte aus anderen Waggons entkommen. Da mehrere Gefangene Sägen, Feilen, Zangen und andere Werkzeuge im Stroh versteckt hatten, konnten die Wagen von innen aufgebrochen werden. Insgesamt können 232 Personen aus dem Transport flüchten – 87 Deportierte werden erneut verhaftet und mit einem der folgenden Transporte deportiert, 26 der Fliehenden werden getötet und 119 Deportierten gelingt es tatsächlich zu entkommen.

Meine Großeltern im Sammellager Mechelen (Vorhölle)

Mein Großvater Emil Kolm wird am 12.9.1942 mit dem Transport IX vom Sammellager in der Kaserne Dossin in Mechelen in einem Zug der 3. Klasse nach Auschwitz deportiert.

Sieben Monate später auf der Deportationsliste der Opfer mit der Nummer 290 angeführt, wird seine Frau, meine Großmutter Helene Kolm, mit dem Transport XX am 19. April 1943 (zwei Monate vor meiner Geburt) in den nun schon aus ausbruchssicheren Gründen eingesetzten Viehwaggon gepfercht und ebenfalls nach Auschwitz verschleppt. Es ist dieser der erwähnte einzige Transport, aus dem doch einige Mutige, dank akribischer guter Vorbereitung des schon Wochen vorher im Sammellager organisierten Überfalls, fliehen konnten.[22] Meine Großmutter war nicht bei den Überlebenden dabei. Das ist im Yad Vashem Memorial ebenso dokumentiert wie auch die Ermordung meines Großvaters.

Agnes Scholl, die Großmutter meines späteren Ehemannes Tony Scholl, wird, wie wir dem Yad Vashem Memorial aus den Ermordeten-Listen entnehmen, mit dem Transport XXIII am 15. Jänner 1944 ebenfalls im Viehwaggon in das Vernichtungslager Auschwitz verfrachtet und dort ermordet.

Ob sich unsere Lieben dort im Sammellager kennenlernten, wo sie unter grausamsten unhygienischen Bedingungen in bangem Warten, eingepfercht auf überfüllten Matratzenlagern vegetieren mussten, ist eher unwahrscheinlich. Dagegen sprechen die verschiedenen Daten der Briefe und Transporte. Es wäre tröstlich und wir würden uns gerne ausmalen, wie sie sich ausgetauscht oder gegenseitig Mut zugesprochen hatten. Eines aber ist gewiss: Sie alle haben Auschwitz nicht überlebt.

Hier noch einer der letzten Briefe meiner Großmutter: Auch dieser kam erst nach deren Ermordung in die Hände ihrer Tochter. Auch diesen hatte ich mit meinen dreizehn Jahren, so wie alle anderen, heimlich entziffert.

Antwerpen
20.5.1940
Mein innigst geliebtes Kind!

Ob dich dieser Brief je erreichen wird, weiß ich nicht, denn unsere direkte Verbindung ist jetzt unterbrochen. Ich wollte dir schon vor 4 Tagen schreiben, aber durch eine leichte Grippe und all das Herzeleid war meine Spannkraft ganz erschöpft.

---

22 Awret, Irene (2005): Aber erst müßt ihr mich kriegen. Erinnerungen einer Malerin 1921 – 1944. Berlin: Aufbau-Verlag.

(...) Und so schreibe ich den Brief erst heute, weil ich nicht weiß, was uns die allernächsten Tage bringen und ob wir imstande sein werden, uns miteinander zu verständigen. Wir alle drei wünschen wohl, dass dies nicht unser letztes Wort sein soll, das wir zu dir sprechen. Trotzdem ist es wohl notwendig, noch ein liebes Wort zu dir zu sprechen und so will ich dir vor allem sagen, dass ich dich über alle Maßen geliebt habe und dir auch für fernerhin alles Liebe, Gute und Schöne mitgeben möchte, wenn ich hinzu noch imstande wäre.

Ausführliche Ermahnungen wollte ich heute nicht mehr aussprechen. Nur eines: Sei tapfer, brav und verständig im Leben. Lass dich nicht von leichten Menschen zur Unbesonnenheit verleiten; Du bist noch jung und daher will ich dir sagen, dass du für alles, was du tust, einmal im Leben, wenn nicht vor anderen, so vor dir selbst dafür einzustehen hast. Ich hoffe, du verstehst mich und nimmst die Mahnung so, wie sie zu verstehen ist: die Mahnung einer Mutter, die weiß, dass es ihr vielleicht nicht mehr lange möglich sein wird, zu dir zu sprechen. Gesundheitlich geht es mir gar nicht gut (...), und wir wollen versuchen, ob man mich im Spital wenigstens behandeln und vielleicht ein Medikament zur Linderung verabreichen wird. Dies nur zur Erklärung, warum die Schrift so schlecht und in Absätzen geschrieben ist.

Meine ganze Hoffnung ist, dass du an Poldi eine Stütze gefunden hast und dass er dies jetzt schon ist, auch wenn ihr noch eine Weile räumlich getrennt seid.

Tue immer deine Pflicht, lieber noch etwas darüber, nie aber zu wenig, dann werden dir auch unvorhergesehene Dinge nicht so viel anhaben können. Kämpfe gegen deine Fehler, und lasse die Flügel nicht hängen, indem du sagst: es geht nicht: wo ein starker Wille, da ist auch ein Weg. Verloren ist man erst, wenn man sich selbst aufgibt, oder falsche Freunde meinen, man könne nicht dagegen ankämpfen. Speziell darüber könnte ich ein längeres Lied singen.

Vergiss nie, dass Quäker dir die Stütze boten und dir weitergeholfen haben; es ist dir dadurch viel, sehr viel erspart geblieben. Wenn du imstande bist, dich erkenntlich zu zeigen, so arbeite für ihre Sache; durch persönliche Leistung nicht etwa nur durch Spenden; sie verdienen es. Sie sind gutmütige Menschen und Subjektives soll dich nicht davon abbringen. Dies ist einer meiner Herzenswünsche und wenn du mich liebhast, so erfüllst du ihn.

Hier bricht der Brief ab.

Vom 23.5.1940 datiert, hatte ich noch auf einem durchsichtigen Pergament-Zettelchen folgende Zeilen, die anscheinend zu einem anderen Brief hinzugefügt waren – Großmutter Helenes allerletzte Botschaft – entdeckt:

Geliebtes Muckerle!

Mein liebes Kind, um den Brief nicht aufzuhalten, wieder nur kurz zwischen Kesselwaschen und Kohl putzen, das ist jetzt neben Kesselheizen meine Beschäftigung, meine Hände lassen sich sehen … .

Im Geiste umarme und küsse ich dich viele tausendmale und streichle Deine lieben Haare, deinen Kopf. deine Hände, dich mein innigst geliebtes Kind. Vergiss mich nicht ganz, denke hie und da an mich und wenn du je ein liebes Kind Dein Eigen nennen solltest, dann küsse es auch von mir.

Deine Mutter

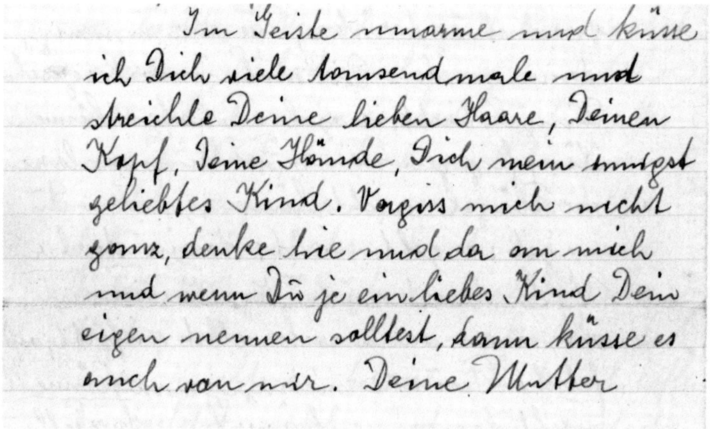

Im Geiste umarme und küsse
ich Dich viele tausendmale und
streichle Deine lieben Haare, Deinen
Kopf, Deine Hände, Dich mein innigst
geliebtes Kind. Vergiss mich nicht
ganz, denke hie und da an mich
und wenn Du je ein liebes Kind Dein
eigen nennen solltest, dann küsse es
auch von mir. Deine Mutter

Auszug aus einem der Briefe meiner Großmutter Helene Kolm

SO VIELE JAHRE DANACH

Ich singe so viele Jahre danach für die
denen man alles geraubt hat
auch die Sehnsucht trotz allem
und Leben und Hoffnung zertrat

Ich singe so viele Jahre danach
von den Freunden
die ich nie kannte
von den Onkeln
Großeltern der schönen Tante
die ich niemals sah, niemals sah

Ich singe so viele Jahre danach
von alten Fotos
vergilbten Briefen
die ich ohne
Wissen der Großen
immer wieder las
heimlich las

Ich singe so viele Jahre danach
von den begabten Cousins und Cousinen
mit denen ich nie gespielt
ich singe von der Sehnsucht
der Kinder nach ihren Eltern
und der Eltern nach ihren Kindern in meinem Lied

Und für die Liebenden singe ich
die so ein Tod nicht vereint im Grab
und heimlich weine ich um den Liebsten
den ich nie im Arm gehabt

Ach von so vielen singe ich
die trotz allem ja zum Leben gesagt
führ euch behutsam ins Licht der Sonne
mit jedem Schritt den Weg gewagt

Für Namenlose singe ich
die im Schatten blieben ein Leben lang
dies Leben leise wieder lernen
von Stern zu Stern so fängt es an

Ich singe so viele Jahre danach
ich singe so viele Jahre danach

Schweigen – Jerusalem – Erinnerungen

Durch die Lektüre bzw. mühsame Entzifferung dieser Briefe hatte ich vor allem meine Großmutter Helene lieben gelernt. Meine Mutter hatte sich, soweit ich mich erinnern kann, nie mit der Organisation der Quäker auseinandergesetzt, aber sie hatte sich immer um alte Damen gekümmert, die niemand von uns kannte, denen sie verbunden war bis zu deren Tod; dass sie damit diesem letzten Auftrag ihrer Mutter gerecht werden wollte, ist eine Annahme von mir.

Vereinen, Gruppierungen Verbänden, Religionsgemeinschaften und Ähnlichem blieb sie fern. Als ich mit ihr auf unserer gemeinsamen Reise durch Israel auch Jerusalem besuchte und wir am Morgen aus unserem Hotelzimmer in den weiten, blassblauen, zartbewölkten hohen Himmel über uns schauten, meinte sie:

„Es ist kein Wunder, dass hier an diesem Ort drei Weltreligionen das Licht der Welt erblickten!"

Auf ihre Weise war sie ein gläubiger Mensch, sie erlebte Rituale, wie sie Musik genoss. Ob jüdische Feiertage, christliche Begräbnisse oder türkische Hochzeiten anfielen, sie respektierte sie als das, was sie waren, als festliche Erbauung für Herz und Seele.

Auch Vilma, meine Großmutter väterlicherseits, hatte möglicherweise Briefe geschrieben, die kennt aber niemand. Da ist das große Schweigen, das schwarze Loch und auch keinerlei Erinnerung, außer tiefstem Bedauern und schließlich Verdrängung.

TEIL 3

Dreharbeiten – Mauthausen – Freiwild

Seit Stunden sitze ich in einer zugigen Baracke, auf einer rauen Holzbank, fröstelnd in meiner gestreiften, originalgetreu nachgeschneiderten, kratzenden Gefangenen-Kluft aus dem Fundus des Kostümbildners.

Ein Spielfilm am Schauplatz des ehemaligen KZ Mauthausen ist da im Entstehen. Ich halte ein Häferl mit ausgekühltem Tee in den klammen Händen, die Finger fast steifgefroren, es ist bitterkalt. Wir Schauspieler und Schauspielerinnen sind dem herzzerreißenden Gejammer der frierenden Film-Kinder aus der Nebenbaracke ausgesetzt. Nervend ist das Gekicher der Statisten, die mit ihren kahlgeschorenen Schädeln auf den harten hölzernen Stockbetten herumturnen und sich allerhand Unfug erlauben. Deplatziert sind diese Späße, verstörend zu unserem dumpfen Schweigen, sie lassen unsere Wartezeit irreal erscheinen.

Es sind die Mitglieder der Muehl-Kommune,[23] die man eigens wegen ihrer rasierten Köpfe engagiert hatte. Auf dem Weg in die Gaskammer wirken sie sehr authentisch.

Es wurde im ehemaligen Konzentrationslager Mauthausen gedreht, welches im Film für das KZ in Auschwitz herhalten sollte. Österreich hatte sich nach langem Zögern entschlossen, diesen makabren Ort für die Filmproduktion bereitzustellen, da in Polen einer amerikanischen Filmfirma keine Dreherlaubnis erteilt wurde.

So kamen österreichische Schauspieler dazu, Nazis zu verkörpern oder eben jüdische Opfer, wie es laut Drehbuch mir zustand.

Hannah Miriam Lessing, heute Generalsekretärin des Österreichischen Nationalfonds[24], verkörperte damals als 14-jährige sehr eindrücklich ein traumatisiertes Mädchen, dem die Sprache abhanden gekommen war. Viele Jahre

---

23 Die **Aktionsanalytische Organisation** (AAO), auch als AA-Kommune, Muehl-Kommune oder Friedrichshof-Gruppen bezeichnet, war eine etwa 1970 aus einer Wohngemeinschaft entstandene Kommune, die von dem Aktionskünstler Otto Muehl gegründet wurde. Sie umfasste in ihrer Blütezeit bis zu 600 Mitglieder. Die AAO verstand sich als Gesellschaftsexperiment, als Modell einer zukünftigen Form des Zusammenlebens und bezeichnete ihre Prinzipien als „neuen Humanismus“. Die Praktiken dort arteten aus zu Kindesmissbrauch und der Gründer dieser Kommune, Otto Muehl, landete im Gefängnis. Quelle: Wikipedia, https://de.wikipedia.org/wiki/Aktionsanalytische_Organisation, abgerufen am 15.12.2022.

24 Der **Nationalfonds der Republik Österreich für Opfer des Nationalsozialismus** wurde 1995 gegründet, „um die besondere Verantwortung der Republik Österreich gegenüber den Opfern des Nationalsozialismus zum Ausdruck zu bringen“. Der Nationalfonds erbringt Leistungen an NS-Opfer, insbesondere an Personen, die „keine oder eine völlig unzureichende Leistung erhielten, die in besonderer Weise der Hilfe bedürfen oder bei denen eine Unterstützung auf Grund ihrer Lebenssituation gerechtfertigt erscheint“. Weiters fördert der Nationalfonds eine Reihe von Projekten für Überlebende im sozialen und sozialmedizinischen Bereich sowie des Gedenkens und Erinnerns. Die Generalsekretärin seit der Gründung ist Hannah Lessing. Quelle: Nationalfonds, https://www.nationalfonds.org/ueber-uns, abgerufen am 15.12.2022.

später, als ich ihr von meinem Vorhaben erzählte, meine Eindrücke von diesen Dreharbeiten niederzuschreiben, erwähnte sie ihre Mitwirkung und ich erinnerte mich an die berührenden Szenen mit ihr. Sie erzählte mir vieles über die amerikanischen Schauspieler/innen, mit denen sie noch lange Jahre im Austausch blieb, und wie sehr die Verkörperung dieser schwierigen Rollen bei allen noch viele Jahrzehnte nachgewirkt hatte. Ich bewundere Hannah ob dieser Fähigkeit, so lange Zeit den Kontakt mit Menschen halten zu können – ein Verhalten, das mir leider nicht vertraut ist, möglicherweise ausgelöst durch die vielen Trennungen, an die ich seit frühester Kindheit gewohnt war.

Neben Stars wie Meryl Streep, Rosemary Harris, James Woods, Michael Moriarty, Käte Jaenicke und so vielen anderen, leider auch mittlerweile schon verstorbenen Mitwirkenden, wurde ich durch meine Agentur mit einer Nebenrolle in dieser Produktion betraut. Für die „Alpensaga", eine der ersten großen Fernsehproduktionen des ORF, hatte man mich nicht vermittelt.

„Du passt da nicht hinein, deine Ausstrahlung ist zu exotisch", erklärte mir die Agentin. Meinte sie „zu jüdisch"?

Unter dem Titel „Holocaust – die Geschichte der Familie Weiss" wurde damals, 1978, zum ersten Mal ausführlich das Schicksal einer deutschen jüdischen Familie während der Nazizeit in einem Spielfilm behandelt. Anhand dieser Familiengeschichte wird der Ablauf der grauenvollen Geschehnisse geschildert, wie sie sich langsam aufbauen, um anschließend in der Katstrophe des Holocausts zu enden.

Diese Produktion wurde von vielen verteufelt und sogar als kitschig verschrien und war im Vorfeld gerade von jenen als „Seifenoper" abgeurteilt worden, die sie gar nicht gesehen hatten. Ich war jedenfalls sehr stolz gewesen und hatte mich geehrt gefühlt, zu diesem Abschnitt der Geschichte in einer großen amerikanischen TV-Produktion mitwirken zu dürfen.

Während der laufenden vier Wochen, in denen diese Serie in den diversen Fernsehstationen gesendet wurde, waren die Straßen der Städte leergefegt. Den Produzenten war es gelungen, vor allem auch junge Menschen aufzurütteln, die vielleicht bei Dokumentationen zu den geschichtlichen Ereignissen nicht so genau zusehen wollten oder konnten.

In einer der zahlreichen Episoden stelle ich eine junge Mutter dar, die ihrem Baby, das sie im Arm hält, und auch allen anderen KZ-Insassen immer wieder erklärt, dass dieses „Gerücht", „das mit den Duschräumen, in denen angeblich Vergasungen stattfinden sollen", überhaupt nicht stimmt, bis ich als Darstellerin, bevor sich die Türe zur Gaskammer (am Originalschauplatz) langsam schließt, mit meinen letzten Worten „Siehst du, es sind doch richtige Duschen" das weinende Kind zu beruhigen versuche.

Nach der dritten Klappe brach die Hauptdarstellerin Rosemary Harris zusammen und die Kameraleute, der Regisseur, das ganze Team, alle Beteiligten waren nervlich am Ende.

Bis zur Fertigstellung dieser Szene musste die junge Mutter, die ihr Baby für diese Dreharbeiten zur Verfügung gestellt hatte, den unerträglichen Vorgängen zusehen. Sie konnte auch nicht eingreifen, ihr Baby möglicherweise aus meinen Armen befreien.

Mit den Worten „Wie kannst du dein Baby für solch grauenvolle Szenen zur Verfügung stellen?“, gab ich ihr, nachdem diese Sequenz abgedreht war, das schreiende Baby zurück. Die schockierte junge Frau drückte es an sich, wiegte es und küsste es unter Tränen. Schluchzend antwortete sie: „Ich ... die ... also ... die Gage, die Gage ... das Angebot, ich brauch das Geld dringend und ich hab ja nicht gewusst ...“

Während ich diese Zeilen niederschreibe, fällt mir ein, wie ein Statist, eingekleidet in eine „schmucke“ SS-Uniform, in einer der folgenden Szenen Wache stehen musste. Als diese abgedreht war, hatte er es nicht bemerkt, und blieb brav auf seinem zugewiesenen Platz stehen. Als ich unseren Regieassistenten Marjan Wajida darauf aufmerksam machte, meinte der nach längerem Überlegen grinsend: „Lassen wir ihn einfach noch eine Weile so stehen.“

Und so stand er da, der kostümierte „Nazi-Scherge“, noch lange nachdem alles schon um- und abgebaut war, bis zum Ende des Drehtags. Es war gespenstisch.

Nach Abschluss der Dreharbeiten ging ich zu meiner Agentin, verlangte alle Fotos samt Zeugnissen und Biografie zurück und stieg, nachdem ich die Provision ordnungsgemäß bezahlt hatte, aus dem Vertrag mit ihr aus. Ich weigerte mich, den Grund meines Handelns zu nennen, meine Empfindlichkeit war meine Privatangelegenheit. Nie wieder, schwor ich mir, sollte ich eine Rolle übernehmen, in der ich, wie meine Großmütter, Großvater, Tanten, Onkel und Cousinen, in der Gaskammer lande. Ich bin mir treu geblieben.

Wie sehr stellte ich mich aber mit meinem Rückzug selbst ins „Eck“, wie viele andere interessante Rollenangebote versäumte ich damals? Wie sehr würde meine Marginalisierung wie eine „selbsterfüllte Prophezeiung“ wirken? Jedenfalls war meine Karriere, die ja noch gar nicht begonnen hatte, nach dieser Erfahrung „als Jüdin vom Dienst“ vorerst beendet.

So wurde ich zum „Freiwild“ in dieser nicht gerade ungefährlichen Branche.

Zwischenbericht 1960er-Jahre

Ich möchte, wie ich es mir vorgenommen habe und wie angekündigt, soweit es mir gelingt, chronologisch vorgehen. Einige Jahre bevor meine Laufbahn als Schauspielerin begann, wurde mein nunmehriger Ex-Mann von mir auserkoren, als ich gerade siebzehn Jahre alt war. Ich lernte ihn, den Marionettenspieler, im Café Hawelka kennen. Er war meine erste Liebe.

Angeberisch schließe ich mit dem Maler Kurt Regschek, einem der vielen Künstler, die da ein und aus gehen und stundenlang an diversen Stammtischen zusammensitzen, eine Wette ab, nämlich dass mir Arminio Rothstein nicht entkommen würde. Es ging um eine Flasche Kognak! Eine Tafel Schokolade wäre mir lieber gewesen, aber das erschien mir als zu spießig. Es dauerte lange bis mir Kurt schmunzelnd in Anwesenheit meines nun endlich „Eroberten" den 3-Sterne Stockkognak überreichen durfte. Ich hab ihn nie getrunken, denn wie schon gesagt, Schokolade war mir lieber.

Das Café Hawelka in der Dorotheergasse im ersten Bezirk war Treffpunkt von Künstlern, Malern, Schriftstellern, Schauspielern und Lebenskünstlern, aber auch von Hochstaplern, Studenten und Abenteurern. Bunt und überschaubar war die Bohème der Sechzigerjahre. Wie ein Magnet zog es mich dorthin. Aus dem Lycée, der so teuren Schule, die sich meine zu dieser Zeit noch alleinerziehende junge Mama vom Mund abgespart hatte, war ich ja wegen meines undisziplinierten Benehmens hinausgeflogen. Das Atelier der Modeschule, in der ich nun untergebracht wurde, ein Glaspalast hoch über den Dächern des Wiener Graben, beherbergte eine Werkstätte, in der wir im Sommer schwitzten und im Winter frierend um den Sägespäne-Ofen herumsaßen und fantasievolle Modelle kreierten. Um die Ecke in der Dorotheergasse war ich dann nach dem Unterricht flugs im Café Hawelka zu Hause.

Die Stadt Wien fand in den folgenden Jahren einen anderen Standplatz für dieses Mode-Atelier und so bekam der Maler Friedensreich Hundertwasser diese Räumlichkeiten zur Verfügung gestellt. Als er mich eines Tages einlud, mir die Veränderungen, die er getätigt hatte, vorzuführen, wurde mir schwindlig. Es gab keinen geraden Fußboden mehr und nur gewellte Wände. Ich war froh, wieder unbeschadet davonzukommen, abgesehen davon, dass ihm der Ruf als Womanizer vorauseilte, war er ein eher langweiliger Zeitgenosse, einzig seine Bilder erreichen bis heute mein Herz.

Mit den interessanten Begegnungen im „Hawerl", wie wir das Café Hawelka nannten, war das tägliche Eislaufen nach der Schule (statt Hausaufgaben zu machen) nun hinfällig, nicht mehr attraktiv – das Künstlerleben hatte dem „Runden drehen" am Wiener Eislaufverein den Rang abgelaufen. Die Schlittschuhe aus dem Saisonkastl zu holen und eilig anzuschnallen, war selbstverständlich nicht nur der sportlichen Bewegung, sondern auch dem „Anbandeln" (sprich: Flirten) mit den Burschen vorbehalten gewesen. Nun, diesem konnte im Café Hawelka weiter gefrönt werden.

Die Nächte verbrachte ich dennoch tugendhaft mit den diversen Tanzpartnern bei Jazzmusik und Swing, Boogie tanzend in der Adebar und im Tabarin in der nahegelegenen Annagasse und im Fatty George Saloon, dem späteren Artclub am Petersplatz, geführt von dem Tausendsassa, Schauspieler und Musiker Hannes Thanheiser. Da gab es einige gute Tänzer – die Maler Ernst Fuchs, Dandy Matouschek, Arik Brauer, Willi Szoboszek, den begnadeten Jazzmusiker Alfred Stanek,, Fritz, den Installateur, und Arminio Rothstein, von dem später noch die Rede sein wird. Das Tanzen wurde zum Mittelpunkt meines Daseins und war ja auch körperliche Betätigung – mit dem Unterschied, dass die Luft in den Jazzkellern nicht so gesund war wie jene auf dem Eislaufplatz. Mit Gerhard Nachtnebel, er war mein erster romantischer, aber harmloser Flirt, der mich auf seinem grünen Puch-Roller öfters nach Hause fuhr, tanzte ich die Nächte durch. Ich teilte mit ihm die Liebe zum Jazz und unschuldig tauschten wir die ersten Küsse und die Schallplatten von Louis Amstrong bis Dizzy Gillespie. Ein anderer Tanzpartner, dessen Namen mir gar nicht mehr einfällt, hatte mich ebenfalls des Öfteren mit seinem Roller nach Hause gebracht. Wir redeten aber nicht miteinander, wir küssten uns auch nie, wir teilten nur die Leidenschaft des Tanzens miteinander. Viel später, nach Jahren, begegnete ich ihm im Buddhistischen Zentrum am Wiener Fleischmarkt, er war mittlerweile als Mönch unterwegs (jedenfalls war er so gekleidet), wir begrüßten uns mit kurzem Nicken des Kopfes. Es war ein Schweigeseminar, an dem wir teilgenommen hatten. Ob er noch immer dem Tanzen frönte? ... Ich konnte es nicht in Erfahrung bringen.

Aber nicht nur einmal ging ich damals wunderlicherweise unbehelligt nach durchtanzter Nacht in der berüchtigten Gegend des zweiten Bezirks mit meinen knapp fünfzehn Jahren in den frühen Morgenstunden zu Fuß über den Praterstern bis in die Ennsgasse nach Hause – und ich kann heute von Glück reden, dass mir nichts passierte.

Eines Abends hatte Arminio Rothstein, der später als „Habakuk" im ORF Karriere machen sollte, einige Freunde, unter anderem mich, die ich damals blutjung und als behütetes Küken in die Welt der Künstler aufgenommen worden war, in sein Atelier in der Seegasse eingeladen. Die Marionetten, denen ich dort begegnete, hingen leblos an ihren Spielkreuzen und so etwas wie Enttäuschung begann sich in mir zu regen, bis Arminio eine davon vom Haken nahm und eine kleine Vorstellung gab. Es war eine künstlerisch karikaturgerechte Nachbildung Charlie Chaplins oder des Clowns Charlie Rivel (so genau hab ich das nicht mehr vor Augen), er hatte ja beide als Marionetten verewigt. Aber dass mir in dem Moment das Herz aufging, bleibt mir für immer in ganz großer, eindrücklicher Erinnerung.

So nahm das „Schicksal" seinen Lauf und wie die Polly in der „Dreigroschenoper," die ich als erste Marionette zu führen lernte, singt: „Es konnte gar nicht anders sein" – Arminio Rothstein und seine Marionetten eroberten mein Herz im Nu.

Meine große Liebe zum Puppenspiel war meinen ersten künstlerischen Eindrücken im Urania-Kasperltheater, welches ich als Kind regelmäßig besuchte, zu verdanken. Ich kannte alle Inszenierungen von Dornröschen bis Hänsel und Gretel, Schneewittchen und so vielen anderen Märchen. Beim Entrée in diesen edlen Rahmen erklang klassische Musik, die einen in andere Sphären entführte.

Als ich dreizehn Jahre alt wurde, vertraute man mir meine kleine, um sechs Jahre jüngere Cousine, die so ersehnte Tochter meiner Tante Diti, an. Wir betraten den, ich glaube, blauen Teppich und nahmen ehrfürchtig, wenngleich meinerseits etwas herablassend, in den rotgepolsterten Reihen unsere Plätze ein.

Wenn der Kasperl und der Pezibär auftraten, war ich natürlich nicht mehr eines der jubelnden Kinder, die von den beiden manipuliert werden konnten. Ich stimmte nicht ein in das Gebrüll und Gekreische der aufgeregten Kleinen, mich interessierten die Handlung und das Bühnenbild. Ich war ja Stammgast, also eigentlich schon professionell eingebunden. Unvergesslich die Spindel aus Stroh im Märchenspiel vom Rumpelstilzchen, die da hell erleuchtet während ihrer Verwandlung allmählich im gleißenden Goldglanz erstrahlte.

Die Theaterluft hatte mich in dieser „Miniform" schon in meinen frühen Jahren ergriffen.

Schauspielerin wollte ich allerdings auch deshalb werden, weil meine schöne Mutter mich sehr oft ins Kino mitnahm und weil sie dann noch lange am Nachhauseweg und beim Zu-Bett-Bringen (was ich ja zumeist selbst bewerkstelligte) ihrer kleinen Tochter mit leuchtenden Augen von den schönen Stars vorschwärmte. In der Zeitschrift „Film und Frau" fand ich die Fotos von Vivien Leigh, Elizabeth Taylor, Katherine Hepburn, Ingrid Bergman, Jean Simmons, Marilyn Monroe und wie sie alle hießen, diese wunderschönen unerreichbaren Wesen. So bedingungslos sollte sie mich doch auch lieben, aber war ich denn liebenswert? War ich nicht auch selbst schuld, dass mein Papa von uns weggegangen war? Leider war ich nun, nach der Scheidung meiner Eltern, nicht mehr das zierliche, kleine, entzückende, blondgelockte Mädchen, welches das Herz und den Stolz meiner Mama erfüllte. Meine Haare waren nachgedunkelt und hingen glatt herab, und zierlich war ich auch nicht mehr, eher pummelig und vor allem aufmüpfig. Meinen viel zu großen Mund würde man, weil er so frech war, „nach meinem Tod noch mit einem nassen Fetzen extra erschlagen müssen", wie sie immer wieder seufzend betonte, meine immer wieder leicht genervte Mama.

Wir spaßten und blödelten viel, und ich vergöttere sie noch heute, wo sie schon so viele Jahre tot ist.

Marionetten – Moulin Rouge – Basilisken – 1962

Nach dem Scheitern meiner fünfjährigen Ehe mit Arminio Rothstein stand ich nicht nur emotional, sondern vor allem auch beruflich auf wackeligen Beinen. War doch das Marionettenspielen, die Kunst, diese wunderbaren, holzgeschnitzten kleinen Figuren zum Leben zu erwecken, mehr als eine Erfüllung für mich gewesen. Ich weiß bis heute nicht, waren es die Marionetten oder mein damaliger Mann, deren Erzeuger, die mich mehr faszinierten? Damit sollte es jedenfalls nach der Scheidung so oder so vorbei sein. Die nächste junge Ehefrau nahm meine Stellung ein, nicht nur im Eheleben, nein, auch als Mitarbeiterin in unserem Marionettentheater, welches wir gemeinsam aufgebaut hatten – Arminio und ich, die in Künstlerkreisen einfach nur als „die Rothsteins" bekannt gewesen waren.

Wir hatten uns zur Eröffnung unseres kleinen Theaters „Arlequin" in der Maysedergasse im Souterrain des Café Mozart an das Theaterstück „Der böse Geist des Lumpazivagabundus" von Johann Nestroy herangewagt.

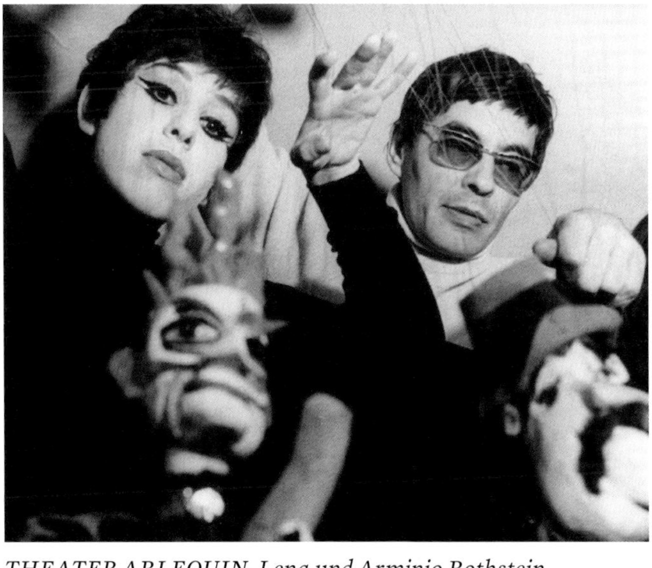

THEATER ARLEQUIN, Lena und Arminio Rothstein 1966. Foto: Hildegard Schmölzer

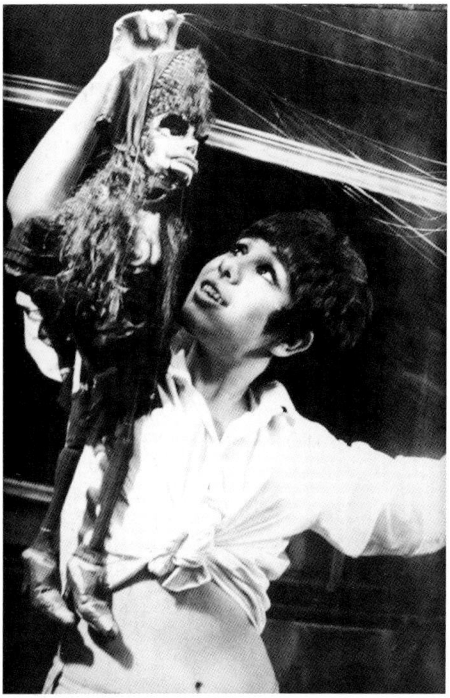

THEATER ARLEQUIN,
mit der Marionette Jenny aus der Dreigroschenoper.
Foto: Karl Schwarzer

Der wunderbare Schauspieler und Kabarettist Helmut Qualtinger stand für den Schuster Knieriem Modell und sang dessen Kometen-Lied auf das Tonbandgerät ein.

„Es is ka Ordnung mehr jetzt in die Stern, d' Kometen müssten sonst verboten wern, ein Komet reist ohne Unterlass, um am Firmament und hat kan Pass … .", sang der kleine, dicke Knieriem und streckte sein hölzernes Gesicht zum Himmel empor. Das Publikum applaudierte begeistert und rief nach Beendigung des Couplets: „Da capo! Da capo!"

Darauf spulte der Tontechniker, der damalige Student Fritz Fleischhacker, der später als Schauspieler und vor allem als Casting-Direktor in der „Wiener Szene" kein Unbekannter blieb, schnell das Band zurück und wir wiederholten die Szene.

Auch die nachfolgende Inszenierung der „Dreigroschenoper" mit den Stimmen von Lotte Lenya als Jenny, des Volksschauspielers Fritz Muliar als Mr. Peachum und dem jungen Nikolaus Paryla als Macki Messer wurde ein Riesenerfolg.

Mein begabter Mann richtete nach dem Roman „Moulin Rouge", der Biografie des genialen Malers und leider Trinkers Henri de Toulouse-Lautrec, der nach einem Sturz vom Pferd für immer verletzt, gebrechlich und dadurch kleinwüchsig geblieben war, eine Fassung für die Marionettenbühne ein. Das Besondere dabei war, dass die zwergenhafte Gestalt des Toulouse-Lautrec und dessen Geh-Behinderung neben den anderen Marionetten in berührender Weise zur Geltung kam.

Wie La Goulue und Yvette Guilbert oder auch Valentin, Aristide Bruant und all die anderen Marionetten, die über die kleine Bühne tanzten und das Publikum verzauberten, war auch Jane Avril nach den Lithografien des Künstlers in Puppenmaßen nachgebildet.

Während dieser Zeit hatte ich begonnen, Gesangsunterricht zu nehmen, und so durfte ich ein kleines Chanson aus dem bemalten Munde besagter Jane Avril auf dem begleitenden Tonband einsingen.

Diese Inszenierungen, die wir da im Arlequintheater in den Sechzigerjahren aufführten, wurden von einem exquisiten Publikum herzlichst bejubelt und in diversen Presse-Rezensionen hochgelobt.

Zwischendurch hatten wir uns im Jahr 1964, ausgelöst durch einen Auftrag der Stadt Wien zur Eröffnung der WIG[25] Gartenmesse im Wiener Donaupark-Gelände, dem Genre Kindertheater zugewandt. Es entstand eine Marionettenfigur mit einem roten Käppchen, angelehnt an die klassische Kasperl-Mütze. Und doch war Schnoferl, wie wir den kleinen, frechen Buben nannten, ein eigenständiger Charakter, ständig begleitet von Knoferl, einem kleinen, hellgrauen Foxterrier. Den roten Faden dieser Aufführungsserie bestimmten die Wiener Sagen. So dramatisierten wir unter anderen die Sage des gefährlichen Basilisken aus dem tiefen Brunnen in der Wiener Schönlaterngasse, gegen den Schnoferl und Knoferl aufregende Abenteuer zu bestehen hatten.

Das Freilicht-Theater, welches uns hingestellt wurde, war ein moderner, technisch perfekt ausgestatteter Kobel. Wir hatten nicht nur eine großartige Lautsprecherverstärkung, die über den ganzen Platz hallte, sondern auch eine Lichtanlage, die „alle Stückerln" spielte.

Am Abend vor der Eröffnung starteten wir die Generalprobe und riefen unserem für den nächsten Tag erwarteten Publikum zu:

„Kinder, wenn der Basilisk kommt, dann bitte schreit so laut ihr könnt: ‚Schnoferl, Knoferl, Achtung, Achtung! Der Basilisk ist da!'"

So sollten unsere beiden Protagonisten vor dem bösen Tier gewarnt werden. Unter tosendem Gedröhn und von bunten Blitzen begleitet kam es zum

25 **Wiener Internationale Gartenschau 1964** (WIG 64). Die vom Wiener Stadtgartenamt gemeinsam mit dem Verband der Erwerbsgärtner Österreichs veranstaltete erste Wiener Internationale Gartenschau fand von 16. April bis 11. Oktober 1964 im Donaupark statt, der eigens für diesen Zweck auf dem Areal der ehemaligen Mülldeponie Bruckhaufen, der ehemaligen Militärschießstätte Kagran und der informellen Siedlung Bretteldorf neu angelegt worden war. Quelle: Wien Geschichte Wiki, https://www.geschichtewiki.wien.gv.at/Wiener_Internationale_Gartenschau, abgerufen am 15.12.2022.

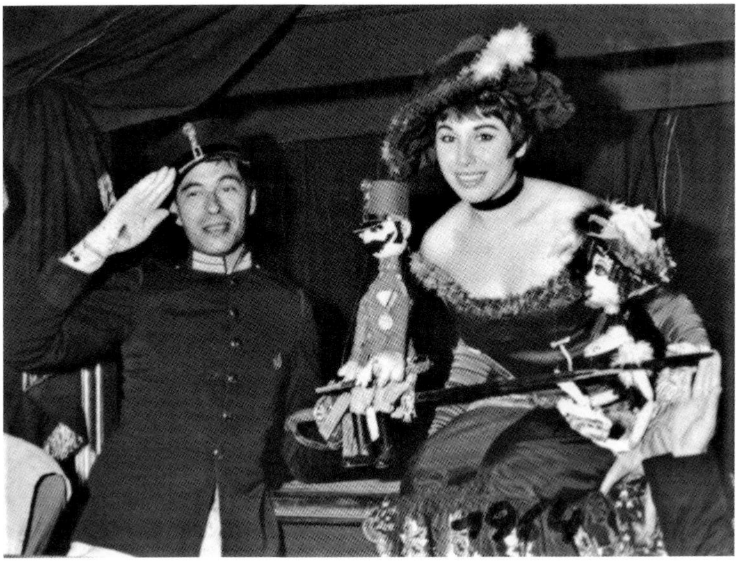

THEATER ARLEQUIN, Arminio und Lena Rothstein, „Menschen und Puppen", Regie: Oscar Bronner, 1960er-Jahre. Foto: Karl Schwarzer

Auftritt des funkelnden, grün und gelb schillernden Untiers. Da tönte es laut aus tiefen Männerstimmen: „Schnoferl, Knoferl, Achtung, Achtung! Der Basilisk ist da!"

Vor Schreck ließen wir fast die Spiel-Kreuze aus den Händen fallen, an denen unsere Marionetten hingen! „Was war denn das!?" – Es waren die Gärtner, welche die letzten Arbeiten zur Eröffnung der Gartenshow fertigstellten! Sie hatten ihre Jausenbrote ausgepackt und saßen kauend und biertrinkend auf den von uns leer geglaubten Bänken und verfolgten begeistert unsere Vorstellung.

Einen ganzen Sommer lang verbrachten wir auf diesem prächtigen, blühenden Gelände, hatten ein dankbares Publikum und waren immer ausverkauft. Und wenn sie ihre Pausen machten, kamen als Zaungäste die Herren Gärtner vorbei und unterstützten die Kinder so laut sie konnten, um unsere Helden vor den lauernden Gefahren zu warnen.

Mit all diesen kleinen, beweglichen, holzgeschnitzten Partnern konnte ich meine ersten schauspielerischen Erfahrungen machen, denn wir experimentierten im Laufe der Jahre, indem wir Mensch und Puppe auf der Bühne vereinten. Der spätere Herausgeber der Zeitschrift „profil" und später des „Standard", der damals blutjunge Oscar Bronner, versuchte sich als Regisseur, und Erwin Piplits, der später das Odeon Theater gründete, half einige Zeit als Puppenspieler aus. Oft waren es auch Schüler aus dem Gymnasium in der Brigittenau, in dem Arminio unterrichtete, die dieser als Mitarbeiter einschulte. Unter anderen Hans Simon, Manfred Pratsch und schließlich Edwin Zilka. Dieser blieb noch lange nach meinem Weggang Mitarbeiter und trat dann auch beruflich in die Fußstapfen seines, wie er mir später erklärte, „Lebensmenschen“ und Vorbildes Arminio Rothstein, neben dem er dann auf derselben Schule die gleichen Fächer unterrichten sollte. Als Mentor fungierte Arminio Rothstein auch für seinen begabten Schüler, den leider zu früh verstorbenen Maler und Filmemacher Peter Patzak, den er im bildnerischen Unterricht vor einer Staffelei platzierte und ihm die Grundbegriffe der Ölmalerei beibrachte.

Commedia dell' arte – Italientournee – Zollprobleme – Depression – 1962 bis 1966

Einer der vielen unvergessenen Höhepunkte von Arminios künstlerischem Wirken waren die puppengerechten Aufführungen des Kinderballetts „La Boîte à Joujoux“ (Die Spielzeugschachtel) nach der Musik von Claude Debussy. Unsere Stabpuppen waren den Original-Illustrationen von Debussy, die der Partitur beigefügt sind, nachempfunden. Sie wurden von den Pianisten Jörg Demus und Norman Shetler vierhändig am Flügel begleitet. Hinter diesem war ein breiter weißer Paravent gespannt, auf dessen oberer Kante die „Polichinelle“ und die Papiersoldaten aus der „Commedia dell' arte“ tanzten und im Takt der zauberhaften Melodien um die Gunst der blondgelockten „La Poupée“ kämpften. Einer der Soldaten wurde in der Schlacht von einer Styroporkugel tödlich getroffen. An seinem Totenlager betete meine „La Poupée“ inbrünstig

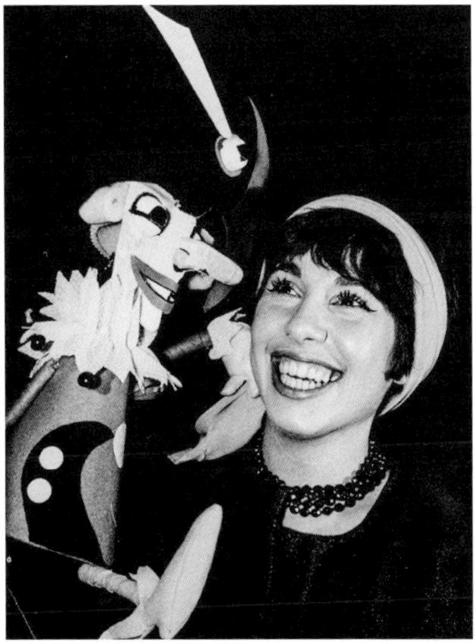

THEATER ARLEQUIN, Claude Debussy, „Die Spielzeugschachtel“, Holland-Belgien-Italien-Tourneen mit den Pianisten Jörg Demus und Norman Shetler, 1960er-Jahre. Foto: Karl Schwarzer

zu den leisen Klängen des Pianos. Ich ließ sie ihre kleinen Stoffhände aneinander falten und ihre Korkenzieher-Locken wippten im Takt ganz leicht, wie im Wind. Im Publikum war es mucksmäuschenstill, es war, als würde niemand zu atmen wagen.

Wir traten mit dieser Produktion im Mozartsaal im Wiener Konzerthaus auf,[26] tourten durch viele Städte in Holland und Belgien und wurden von einem italienischen Agenten für eine weitere Tournee in die Städte Messina, Neapel und Bari mit Abschluss in Rom gebucht. Was uns da zustieß, ist unglaublich. Ich habe in meiner späteren Laufbahn viele Tourneen durch viele Länder absolviert und es gab immer wieder Komplikationen – was wir jedoch in Italien erlebten, war abenteuerlich. Hier ein Versuch der Rekonstruktion:

Wir fuhren zu sechst mit dem Zug von Wien ab. Einen Tag und eine Nacht und einen zweiten Tag dauerte die Reise, mit mehrmaligem Umsteigen, bis nach Sizilien. Norman Shetler und Jörg Demus hatten ein eigenes Abteil erster Klasse gebucht, denn sie mussten auch für ein anderes Repertoire üben. Auf einer stummen, aufklappbaren Klaviatur studierten sie demnach ihre Partituren ein. Wenn Norman eine falsche Note traf, bekam er von Jörg einen Klaps auf die Hand – und umgekehrt. Der italienische Schaffner, der vom Gang aus durch die Glasfenster des Abteils eine Weile zusah, rief uns zur Hilfe in der Annahme, dass wir mit zwei Verrückten unterwegs waren. Wir klärten ihn lachend auf und die beiden übermütigen Starpianisten sangen dem staunenden Zugbegleiter unisono vor, was sie da auf dem unhörbaren Tasteninstrument „zusammenklimperten".

Als wir müde und hungrig in Messina ausstiegen und unser Gepäck, das im Postwagen verstaut war, in Empfang nehmen wollten, waren zu unserem großen Schreck unsere länglichen, schmalen Leder-Koffer, in denen die Stabpuppen sorgfältigst verpackt in einer ganz bestimmten Ordnung aneinandergereiht lagen, nicht aufzufinden. Sie waren einfach verschwunden. Unsere Hauptdarsteller waren abgängig! Was war geschehen?

Radebrechend versuchten wir eine Auskunft zu erlangen und nach stundenlangem Warten erklärte man uns: „Das beschlagnahmte Gepäck liegt in Tarvis im Kanaltal, an der Grenze zwischen Österreich und Italien!"

Dies war den Terroristen zu verdanken, diesen österreichischen Neonazis, die damals in den Sechzigerjahren wüteten und Bombenattentate zur „Befreiung" Südtirols durchführten![27] Ausgelöst durch das unübliche Format unserer

26 Quelle: https://theater.arlequin.at/spielzeugschachtel/, abgerufen am 21.11.2022.

27 Seit 1956, vor allem aber ab 1961 gibt es immer wieder Bombenanschläge, um mit den Attentaten die Selbstbestimmung Südtirols zu erzwingen. Die Folge sind zahlreiche Tote. Als Höhepunkt gilt die Attentatsserie in der Nacht vom 11. auf den 12. Juni 1961. Sie ging als „Feuernacht" in die Geschichte ein.
1961 ist das Krisenjahr und zugleich Wendepunkt in der Südtirolpolitik. Im Juni 1967 sterben bei einem Anschlag auf der Porzescharte am Grenzübergang von Osttirol nach Venetien vier Carabinieri (italienische

Koffer lag der Verdacht nahe, dass da eventuell Waffen verborgen sein könnten!

Da saßen wir hilflos in Sizilien fest, die Termine der beiden Auftritte in Messina und Neapel fielen regelrecht ins Wasser, mussten verschoben werden und wir zitterten um unsere nächste Vorstellung in Bari. Um wenigstens zeitgerecht dort anzukommen, hofften wir die Grenzbeamten überreden zu können, die Koffer mit dem nächsten Zug dorthin nachzusenden.

Wie eindringlich auch unser endlich ausfindig gemachter Übersetzer unsere Bitten vermittelte, es blieb nichts anderes übrig: Arminio musste zurückreisen, um vor Ort alles persönlich zu klären. Er kam nach schier endlosen Reisetagen erschöpft, aber zufrieden zurück zu uns, die wir in Messina wartend ausgeharrt hatten. Die Fracht in Tarvis war glücklicherweise als ungefährlich deklariert worden und er hatte sich mit den Grenzbeamten geeinigt, die Koffer nach Bari zu senden, wo man sie uns beim Zoll aushändigen würde.

Erleichtert reisten wir per Fähre hinüber zum Festland nach Bari weiter! Nun sollten wir endlich unsere wertvollen Schätze auslösen können. Aber – wir waren fassungslos, wir glaubten zu träumen! In welch einen Albtraum waren wir geraten?

Zollstreik, da war nichts zu machen! Unsere kleinen kostbaren Bühnenkünstler mussten, weiterhin in die dunklen Koffer gebettet, mit uns hoffen und bangen. Wir versuchten den diensthabenden Comandante, dessen Privatadresse wir nach langem Betteln und Flehen ausfindig gemacht hatten, umzustimmen und für uns eine Ausnahme zu machen. Wir kamen aber gar nicht so weit, denn wir störten ihn in seiner „heiligen“ Siesta; er brüllte uns so lange das alte, gewundene, steile Stiegenhaus hinunter, bis wir vom zweiten Stockwerk, wo wir an seine Wohnungstür angeläutet hatten, hastig und verängstigt sehr schnell wieder unverrichteter Dinge auf der Straße landeten.

So musste auch in Bari die Vorstellung verschoben werden, wieder der Tournee-Plan mit dem Agenten und den Veranstaltern neu besprochen werden. Tagelang waren wir nun schon in Bella Italia, aber langsam lagen unsere Nerven blank.

Da ein Puppenspieler ein paar Tage vor unserer Abfahrt aus Wien die Tournee krankheitshalber absagen musste, war meine jugendliche Mama, die sich sehr gut mit meinem Angetrauten verstand, eingesprungen und noch zu Hause eingeschult worden. Durch ihre Erfahrungen in dieser Branche, mit Musikern aus ihrer Zeit in der Columbia, war sie in diesem Business noch ziemlich firm. Sie organisierte für uns in Bari einen Miet-Bus samt Fahrer und

---

Gendarmen). Das österreichische Bundesheer führt im selben Jahr einen Assistenzeinsatz an der Grenze zu Italien durch, um weitere Attentate im Konflikt um Südtirol zu unterbinden. Quelle: Österreich 1918plus, https://www.politik-lexikon.at/oesterreich1918plus/1967/terrorismus_suedtirol/, abgerufen am 15.12.2022.

so reisten wir mit all unseren Koffern, welche wir zwei Tage später bekommen hatten und nicht mehr aus den Augen ließen, nach Rom.

Unser Pianisten-Duo war schon vorausgefahren, um wenigstens den ersten konzertanten Teil des Abends abzuwickeln.

In den Straßen Roms war der Verkehr so dicht, dass wir nicht und nicht vorankamen, der Chauffeur aus Bari kannte sich in dieser Stadt genauso wenig aus wie wir. Beim nächsten Stau stürzte ich aus dem Auto, hielt einen Mann auf der Straße auf und flehte ihn in meinem spärlichen Italienisch an, mit uns mitzufahren und uns zu lotsen. Es blieb ihm nichts anderes übrig, unsere Verzweiflung hatte ihn erbarmt, und so schafften wir es in letzter Minute, doch noch pünktlich im „Teatro Olimpico“ anzukommen.

Es war gerade Pause. Um die Zeit bis zu unserer ersehnten Ankunft zu strecken und zu füllen, hatten unsere beiden Pianisten schon zwei Zugaben auf dem Klavier gegeben. Wir stellten nun in Blitzeseile unsere Paravent-Bühne auf, packten die Puppen aus, und die Vorstellung ging locker und vergnüglich von statten. Wir wurden mit großem Applaus und begeisterten Zurufen reichlichbelohnt.

Meine Mama hatte mit dieser für sie ersten Vorstellung ihre Feuertaufe bestanden, und langsam löste sich unser aller Anspannung.

Ich kürze ab: Wir reisten nun gemütlich und ohne Probleme nach Messina und Neapel und wurden dort enthusiastisch gefeiert, denn die Figuren der Commedia dell' arte sind ursprünglich diesen Breitegraden entsprungen und sind jeder und jedem Erwachsenen und jedem Kind bekannt. Jörg Demus und Norman Shetler waren als klassische Musiker solch begeisterten Zuspruch und Jubel vor allem während ihrer Darbietungen nicht gewöhnt – Applaus war erst nach Beendigung der Musikstücke üblich. So spielten sie immer schneller, aus Sorge, dass vielleicht Tomaten und Eier über ihre Köpfe geflogen kommen könnten. Dem war aber nicht so. Das neue Tempo hatte unser Spektakel sogar beflügelt und der Erfolg war wieder fulminant.

Norman Shetler, der nicht nur ein großartiger Pianist, sondern auch ein begnadeter Entertainer ist, spielte uns nach der letzten Vorstellung in Neapel – als alles abgebaut und verpackt war – vor dem leeren Konzertsaal Sketches vor und sang uns mit einem Klo-Besen als Haarkranz, durch den er einen Handschuh steckte, die Arie der Königin der Nacht vor. Mein angetrauter Puppenspieler war erleichtert und endlich wieder fröhlich, wir alle waren ausgelassen, euphorisch, lachten viel und die Welt war wieder in Ordnung. Wir rafften unsere Lire zusammen, endlich hatten wir ja auch einiges an Gagen eingespielt, und machten uns auf, Neapels Nachtleben zu durchforsten.

Am nächsten Tag ging es noch einmal nach Bari zurück, um auch dort den verschobenen Auftritt nachzuholen. Es klappte alles wie am Schnürchen, auch hier „Standing Ovations", Jubel und Begeisterung – und damit war diese abenteuerliche Tournee beendet.

Wir freuten uns auf die von unserem Agenten eingerichteten zwei freien Tage, die wir für Rom eingeplant hatten, denn Arminio als geübter Italienreisender wollte mir unbedingt diese herrliche Stadt erschließen. Man hatte Zimmer in einer kleinen, zauberhaften Pension für uns reserviert, ganz in der Nähe des Fontana di Trevi, in den ich noch vor dem Einchecken unbedingt drei Münzen werfen musste.

Am nächsten Tag ging es dann wie ein schweres Gewitter über mich nieder: Arminio kapselte sich ein, gab uns nur widerwillig und spärlich Antworten, wurde bei längerem Insistieren meinerseits immer unfreundlicher, verweigerte ungehalten jede Ermunterung, wollte nichts zu sich nehmen und verkroch sich bei zugezogenen Vorhängen während der ganzen Zeit unseres Aufenthalts unter seiner Bettdecke im verdunkelten Zimmer. Ja, das war wieder einer dieser unerklärlichen Rückzieher, einer dieser unerwarteten, eigenartigen Stimmungsumschwünge, die ich nicht einordnen konnte und fälschlicher-, aber auch verständlicherweise leider immer auf mich bezog.

So kam es, dass ich enttäuscht und ohne großes Interesse gemeinsam mit den anderen aus unserer fröhlichen Truppe lustlos durch das schöne Rom flanierte. Ich erinnere mich noch heute, dass mir am ganzen Körper die Gänsehaut hochstieg, als meine Mama bedauernd und besorgt meinte: „Du tust mir so leid, mein Kind, du bist doch so jung, was soll das werden mit so einem launenhaften Gefährten? Sag mir, kommt so etwas öfter vor, ist er oft so feindselig, so unnahbar?"

Drei Väter – durchgetaucht – im Keller versteckt

Mein Ex-Mann Arminio Rothstein, mit bürgerlichem Vornamen Armin, war eine elegante feingliedrige, schlanke Erscheinung. Sein markantes ebenmäßiges Gesicht, sein dunkler Teint, seine tiefschwarzen blitzenden, schrägen Augen, das feine dunkle Haar und sein strahlender Charme hatten mich im Café Hawelka schon als Siebzehnjährige bezaubert.

Als wir heirateten, war ich – wie schon erwähnt – im Alter von neunzehn Jahren und noch nicht großjährig, sodass mein Vater bei meiner Eheschließung schriftlich zustimmen musste! Im Standesamt am Schlesingerplatz waren dann drei Väter zu meiner Hochzeit anwesend. Der Erzeuger, der Erzieher und letztendlich der Ernährer. In der Reihenfolge, wie diese sich in mein Leben und das meiner Mutter eingefunden hatten.

Alles ging witzelnd und kichernd vonstatten, es war Arminios zweite Ehe, und aus lauter Jux ließ er nach der Zeremonie Luftballons in den Himmel steigen und erschoss symbolisch vor dem Amtsgebäude seine Freiheit, indem er diese bunten Luftkugeln mit einer Spielzeug-Pistole anvisierte bis diese schwebend entschwanden oder getroffen über unseren Köpfen im Flug zerplatzten.

Ich finde das heute (und fand das eigentlich schon damals) gar nicht witzig, aber blind vor Liebe nimmt frau so manches in Kauf. Als ein erwachsenes Verhalten kommt mir das jedenfalls nicht vor. Arminio Rothstein war damals immerhin im 35. Lebensjahr, ausgebildeter Akademischer Maler und Gymnasiallehrer für Zeichnen und Kunstgeschichte.

Die Fröhlichkeit war trügerisch, wie heißt es doch volksmundartlich so treffend und bezeichnend: „Himmelhoch jauchzend und zu Tode betrübt."

Die damals unerkannten und daher auch nicht behandelten, immer öfter wiederkehrenden manischen und die darauffolgenden melancholischen Zustände Arminio Rothsteins sollten während unserer Ehe in immer kürzeren Zeitabständen auftreten.

Zum näheren Verständnis und dank neuerer Erkenntnisse gibt es möglicherweise einiges bezüglich der Ursachen von Depressionen und Traumata aus heutiger Sicht zu klären: Armin war während der Naziherrschaft von seinem elften bis zu seinem achtzehnten Lebensjahr in Wien „durchgetaucht" und hatte in Friedenszeiten sicher viel Versäumtes nachzuholen.

Sein jüdischer Vater, Viktor Rothstein, hatte im Ersten Weltkrieg als Offizier in der Habsburgisch-Österreichischen Armee gedient; dieser Umstand galt sowohl den deutschen und vor allem auch den österreichischen Nationalsozialisten keineswegs als Freibrief. „Jud' bleibt Jud'" lautete die vernichtende Parole.

Als Rechtsanwalt in jüdischen Angelegenheiten hatte dieser bis zu einem gewissen Zeitpunkt unbehelligt überleben können, da die Nazis ihn beruflich ausgenützt hatten. Außerdem war er in der ersten Zeit der Hitler-Regierung noch durch seine christliche Frau – und auch sein Sohn Armin durch eben diese seine Mutter – geschützt gewesen. In den letzten Jahren des Regimes blieb jedoch nichts anderes übrig und gemeinsam mit seinem Sohn musste er sich vor den Nazihorden im Keller des Hauses verstecken. Als Kriegsverletzter querschnittgelähmt, wurde er vom helfenden Blockwart immer, wenn sich Razzien ankündigten, mitsamt seinem Rollstuhl hinuntergetragen. Die Bewohner des Hauses halfen mit, indem sie der Mutter, die – wie es damals hieß als „Arierin" – in der Wohnung verbleiben konnte, heimlich Lebensmittelmarken zusteckten. Ja, diese solidarische Haltung gab es vereinzelt auch in diesen gefährlichen Zeiten. Diesen mutigen Menschen gilt mein größter Respekt, denn sie alle hatten damals unter Lebensgefahr gehandelt!

Gefangen in dieser einsamen Enge, beschäftige Armin sich zum Ausgleich mit Anleitungen zum Marionettenbau, die er in alten Koffern auf dem Dachboden gefunden hatte. Unter anderem beinhalteten diese auch allerhand skurrile Zauberutensilien, die er mit viel Geduld und Akribie ausprobierte, um dann vor seinem Publikum, bestehend aus Mama und Papa, schwebende Bügeleisen und raffinierte Karten-Kunststücke vorzuführen. So vertrieb er sich ohne Spielkameraden die Zeit, zeichnete, bastelte und malte neben dem väterlichen Unterricht, eingesponnen in seine Träume, eines Tages ein berühmter zaubernder Clown zu werden; oder wenigstens einmal in HJ-Uniform mit weißen Kniestrümpfen, Fahnen und Fackeln schwingend mit den anderen Jungen über die Ringstraße mitmarschieren zu dürfen.

Als die Russen kamen, war die Angst groß. „Würden sie als vermeintliche Nazis in ihrem Versteck entdeckt werden? Konnten die einfachen Soldaten auseinanderhalten, wer da im Untergrund hauste?“

Papa Rothsteins Familie war um die Jahrhundertwende, nach einem der zahlreichen grausamen Pogrome, die in der Ukraine so viele jüdische Einwohner das Leben kosteten, aus Odessa geflüchtet. Man hatte sich nach vielen Entbehrungen in der Hoffnung, endlich in Frieden leben zu können, in Wien niedergelassen.

Da kamen Vater und Sohn auf die geniale Idee, die Flucht nach vorne zu wagen. Armin bastelte aus einem Ofenrohr und einem Kochtopf so etwas wie ein Megafon, das aus dem Kellerfenster gehalten wurde und nun sichtbar herausragte. Dr. Rothstein rief nun aus vollem Hals lautstark in russischer Sprache um Hilfe. Auf diese Weise wurden die beiden gerettet.

Der zarte, hochaufgeschossene jüdische Junge hat dann als Erwachsener einiges verwirklicht und vieles verdrängt. Dass an den Bäumen, die den Franz-Josefs-Kai säumten, die aufgeknüpften Leichen und die Toten, die noch längere Zeit nach der Befreiung in den Straßen lagen, von seinem Fenster aus zu sehen waren, hatte er nie vergessen. Sein Judentum war allerdings in seinem späteren Leben nur Beiwerk, er liebte zwar den jüdischen Humor, mochte jüdische Musik, hasste Antisemiten, und das war’s dann aber schon; nein, er hatte seine Herkunft nie verleugnet, aber auch nie besonders erwähnt, so wie viele seiner Generation; das Trauma war wohl zu mächtig.

Ich war jedenfalls sehr froh, unter „meinesgleichen“ gelandet zu sein.

Scheidung – 1967

Als nach einigen Jahren des fröhlichen Zusammenlebens mein anderwärtig so schwer verliebter, sechzehn Jahre älterer Ehemann mich gegen eine Jüngere ausgetauscht hatte, ging es für ihn in der TV-Kinder-Sendung „Toby und Tobias“ als Fernseh-Clown Habakuk im ORF finanziell bergauf und künstlerisch, nun ja … verflachte in meinen Augen seine Genialität. Das ist meine subjektive Wahrnehmung, die ich beileibe niemandem aufdrängen möchte!

Ich war draußen, denn Puppenspieler sind immer Familienunternehmer, und da war eben kein Platz mehr für die Ex-Frau. Der hoch angesehene Präsident der Rechtsanwaltskammer Wien, Dr. Walter Schuppich, der *sein* Freund war, nicht *meiner,* betreute unsere Scheidung. Er empfahl mir, als Klägerin aufzutreten, und ich ließ ihn walten, ließ alles geschehen, unterschrieb, in treuherzigem Vertrauen, dass es da sicher gerecht zugehen würde – ohne zu hinterfragen.

Vor einigen Jahren, als ich begann, meine Erinnerungen zu ordnen, fiel mir erst bei nochmaligem gründlicherem Durchlesen auf, was da für ein Unsinn konstruiert worden war. Wie da noch in den Sechzigerjahren eine Männerwelt mit jungen Frauen umging:

Da wurde in diesem schändlichen Dokument zwar festgehalten, dass mein Mann mich *böswillig verlassen* hatte, allerdings mit der Begründung, dass ich mich *unabhängig davon* geweigert hätte, ihm den Haushalt zu führen.

Auf diese raffinierte Weise wurde die Schuld an der zerrütteten Ehe geteilt, beiderseitiges Einverständnis gab es damals noch nicht, es gab nur beiderseitiges Verschulden. Aber was war zuerst da? Die Henne oder das Ei?

Dass mein Mann mich wegen einer anderen verlassen hatte, wurde selbstverständlich nicht erwähnt. Da wäre das Urteil zu seinen Ungunsten ausgefallen, und dies wäre ihn teuer zu stehen gekommen.

Die neue Ehe des Puppenspielers mit meiner Nachfolgerin ging zu meiner damaligen Schadenfreude nach einigen Jahren auf brutalste Weise nach längerem Rosenkrieg zu Bruch, kostete ihn fast seine Existenz, und mein geliebtes Arlequin-Theater wurde geschlossen.

Arminio heiratete nach einigen Jahren noch einmal, und mit Christine Rothstein, die seine ORF-Karriere mit ihm aufgebaut hatte und die ihn bis zu seinem Tod begleitete, verbindet mich heute noch das gemeinsame Andenken an ihn.

Sie hat mir alles, was sich während der schlimmen Nazizeit im Keller-Versteck des Hauses Franz-Josefs-Kai 45 zugetragen hatte, erzählt. Mir gegenüber hatte er während unserer Ehe mit keinem einzigen Wort sein U-Boot-Dasein erwähnt. Ich glaube, dass es für ihn noch zu früh war und ich noch zu jung, als dass er sich mir hätte anvertrauen können.

Aus dem Radio erfahre ich von Arminio Rothsteins Tod an einem Morgen im Jahr 1994. Er ruhe in Frieden.

Da war so viel Zärtlichkeit

Da war so viel Zärtlichkeit für Dich
Leben konnten wir sie nicht
Da war kein Einsehn,
kein Überstehn

Refrain: Eine Distanz
ein Labyrinth der Schatten
im Nebel verloren
Gleich nach dem ersten Tanz

So vieles konnten wir nicht verstehn
Haben nicht alles gesehn
Da war so viel Seltsames
im Spiel
Wir kamen nie ans Ziel
War eine Sehnsucht nach Dir
Raum ließen wir ihr kaum

Refrain: Eine Distanz
ein Labyrinth der Schatten
im Nebel verloren
Gleich nach dem ersten Tanz

So vieles konnte nicht geschehen
Wir habens übersehen
Unnötige kleine Dinge
Ließen die Zeit vorübergehn
Wir konntens nicht verstehn

Refrain: war eine Distanz
in der wir verloren hatten
gleich nach dem ersten Tanz

TEIL 4

Telefongespräch

„Mama, darf ich dich etwas fragen?"

„Ja, natürlich", antwortet meine Mutter. Sie nimmt sich immer Zeit, wenn ich sie anrufe.

Ich zögere. Wie soll ich's ihr sagen?

„Weißt du, ich würde gerne in der nächsten Zeit in meine Wohnung einziehen!"

„In welche Wohnung?", fragt meine Mutter hörbar sehr erstaunt.

„Mama, in unsere Eigentumswohnung in der Herminengasse!", rufe ich ins Telefon.

Pause.

„Du hast sie mir doch versprochen!"

Ich möchte gerne ruhig bleiben, aber ich merke, wie sich in meinem Hals ein Knödel bildet.

Etwas verwundert antwortet meine Mutter:

„Aber Puppile, als ich geheiratet habe, wurde die Wohnung vermietet, und du warst ja schon verheiratet. Und als der Mieter gestorben ist, haben wir diese Wohnung verkauft und den Ertrag in das Haus, das wir gerade bauen, investiert."

„Wie bitte?", keife ich ungehalten. Ich spüre schon, wie sich in mir eine unberechenbare Wut aufbaut.

Meine Mutter versucht zu erklären:

„Reg dich nicht so auf, dieses Haus wird ja zu einem Drittel auch einmal dir vererbt."

Ich aber kreische: „Da soll ich wieder jahrelang warten? Ich bin jetzt geschieden, Mama!"

„Was sagst du da?"

„Ja, Mammilein, wir haben uns getrennt, eigentlich nein: Er hat mich verlassen und jetzt steh ich auf der Straße, ich habe auf alles verzichtet. Ich hatte fest mit der Wohnung gerechnet. Wir haben doch so lange darauf gewartet! Erinnere dich, wie oft wir uns gegenseitig trösten mussten, wenn der Gestank vom Klo, das wir mit der ungewaschenen Nachbarin teilen mussten, bis zu uns gedrungen war! Und wie ich nie jemanden aus meiner Klasse im Lycée einladen konnte, die alle in Döbling und Pötzleinsdorf gewohnt hatten, in den großen Villen!"

Ich breche in Tränen aus, schluchzend wiederhole ich: „Ja, und jetzt ich bin geschieden, denn ich kann doch nicht zu dritt leben!"

„Kind", stöhnt meine Mutter. „Rechtmäßig geschieden? Unwiderruflich?"

Ich schweige. Nach einer Pause fragt sie leise:

„Aber warum hast du mir vorher nichts gesagt? Warum hast du das nie mit mir besprochen?"

„Warum ich nichts gesagt hab? Weil ich mich schäme ...", murmle ich.

„Ich hab mich geschämt, Mammi! Er hat eine viel Hübschere gefunden und ich habe es nicht geahnt. Ich hab sie ja sehr gerne gehabt, diese Serbin, diese falsche Schlange", sprudelt es aus mir heraus.

„Medale[28]*", seufzt meine Mutter, „die ganze Familie hat das schon erkannt."*

„Wie das, wieso?", frage ich verwundert.

„Nun ja, dass da was nicht stimmt."

Zögernd fährt Mama fort:

„Als wir gemeinsam Arminios neununddreißigsten Geburtstag feierten, war sie doch auch dabei, erinnerst du dich nicht? Ist dir gar nicht aufgefallen, wie die so intim miteinander getanzt haben?"

„Aber wir waren doch befreundet!"

„Wer?", fragt mich meine Mama erstaunt.

„Sie und ich und er."

„Mein Kind, wie naiv bist du?"

TV-Filmreportage – Schauspielschule

Ich habe vor einigen Absätzen weit vorgegriffen und möchte hier doch versuchen, meinen Werdegang zum Schauspielberuf und vor allem den Zugang zur jüdischen Kultur, der ich mich zum Großteil in meinem selbstständigen künstlerischen Schaffen widmete, der Reihenfolge nach darzulegen.

Nach meiner schmerzhaften Scheidung sollte nun einer meiner Traumberufe endlich, etwas verspätet, in Erfüllung gehen. Dass dies als ein steiniger Weg mit vielen Serpentinen und Umwegen verlaufen würde, war mir noch nicht klar.

Zum ersten Mal stand ich während der Dreharbeiten zu der TV-Serie „Künstlerpaare" unter der Regie von Georg Lhotsky vor einer Kamera und genoss diese Arbeit sehr.

Als der Film abgedreht und geschnitten war und endlich im österreichischen Fernsehen lief, war das „Künstlerpaar Arminio und Lena Rothstein", von dem diese Dokumentation berichtete, schon geschieden.

Der einfühlsame Prof. August Rieger, Produzent dieser TV-Serie, wird mein erster Schauspiellehrer, er ist sehr angetan von meinem Vorsprechen und ermöglicht mir ein Stipendium für die Schauspielschule, in der er unterrichtet.

Diese Schauspielschule ist in einem eleganten, wunderschönen Viertel Wiens gelegen. Dieser erste Bezirk ist halt schon der würdigste Ausschnitt

---

28 Anm. der Autorin: *Jiddisch: Medale; Deutsch: Mädchen*

dieser „vielgesichtigen“ Stadt, die etwas von einer charmanten Hochstaplerin an sich hat. Die Diskrepanz der alteingesessenen Standesunterschiede ist erst erkennbar, wenn man sie genau erkundet hat, diese prachtvolle, schillernde kaiserliche „Popanzin“. Brutal wird man aus dem Märchentraum geweckt, sobald die Realität mit dem Blick in einige Seitengassen des angrenzenden zweiten Bezirks auf einen einstürzt.

Nach nicht ganz einem Monat unter den Fittichen meines verehrten Lehrers stirbt dieser ganz plötzlich. Wie soll ich nun weitermachen, wie nun die Schulzeit finanziell durchstehen?

Die erste Rolle, zu der ich von meiner neuen Lehrerin eingeteilt werde, ist der Puck, der kleine Waldgeist aus dem „Sommernachtstraum“ von William Shakespeare.

Ich bekomme einen Zettel, auf den mit Schreibmaschine eine Textpassage, ein Rollenauszug, getippt ist, jedoch keine Inhaltsangabe, keine Hintergrundinformation, es gibt auch keinerlei Einführung in die Handlung. In einer Box, die im Vorraum installiert ist, sind in Hängemappen alphabetisch die verschiedenen vielfältig kopierten Rollentexte eingeordnet.

Ich erfahre, dass aus dieser Schauspielschule seinerzeit immerhin ein später weltberühmter Ausnahmekünstler, der in Hollywood Karriere machte, hinausgeworfen wurde.

Ich jedoch habe keine Lust, wieder aus einer Schule zu fliegen; die Modeschule habe ich ja mit Bravour gemeistert, und schließlich bin ich schon fünfundzwanzig, also die Älteste in der Klasse; ich bemühe mich demnach redlich, meine erste Rolle gut zu lernen.

Ich besorge mir ein Reclam-Heft und lese vorerst einmal das ganze Stück, dann lasse ich meiner Fantasie freien Lauf, stelle mir den Zauberwald und das Ambiente vor und wie ich die Titania erschrecken werde. Es macht mir ungeheuer großen Spaß, mir die Szenen auszumalen, in denen ich als Puck alle durcheinanderbringen würde, und mir vorzustellen, wie da einer zum Esel wird oder als Löwe herumbrüllt.

Die Bühne im Studio der Schauspielschule ist ein Podest, kein Raum – ein Nudelbrett. Ich versuche durch den Wald zu huschen, die Titania zu beobachten, ich versuche, meinen inneren Bildern folgend auszudrücken, was da in mir entstanden ist, um der Verkörperung des kleinen Puck gerecht zu werden.

Die Sonne scheint durch die hohen Fenster, die Staub-Straßen, die durch die Strahlen des diffusen Lichts den Raum durchkreuzen, flimmern mir vor den Augen, zerteilen den Raum, werden zu Waldstaub an diesem imaginierten Zauberort ... Partner? Weder einem Oberon noch einem Lysander oder einer Hermia begegne, ich und das ist auch nicht vorgesehen. Monologe aufzusagen scheint da zu genügen, um den Schauspielberuf zu erlernen.

Ich bin also mitten in meiner Trance, spüre schon das feine Flirren um mich herum, setze an zu meiner Text-Passage:

„He Geist, wo geht die Reise hin?“

Ich schaue mich als umtriebiger Kobold um, nähere mich meinem fiktiven Wald und fahre fort, zu deklamieren:

„Der König will sein Wesen nachts hier treiben, warnt nur die Königin, entfernt zu bleiben, weil Oberon vor wildem Grimme schnaubt ...“

Da unterbricht mich plötzlich die Schauspiellehrerin, die später für eine, wie schon berichtet, kurze Zeitspanne meine Agentin werden sollte.

Sie schaut sich in der Klasse um: „Geh, Kurti, komm her!“, ruft sie einem jungen Kollegen zu. „Du hast doch auch grad den Puck einstudiert. Zeig ihr, wie man den spielt!“

Der Kurti springt, behände einen Purzelbaum schlagend, auf das Bühnenbrett und hüpft mir wild vor der Nase herum, sodass ich hinunter in den Studio-Raum flüchte. Interesse vorspiegelnd, insgeheim aber tief verletzt und entsetzt, muss ich zusehen, wie der Kurti den Text herunterspulend eine Nummer abzieht, die mir so gar nichts sagt, so nichts enthüllend den Zauber zerfließen lässt.

So spielt man also Theater?

Künstlerleben – Verlust – neue Vorbilder – 1968

Ich sitze mit meiner liebsten Freundin Lore bei Tee und Keksen an einem kleinen Gartentisch im Innenhof der Bäckerstraße 4 wieder im ersten Bezirk. Um uns ranken sich bis in den dritten Stock hinauf Efeu und wilder Wein, die über die Brüstungen der Pawlatschen des alten Hauses gewachsen sind. Lore Weber, die ich aus dem Café Hawelka und dem Art Club und diversen anderen Jazzkellern kenne, ist eine begabte Malerin, die schon in sehr jungen Jahren eine kleine Tochter auf die Welt gebracht hat. Lore, die mir ein Vorbild wird, die ein Künstlerdasein führt, eine Lebensweise, die verlockend klingt. Doch dafür braucht es Disziplin, denn die schönen Bilder und Skulpturen entstehen ja nicht von allein.

Einige Jahre hatte sie in Südfrankreich gelebt und war durchs Land gezogen, gemeinsam mit ihrem ersten Mann, einem Bildhauer und leider auch Drogendealer. Letzteres hatte sie zu spät mitbekommen. Sie war fünfzehn, als sie mit ihm durchgebrannt war. Sie hatten sich endlich in einem romantischen, kleinen Haus niedergelassen, als eines Tages die französische Polizei an die Türe klopfte. Man konnte ihm nichts nachweisen, doch das Töchterchen, die kleine Nani war nun sechs Jahre alt geworden, musste zur Schule und so kehrte Lore heim nach Wien. Den Mann hatte sie zurückgelassen und sich von da an allein durchgeschlagen.

Ich bewundere sie restlos. Während ich in meinem Wolken-Kuckucks-Heim in meiner zwar kurzen, aber sorglosen Ehe ein behütetes Dasein führte, hatte sie bereits so vieles erlebt und erreicht und sich als Künstlerin durchgesetzt. Wir sind gleich alt und ich komme mir sehr verloren vor, während sie doch mitten im Leben steht.

Aber der Schein trügt, so stark und geerdet, wie sie mir vorkommt, ist sie nicht, zu viele Wunden werden später aufklaffen. Zurzeit aber ist sie mir eine seelische Stütze, mein tröstender Engel, mit ihren langen schwarzen Haaren, die ihr fast bis zur Taille reichen, in ihrem Lederkleid mit den Fransen und dem Indianerschmuck.

Sie betreibt ihr Maleratelier in einem kleinen Gewölbe, das in einer Ecke dieses Innenhofs in der Bäckerstraße gelegen ist, das Entrée umringt von Oleandern und Clematis. Wenn man dieses bunte Biotop betritt, empfängt einen der Duft von Sandelholz und Patschuli. Selbstgemachter Schmuck ist in Nischen drapiert, darüber hängen Lores Bilder an den gekalkten Ziegelwänden, es sind kleine und größere Gemälde, die an den fantastischen Realismus der Wiener Schule erinnern.

Ein verglaster Durchbruch führt in das nebenan gelegene Atelier der Textilkünstlerin Vesna. Sie fertigt Stoffdrucke an, welche sie in den Wiener Werkstätten auf der Kärntner Straße verkauft. Ihre Entwürfe sind in eigenständigem Stil eine Weiterführung der weltberühmten schwedischen „Frank Stoffe", die ursprünglich von dem österreichischen Architekten Josef Frank stammen, der, als Jude von den Nazis verfolgt, Wien 1938 verlassen musste und in Stockholm eine neue Heimat fand.

Vesna ist mit dem Schauspieler Peter Michl-Bernhard verheiratet, der seinen Kollegen Hermann Schmid nach Wien vermittelt hat.

Lore und Vesna schwärmen mir von diesem begabten Schauspieler vor, der soeben mit einer fulminanten Kurt-Tucholsky-Collage in einem kleinen Theater in der Annagasse gastiert.

„Der Abend ist so intelligent, so witzig, und Hermann ist ein wunderbarer Interpret", berichten sie begeistert, „ein toller Typ, den musst du unbedingt kennenlernen."

Ich bin als sogenannte Stadtstreicherin fast täglich auf einen Sprung bei Lore in der Bäckerstraße zu Gast. Da ist ein Kommen und Gehen, nicht nur ich bin gerne in ihrer Nähe. Und auch wenn ihr jetziger Mann sie abschirmt und nicht jeder und jede Zugang bekommt, gehöre ich doch zu den Privilegierten, die sie jederzeit empfängt. Lore malt von Montag bis Freitag – zwischen zehn Uhr und achtzehn Uhr ist ihre Arbeitszeit. Sie sitzt vor ihrer Staffelei, arbeitet mit Akribie an ihren Bildern, und wenn sie pausiert, steckt sie den Pinsel durch einen Haarknödel, den sie sich auf dem Kopf zusammengedreht hat.

„Das kann doch nicht wahr sein!“, klage ich, die Teeschale fast umwerfend. „Sie hat meine Wohnung verkauft! Einfach verkauft, ohne mir was zu sagen! Einfach hinter meinem Rücken!“

Ich heule los, kann nicht weiterreden.

„Aber wieso deine Wohnung?“, fragt Lore in ihrer ruhigen Art.

„Wieso meine Wohnung?“, antworte ich gereizt.„Wir hatten dreizehn Jahre gewartet und als sie endlich bezugsfertig war, hat sie mir, nachdem sie geheiratet hatte, diese Wohnung geschenkt! Sie hat sie mir versprochen, damit ich immer ein Zuhause haben sollte ... So eine Scheiße!“

„Aber ...“,„fragt Lore nach, „hat sie dir das schriftlich gegeben?“

„Schriftlich?“,„frage ich fassungslos.

„Na, so etwas muss doch ordentlich erledigt werden“, stellt Lore fest.

„Wir hatten die Wohnung vermietet“, antworte ich entrüstet, „und dann ist der Mieter gestorben, und jetzt wäre die Wohnung endlich frei für mich! Ich habe doch bei meiner Scheidung großzügig auf alles verzichtet. Jetzt sitzt seine Neue, diese Schlange, mit ihm in der Wohnung am Franz-Josefs-Kai. Wenn ich mit der Straßenbahn vorbeifahre, sehe ich durch deren Fenster dort noch meine Vorhänge hängen, und das Atelier in der Seegasse hat er auch behalten und ich steh jetzt auf der Straße!!!“

„Ja, aber was hast du geglaubt?“, antwortet Lore, „deine Mutter hat doch wieder geheiratet und wenn zwei heiraten, dann teilen sie doch, was sie gemeinsam besitzen.“

„Und wo bleibe ich!?“

Verzweifelt versuche ich, mein vermeintliches Recht einzuklagen. Lakonisch antwortet Lore, sachlich und trocken:

„Hast du mir nicht erzählt, dass dein Stiefvater Witwer ist und zwei Kinder in die Ehe mitgebracht hat?“

„Ich hasse sie, ich hasse sie, ich hasse sie alle!“, schluchze ich.

Und nun kommt Erni Frank dazu, spätere Staatspreisträgerin und Sezessionsmitglied, die hübsche Malerin mit den hellblonden Haaren und den dunkelblauen Augen, die auch zu unserer Clique gehört, ebenso wie Schriftstellerin Elfriede Gerstl, der Kärntner Literat Peter Turrini und andere Freunde ... Ich muss das Thema wechseln, denn ich geniere mich, so wehleidig aufzutreten, mich so verletzlich zu zeigen. Denn wenn ich etwas gut kann, so ist es, meine „Show abzuziehen“, immer fröhlich, immer lustig und witzig zu wirken!

Das scheint aber auch meine Rettung zu sein. Niemand muss mitkriegen, wie es mir wirklich geht als halbe Portion, denn wir waren *ein Ganzes*, Arminio und ich, „die Rothsteins“, und jetzt bin ich nur mehr *halb, nur mehr ein* Rothstein.

„Diesen Namen kannst du nur behalten, wenn du dich ordentlich aufführst!", wurde mir nach der Scheidung von Seiten meines frisch gekürten Ex-Mannes drohend mitgeteilt. Na gut, denke ich, und jetzt erst recht! Lena Rothstein muss ein Markenartikel werden. Wo werde ich in Zukunft eine Bleibe finden?

Wohin wird es mich treiben?

Neue Wege – Wiedersehen

Es ist zehn Uhr abends. Lore schließt ihr Atelier ab und wir machen noch einen Sprung ins Café Hawelka, dort treffen wir auf Elizabeth Toni Spira. Ich bin ziemlich aufgeregt, denn diese hübsche, selbstsichere Person kenne ich doch aus den Erzählungen meiner Mama. Sie und ich lagen als Babys im gleichen Kinderwagen! Damals, in Glasgow, als unsere Eltern vor den Nazis dorthin geflüchtet waren!

Lore und Elizabeth Toni, die wir alle bis zu ihrem Lebensende nur Toni nannten, sind schon seit deren Schulzeit miteinander befreundet.

Sie hatten als Jugendliche gemeinsame Reisen unternommen. Sie erzählen, wie sie in Paris durch die Museen und in München durch die Schwabinger Nächte gezogen waren. Sie hatten unter anderem auch einige Wochen in Israel in einem Kibbuz gelebt und bei der Orangen-Ernte geholfen. Ich beneide die beiden ob ihrer Abenteuer und komme mir ein wenig spießig vor mit meinem braven Leben, aus dem es nichts Aufregendes zu berichten gibt.

„Toni", sage ich schüchtern, „wir kennen uns!" – Aber sie hat vorerst keine Ahnung, wer ich bin. Es wird ihr erst klar, als sich herausstellt, dass ihre Eltern und mein „geschiedener" Vater sich sehr gut kennen, sich oft treffen und viel miteinander zu tun haben und nicht nur privat befreundet sind, sondern natürlich auch in „politischer Mission" zusammenkommen. Tonis Eltern sind ebenso wie mein, nach Mammis Ansicht „verblendeter" Vater sehr aktiv in der kommunistischen Bewegung, schon seit der Zeit in England. So wird der Zusammenhang klar.

Meine Mutter hatte nach der „Heimkehr", als sie wieder in Wien Fuß fasste, die durch die Diaspora entstandene Bindung zur kommunistischen Partei gelöst und sich damit ins Out gestellt. Alle Freundschaften zerbrachen, die Brücken wurden von beiden Seiten abgebrochen – und damit war auch ich eine Verlassene. Die alten (damals noch jungen) Kämpfer aus den (guten) kommunistischen Widerstandszeiten hielten noch immer in ihrer Denkweise zusammen, mit dem Ziel, die Welt in eine kommunistische, vermeintlich gerechtere Welt zu verändern. Sie kümmerten sich gegenseitig um ihre Kinder, und wer sich abwendete, wurde ausgegrenzt.

Elizabeth Toni Spira[29] war später Journalistin geworden, und „links“ hieß für sie nicht unbedingt „kommunistentreu“. Es waren eher die Grundideen eines Marx und Engels, denen sie gerecht werden wollte.

Innerlich haderte ich damals noch, mit dem vermeintlichen „Makel“ behaftet, eine „Geschiedene“ zu sein. Die Scheidung der Eltern vor Augen, war mir meine Scham von damals darüber noch gewärtig, sowie meine angestrengten Bemühungen, in der Schule oder im Sommerlager kein Wort über diesen Umstand zu verlieren.

Verliebt – Mode – Schmuck

Mit meinen fünfundzwanzig Jahren residiere ich nun – mit Zigarettenspitze, Netzstrümpfen und Pelzkappe wie eine Diva ausstaffiert – an meinem Stammtisch und erzähle im Café Hawelka jüdische Witze. Die Runde um mich biegt sich vor Lachen, und über meine Wirkung auf die Männerwelt werde ich erst viel später von den mit der Zeit schon ergrauten und gesetzten älteren Herren aus meinem Freundeskreis informiert werden. Zu spät! Schade, es hätte mir damals gut getan, aber ich hatte es nicht bemerkt. Obwohl ich brillant war in meiner Selbstdarstellung, war mein Selbstwertgefühl als nun Geschiedene zu jenem Zeitpunkt nicht gerade sehr ausgeprägt.

In Begleitung meiner „wiedergefundenen“ Toni aus Glasgow sitzt besagter hochgewachsener, blonder, blauäugiger Hermann Schmid, von dem nachmittags so geschwärmt worden war, an unserem Tisch.

„Ja, tatsächlich, er ist sehr fesch und charmant“, denke ich mir. Und schon flirten wir, werfen uns Blicke zu, und er fragt mich leise nach meiner Telefonnummer. Ich mache Toni diskret aufmerksam und frage etwas verhalten:

„Stört es dich, wenn ich dem Schauspieler meine Telefonnummer gebe?“

„Also bitte, wo denkst du hin, der kann doch machen, was er will. Er ist ein erwachsener Mensch, er ist doch frei, zu tun und zu lassen, was ihm gefällt“, antwortet sie meiner Ansicht nach etwas zu überschwänglich.

Elizabeth Toni Spira war, wie gesagt, zu dieser Zeit als Journalistin tätig und hatte eine sehr wohlwollende Rezension über Hermann Schmids Tucholsky--

29 1972 begann **Elizabeth Toni Spira** ihre journalistische Laufbahn beim österreichischen Wochenmagazin *profil*. 1973 wechselte sie als TV-Redakteurin zum ORF, wo sie von 1974 bis 1984 dem Redaktionsteam der Dokumentarfilmreihe *teleobjektiv* angehörte. 1985 schuf Spira mit der Dokumentarfilmreihe „Alltagsgeschichte“ ihr eigenes Sendeformat, das sie bis 2006 fortsetzte. 1997 startete sie die TV Reihe „Liebesg’schichten und Heiratssachen“. In der Nacht auf den 9. März 2019 verstarb Spira nach langer Krankheit im Alter von 76 Jahren in Wien. Als einst starke Raucherin litt sie an einer chronisch obstruktiven Lungenerkrankung (COPD). Ihr Lebenswerk wurde von hochrangigen österreichischen Politikern aller Parteien, allen voran von Bundespräsident Van der Bellen, gewürdigt, der sie als „große Chronistin der heimischen Gesellschaft und der einzelnen Menschen“ bezeichnete. Quelle: Wikipedia, https://de.wikipedia.org/wiki/Elizabeth_T._Spira, abgerufen am 15.12.2022.

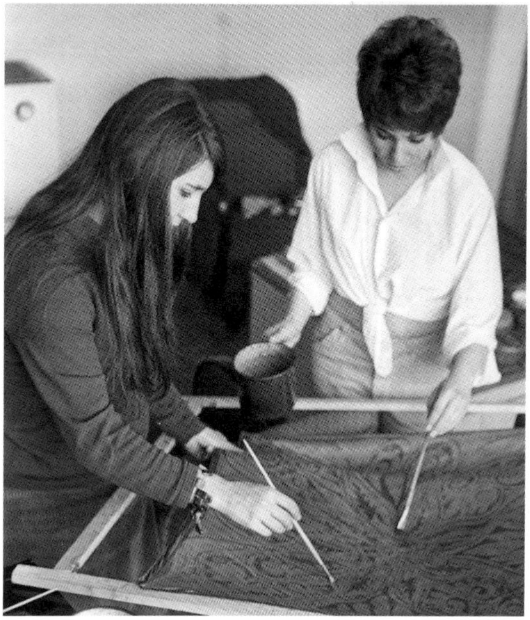

Beim Batiken mit Lore Weber.
Foto: Hans-Georg Behr

Abend verfasst. Ohne ihren Segen hätte ich vielleicht gar nicht gewagt, mich auf diese auf und ab schaukelnde Liaison einzulassen. Aber ich eile den Ereignissen schon wieder voraus.

Lores Privatquartier liegt etwas weiter weg von ihrem Atelier, im neunten Bezirk. Sie wohnt seit ihrer Kindheit in dieser großelterlichen Wohnung, einer riesigen Acht-Zimmer-Flucht, in der sie viele Jahre, auch noch lange nach dem Tod der Großeltern, auf ihre Mutter, die nach Amerika ausgewandert war, eigentlich ein Leben lang, warten wird. Lore wurde als kleines Baby zurückgelassen, den Vater (er fiel in den ersten Tagen des Zweiten Weltkriegs) hatte sie daher nicht kennenlernen können. Die Mutter hatte sie nie nachgeholt, es gab jahrelang nur Postkarten mit Versprechungen und lieben Grüßen.

Lore lädt mich ein, bei ihr zu übernachten; ihre kleine Tochter ist die Woche über im Internat. Ich schlafe im Kinderzimmer und fühle mich überraschend wohl und geborgen.

Beim morgendlichen Frühstück bietet mir Lore an, bei ihr mitzuarbeiten, die Schmuckherstellung zu intensivieren, Tücher zu batiken und aus Vesnas Stoffresten bunte Käppchen zu nähen.

Ich hatte während meiner Mitarbeit im Arlequin-Theater meine Marionetten- und Stab-Puppen nicht nur geführt, sondern auch die kleinen Kostüme hergestellt, sodass meine Puppenwerkstatt-Lehre und Modeschulen-Zeit sich nun rechnen. Ich habe tausend Ideen und vieles wird verwirklicht. Ich kreiere

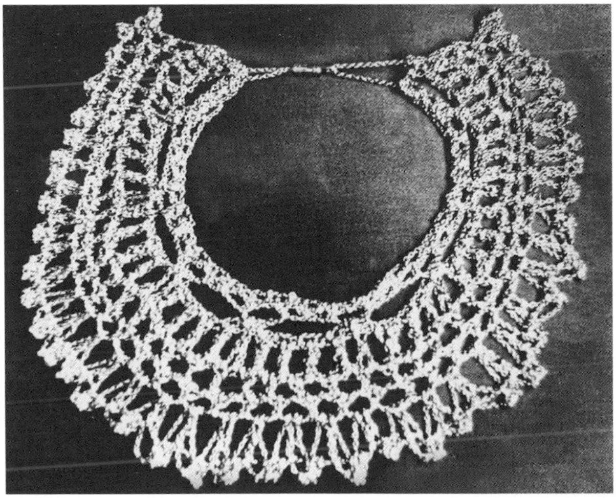

Das wiedergefundene Collier.
Foto: Hans Georg Behr

bunte, in allen Farben leuchtende Batiktücher. Eine Freundin meiner Mutter, Besitzerin eines kleinen Wollgeschäfts, stellt mir auf Kredit die bunten Wollknäuel zur Verfügung, aus denen ich die schönsten Häkelkleider fertige. Mit dem ersten selbst verdienten Geld schaffe ich mir einen Brennofen an und lerne Schmuck-Emaillieren und Löten. Es entstehen hübsche Ohrgehänge und im Dorotheum finde ich meterweise auf Kartons aufgerollte antike Silberketten, die ich zu zarten Colliers verarbeite. All diese Schätze sind in Lores Atelier ausgestellt und ich verkaufe sie an kleine Boutiquen, die soeben wie Pilze aus der Erde Wiens herausschießen. Die Grundlage meiner Existenz, die mir das Geld für die Schauspielschule sichert, ist gelegt.

Jahre später, 2016, in der „Wiener Tuchlauben", als ich mir soeben aus dem beliebten gleichnamigen Eisgeschäft eine große Portion Nougat-Erdbeere gekauft hatte, entdeckte ich – an meiner Gelati-Tüte schleckend – in der Auslage des vis-à-vis gelegenen, eleganten kleinen Schmuck- und Antiquitätenladens eines dieser von mir gefertigten Ketten-Colliers. Es war zu einer horrenden Summe ausgepreist. Schade, warum hatte ich es nicht zurückgekauft?

Erinnerungsschnipsel aus dem Dachboden-Chaos

Wir haben uns heute endlich eine gemeinsame Wohnung gemietet, mein Schauspieler und ich. Bei Lore hätte ich gleich ganz einziehen können, das war mir aber doch zu nahe. Mammi hat mir auch angeboten, vorübergehend bei ihr zu wohnen, aber danke, das kommt nicht in Frage! Da bin ich zu stolz!

Was erwartet Hermann von mir? Was erwarte ich von ihm?

Unter den großen Atelierfenstern liege ich hier am Boden, auf einer provisorischen Liegestatt, einer großen Doppelmatratze, an Hermanns Schulter gekuschelt. Über uns wölbt sich der nachtblaue Himmel wie ein riesiger Teppich mit aufgestickten Sternen, der zunehmende Mond wirft sein Licht über den ansonsten leeren Raum, ein Tonband läuft, und beide lauschen wir begeistert den spöttischen Gesängen Wolf Biermanns.

Diese Chansons gefallen mir. Wir hören sie bei Tag und bei Nacht. Wolf Biermann[30] *lebt in der DDR, im kommunistischen Teil von Deutschland, und mir ist ja schon das westliche Deutschland unheimlich. Die Lieder sind kritisch und frech und durchaus poetisch.*

Tony Scholl, Vorsitzender einer linken Studenten-Gruppe auf der Uni, hatte diese Aufnahmen, die ihm der Sänger privat vorgesungen hatte, aus der DDR herübergebracht und Biermann ist sehr zufrieden, dass seine Lieder auch im Westen verbreitet werden.

Mama erzählt viel von den Scholls, Tonys Eltern, die sie so wie die Familie Spira aus der Diaspora in England kennt. Toni Spira und Tony Scholl haben beide gemeinsam mit Lore das Gymnasium auf der Stubenbastei besucht. Die kennen sich also schon von klein auf. Aber von ganz klein auf kennen eigentlich nur wir uns, obwohl wir uns beide nicht erinnern können: Elizabeth Toni und ich, Leni Elizabeth. Beide heißen wir Elizabeth zu Ehren der Queen Elizabeth. Wir wurden, wie schon erwähnt, gemeinsam von meiner Mama im Kinderwagen spazieren geführt, während die Spiras ihre politischen Sitzungen und Schulungen durchführten. So wurde mir später berichtet.

Tony Scholls Mama, Thea, hatte nach ihrer Rückkehr nach Wien in ihrer schönen großen Wohnung in der Böcklinstraße, in der Nähe des Praters, im vornehmen Teil des zweiten Bezirks, ein „Open House“ geführt. Da hatten sich alle diese „Kommunistenkinder“, zu denen ich nicht mehr gehörte, regelmäßig zur Jause getroffen.

---

30 Quelle: Bundeszentrale für politische Bildung und Robert-Havemann-Gesellschaft e.V. (Hrsg.): Biermann – Die Biografie, letzte Änderung Oktober 2018, www.jugendopposition.de/145406, abgerufen am 15.12.2022.

Wie schade, ich war da natürlich nicht dabei. Im Lycée war ich auch nie dabei, aber aus anderen Gründen.

Tony mit Ypsilon unterstützt jetzt auf Anraten von Toni, die sich mit i schreibt, meinen Schauspieler beim Einstudieren der Biermann-Lieder, die dieser für ein Gastspiel in München vorbereitet.

Tony Scholl ist zwei Jahre älter als ich, er ist ziemlich hübsch und fesch, nicht sehr groß, aber er gefällt mir eigentlich sehr gut. Ich kenne ihn auch aus dem Hawelka, aber dort trennten uns manchmal trotz der Nähe der Tische Welten. Man grüßt sich von weitem, aber mehr nicht! Eigentlich kennen wir uns ja schon seit Kindertagen, denn Papa ist mit seinen Eltern befreundet, aber da ist er mir nicht aufgefallen.

Er hatte die Tochter eines Nelkenzüchters geheiratet und Hermann und ich waren bei seiner Hochzeit in Tulln eingeladen. So lernte ich Tony Scholl etwas näher kennen. „Eigentlich würde der doch viel besser zu mir passen, er ist, so wie ich, in Großbritannien geboren, kommt auch aus einer jüdischen Familie; aber was soll's, ich bin ja vergeben, und außerdem wäre er mir sowieso viel zu jung“, denk ich mir. Er ist politisch sehr gebildet und kennt den Biermann persönlich, daher kann er viel über ihn erzählen. Das ist für Hermanns Liederabend sehr hilfreich.

Ich glaube, ich werde viel lernen in dieser Beziehung! Hermann ist so begabt, etwas unbeholfen, ein bisschen schüchtern, aber er weiß, was er will. Er kommt aus Voitsberg in der Steiermark an der Grenze zu Kärnten, aus einer Lebzelter-Familie.

Wir haben seine Eltern vor Kurzem besucht und sind mit seinen Brüdern ganz zeitlich in der Früh auf die Peter-Alm hinaufgefahren. Dort hab ich mich, extra für diesen Zweck, in ein fesches Dirndl gekleidet und beim Met- und Lebkuchen-Verkauf mitgeholfen. Aber ich habe, so wie mein Papa, ein viel zu weiches Gemüt und daher einem armen Kind, dessen Mutter zu wenig Geld dabei hatte, weil es mir so leid tat, heimlich ein Stück Kuchen zugesteckt. Das war aber dem Kurt, dem älteren Bruder von Hermann, gar nicht recht. Wie ich dann auf diesem Kirtag dem kleinen kugelrunden Pfarrer ein Lebzeltherz mit der Zuckerguss-Aufschrift „Meinem süßen Dicken“ geschenkt hatte, war ich, wie ich glaube, bei der Familie Schmid unten durch.

Im Grunde sind wir doch sehr verschieden von unserer Lebensgeschichte her, Hermann und ich. Er ist in einem Benediktinerkloster in St. Paul im Lavanttal im tiefsten Kärnten erzogen worden und war schon Priesteranwärter gewesen, bevor er diesen Ort sozusagen mit fliegenden Fahnen fluchtartig verließ. Und dazu ich, aus einer jüdischen Familie? Und die vielen Toten! Wir passen also gar nicht zusammen, aber Gegensätze ziehen sich an, wie es so schön heißt!

Nun, was zerbreche ich mir den Kopf! Ich werde jetzt französische Chansons einstudieren. Wenn schon französische Schule, so soll sie doch zu etwas nützlich gewesen sein.

Ich bin sehr verliebt in meinen attraktiven Schauspieler und wir werden uns dieses große Wohnatelier hier in der Spengergasse wunderschön herrichten. Ich freu mich schon drauf. Jetzt muss ich nur noch meinen Abschluss in der Schauspielschule machen und dann ...

Aufbruch – Lehrzeit

Meine Tage sind ausgefüllt. Vormittags fertige ich Schmuck, bunte Käppchen und Kleider für Lore Webers Atelier in der Bäckerstraße an, nachmittags gehe ich in die Schauspielschule, spätabends tobe ich mich aus, tanze wieder die Nächte hindurch, diesmal im Atrium und im Voom:Voom, im Camera-Club, im Atlantis und in den verschiedenen Jazzkellern, die sich allmählich in Wien zu etablieren beginnen. Da schwang auch die legendäre Jazz-Gitti graziös und geschmeidig ihre runden Hüften und die später so wunderbare Schauspielerin Brigitte Kren.

In der Adebar hatte mir der Maler Matouschek, dieser einäugige Wundertänzer, genannt Dandy, vor dem sich so viele fürchteten oder zumindest großen Respekt hatten, das offene Tanzen beigebracht. Und nun ist es der zarte kleine Freddy Kobler, der für seine Jazzlokale lebt und daher nur Jazz-Freddy genannt wird, mit dem ich mich „perfektioniere". An dem Tag, an dem er (viele Jahre später) sterben wird (der verteufelte Magenkrebs hatte zugeschlagen), wird er mir bei unserem letzten Telefongespräch mit leiser Stimme fast verschämt erklären:

„Du weißt schon, dass ich auch jüdisch bin?"

„Ja, Freddy, war ja eh immer klar."

Es fällt mir wie Schuppen von den Augen – nein, ich hatte keine Ahnung gehabt. So viele hatten ihre Identität kaschiert, man war nicht immer stolz darauf, man war eher vorsichtig ob der eigenen Herkunft!

In meiner kleinen Familie (derer, die überlebt hatten) hieß es immer mit vor den Mund gehaltener Hand, vorsichtig flüsternd, wenn man irgendwo Juden begegnet war, zum Beispiel im Restaurant, am Nebentisch, im Schwimmbad oder sonstwo in unserem Lande: „Sind das nicht auch Ballbesucher?"

Wir verbrachten die Nächte Swing und Boogie tanzend. So holte ich meine Jugendzeit nach, die ich im Wolkenkuckucksheim einer kurzen Ehe versäumt hatte. Vergessen war die neue Liebe meines untreuen Ehemanns, nur schnell noch die Schauspielschule abschließen, hieß es. Ich werde nun bald 25 und soll mich mit pubertierenden Schauspieleleven messen?

Mein Schauspieler Hermann ist mir Lichtjahre voraus! Er ist ein unerreichbares Vorbild und ich zweifle, jemals an sein Talent heranzureichen.

Ich darf jedoch einspringen und in der Tucholsky-Collage mitwirken. Wir

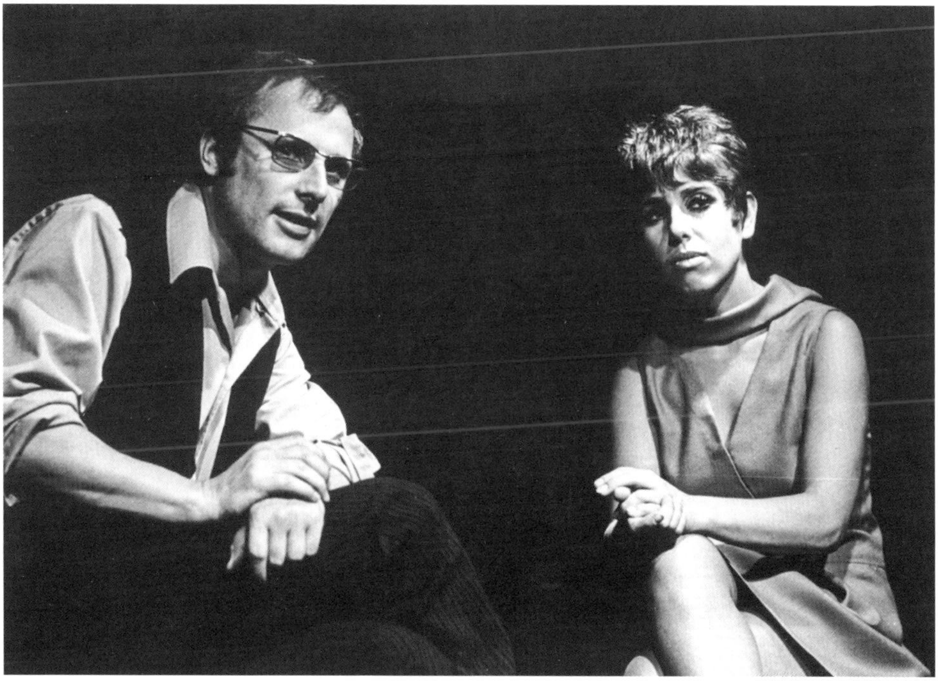

THEATER IM SAVOY, Tucholsky-Collage mit Hermann Schmid, 1967.
Foto: unbekannt

bekommen von Uzzi Förster, dem genialen Jazzer, ein Klavier geschenkt, darauf begleitet mich Hermann bei meinen ersten Gesangsversuchen.

Wir führten die Chansons von Frank Wedekind auf, sangen gemeinsam mit dem Dichter Robert Schindel Brechtlieder aus der Sammlung von Tony Scholl, der uns die Tonbänder der Original-Gesangsaufnahmen von Hanns Eisler, einem der Komponisten dieser Lieder, zur Verfügung stellte. Wir führten im Kellertheater des Café Savoy Brechts Flüchtlingsgespräche gemeinsam mit dem Schauspieler Erhard Koren auf, dem Sohn des damaligen Kultur-Landesrates der Steiermark. Am Klavier begleitete uns der Musiker Helmut Vogel, den es später als erfolgreichen Schauspieler und Regisseur in die Schweiz verschlug. So tingelten wir mit unseren Produktionen durch Österreichs damals noch sehr spärliche Kleinkunstszene.

Später wird der begnadete Saxophonist Uzzi Förster – der nicht nur Musiker, sondern auch einer der letzten Kaffeehaus-Literaten aus dem Café Hawelka war, dem wir stundenlang zuhören konnten, wenn er seine literarischen Ergüsse zum Besten gab – uns helfen, seinen alten Flügel, der nicht mehr zu stimmen ist, zu zerlegen. Wir basteln daraus einen Beistell-Tisch auf drei Klavierbeinen. Der Rest des Klavierskeletts wird unter Gejohle entsorgt.

Mir bricht ein wenig das Herz, zu viel Alkohol fließt da, da kann ich nicht mit ... wie schon erwähnt: Schokolade ist mir lieber. Als ich eines Tages versuche, mit dem Schokoladelikör Baileys „mitzuhalten", wird mir so schlecht, dass ich glaube, sterben zu müssen. Später wird Haschisch diesen Platz einnehmen, ein eher angenehmes und doch auch gefährliches Rauschmittel, aber ganz ohne kam ich zu dieser Zeit auch nicht aus. Es kommt halt bei allem auf die Dosis an.

Nachdem Hermann Schmid am Wiener Volkstheater dabei ist, seine Karriere aufzubauen, und mit großem Erfolg tragende Rollen wie z.B. den Tartuffe in Molières gleichnamiger Komödie verkörpert, kündigt er, um – wie er dem Direktor Manker erklärt – „noch weiter lernen zu dürfen".

Ich werde demnach, sobald ich – wie ich hoffe – das Schauspielstudium endlich abgeschlossen habe, mit ihm in absehbarer Zeit nach München und Berlin und anschließend nach Bonn gehen.

Deutschland – Matratzenlager – Verwirrung – 1968

Hermann war nach München vorausgefahren, um dort das einmonatige Engagement mit seinem Biermann-Liederabend anzutreten. Ich brannte in Wien weiterhin Emaille-Schmuck, batikte Seidentücher, nähte bunte Schirmkäppchen und häkelte Kleider, um unsere finanzielle Lage zu verbessern.

Mit zwei großen Koffern und zwei Umhängetaschen stand ich dann eines Tages in der Ankunftshalle des Münchner Hauptbahnhofs und sah meinen feschen Schauspieler Hermann mit den sanften blauen Augen – die sich so plötzlich verdunkeln, wenn er zornig wird – auf mich zukommen. Freudiges Winken meinerseits und immer zögerlicher der im Näherkommen langsamer werdende Geliebte.

Ich bemerke sehr bald, dass er ob meines ausladenden Gepäcks entsetzt ist. Ächzend hilft er mir alles in ein Taxi zu verfrachten und es geht zum neuen Wohnort. Oh nein, der ist noch nicht frei, wir müssen ein paar Tage warten!

In irgendeiner Wohngemeinschaft bei irgendwelchen Leuten, die ich und vor allem auch er nicht kennt, war da ein provisorisches Nachtlager für uns vorbereitet worden. Der Schlüssel ist auf dem Postkasten im Stiegenhaus hinterlegt, in einer Ecke des großen vollgeräumten Zimmers liegt eine fleckige Matratze, darauf ein zusammengelegtes Leintuch und eine Decke.

Nein, wir kuscheln nicht in dieser Nacht. Zum Glück ist diese Schlafstelle nur vorübergehend. Einige Tage später ziehen wir in eine kleine Pension; da steht ebenfalls nur ein schmales Bett zur Verfügung, denn ich bin nicht angemeldet, bin also heimlicher Gast. Das klingt abenteuerlich romantisch und doch ist meine Befindlichkeit zwiespältig und irritiert. Das ist also alternative

Freiheit und Unabhängigkeit? Kleinbürgerliche Vorschriften sind verpönt! Sich allabendlich am Portier vorbeischleichen zu müssen, gibt mir kein gutes Gefühl; es zieht sich mir alles zusammen, ich spüre meinen Rücken schrumpfen, der Hals ist zugeschnürt, mein Atem flach, und schon wieder das Bauchweh!

Diese Unterkunft wurde von den Betreibern der kleinen Bar in Schwabing, in der Hermann allabendlich auftrat, angemietet und Hermann zur Verfügung gestellt. Ich hatte in Wien die Schauspielschule leider abgebrochen und die gemeinsame Atelierwohnung in der Spengergasse für ein Jahr vermietet.

In München nehme ich nun privat Unterricht bei einem alten Schauspieler, komme mir dabei wieder sehr eigenartig vor. Keine Partner, wieder nur Monologe, es langweilt mich mittlerweile und ich bin mir nicht sicher, ob das der richtige Weg für mich ist. Ablenkung aber gibt es genug. Das Schwabinger Nachtleben ist vielfältig, turbulent und maßlos oberflächlich. Jazzlokale gibt es zwar, aber ohne Tanzen wie in Wien, was mir fürchterlich abgeht! Da ich mich eng an Hermanns Tages- bzw. nächtliche Einteilung anschließe, finde ich auch keine Möglichkeit, mich auszutoben, da er nichts vom Tanzen hält.

Es war die Zeit der Münchner Kommune[31] mit Rainer Langhans und Fritz Teufel, den Zwillingen Gisela Getty und Jutta Winkelmann sowie der meist in den Medien oben ohne abgebildeten Uschi Obermaier – und des Minirocks. 1968 hatte das Jahrzehnt der sexuellen Befreiung begonnen unter Parolen wie „Wer zweimal mit derselben pennt, gehört zum Etablissement" oder „égalité, fraternité, Pfefferminztee" u. Ä. Alles Neuland für mich.

Ich hatte schreckliches Heimweh nach meinem kleinen, provinziellen, überschaubaren Wien.

Nach drei Monaten Aufenthalt in München brachen wir unsere Zelte ab. Hermann hatte mittlerweile die Idee nach Berlin zu ziehen, und ich häkelte Kleider, die ich in kleinen Boutiquen zumeist bar auf die Hand bezahlt bekam, denn ich musste wieder Geld zusammenkratzen, da ich ja unbedingt dabei sein wollte in dem „fortschrittlichen" Berlin. Wir freuten uns, die Gelegenheiten zu bekommen, in Ostberlin den weltberühmten großartigen Inszenierungen eines (schon längst verstorbenen) Bertold Brecht oder denen von Langhoff, Dresen, Wekwerth, Karge/Langhoff, Benno Besson und so vielen anderen beizuwohnen.

Vor allem wollten wir auch das Wirken der in die DDR ausgewanderten großen jüdischen Wiener Schauspieler und Schauspielerinnen erleben.

31 Die **Kommune I** war eine politisch motivierte Wohngemeinschaft in der Bundesrepublik Deutschland. Sie wurde am 1. Jänner 1967 in Westberlin gegründet und löste sich im November 1969 endgültig auf. Die Kommune I entstand aus der außerparlamentarischen Opposition der Studentenbewegung. Quelle: Wikipedia, https://de.wikipedia.org/wiki/Kommune_I, abgerufen am 16.12.2022.

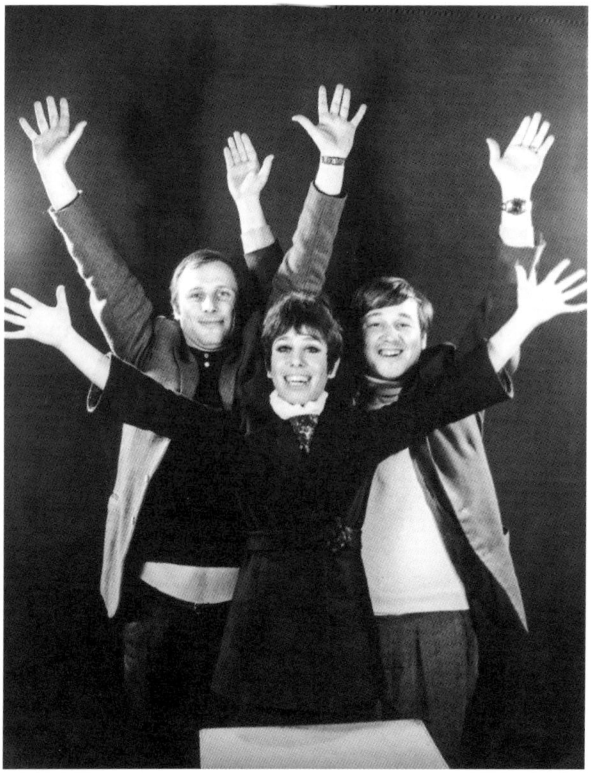

BERLIN, Info für die Tucholsky-Collage mit Hermann Schmid und Erhard Koren, 1979. Foto: unbekannt

Da ist Wolfgang Heinz zu nennen, der, als er nach dem Krieg aus der Schweiz heimkehrte, 1948 das in Wien in der sowjetischen Zone befindliche Scala-Kino zu einem großartigen Theater umfunktioniert hatte. Da waren dessen Frau Erika Pelikowsky, Karl Paryla und seine Frau Hortense Raky, Otto Taussig und noch viele andere, die durch ihr gemeinsames Trauma, der Verfolgung durch die Nazis, einen linken Lebenskurs eingeschlagen hatten. Man führte in der Scala[32] in Wien „Liliom" von Franz Molnar auf. Das Theaterstück „Der Bockerer", der spätere Riesenfilmerfolg, hatte dort seine Erstaufführung; für die Kinder wurde Mark Twains Geschichte von Huckleberry Finn und Tom Sawyer inszeniert, aber auch die damals so verpönten Brecht-Stücke. Als Karl Paryla bei den Salzburger Festspielen den Jedermann spielen sollte, verhinderten die Brecht-Hasser Hans Weigel und vor allem Friedrich Torberg dessen Engagement.

32 Das **Neue Theater in der Scala**, auch Scala Wien, war ein Wiener Theater, das nach dem Zweiten Weltkrieg von zurückgekehrten Emigranten und engagierten Antifaschisten, vielfach Kommunisten, als Sozietät in einem Mitbestimmungsmodell und als progressives Sprechtheater eröffnet wurde. Quelle: Köper, Carmen-Renate (1948): Ein unheiliges Experiment. Das Neue Theater in der Scala. Wien: Löcker Verlag.

Die meisten, die in der Scala auftraten, waren, nachdem diese 1956 geschlossen wurde, „hinüber" gegangen nach Ostberlin – sie wurden als Kommunisten in Österreich verteufelt und dort bejubelt.

Am Berliner Ensemble eines Bertolt Brecht und in der Volksbühne wurden Exempel statuiert. Da waren noch die Ausläufer großer Umwälzungen, diese Vorhut des modernen engagierten Theaters, die wir gerade noch am letzten Zipfel erwischten.

Nein, wir wurden nicht enttäuscht, allerdings lag diese Ära in den letzten Zügen und künstlerische Freiheit, Freiheit der Worte, gesellschaftliche Veränderungen sollten bald ins Gegenteil umschlagen. Zensur und Verbot regierten schon lange das ganze Land und fortan auch die Theaterlandschaft der DDR. Viele der Wiener „Doppel-Emigranten" kehrten wieder zurück in ihre Heimatstadt, spielten hier an den großen Theatern und waren endlich in Wien anerkannt. Aber viele gingen unter durch die unergründlichen Auswüchse der von den DDR-Schnüfflern und Spitzeln begangenen Verleumdungen.

Berlin, eine geteilte Stadt. Westberlin, wo wir nun wohnten, in dem das Leben pulsierte, war umgrenzt, eingekreist, lag inmitten des „realsozialistischen" Ostdeutschland. Ostberlin, abends ohne die vielen aufdringlichen Werbeschilder und Neon-Leuchten eher gemütlich anmutend, und doch so bedrückend und eingrenzend. Ich konnte mir das Ausmaß der kompletten Größe dieser Stadt, wäre die Weltgeschichte anders verlaufen, gar nicht vorstellen.

Hermann hatte uns eine Unterkunft in einer wunderschönen Altbau-Wohnung in der Fasanenstraße nahe des Kurfürstendamms organisiert. Der Sohn des Südtiroler Schriftstellers Franz Tumler stellte uns diese für ein Jahr zur Verfügung. Unvergesslich die große rechteckige, gekachelte Badewanne, die einem Mini-Schwimmbassin ähnelte, und die hohen Schwingtüren, die mich an die verlorene Wohnung am Petersplatz in Wien erinnerten.

Erhard Koren, der schauspielernde Sohn des steirischen Landesrats für Kultur, hatte sich zu uns gesellt. Wir wohnten in der großen hellen Wohnung zu dritt und wie es in Wohngemeinschaften üblich war, gab es ein Kommen und Gehen von neuen Bekannten und auch Unbekannten. Erhard weinte seinen Liebeskummer in die Hälse leerer Flaschen. Seine Angebetete, Barbara Petritsch, die später in Wien am Burgtheater große Rollen verkörpern sollte, hatte ihn verlassen. Kognak, Bier und Rotwein flossen in Unmengen. Da ich nüchtern blieb, war ich zwar nur „co"-beschwipst, hörte aber gebannt den immer wirreren Diskussionen zu. Es waren die Turbulenzen der bewegten 68er-Jahre der Studentenbewegung, die von Paris aus bis auf den Ku'damm reichten.

Bei einer der großen Demonstrationen (ich glaube, es war ein 1. Mai) standen am Straßenrand behelmte, durch Plexiglas-Masken geschützte Polizisten.

So etwas hatte ich in Wien noch nie erlebt. Ein buntes und vielfältiges Fahnenmeer schaukelte über den Köpfen der riesigen Menschenmenge. In Sprechchören, Transparente der KPD, DKP, MLS, DSS, HB und vieler anderer „Vereinigungen" schwenkend, zogen die Berliner Studenten durch die breiten Straßen, und wir, im wahrsten Sinn des Wortes, brav hinterher. Es ging nun härter zu als im verspielten München, zum Thema sexuelle Befreiung gesellten sich Friedensparolen gegen den Vietnamkrieg, Hausbesetzungen waren an der Tagesordnung, Tränengas auf Demonstranten, Verhaftungen, Prügeleien zwischen Studenten und Polizisten gehörten zum Alltag.

Eine Studentenbewegung für soziale Umwälzungen hatte keine Überlebenschance, solange die Gewerkschaften nicht mitmachten.

Die Arbeiter standen sozusagen am Rande und staunten ob der demonstrativen Solidarität, die ihnen entgegengebracht wurde und mit der sie nichts anzufangen wussten. Es war das Berlin eines ermordeten Benno Ohnesorg[33] und eines schwer verletzten Studentenführers Rudi Dutschke.[34]

Wir waren in diesen Sog geraten und als ich mir eines Morgens, vor dem opulenten marmorumrahmten Badezimmerspiegel in unserer eleganten Unterkunft die Wimpern tuschte, meinte mein „politisierter" Hermann vorwurfsvoll: „Schmink di net, lies lieber Adorno!"

Karl Marx, Friedrich Engels, Herbert Marcuse und Theodor Adorno waren die großen Philosophen der linken Bewegung. Sie wurden gründlich missverstanden, so wie es vielen Persönlichkeiten im Laufe der Weltgeschichte ergangen war und weiterhin ergeht.

Während der marxistisch ausgerichteten Arbeitskreise kochten wir Mädchen Pasta asciutta und strickten Pullover für unsere eifrigen Boyfriends, die

---

33 **Benno Paul Johann Ohnesorg** (* 15. Oktober 1940 in Hannover; † 2. Juni 1967 in West-Berlin) war ein Student, vielseitig kulturell und politisch interessierter Pazifist einer evangelischen Studentengemeinde. Er war Teilnehmer an der Demonstration am 2. Juni 1967 in West-Berlin gegen den Staatsbesuch von Schah Mohammad Reza Pahlavi. Dabei tötete der West-Berliner Polizist Karl-Heinz Kurras den 26-Jährigen mit einem Pistolenschuss aus kurzer Distanz in den Hinterkopf. Karl-Heinz Kurras wurde 1967 wegen fahrlässiger Tötung angeklagt und schließlich aus Mangel an Beweisen freigesprochen. 2009 kam heraus, dass Kurras jahrelang als Spion für die DDR gearbeitet hatte. Ohnesorgs gewaltsamer Tod machte ihn in ganz Deutschland bekannt und trug wesentlich dazu bei, dass sich die westdeutsche Studentenbewegung der 1960er-Jahren bundesweit ausbreitete und radikalisierte. Sein Todestag gilt als Einschnitt der westdeutschen Nachkriegsgeschichte mit weitreichenden gesellschaftspolitischen Folgen. Quelle: Wikipedia, https://de.wikipedia.org/wiki/Benno_Ohnesorg, abgerufen am 16.12.2022.

34 **Alfred Willi Rudi Dutschke**, Rufname **Rudi**, war ein deutscher marxistischer Soziologe und politischer Aktivist. Er gilt als Wortführer der Studentenbewegung der 1960er-Jahre in West-Berlin und in Westdeutschland. Bei einem Attentat auf ihn im April 1968 erlitt er schwere Hirnverletzungen, an deren Spätfolgen er 1979 starb. Der 23-jährige Attentäter Josef Bachmann, dem rechtsextreme Tendenzen nachgesagt werden, wurde später zu sieben Jahren Gefängnis verurteilt. Eine Gedenkplatte am Tatort vor dem Haus auf dem Kurfürstendamm 14 in Berlin erinnert noch heute an die blutige Tat. Quelle: Wikipedia, https://de.wikipedia.org/wiki/Rudi_Dutschke, abgerufen am 16.12.2022.

bis in die Nächte mit rauchenden Köpfen, Zigaretten paffend und in endlose Auseinandersetzungen verstrickt diskutierten.

Ich wusste nicht genau, wogegen ich da mitmarschierte, und wollte doch dazugehören! Es war ein aufgeregtes Chaos, dem ich da beiwohnte, und ich hatte es aufgegeben, die verschiedenen Theorien der rivalisierenden Bewegungen auseinanderzuhalten.

Wieder krümmte sich mein Rücken, wieder war mein Hals zugeschnürt, ich schrumpfte in der grölenden Menschenmenge und verleugnete meinen – möglicherweise sehr gesunden – inneren Widerstand.

Es ging meist um die Unterdrückung der Arbeiterklasse, um die Bekämpfung des Kapitalismus und um Befreiung. Letzterer Begriff war mir eher zugänglich aus der Hadassah, die wir Juden zu Pessach vorlesen. Das ist das Fest, bei dem es sich um die Befreiung aus der Sklaverei und um den Auszug der Juden aus Ägypten handelt. So manche jüdische Menschen wurden in manchen linken Kreisen, in die wir hineingeraten waren, den „Bürgerlichen" zugeordnet und es war und ist bis heute schick, Palästinensertücher um die Schultern zu tragen und sich damit als revolutionär auszuzeichnen. Es lebte und lebe der neue und uralte Antisemitismus.

Wie schnell man zu einem Mitläufer werden kann, habe ich am damaligen eigenen Handeln zum Glück rechtzeitig erkannt und sehe die Gefahren der Verblendung überall und immer, wo nur Emotionen den Kopf steuern, das Herz, die Seele und der Verstand aber außer Acht gelassen werden.

Aber all diese Aktivitäten richteten sich nicht nur gegen den Springer Verlag, gegen verkrustete Politiker, militärische Aufrüstung und Neonazis, denn mit den Parolen „Hoho Ho Chi Minh" und „Macht kaputt, was euch kaputt macht" oder „Unter den Talaren – Muff von 1000 Jahren", „legal, illegal, scheißegal" und anderen mehr oder weniger originellen Transparent-Überschriften wurde leider der Weg zur RAF[35] und den terroristischen, todbringenden Aktivitäten einer Baader-Meinhof-Gruppe (Mitbegründer der RAF) geebnet.

Da wendeten wir uns schockiert und entsetzt ab, distanzierten uns und wollten und mussten andere Wege einschlagen.

Wir besuchen nun Wolf Biermann in der Chausseestraße in Ostberlin, Hermann singt diesem dessen eigene Lieder vor. Biermann ist sehr zufrieden, er

---

35 Die **Rote Armee Fraktion (RAF)** war eine linksextremistische terroristische Vereinigung in der Bundesrepublik Deutschland. Sie war verantwortlich für 33 oder 34 Morde an Führungskräften aus Politik, Wirtschaft und Verwaltung, deren Fahrern, an Polizisten, Zollbeamten und amerikanischen Soldaten sowie für die Schleyer-Entführung, mehrere Geiselnahmen, Banküberfälle und Sprengstoffattentate mit über 200 Verletzten. Durch Fremdeinwirkung, Suizid oder Hungerstreik kamen außerdem 24 Mitglieder und Sympathisanten der RAF ums Leben. Quelle: Wikipedia, https://de.wikipedia.org/wiki/Rote_Armee_Fraktion, abgerufen am 16.12.2022.

lässt Tony Scholl, dem er seine Tonbänder anvertraut hatte und die dieser an Hermann weiterleitete, schön grüßen und ich bin sofort total begeistert von dieser charismatischen Persönlichkeit, könnte mich direkt verlieben, wäre ich nicht gebunden.

Das passierte mir ja öfters, wenn ich zum Beispiel an Tony Scholl denke, der mir immer wieder zur falschen Zeit am falschen Ort über den Weg lief. Heute sind wir spät, jedoch glücklich verheiratet, aber ich greife schon wieder weit vor.

Wolf Biermann ist der personifizierte Charme, Kommunist wie mein Vater, jüdisch und auf der „richtigen Seite", ein Kritiker des DDR-Regimes und somit für uns der Vorreiter einer anständigen, ordentlichen, neugestalteten „modernkommunistischen" Weltordnung – einer Idee, der wir uns für kurze Zeit anschließen werden.

Welch naive Vorstellung, der wir anheimfielen! Die Weltanschauung meines geliebten Vaters war nun für mich endlich politisch gerechtfertigt. Meine Mutter wurde allerdings in meinen Augen für längere Zeit zur verlorenen, durch meinen Stiefvater verhetzten, kapitalistischen Renegatin.

So einfach waren damals meine Ganglien orientiert. Ich schäme mich aufrichtig und darf diesen Fehltritt doch nicht unter den Teppich kehren. Hätte ich keine Fehler gemacht, hätte ich mich niemals ändern können.

Kommune – Abbruchhaus – Abkehr

Von Kneipe zu Kneipe zogen wir in diesen bewegten Zeiten. In der legendären Künstlerkaschemme Zwiebelfisch in Berlin-Charlottenburg am Savignyplatz, unter den Hochschienen der Straßenbahn, verbrachten wir viele Nächte und von Arbeitskreis zu Arbeitskreis die Tage. Wir lebten von der Hand in den Mund und der Alkohol floss – allerdings ohne mich. Schokolade war mir immer noch lieber und an Haschisch hatte ich mich mittlerweile ja auch schon gewöhnt. Das kann Liebespaare entzweien, denn beide Rauscherlebnisse sind im Zustand sehr verschieden.

Als Hermann eines Nachts durch eine Nierenkolik gepeinigt und sich vor Schmerzen windend einen Arzt brauchte, waren wir ernüchtert und erschrocken. Zwar vogelfrei und ungebunden, waren wir jedoch nicht krankenversichert, wie denn auch! Wie immer knapp bei Kasse, kam ich auf die Idee, zu einem teuren, privat praktizierenden „Kapazunder" zu gehen, denn bezahlen konnten wir sowieso keinen. Dieser wies Hermann ins Spital ein, ich gestand unsere finanzielle Lage und der Arzt verzichtete auf sein Honorar. Glück gehabt.

Die Angelegenheit geht dann glimpflich aus – Hermann ist schon für die Operation vorbereitet, die Koliken vergehen aber plötzlich, er flieht aus dem

Spital und einige Tage später gehen die verdammten Steine von selbst ab. Wieder Glück gehabt! Mazel Tov!!

Nun geht es nach Bonn.

Da gibt es ein zusammengewürfeltes Ensemble, ein Theaterprojekt soll verwirklicht werden, ein Projekt von Hans Georg Beer, einer schillernden Figur der „Wiener Szene“, die es nach Deutschland verschlagen hat. Ein Hansdampf in allen Gassen, der für mich eine eher exzentrische als interessante Persönlichkeit darstellt. Über Verstorbene soll man nichts Böses sagen, also, wie schon so oft: „Schwamm drüber.“

Ein Theaterstück, das noch nicht geschrieben ist, soll im Kollektiv erarbeitet werden. Ich bin überfordert, zu überblicken, was da und wie das zustande kommen kann. Jedenfalls sind auch Florentin Groll, der später große Rollen gemeinsam mit meinem Hermann am Burgtheater verkörpern wird, und der leider schon verstorbene Karikaturist Jean Veenenbos mit dabei.

Ich bin mittlerweile verunsichert und fühle mich wie in Watte verpackt, habe eigentlich keine Aufgabe, bin ja nur Beiwerk, die Freundin eines Ensemblemitglieds, da für mich keine Rolle zur Verfügung steht. Ich kümmere mich um die Möbel, die wir vom Sperrmüll in unser verkommenes Abbruchhaus, in das wir einquartiert wurden, schleppen. Ich male alte Sessel und Kommoden blitzblau an, die Kollegen verkleiden sich als Arbeiter in graue Gradl-Anzüge und tragen, auf diese Weise kostümiert, Waschmaschine und Geschirrspüler aus dem Supermarkt hinaus.

Das war unsere „gelebte Kapitalismus-Kritik“ in höchster Form, wie stolz waren wir da ob unseres „sozialen“ Vorgehens. Wir waren mindestens 20 „Künstler“ und ich widmete mich neben anderen Alltagsnotwendigkeiten der Kocherei und eben auch der illegalen Beschaffung von Lebensmitteln. Nebenbei trank ich literweise Sennesblättertee, auch eine Art der Bulimie, denn die halbe Nacht saß ich dann dank der Wirkung dieser Teemischung auf dem Klo (nicht zur Nachahmung empfohlen)!

Zur Abwechslung zogen wir abends in eine nahe gelegene Autobahnraststätte, dort spielten wir Tischfußball und Flipper und ich war besonders gut darin, wenn ich ordentliche Joints inhaliert hatte.

Als ich eines Tages im Supermarkt mit voller Einkaufstasche an der Kasse vorbei ohne zu bezahlen erwischt wurde, war die Zeit gekommen, so schnell wie möglich abzuhauen, zu verschwinden, nach Hause zu fahren, nach Wien, zur Mama!

„Kind, sag mal ehrlich, nimmst du Drogen?“

„Aber Mammi, um Gottes willen! Wie kommst du denn darauf?“

Da hier in Wien kein Haschisch für mich zur Verfügung stand, konsumierte ich auch keines mehr. Zum Glück war ich noch nicht abhängig, blieb in der

Obhut meiner Mutter – zum Leidwesen meines Stiefvaters, was ich aber genüsslich ignorierte – und wurde nun liebevoll aufgepäppelt.

So besuchte ich also wieder die Schauspielschule. Mein verehrter Lehrer August Rieger, der mir durch ein Stipendium den Weg an die Schule geebnet hatte, war ja leider verstorben, aber da war nun die wunderbare Julia Gschnitzer, eine großartige Schauspielerin und Lehrerin. Unvergesslich unsere Aufführung der „Fliegen" von Jean-Paul Sartre. In der Rolle der Elektra konnte ich den ganzen Zorn auf meinen Stiefvater einfließen lassen. Meinen Bruder, den Oreste, stellte mein Schulkollege, der später sehr erfolgreiche, leider auch schon verstorbene Schauspieler, Liedermacher und Sänger Ludwig Hirsch, dar.

Mit meinem Stiefvater hatte ich Jahre später, als er im Sterben lag, ein friedliches Verabschieden. Sowohl er als auch ich hatten verstanden: Die Liebe zu meiner Mutter verband uns bis zum Schluss.

Die Beziehung mit Hermann ging leider bald auseinander. Da waren auf beiden Seiten zu viele Erwartungen gewesen. Er hatte mich zu Beginn unserer Verliebtheit dank meiner perfekten „Privat-Show-Begabung" bewundert und auf einen Sockel gehoben. Ich war für ihn die mondäne, erfolgreiche, selbstbewusste geschiedene Frau; er war für mich der große Schauspieler, der mich leiten sollte, der mich fördern sollte. Ich konnte viel lernen von ihm, aber ich hätte lieber nicht mit seiner Hilfe rechnen sollen, er hatte mit sich selbst genug zu tun. Wir blieben trotzdem Freunde bis zum Ende seiner Tage, er starb am 23. Dezember 2022, er ruhe in Frieden.

TANZ auf dem MESSER

So viele Leben gelebt
nicht immer teilgenommen
Lidschatten der mir verrinnt
im Nebelblau verschwommen
in meiner Gegenwindzeit
wird ein Kartenhausdach leicht
spinnen mir Träume kann sein
dass mein Lied dich erreicht

Refrain: hol mich zurück
doch halt mich nicht auf
Tanz auf dem Messer
komm mit oder nicht
es geht auch so
und jedes Mal besser

So viele Leben gelebt
geübt was mir gefällt
gelandet und wie es scheint
gerade noch entkommen
über den Himmelrand sehn
will ich und flügelleicht
verlass ich dich und es kann sein
dass mein Lied dich nie erreicht

Refrain: hol mich zurück
doch halt mich nicht auf
Tanz auf dem Messer
komm mit oder nicht
es geht auch so
und jedes Mal besser

Mein buntes Leben gelebt
mich endlich gestellt
gerettet und wie es scheint
ziemlich gut gelungen
es ist doch gar nicht so schwer
komm probier's mit mir
ich hör nicht auf, bis ich weiß
dass mein Lied dich erreicht

Refrain: hol mich zurück
doch halt mich nicht auf
Tanz auf dem Messer
komm mit oder nicht
es geht auch so
und jedes Mal besser

Vorsätze – Alternativen – 1970er-Jahre

Da ich meinen Schauspielabschluss letztendlich erfolgreich hinter mich gebracht hatte, vermittelte man mir, der „gewerkschaftlich Geprüften", von dieser Seite immer wieder Engagements.

Meine erste größere Rolle an einem Landestheater war die Ilona in Schnitzlers „Anatol" in Bregenz, unter der Regie des längst verstorbenen Direktors Felix. Was muss sich der eigentlich gedacht haben! Nein, ich möchte es gar nicht wissen. Ich war völlig „neben der Spur". Vom Typ her war ich eine ideale Besetzung, aber – wie kam es zu dem Debakel? Da muss ich allerdings zurückgreifen.

Ich hatte ja keine Ahnung, wie es auf dem konventionellen Theaterboden zugeht.

Vorerst nämlich tingelte ich einige Jahre durch die „freie Szene". Allmählich hatten sich in den 70er-Jahren als Alternative zum allzu bürgerlichen Mainstream kleine experimentelle Theatergruppen gebildet.

Mit der Gruppe Torso, geleitet von Rainer Finke und Hilde Berger, zog ich mit engagierten, enthusiastischen Kollegen und Kolleginnen durch Österreich. Wir spielten mit leeren Mägen in diversen Wirtshäusern, führten eines der ersten Stücke von Heinz Rudolf Unger[36] auf, nämlich „Der Doge von Venedig kocht Papa", aber dessen tieferen Sinn (verzeih mir, lieber Heinzi) kann ich leider bis heute nicht erkennen. Wir turnten, als vermeintlich künstlerisches Mittel, Purzelbaum schlagend und in allerlei Körperverrenkungen von „Slow Motion" bis zu Handstand und Überschlag, zwischen den Tischen speisender Gäste, unsere Textpassagen über deren Köpfe rezitierend.

Die Workshops der La MaMa-Gastspiele aus New York, die wir besucht hatten, wurden gründlich missdeutet. Wir hatten ein befreiendes, inhaltsorientiertes Körpertraining mit der notwendigen künstlerischen Rollengestaltung verwechselt. Wir wollten unseren Emotionen freien Lauf lassen, ob wir das Publikum damit erreichten, sei dahingestellt. Es ergab das alles oft wenig bis keinen Sinn, aber wir fühlten uns fortschrittlich, modern und avantgardistisch.

Etwas Gutes hatte diese Theaterarbeit dennoch. Als ich einige Jahre später am etablierten Landestheater Linz die Rolle der stummen Pepi in Elias Canettis „Hochzeit" verkörperte, waren alle Schauspielkollegen zuerst erschrocken und dann voll Respekt über meine Fähigkeit, beim – stückbedingten – Zusam-

36 **Heinz Rudolf Unger** (* 7. August 1938 in Wien; † 12. Februar 2018) war ein österreichischer Literat. Er verfasste Romane, Lyrik, Theaterstücke, Drehbücher, Hörspiele, Lieder und Libretti sowie auch zahlreiche Kinderbücher. Für die Kultgruppe „Die Schmetterlinge" schrieb er „die Proletenpassion". Quelle: Wikipedia, https://de.wikipedia.org/wiki/Heinz_Rudolf_Unger, abgerufen am 16.12.2022.

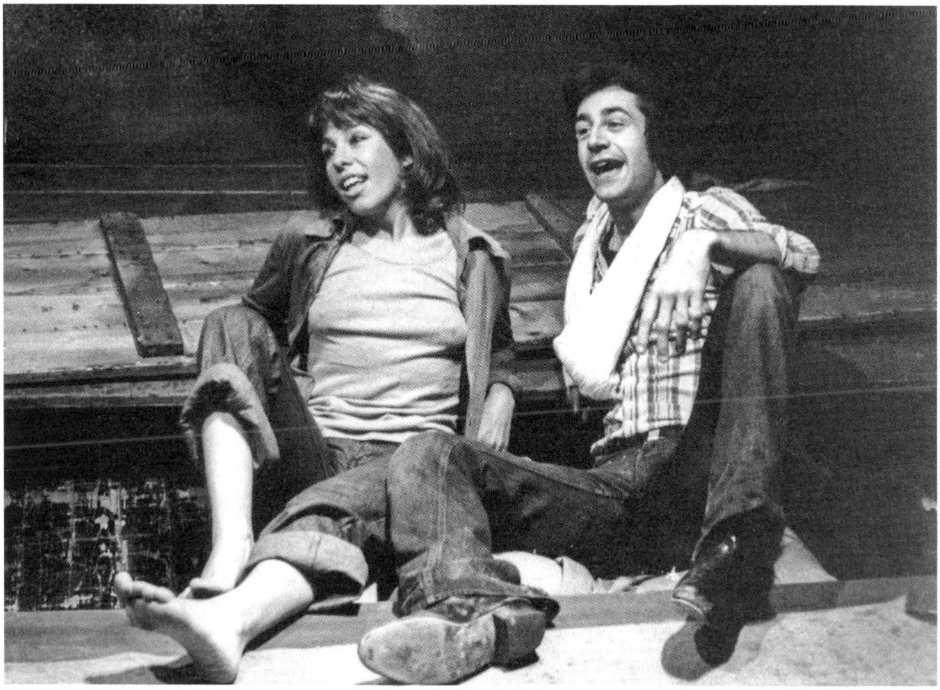

LANDESTHEATER LINZ als Gina in FAMILY mit Dietrich Sigl, 1970er-Jahre.
Foto: Landestheater Linz

menbruch des Bühnenbilds mittels riesiger spektakulärer Stürze über eine steile Treppe laut schreiend in den Abgrund zu rollen.

Aber zurück zu den abenteuerlichen Erfahrungen auf unserer Tournee mit dem Café-Theater-Stück von Heinz Unger, den ich als Dichter und Dramatiker heute selbstverständlich ehre und würdige.

Während wir uns also bei unseren Auftritten die Seele aus dem Leibe zu offenbaren versuchten, genoss das meist bäuerliche Publikum den Schweinsbraten oder die Tiroler Knödel und die Schnitzel mit Erdäpfelsalat, Würstel mit Saft und andere herrliche Gerichte, wobei uns das Wasser im Mund zusammenlief.

Zu unseren gemeinsamen Mahlzeiten campierten wir in blühenden Wiesen, richteten uns gemütliche Picknick-Lager ein und verspeisten die Inhalte der diversen Konservenbüchsen (zum Großteil waren es Blutwurst-Dosen), die unser fürsorglich vorausdenkender Musiker Heino Fischer auf diese Wanderbühnenreise mitgebracht hatte.

Brief an Hermann, 21.8.1970 (nach unserer Trennung)

Lieber Hermann,
Hallo! Hallo!
Wie geht's Dir, hoffentlich gut?

Wir jedenfalls kommen von einer Pleite in die andere – Das größte Problem ist die Werbung! Jetzt gehen wir mit Handzetteln auf die Straße – Die Leute musst du ja richtig treten. Aber wenn kein Publikum kommt, gibt's auch keine Kohle! Wir übernachten manchmal, wenn wir auf der Tournee nicht zu weit weg sind, auf Schloss Scharnstein, da ist die Mama von Hilde Berger, die den Harlekin spielt, Hausverwalterin.

Für den Harlekin haben sie ja eigentlich mich engagiert, aber sie ist die Freundin vom „Chef" (ja es geht in der „freien Szene" auch nicht anders zu). Jetzt spiel ich halt die Köchin und darf ein Lied singen, no ja.

Manchmal schlafen wir auch auf Dachböden und es standen auch einmal in einem Gasthof nichts anderes als die Duschräume zur Verfügung. Da gabs einen Aufstand von Ulrich. Recht hat er, der Rainer hätt das schon besser organisieren können.

Mein Magen und meine Nerven sind am Ende. Unser Plan war ja, kontinuierlich am Stück weiterzuarbeiten, aber unsere ganze Energie geht mit dieser verdammten Werbung auf. Wir waren nur zwei Mal schwimmen, wo es doch jetzt mitten im August so heiß ist! Bei strahlendem Sonnenschein fahren wir in unserem Bus an den Seen entlang und quatschen die Touristen an, am Abend zu unserer Vorstellung zu kommen. Die schönsten Seen sind in Oberösterreich und die schönste Gegend ist am Grundlsee – ein Traum – aber was tuts, wir sind ja nicht auf Urlaub.

Die beste Schule für mich ist diese Tournee trotzdem, weil ich mein Ego ein wenig zurückzustellen lerne. Künstlerisch versuche ich das Beste rauszuholen, um das zu tun, was in meinen Möglichkeiten liegt. Und das, was ich tu, ist eben da, mehr ist nicht drin. Ich dachte immer, dass man mir von außen helfen müsste, aber ich muss mir selbst helfen, wenn ich da nur endlich einmal draufkomme, wie?

Leider befriedigt mich unsere Arbeit nicht sehr, weil die meisten in der Gruppe nach jeder Vorstellung zu selbstzufrieden sind. Ich bin schon sehr gespannt auf den Herbst!

Wie geht es dir bei den Proben? Freust du dich über die Arbeit? Schreib mir doch, du Faultier! Wir fahren jetzt nach Kärnten, am Mi. den 26.8. treten wir in Villach auf, da könnte ja ein Brief von dir dort liegen! Wenn du Zeit hast. Für ein paar Tage lautet meine Adresse:

Cafétheater Gruppe Torso
Kurverwaltung Villach z.H. Kurdirektor Schultz, Bussi Deine Le

Psychoterror – Experimente

Ein vermeintlicher Höhepunkt meiner künstlerischen Laufbahn war nach den Erfahrungen in der Torso-Gruppe die Aufnahme in das sektenartig angehauchte Experimental-Theaterlabor des Polen Jerzy Grotowski, Gründer eines zu dieser Zeit weltberühmten Psychodrama-Selbsterfahrungs-Theaters. Dieser Verfechter des „armen Theaters" und dessen Epigonen, Zbigniew Cynkutis und Rena Mirecka, gründeten – unterstützt vom „Dramatischen Zentrum" in Wien – Nebenschauplätze zu diesen Psycho-Darstellungs-Versuchen.

Ein direkt aus Polen trotz des Eisernen Vorhangs angereistes, erlesenes und hochkarätiges Gremium wählte mich und andere Teilnehmer und Teilnehmerinnen, unter anderen auch die beiden Schauspielerinnen Hilde Berger und Therese Affolter, nach stundenlangen Castings, Tests und Gruppen-Improvisationen aus, und so wurde ich als vorerst stolzes Mitglied nun psychisch und körperlich trainiert. Vieles war hilfreich, vor allem die körperliche Fitness, seelisch aber war diese Art des Psycho-Dramas äußerst belastend, denn es durfte keine Aufarbeitung irgendwelcher Traumata oder seelischer Defizite stattfinden. Im Gegenteil, wir wurden benützt, mit all unseren Schwächen und Träumen, die in die Rollengestaltung einzufließen hatten. Es war streng verboten, uns gegenseitig auszutauschen und über unsere Erfahrungen aus diesen intensiven Improvisations-Sequenzen zu sprechen. Die Quintessenz war, dass ich in dieser sehr „katholisch-polnisch" angehauchten Community wieder als „Jüdin vom Dienst" fungierte. Das kulminierte in einem theatralisch-tranceartigen, esoterisch aufgezogenen weihnachtlichen Krippenspiel, in dem ich am Ende in der Rolle einer Ausgestoßenen zusehen musste, wie alle anderen Darsteller in eigenartigen rituellen Performances einer „Erlösung anheimfielen".

Als mir dann noch klar wurde, dass einige von uns weiblichen Mitgliedern sich mit dem sehr feschen Leiter unserer Improvisationen ins Bett legten, war ich zum Glück rechtzeitig aufgewacht.

„Wieso hat der mich nicht angemacht?", schoss es mir allerdings einigermaßen beleidigt durch den Kopf, „ich hätte ihn ja sowieso nicht erhört", beruhigte ich mich, aber dennoch, in meiner Eitelkeit war ich schwer getroffen, tief verletzt! Wieder einmal hatte ich nicht entsprochen!

Als dann einer unserer Mitspieler Suizid beging und nach und nach einige in der Gruppe Nervenzusammenbrüche erlitten, war meine schwer errungene Erkenntnis: Nichts wie weg! Es dauerte im Ganzen zwei Jahre, bis ich da – zu meinem Glück unbeschädigt oder vielleicht nur teilbeschädigt – entkam.

Ich suchte nun einen Ausweg aus diesen seelisch aufreibenden und mit Theater für mich nicht mehr kompatiblen Erfahrungen. Es war nicht leicht, sich aus diesem sektenartigen Zusammenkleben zu lösen. Die Trainings, die Gruppenimprovisationen, die meditative sowie die dynamische Körperarbeit möchte ich bis heute als Erfahrung nicht missen. Allerdings, das heizt zusammen, da waren WIR und die ANDEREN. Da ich aber im Rückblick aufgrund meiner *Kindheitserfahrungen* viele örtlich und menschlich wechselnde Kontakte erlebt hatte, war ich es gewohnt, Trennungen zwar als schmerzlich zu empfinden, aber doch zu ertragen.

Ein WIR gab es nun nicht mehr, aber wohin sollte mein ICH?

Ich komme nun zurück zu meiner ersten größeren Rolle, besagter Ilona aus Schnitzlers „Anatol“ in Bregenz. Während einiger weniger Proben wurden die Szenen vom Regisseur gestellt, da gab es keinen Platz für individuelle Gestaltung, keine Improvisationen, die zu Drehpunkten in der Szenengestaltung oder Rollenfindung führen. Meine riesige Enttäuschung schlug sich, in einer meine Kollegen zur Weißglut verärgernden Methode nieder. Ich versuchte in jeder Vorstellung eine für mich gültige Version dieser Rolle zu finden. Das bewirkte, dass ich jeden Abend etwas anderes ausprobierte, der Text blieb zwar gleich, aber meine Aktionen erforderten von den Partnern viel Aufmerksamkeit und Improvisationstalent. Hinter meinem Rücken wurde nun getuschelt, ich wurde belächelt und gemobbt; die beiden Herren, die den Anatol und den

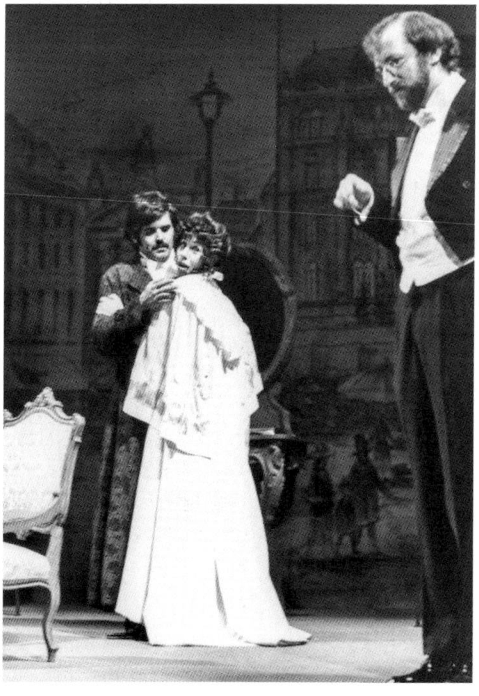

VORARLBERGER LANDESTHEATER als Ilona in Schnitzlers ANATOL mit Kurt Steinitz und Helfried Edlinger, 1976. Foto: Vorarlberger Landestheater

Max darstellten, mussten sich sehr anstrengen, mir in den Szenen zu folgen. Gegen Ende der Aufführungsserie waren jedoch diese Sequenzen für mich befriedigend gelöst und wiederholbar. In der letzten Vorstellung saß die Frau eines mit dem Haus befreundeten Regisseurs. Sie besuchte mich in der Garderobe und erklärte mir: „Ich habe Sie in der Premiere gesehen und möchte Ihnen mein Lob aussprechen. Sie haben Ihre Rolle im Laufe der Vorstellungen vertieft und entwickelt! Sie haben es geschafft, dieser Ilona ein ganz persönliches Profil zu verleihen. Ich habe Ihre Darstellung sehr genossen. Sehr berührend, wie Sie deren Verzweiflung und Verletztheit herausgearbeitet haben! Gratuliere!“

Ich jubelte innerlich! Ich hatte recht gehabt! Das seelische Leid und die Wut einer enttäuschten Frau auf der Bühne zu gestalten, war mir gegen die klischeehafte Vorstellung des Regisseurs sehr gut gelungen.

Das konventionelle Theaterleben in Wien war geprägt durch ein sehr bürgerliches Boulevardtheater in der Josefstadt, ein klassisches Burgtheater und ein Volkstheater. An diesen und an den großen Landesbühnen in den Bundesländern war für eine Anfängerin, die meist für das Fach der jugendlichen Liebhaberin engagiert wurde, und für mich als doch schon fast Dreißigjährige keine Position in einem Ensemble zu besetzen. Als Darstellerin im Charakterfach war ich zu jung und vor allem auch zu unerfahren. Es gab immer wieder Stückverträge wie bei den Gastspielen in Bregenz, in Linz, Berlin und Solothurn – da konnte ich mich einige Monate über Wasser halten –, doch es war sehr schwierig, kontinuierlich Arbeit über einen größeren Zeitraum, eben ein fixes Engagement und somit ein regelmäßiges finanzielles Auskommen zu finden.

Es waren die kleinen Alternativbühnen, die eher bereit waren, einer „späten“ Anfängerin Platz einzuräumen und wo sich die Möglichkeit bot, mich auszuprobieren. Da waren z.B. Stella Kadmons legendäres Theater der Courage oder Conny Hannes Meyers Theater am Börseplatz.

Als wir in Dieter Haspels Café Theater während der Proben eines Stückes, dessen Titel und Inhalt ich vergessen habe, wieder einmal – in damals modischer Manier – Salto schlagend über die Bühne huschten und ich den Regisseur fragte: „Warum machen wir das?“ und zur Antwort bekam: „Was heißt, warum?“ und ich nochmals fragte: „Warum schlagen wir in dieser Inszenierung in so vielen Szenen Saltos und demonstrieren sonstige akrobatische Kunststücke?“, lautete die ungehaltene Antwort etwas spitz und leicht pikiert: „Das schaut anfoch guat aus, Lena.“

Damit war dieses Experiment für mich ebenfalls abgeschlossen.

Wie sollte es nun weitergehen?

Straßentheater – Irrwege – Moskau – 1973

Wie nun sollte ich meine Lust am Darstellen vereinen mit meiner Sehnsucht, „Interessantes“ zu vermitteln und selbstbestimmt als Schauspielerin zu agieren?

Politisches Straßentheater war da angesagt, „unter die Menschen gehen“ mit gesellschaftlichen Forderungen und Alltagsthemen!

Mit Enthusiasmus warf ich mich in dieses Projekt, da hatten wir endlich Aufgaben, eine Mission zu erfüllen, da war konkretes Potential, Kritik am Establishment und vermeintlich Neues, das wir verkünden wollten. Dies alles im Verband mit drei Ex-Liebhabern. Wie sich herausstellte, hatte meine Kollegin, mit der wir die Songs und Szenen einstudierten, in der Folge parallel zu mir und nach mir als Liebhaberin die Stellung gehalten. Nun, man war ja aufgeklärt, liberal und fortschrittlich – tolerant blickten wir über solche „individuellen Schwächen“ hinweg. Wir waren überzeugt, gesellschaftliche Verpflichtungen gegenüber einem völlig desinteressierten Publikum zu vertreten (eine Tatsache, die wir in unserer Euphorie nicht wahrnahmen). Endlich hatten wir eine vermeintliche Heimat gefunden. „KPÖ ins Parlament“ sangen wir aus vollem Halse und wir meinten das so. Hinter dem Bus, in dem wir die Requisiten für unsere Darbietungen transportierten, stand ich, während ich auf meinen Auftritt wartete, allerdings öfters mit den Tränen kämpfend, da, denn die Stimmung unter uns Protagonisten wurde allmählich geprägt von Konkurrenzkämpfen und Eifersüchteleien. Das ganze Unterfangen war zusehends zu einer emotionalen Tortur geworden, und ich fragte mich, wo der Unterschied lag zwischen Psychodrama und Polit-Hickhack!

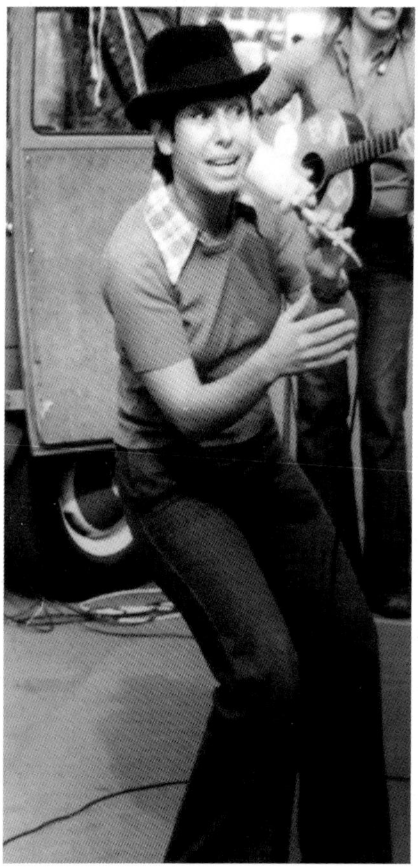

AGIT PROP-Straßentheater in Wien.
Foto: Ivo Hammer

Die KPÖ sollte nun, wie ich fälschlicherweise hoffte, mein neues „Zuhause“ werden. Ich ließ mich darauf ein, Mitglied zu werden, mitzufahren zur Partei-Schule nach Moskau, um über den „sterbenden Kapitalismus" und den vorrückenden „befreienden Kommunismus" zu lernen.

Gleich zu Beginn der Schulungen brachte uns ein Ausflug zu einer Stelle in einem an eine Hütte angrenzenden Wald, an der auf einem Baumstumpf sitzend Revolutionsführer Lenin angeblich seine Broschüre „Staat und Revolution" verfasst hatte. (Tatsächlich entstand diese in der Illegalität, angeblich bei Lenins Aufenthalt in Finnland). Nacheinander durften wir kurz auf diesem Baum-Relikt Platz nehmen und uns meditativ einlassen auf den großen Geist des verehrten „Propheten".

Wieder in Moskau zurück, besuchten wir im Mausoleum am Roten Platz Lenins einbalsamierten Leichnam, der dort aufgebahrt war (Stalins Leiche war ja schon entfernt worden). Dort rückte mir ein junger sowjetischer Wachsoldat mein buntes Blumentuch, das ich im großen altherrschaftlichen Kaufhaus Gum[37] erstanden hatte (es gab nichts anderes im Angebot), mit einem verächtlichen Schulterzucken und ernster Miene bis obenhin zum Hals zurecht. Mein Dekolleté war offensichtlich zu freizügig, um so dem Genossen Lenin gegenüberzutreten.

Unser kulturelles Programm – es war August und brütend heiß und schwül – führte in den kleinen Stadtzirkus, den ich, die als Kulturreferentin auserkoren worden war, ausgesucht hatte. So war ein kleiner Einblick möglich in die Wochenendbelustigung der Moskauer. Da waren Großväter mit ihren Enkeln, die Eis schleckend die vielen bezaubernden Einlagen und großartigen Seil-, Jonglier- und Clown-Kunststücke genossen. Nein, da waren keine Tiere, aber tolle Akrobaten. Unvergleichlich, auf höchstem Niveau, war da unter anderen die Darstellung von Romeo und Julia auf dem Schwingseil, ausgeführt von geschickten, virtuosen, jungen ballettgeschulten Seiltanzkünstlern.

Da einer meiner ehemaligen Liebsten ebenfalls für die kulturelle Gestaltung eingeteilt war, wir aber aus verständlichen Gründen nicht mehr miteinander kommunizierten, ging es einige Tage später ebenfalls in den Zirkus, diesmal aber in den Staatszirkus.

Unvergesslich die schwankenden, uralten sedierten Löwen, die von einer ebenfalls uralten verdienten (als solche angekündigten) Staatskünstlerin, die sicherlich schon im 90. Lebensjahr stand, im Bann gehalten wurden. Die riesigen Tiere schaukelten auf großen Netzen über unseren Köpfen faul dahin und ihre greise Bändigerin mit blonder Stoppellocken-Perücke und kurzem rosa

37 Das Warenhaus **GUM** ist ein ehemaliges Warenhaus und heute ein Einkaufszentrum in der russischen Hauptstadt Moskau. Mit einer Fläche von rund 75.000 m² und einer über 100-jährigen Geschichte ist es eines der bekanntesten Handelsunternehmen und war nach alter Konzeption das größte Warenhaus Europas. Quelle: Wikipedia, https://de.wikipedia.org/wiki/Warenhaus_GUM, abgerufen am 16.12.2022.

Röckchen mitten unter ihnen. Mehr habe ich nicht in Erinnerung. Unsere zusammengewürfelte Gruppe bestand nicht nur aus Studenten und (wenigen) jungen Arbeitern, aus Künstlern und Polit-Aktivisten. Auch ältere Gewerkschaftler aus den Bundesländern hatten ihren Urlaub geopfert, um ihr politisches Wissen zu erweitern. Aus diesem Grund vor allem führte dieser Besuch im Staatszirkus zu einem kleinen Aufstand, denn wir hatten während der ganzen vier Wochen keine Kolchose und keine Fabrik besucht und wurden während der Dauer der „Schulung" mit der Leitung dieses Unterfangens immer unzufriedener.

In Leningrad besuchten wir das Bolschoi-Ballett, da verkörperten – ganz in weiß – graziöse Spitzentänzer die berühmten Plastiken von Rodin. Als wir nach der Vorstellung in die weiße Nacht des Augusts traten, floss der Wodka, wir tanzten durch die Hotelflure sämtliche Stellungen der Rodin-Paare nach, und es kostete mich große Anstrengung, an den in jedem Stockwerk sitzenden, Wollsocken strickenden Aufpasserinnen vorbei mein Zimmer zu finden.

Am nächsten Tag ging es in Leningrad, dem heutigen St. Petersburg, in die Eremitage, wo wir mit Filzpatschen über unseren Schuhen über den renovierten Parkettboden schlitterten.

Auch hier saßen pensionierte Omas, die genau darauf achteten, dass wir uns auch nicht danebenbenahmen, so wie sie ja auch in den langen Gängen der Hotels darauf geachtet hatten, dass alles in gelenkten ordentlichen Bahnen verlief. Dass sie vom KGB angeheuert waren, erfuhr ich erst viele Jahre später, da wunderte mich nichts mehr.

Große Bewunderung erfuhr ich, als ich inmitten der vielen tausenden in russischer Manier gehängten Gemälde auf das Porträt eines jungen Mädchens zeigend ausrief: „Seht nur, dieses Bild hier ist von Francisco de Goya!" Große Verwunderung aller; mein Geheimnis lüftete ich nicht. Es waren die einsamen Abende meiner Kindheit, die ich als Leseratte genützt hatte; den Roman von Lion Feuchtwanger und alle Bildbände über den Maler Goya hatte ich nicht nur einmal verschlungen.

Aus der Arbeitswelt in dem „fortschrittlichen", dem Kapitalismus so weit überlegenen „realen Sozialismus" kann ich nur berichten, was wir an einem unserer freien Nachmittage an einer Baustelle – eine Weile die Akteure beobachtend – über Arbeitsteilung und Vollbeschäftigung erfuhren. Auf einem Gerüst stand ein Mann in blauer Arbeitskleidung, der eine graue Masse mit Hilfe einer Kelle an die Wand klatschte. Anschließend reichte er die nun geleerte Kelle einer Frau, die ebenfalls in blaues Arbeitsgewand gekleidet war. Die Frau lief mit der leeren Kelle zu einem Kübel, der am anderen Ende des Gerüstbrettes stand, tauchte die Kelle in den Kübel und lief zu dem Arbeiter, der inzwischen gewartet hatte, und drückte diesem die gefüllte Kelle in die Hand. Der sicherlich „verdiente" Arbeiter warf die Masse, wie schon gehabt, an die Wand und reichte der Arbeiterin die leere Kelle wieder zurück. Der Vorgang wiederholte sich einige Male bis zur Pause, die beide dann Zigaretten rauchend einhielten.

Am nächsten Vormittag drückten wir wieder eifrig die Schulbank und wurden über Lenins Erkenntnisse informiert. Mittags nach dem Unterricht standen wir fürs Essen in der großen Kantine an, gemeinsam mit Chilenen, die nach dem Putsch und dem Tod ihres demokratisch gewählten Präsidenten Allende knapp der Ermordung durch die brutalen Schergen der Junta entkommen waren und in Moskau vorübergehend Schutz fanden. Wir lernten Aktivisten aus Afrika und den asiatischen Ländern kennen. Abends trafen wir uns heimlich mit einigen von ihnen, denn der Kontakt mit anderen Gruppen war von der Leitung nicht gerne gesehen.

Wir feierten nichtsdestotrotz, prosteten uns zu und spielten Tischtennis mit unseren neuen Genossen. Wir sangen gemeinsam die Lieder von Victor Jara, Violetta Parra und Hanns Eisler: „Hoch die internationale Solidarität" in allen Sprachen und „Venceremos".

Meine Freundin Annie – die überall zu Hause ist und nirgends, deren Familie nicht Fuß fassen konnte in der Fremde –, ist immer auf der Suche, für kurze Zeit fündig, zieht wieder weiter, kommt wieder und ist mir auch nach längeren Trennungen nie fremd geworden. So kam es, dass wir uns gemeinsam in dieses Moskauer Abenteuer wagten. Wir wurden von brasilianischen Architekten aus der berühmten Neumaier-Gruppe, die da ebenfalls auf „Schulung" waren, in exquisite, nur für Bonzen und gegen Anmeldung zugängliche georgische Restaurants eingeladen.

Als wir nach Wien zurückkamen, wurden wir von Seiten der politischen Funktionäre ob unseres unmoralischen Verhaltens strengstens zurechtgewiesen. Ich war mir tatsächlich keiner Schuld bewusst. Annie hatte die Liebe ihres Lebens gefunden, zog mit ihrem viel älteren Liebhaber nach Brasilien und lebte dort glücklich und zufrieden mit ihm bis an sein Lebensende, das leider schon drei Jahre später eintraf.

In unserer bunten Gruppe hatten sich mittlerweile neue Paar-Konstellationen gebildet; unsere russische Reisebegleiterin und Dolmetscherin (KGB-Berichterstatterin?) war konsterniert und außer sich, als die nummerierten Plätze in den Eisenbahnwaggons bei der Rückfahrt nicht mehr von denselben Personen besetzt waren wie auf der Hinfahrt.

Mein damaliger Geliebter in Wien, der dieses eine Monat von mir alleingelassen worden war, hatte sich inzwischen anderwärtig getröstet, und ich zog wieder einmal aus bzw. um – bzw. zur Mama!

Mein Stiefvater war „not amused" und die Katzen meiner Mutter lösten bei mir eine allergische Reaktion aus, sodass ich wieder zu meiner Freundin Lore ziehen musste.

Jahre später erst wurde ich diese Allergie dank einer sehr versierten Psychotherapeutin los. Es stellte sich nämlich heraus, dass es eine Phobie war und ich die Symptome – geschwollenes Gesicht, verstopfte Nase und Atembeschwerden – aus der Konfliktsituation zwischen mir, meiner Mutter und meinem Stiefvater entwickelt hatte und auf Mamas zwei Katzen projizierte.

Der Heilungsprozess war nachhaltig, aber er dauerte doch einige Monate und das Ganze war nicht gerade billig. Heute kann ich mir ein Leben ohne eigene Katzen gar nicht vorstellen.

Was nun meine zahlreichen zerbrochenen Beziehungen betrifft, suchte ich Auswege und entschied mich (in der Annahme, diese würde für weniger Komplikationen anfällig werden), die im Vorjahr schmerzlich beendete Fernbeziehung mit einem französischen Restaurant-Besitzer auf Stromboli wieder aufleben zu lassen.

Erinnerungsschnipsel aus dem Dachboden-Chaos

Mein Geliebter erwartet mich. Heimlich eine Insel bereisen? Eine Ehefrau und eine kleine Tochter umgehen? Zerreißprobe. Kann man Liebe benoten? Die Träume, die uns allmählich verwehrt bleiben werden, sind noch übermächtig. Was wäre nicht alles möglich. Heimliche Telefongespräche, getarnte Rendezvous, Tränen einer Vierjährigen schwemmen sein Herz davon. Wie schmerzhaft, nachvollziehbar. Was wird sein auf Stromboli? Werden wir uns wieder zusammensuchen, verstohlen, wie im letzten Sommer, das Mondlicht meidend, dem wir uns nur zu gerne aussetzen würden. Hand in Hand am Strand zu laufen fällt auf, ängstlich ist mein Geliebter geworden. Wellenatem und Rauschen der Sterne bleibt uns verwehrt. In einer dunklen Kammer, Heiligenbilder über unseren Köpfen und zu den Füßen braune Bettwände, geben wir uns einander hastig. Die leere „Staubigkeit“ und das Verbotene nimmt mir den Atem, nichts mehr bewegt uns und nichts mehr erregt. Verstecke zu finden ist schon lange sein Metier. Ein schaler Morgen verdirbt mir die Landschaft. Zum Frühstück treibe ich mich herum. Zwischen schnatternden Touristen am einsamen Bistrotisch schlürfe ich meine Limo und bestelle noch einen Mocca. Langeweile. Ich mache einen großen Bogen um sein Restaurant, in dem die Putzfrau schon geschäftig die schalen Reste des Abends vertreibt. Heute ist Sonntag, heute sehen wir uns nicht. Familientag. Was tue ich hier? Der Blick übers Meer „vertrübt“ mir den Blick, das gleißende Licht schmerzt.

Eine Wandergruppe besteigt den Vulkan. Ich schließe mich an; der Aufstieg, beschwerlich. Unerträgliche Hitze und überhaupt – unattraktiv, schwitzend, fluchend und „Gott sei Dank, dass mich mein Geliebter so nicht sieht“.

Endlich, auf dem großen gewaltigen Plateau stoßen die ersten Krater Geysire aus, riesige schäumende weißliche Dampf-Rauchpilze verbreiten sich in den „zerwölkten“ Himmel über einer zerklüfteten Landschaft. Tränenbäche fließen mir von den Wimpern. Sturzfluten gleich, brechen sie aus mir heraus. Ich stehe auf der Anhöhe und heule sie an, die gewaltige Natur, die sich meiner bemächtigt hat, ohne meine Zustimmung einzuholen. Die Trauer ist nicht zu bremsen, ich gebe mich ihr hin, erleichtert. Meine so junge, schöne, oft traurige Mutter erscheint mir im Feuerschein des brodelnden Bergungeheuers; wie wunderbar war dann doch noch der Sonnenuntergang, alles aufwiegend, damals auf dem Hochkönig, als wir uns mit schmerzenden Fersen greinend und seufzend, ungeduldig und raunzend hinter Marcel, ihrem großväterlichen Geliebten, hinaufgeschleppt hatten. „A Jud g'hört halt ins Kaffeehaus“, meinte sie tapfer lächelnd, Selbstironie, eine ihrer sehr typischen Eigenschaften. Unsportlich ist sie und zierlich, mit ihren braunen Mandelaugen und dem dunklen Lockenkopf. „Aber, erklärte sie mir, „wenn du dann oben bist, auf dem Berg, ist aller Schmerz vergessen ob der Schönheit des Augenblicks, der Erhabenheit!“

Ach Mammilein, so ganz allein! Mit wem teilen das alles? Diese fremden Leute um mich herum! Der Stromboli spuckt und speit inzwischen drohend. „Weitergehen!“, ruft einer beim nächtlichen Abstieg. Man hat sich in der Zeit verrechnet, ein roter Mond scheint auf sandige Halden und Schilf wächst mitten auf dem Vulkan. Wie die steifen Haare einer überdimensionalen Punk-Frisur schillern die sanft wiegenden Halme in den nächtlichen Himmel.

Die Schleusen öffnen sich wieder, ich stürze mich auf mein Lager in dem gemieteten fremden Zimmer, der dunklen Kammer, und heule noch weiter, die ganze Nacht. Der immer wiederkehrende Tränenschwall benetzt meine Wangen, meine Brüste, fließt meine Schenkel entlang. Ich werde gebadet, gewaschen, gereinigt. Ausfließen möchte ich mich, nur nicht vertrocknen. Mein Geliebter hat unsre Liebe verschattet, im Dunkeln gelassen machte ich mit, als übereifrige, erfüllende Gehilfin.

Mit meinem Vater hatte ich auch Ausflüge gemacht, auf den Ötscher. Seine Freunde nahmen mich an den Händen und so schaukelten sie mich über die Pfützen und Steine. Jauchzend flog ich durch die Lüfte. Abends brachte er mich heim. Bei Mammi war es dann ganz still. Wir hörten Radio und die Nacht senkte sich über uns in der kleinen Zimmer-Küche-Wohnung. Durch die undichte Schiebetür hörte ich sie ganz leise schluchzen und es fuhr mir ins Mark. Regungslos, mit angehaltenem Atem lag ich noch eine Weile da, bis mir ein weicher grauer Schatten wie ein Wattebausch sanft übers Gesicht fuhr und mich in den Schlaf schickte.

Assoziationen

Refrain: Assoziationen kleine Fetzen
Bilder Rollen Spiele
Zeiten die wir verrücken
Weiten die sich verschieben
Und immer wieder diese Melodie
Und immer wieder diese Melodie

Ich will meine Trauer zu Ende denken
Tanzen und singen
Und bereit sein in mir
Ich will meine Trauer zu Ende leben
Und bereit sein mit dir

Refrain: Assoziationen kleine Fetzen
Bilder Rollen Spiele
Zeiten die wir verrücken
Weiten die sich verschieben
Und immer wieder diese Melodie
Und immer wieder diese Melodie

Ich will, dass meine Träume Wahrheit werden
Meine Lieder singen
Und leben mit Dir
Ich will meine Träume im Herzen bergen
Und vereint sein mit Dir

Refrain: Assoziationen kleine Fetzen
Bilder Rollen Spiele
Zeiten die wir verrücken
Weiten die sich verschieben
Und immer wieder diese Melodie
Und immer wieder diese Melodie

Kindertheater – Glatteis – 1980er-Jahre

Wieder habe ich im vorigen Abschnitt zu weit vorgegriffen, denn die bunten, zuweilen sehr spannenden Lebensphasen, die zwischen der Entscheidung liegen, mich dem jiddischen und sephardischen Kulturgut und somit einem selbstständigen Forschen, Schaffen und Produzieren zu widmen, sollten nicht übersprungen werden. Dass es zu Tiefschlägen kam, ist überschaubar, dies will ich aber im Verlauf dieser Schilderungen nicht übergehen.

Bis es so weit war, folgten Stückverträge an diversen Landesbühnen, kleine Filmrollen und Gastrollen in Deutschland und in der Schweiz.

Einige Jahre tingelte ich, wie schon erwähnt, durch diverse Wiener Kleinbühnen, unter anderen das Theater der Courage unter der Leitung von Stella Kadmon, Conny Hannes Meyers Theater am Börseplatz oder das Theater in der Drachengasse unter der Leitung von Emmy Werner. Als diese einige Jahre darauf Intendantin des Volkstheaters wurde, ermöglichte sie mir mit meinen diversen Produktionen Gastspiele in einem wunderbaren Ambiente, der Spielbar (später Rote Bar) des Wiener Volkstheaters.

Mein Ex-Mann hatte in der Zwischenzeit als Clown Habakuk eine erfolgreiche Kinder-Fernsehkarriere gestartet und obwohl mein Interesse daran abgeflacht war und schließlich auch zur Entfremdung und darauffolgenden Scheidung geführt hatte, ist es doch eine Kindertheaterproduktion, die mir bis in diese Tage in Erinnerung geblieben ist.

Heute noch trällern Enkelkinder, Nichten und kleine Neffen in dritter Generation die Lieder aus dem Musical „Valerie und die Gute-Nacht-Schaukel", in

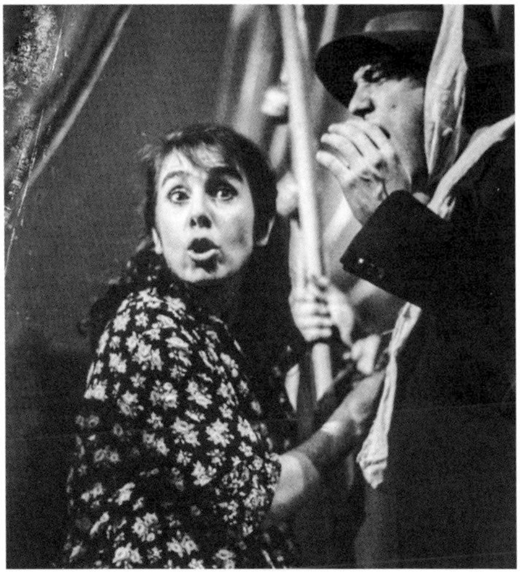

THEATER DER COURAGE, in TANGO DER HOFFNUNG. Foto: Victor Mory

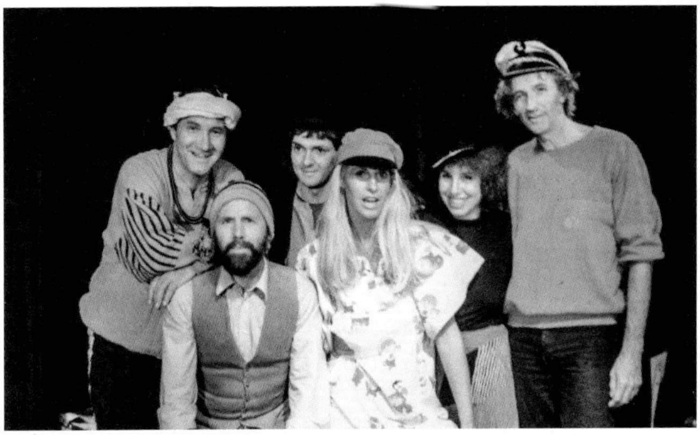

VALERIE UND DIE GUTE NACHT SCHAUKEL mit den SCHMETTERLINGEN, 1970er-Jahre. Foto: unbekannt

dem ich eine singende Zirkusdirektorin verkörperte. Komponiert hatte es, nach dem gleichnamigen Kinderbuch von Mira Lobe, der Künstler aus der legendären Polit-Rockgruppe „Die Schmetterlinge“, der viel zu früh nach langer Krankheit verstorbene Erich Meixner.[38]

Das zauberhafte Werk wurde auf Vinyl (und später auf CD gepresst) unter anderen von den Mitgliedern der „Schmetterlinge“, der Schauspielerin Maria Bill, dem Liedermacher Sigi Maron und meiner Mitwirkung eingespielt. Wir führten das Stück live an größeren und kleineren Bühnen auf. Wir tourten durch Österreich und Deutschland, von Kindergarten zu Kindergarten und von Schule zu Schule. Manchmal waren es zwei Vorstellungen am Tag und es waren wahrlich fordernde Auftritte.

Wir sangen und spielten zu Playbacks, die unerbittlich weiterliefen, auch wenn sich mal ein Schauspieler verhedderte; das Tonband stoppte nicht, da gab es kein Pardon. Ich erinnere mich an eine Szene, in der ich das Horn eines im Text vorkommenden Einhorns zwecks bühnengerechter Darstellung mit der linken Hand hoch über meinen Kopf halten sollte, um mit der rechten Hand das Mikro zu umklammern, in das ich hineinsingen musste. Die Vorstellung war für zehn Uhr vormittags angesetzt. Schon morgens um sieben Uhr ging die Reise zwischen zwei Spielorten los, wir hatten aufgebaut, Ton und Licht eingerichtet und hatten keine Zeit mehr, wenigstens einen Kaffee zu uns zu nehmen. Aufgrund eines Augenblicks der Unaufmerksamkeit sowie einer leichten Legasthenie meinerseits verwechselte ich bei meinem Einsatz an diesem Tag die linke mit der rechten Hand. Erich Meixner, der einen riesigen Kuh-Kopf aufhatte, konnte sich das Lachen nicht verkneifen und verpasste

38 Siehe auch Videos auf YouTube.com.

prompt seinen Einsatz, als er mir gegenüberstand und mein Mikro über den Kopf gehoben sah, während ich für das Publikum unhörbar in das Einhorn hineinsang. Wir mussten unser Tempo beschleunigen, unser weiterlaufendes Playback einholen, denn der Einsatz für mein Lied als Zirkusdirektorin erklang schon, während wir noch kichernd versuchten, dem musikalischen Ablauf unserer Tierszene nachzukommen.

Da die Kinder sowohl im Publikum als auch auf der Bühne mitsingen und -spielen sollten, bedurfte es eines Rituals bei der Auswahl der jeweiligen Mitspieler und Darstellerinnen und es war notwendig, den Überblick zu bewahren, um nicht ins Chaos abzugleiten.

Wir warfen also jedes Mal zu Beginn unserer Vorstellung von der Bühne aus einen Ball in das aufmerksame Kinderpublikum, aber waren mit dieser Methode nie ganz zufrieden, denn es fingen immer die etwas größeren Kinder den Ball und gewannen damit die Wahl. Sie durften als Hauptdarstellerin „Valerie" mitwirken und in die Szenen geschaukelt werden. Die kleineren Kinder schauten durch die Finger und mussten sich mit Nebenrollen abfinden, was sie nicht weiter störte; die Begeisterung war vollkommen, aber unser demokratisch ausgerichtetes Herz war dennoch jedes Mal irritiert.

Die Problemlösung zu einer gerechteren Auswahlmethode war mehr als einmal Diskussionsgrundlage während unserer Busreisen, die uns von Station zu Station an die diversen Spielorte führten.

Aus der Gruppe der „Schmetterlinge" waren außer Erich Meixner, dem jeweiligen Tontechniker und mir als Gast die Leadsängerin Beatrix Neundlinger und der Gitarrist Herbert Tampier mit von der Partie. Herbert und ich bildeten mit unseren beiden gegenseitig verschränkten Händen für die jeweilige „Valerie" den Sitz der Gute-Nacht-Schaukel. Da er aber 1,85 Meter groß und ich 1,58 Meter klein war, musste ich auf die Zehenspitzen und er in die Knie gehen. Das war gar nicht so einfach und verlangte von uns ein gutes Gleichgewichtsgefühl, um das jeweilige Darstellerkind beim Ausbalancieren der Schaukel nicht zu gefährden.

Wir waren ja alle politisch linkisch (hoppla, diesen Verschreiber lass ich jetzt stehen) orientiert und wollten unsere Theorien, die wir aus den Schriften von Marx und Engels in vereinfachten Parolen – sozusagen destilliert – auf Transparenten bei Demonstrationen schwenkten, auch im Alltag, in der Arbeit, im partnerschaftlichen Umgang und in unseren diversen Liebesbeziehungen verwirklichen. Es waren seltsame Blüten, die diese Visionen trieben.

Vor den Vorstellungen mussten wir die Bühne aufbauen, das Mischpult einrichten, Audio-Boxen schleppen und die Requisiten herrichten. Nach dem Fall des Vorhangs all dies wieder zu verstauen, gehörte neben der schauspielerischen und gesanglichen Performance ebenfalls zu unseren Pflichten. Alles, einfach alles musste im Kollektiv erledigt werden. Da kam es auch zu eigenartigen, skurrilen und nicht immer konfliktfreien Reibungen.

Als wir eines Tages nach einer langen Tour, aus Berlin kommend, über vereiste Straßen und Autobahnen im Schneckentempo nach unendlich langer Busfahrt die Westautobahn erreichten, die eine einzige Rutschbahn war, fuhren bzw. glitten wir durch die nahe der Westeinfahrt gelegene Schönbrunner Straße, an meinem Wohnhaus vorbei.

Auf meinen Protest hin, nicht aussteigen zu dürfen, wurde mir gesagt:

„Wo denkst du hin, da kannst du nicht aussteigen, dich nicht einfach verabschieden, du musst wie wir alle mithelfen, und du hast ja auch dein Auto bei uns stehen."

Schon zu Beginn der jeweiligen Tourneen hatte ich zaghaft gemotzt:

„Wir fahren mit dem Tourneebus doch zumeist westwärts, könnt ihr da nicht eine Ausnahme machen und mich zusteigen lassen, anstatt von mir zu verlangen, durch halb Wien zu zockeln, nur um beim Ein- und Ausladen mitzuhelfen?"

„Wie du weißt, widerspricht das aber schon dem demokratischen Gedanken, unserem kollektiven Bewusstsein."

So die lakonische Antwort. Eifrig bemüht warf ich bereitwillig ein:

„Könnt ihr mir nicht eine andere Aufgabe zuordnen?"

„So wie alle die gleiche Gage bekommen, müssen alle das Gleiche leisten!!!"

„Aber ihr habt alle die gleiche Adresse, wohnt zusammen in eurem Gemeinschaftshaus, wo die Requisiten im Keller lagern, für euch ein paar Handgriffe ohne größeren Aufwand. Es geht für euch lediglich um das Einladen und Ausladen des überdimensionierten Kuh-Kopfes, der Einhorn-Maske, einer Audio-Box und zwei Mikroständern, während ich zweimal durch die Stadt fahren muss, hin und zurück ... Außerdem steht mein Auto dann die ganze Zeit während der Tournee auf der Straße, während ich bei mir zu Hause in der Garage parken könnte!"

So beklagte ich mich vorsichtig.

„Das ist aber schon dein Problem!"

Ich hatte keine Chance, ich biss auf Granit.

An besagtem eisigen Wintertag schlitterten wir also im dreizehnten Bezirk an meinem Wohnhaus vorbei in den siebzehnten Bezirk. Die Fahrbahnen waren unpassierbar, überall hingen die Autos fest, die Straßenbahnen und die Autobusse standen still und niemand kam weiter. Die Stadt war eine einzige Eisfläche. Diese Fahrt, für die man sonst ca. eine halbe Stunde brauchte, dauerte bei diesen Umständen über drei Stunden. Widerwillig fuhr ich mit und frierend half ich bei der oben beschriebenen Arbeitsteilung, stieg dann in meinen kleinen Renault 5 und brauchte, um die Strecke zurück zu meiner Wohnung zu bewältigen, wiederum an die drei Stunden – es gab fast kein Vorankommen. Fußgänger schlitterten hilflos auf den Trottoirs hin und her, fielen reihenweise um und konnten nur mit Unterstützung aufstehen, soweit sie die freundlichen Helfer nicht ebenfalls zum Stürzen mitrissen. Die Unfallopfer waren zahlreich und die Spitäler bald überfüllt. Es war ein Jahrhundertchaos.

Zwei Jahre lang verstanden wir uns in unserem kleinen Ensemble prächtig und bis auf wie oben beschriebene kleinere Differenzen verliefen unsere Tourneen meist in bester Laune, bis ... ja, bis ich andere Wege einschlagen sollte.

ABSCHIEDSLIED

Wir hatten gemeinsam gesungen
Doch unsre Lieder stimmen nicht mehr
Nun suche ich andere Rhythmen
Da klingt Neues von anderswo her

Ich verlasse das sichere Seil
Schwing mich zu höheren Kuppeln hinauf
Der Zirkus zieht immer weiter
Und Angst reißt das Herz mir auf

Refrain: Fremde Stadt du
Hast mich nur kurz behaust
Kühl sind mir deine Mauern
Und die Vorstellung ist lange schon aus

Ich trainiere wieder am Boden
Ziehe neue Zelte und Seile mir auf
Bald schwinge ich mich wieder hinauf in den Himmel
Und langsam freu ich mich drauf

Refrain: Wir hatten gemeinsam gesungen
Doch unsre Lieder stimmten nicht mehr
Nun fand ich andere Rhythmen
Da klingt Neues von anderswo her

Fremde Stadt du
Hast mich eine Zeitlang behaust
Wieder verlasse ich brüchige Mauern
Meine neuen Lieder halten das aus

Zwanzgerhaus – eigene Produktion – 1980er-Jahre

Ich machte mich nun selbstständig und somit gab es keine Zeit und Energie mehr, mich zu „verzetteln“, wie meine Mama dies so oft treffend formuliert hatte.

Die Sehnsucht nach längeren, vor allem nachhaltigen Beziehungen geriet in den Hintergrund. Ich trat ab nun mit meinen eigenen Produktionen und eigenen Texten und Liedern auf, motiviert durch die frauenbewegten Achtzigerjahre des zwanzigsten Jahrhunderts. Vieles an Ideen und Fakten zu diesem Thema ergab sich bei den vergnüglichen „Frauen-Essen“, die wir einige Jahre in abwechselnder Reihenfolge bei mir und meiner Freundin Margit Niederhuber veranstalteten. Margit, die ein offenes Haus führte und die ebenfalls mit mir in Moskau gewesen war, übernahm später die Organisation des Friedenszugs gemeinsam mit André Heller (von dem ich noch an anderer Stelle berichten werde). Unvergesslich ein Abend bei mir unter anderen mit den beiden Schriftstellerinnen Elfriede Jelinek und Elfriede Gerstl. Ich hatte eine Eier-Schwammerlsauce mit Erdäpfel-Knödeln serviert, aber bevor wir zum Essen kamen, zog ein Gewitter auf. Über den Schrägfenstern meiner Dachwohnung verdunkelte sich der Himmel, ein tosender Sturm brach aus und ver-

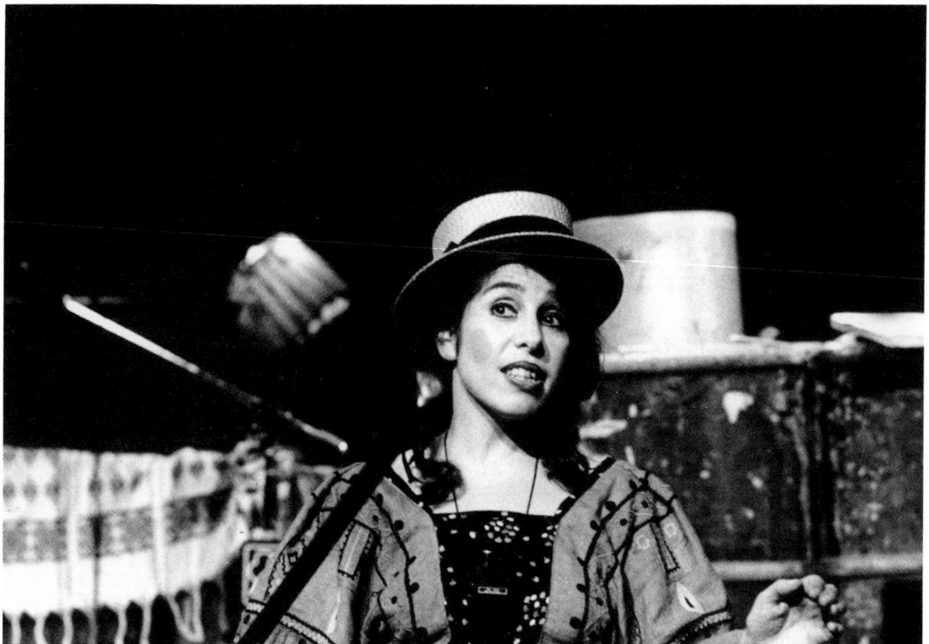

ARENA im 20er-Haus, One-Woman-Show TRÄNEN UND ROSEN ODER BROT UND ROSEN, 1980. Foto: aus dem privaten Archiv

zweifelt räumte Elfriede Jelinek ihren Platz am Tisch. „Ich muss unbedingt nach Hause, so schnell ich kann, bitte ruft mir ein Taxi!“

„Ja, wieso? Bitte warte doch, bis das Wetter sich beruhigt“, antwortete ich besorgt.

„Nein, mein Hund (ich habe den Namen des Tieres leider vergessen) ist allein zu Hause, der fürchtet sich doch zu Tode, wenn er nicht bei mir Schutz suchen kann.“ Sie war sichtlich sehr aufgeregt, und zu alldem meldete sich Elfriede Gerstl zögerlich mahnend zu Wort:

„Lena, bist du sicher, dass die Schwammerln nicht giftig sind?“

„Wie bitte?“, rief ich konsterniert!

Nun ja, das Taxi war vor dem Haus angekommen, wir restlichen Frauen verabschiedeten die beiden Elfrieden und verschmausten dann noch mit Genuss die gute Schwammerlsauce und die Knödel. Zum Nachtisch gab es Kaiserschmarrn und wir verbrachten noch viele heitere Abende zusammen, allerdings ohne die beiden Damen.

„Tränen und Rosen oder Brot und Rosen“ – so lautete der Titel meiner ersten One-Woman-Bühnenshow, gestartet im Rahmen der Wiener Festwochen im Mai 1980 im damaligen 20er-Haus. Mit viel Ironie ging ich auf die vielseitigen Perspektiven der Frauenbewegung ein. Die leider zu früh verstorbene Bühnenbildnerin Lena Ilgisonis hatte von einer Baustelle ausrangierte Holzbalken anschleppen lassen, um für mich einen fiktiven Dachboden zu konstruieren. Das war mein Schauplatz, da agierte ich, benützte Versatzstücke, wie man sie in alten Häusern findet. Ich wirbelte auf einem Besen reitend, einen roten Faden spinnend durch die Reihen des Publikums. Ich sang und erzählte, geschlechtslose Teepuppen vorführend, von Adam und Eva und über Hexenverbrennungen. Bis zu den Widerstandskämpferinnen im Dritten Reich reichten die Spuren des Bogens und ich besang in meinen Liedern Leben und Schicksale von Frauen wie zum Beispiel:

Das Lied für Maria Pokorny, die Hutmacherin[39], die nach dem Krieg mit ihrem Liebsten, einem jüdischen Arzt, dem sie zur Flucht verholfen hatte, endlich das heiß ersehnte Wiedersehen vereinbarte und der zwei Tage vor ihrer Abreise in die Vereinigten Staaten in New York an einem Herzinfarkt starb:

39 Nach den Erinnerungen von Pokorny, Maria (1985): Die Hutmacherin, Ludwigshafen: Pfälzische Verlagsanstalt GmbH.

Das Lied für Maria Pokorny

Aus dem Chaos auferstanden
Und nicht „übriggeblieben"
Hast Du wie Phönix beschlossen
Die Feuerreste beiseitezuschieben
Hast Dich erhoben versengte Flügel
Die Tränen im Krug nicht vergossen
Und das Herz nicht leicht

Dein volles Leben so reich
Deine Geschichte
Keinem Märchen gleich

Hast in der letzten Nacht
Die Sachen
Aus der Wohnung gebracht
Die er sich nicht mehr holen konnte
Ihm die wasserfesten Schuhe, den Hut
für die Reise gereicht
Hast ihn gebeten Dir bald zu schreiben
Abschied und alles wird gut
Nur das Herz nicht leicht

Sein Leben hat nicht gereicht
Er starb Dir im Frieden nur vor eurer Zeit
Feierst bescheiden dein Leben
Erinnerung pflegen zum Überleben
Versengte Flügel und das Herz nicht leicht

Für die Schauspielerin Elisabeth Bergner, die 1938 als Jüdin aus Wien vertrieben wurde und in Hollywood eine große Karriere machte, verfasste ich folgenden Nachruf:

A STAR IS BORN

A star is born die alte Dame
erzählt aus ihrem Leben ein Stück
A star is born die alte Dame
erzählt von ihrem Glück

Refrain:
Die Melodie des Lebens hat ihr den Weg gewiesen
Des Lebens Melodie trug sie aus allen Tiefen
Ihr Lebenslied ließ sie so viel überstehn

A star is born die alte Dame
Dreht sich noch einmal um ohne Zorn
A star is born die alte Dame
Schöpfte aus dem Vollen

Refrain:
Die Melodie des Lebens hat ihr den Weg gewiesen
Des Lebens Melodie trug sie aus allen Tiefen
Ihr Lebenslied ließ sie so viel überstehn

A star is born das Schauspiel geht zu Ende
A star is born der Vorhang senkt sich nun
A star is born die Bühne wurde Legende
A star is born es gab so vieles zu tun
Im Klang der alten Melodie kann sie nun friedlich ruhn

Refrain:
Die Melodie des Lebens hat ihr den Weg gewiesen
Des Lebens Melodie trug sie aus allen Tiefen
Ihr Lebenslied ließ sie so viel überstehn

Für die Schauspielerin, deren Schicksal mich am meisten berührte, entstand folgendes Lied:

Schwester Marilyn

Du bist noch immer Objekt Nummer eins
Man handelt mit Deinen Perlen und Nylons
Sie fleddern Dein Kastengrab Jedes Stück bringt Gewinn
Dein Tod ist für manche unbezahlbar

Ach Du lächelnde Monroe
Schwester Marilyn

Dein Tod der schon lang vor dem Ende eintraf
Man kreierte ein Abziehbild Deiner selbst
Doch Dein Wesen sprengte den Panzer, der glänzte
Das erhöhte die Spannung deinen Kampf begriff keiner

Ach Du lächelnde Monroe
Schwester Marilyn

Man gönnte Dir nicht Deinen Atem Dein Denken
Du wurdest gebannt auf den Streifen „beschnitten"
Du durftest nicht handeln Du lachtest gut mit
Bis Du zerbrochen warst da half kein Kitt

Ach Du lächelnde Monroe
Schwester Marilyn

Dein Protest war ein schriller, und auch ein verstörter
Und so bist Du noch immer Objekt Nummer eins
Man erinnert sich Deiner im Glitzern der Lichter
Doch im Tief Deiner Nächte verliert sich der Schein

Ach Du lächelnde Monroe
Schwester Marilyn

So wie Du warst erkennt man Dich nicht

Zum Thema gab es dann noch folgende Überleitung:

Ombre heißt Schatten auf Französisch, *Homme* ist der Mann, aber auch der Mensch – demzufolge ist die *Menschin*, die aus dem *Schatten* tritt, die ***Hombra***.

HOMBRA

Hombra bin ich Jüdin
Von den alten Tagen her
Rumänin Griechin Spanierin
Aus dem Licht vom großen Meer

Und für dich mein Prinz komm ich von den Sternen
Diese Glitzerblume dort am Himmelszelt
Bring dir strahlend meine Botschaft nah
Sie ist nur für dich bestellt

Komm aus den weiten Wäldern, Schwedin
Auf Wanderschaft schau ich nie zurück
Erkenn die Sprachen in dem Augenblick
Des Schweigens auf dem Weg ins Glück

Refrain:
Ich bin hierher verweht von irgendwo,
Gehöre nirgends hin und bin jetzt da
Ich geh vielleicht, vielleicht geh ich auch nie
Gewöhne dich an Hombra
Hombra sind Viele Hombra ist Eine nur
Hombra ist Eine wie Viele und diese nur
Hombra sind alle die ich da meine Hombra

Komme aus Österreich aus Schottland
Aus Jugoslawien, dem grauen Karst
Und meine Träume brechen sich in Scherben
Eines Spiegels der zerbarst

Und ich bin Irin, Portugiesin
Indianerin vom wilden Strom
Schwarze Mutter, Queen of Harlem
Heb ich dich auf meinen Thron

Hombra bin ich muss das Land wo
Meine Schwester lebt verstehn
Versinke nachts im tiefen Wüstensand
Hab Atlantis nur von fern gesehn

Refrain:
Ich bin hierher verweht von irgendwo,
Gehöre nirgends hin und bin jetzt da
Ich geh vielleicht, vielleicht geh ich auch nie
Gewöhne dich an Hombra
Hombra sind Viele Hombra ist Eine nur
Hombra ist Eine wie Viele und diese nur
Hombra sind alle die ich da meine Hombra

Komm aus dem Sonnenfeuer aus der Gischt
Eines Vulkans der nie erlischt
So bin ich eine die für alle steht
Im samtig-blauen Sabbathlicht

Wo überm Silbermeer der Schatten schwebt
Und die Konturen verschwimmen in die Zeit
Tanz ich im Spiel der funkelnden Atome
In die Unendlichkeit

Wo überm Nebelland die Brücken stehn
Weit über dich und mich gespannt
Führen die Lichter ihrer Ketten
Uns in ein unbekanntes Land

Refrain:
Ich bin hierher verweht von irgendwo,
Gehöre nirgends hin und bin jetzt da
Ich geh vielleicht, vielleicht geh ich auch nie
Gewöhne dich an Hombra
Hombra sind Viele Hombra ist Eine nur
Hombra ist Eine wie Viele und diese nur
Hombra sind alle die ich da meine Hombra

Ich stellte im weiteren Verlauf meiner Show die Dame ohne Unterleib aus dem Wiener Wurstelprater vor und schilderte die Tragik magersüchtiger Mädchen, die fresssüchtigen Männern gegenüberstanden. Als Zugabe gab es dann immer das obligatorische jiddische Lied.

In einer meiner folgenden Produktionen mit dem Titel „Spiel mir das Lied vom Leben“ besang ich die Spielarten der Liebe und – wenn auch verschlüsselt

– einige Verwicklungen aus meinem eigenen Liebesweg; die vielen vergeblichen Versöhnungsversuche und die unvermeidlichen Trennungen:

Wir sind uns nahgekommen

Ich geh, nein bleib sitzen
Dein Glas ist noch nicht leer
Die letzten Gäste wie schon so oft vorher
Also tschau
Nein danke
Ich nehm die Straßenbahn

Refrain:
Wir sind uns nahgekommen
Ich hab in deinen Blicken mich gesonnt
In jeder deiner Achselhöhlen hab ich gewohnt
Wir sind uns nahgekommen
Und von Nah besehn
Will ich dich sehn
Muss ich dich sehn
Lass uns sehn

Morgen schwimm ich wieder
In deinem blauen Augenmeer
Ach was hast du nur
Sei nicht so empfindlich
Nur weil er gestern
Ein bisschen herumgeschrien hat
Würd Mutter sagen

Refrain:
Wir sind uns nahgekommen
Ich hab in deinen Blicken mich gesonnt
In jeder deiner Achselhöhlen hab ich gewohnt
Wir sind uns nahgekommen
Und von Nah besehn
Will ich dich sehn
Muss ich dich sehn
Lass uns sehn

Es tut so weh, verdammt
Hallo alter Kämpfer
Ach was hast du nur,
Nur weil ich gestern ein bisschen
Zurückgeschrien hab
Ach komm!!!!!

Refrain:
Wir sind uns nahgekommen
Ich hab in deinen Blicken mich gesonnt
In jeder deiner Achselhöhlen hab ich gewohnt
Wir sind uns nahgekommen
Und von Nah besehn
Will ich dich sehn
Muss ich dich sehn
Lass uns sehn

Tagesschau, Zeit im Bild
Die Welt verrinnt am Schirm
Die letzten Bilder gesehn
Wolln wir nicht lieber Frieden schließen
Komm! Wir brauchen unsern Zorn
Um durchzustehn

Refrain:
Wir sind uns nahgekommen
Ich hab in deinen Blicken mich gesonnt
In jeder deiner Achselhöhlen hab ich gewohnt
Wir sind uns nahgekommen
Und von Nah besehn
Will ich dich sehn
Muss ich dich sehn
Lass uns sehn

Im Möbelhaus – verpasste Gelegenheit

Die Erfolge dieser Aufführungsreihen waren fulminant, ich hatte als eine der Ersten eine der sogenannten „freien Gruppen" gegründet. Die Tourneen durch Österreich und Deutschland, die Schweiz und Liechtenstein wurden immer länger. Am Klavier saß, wenn mein Mentor Erich Meixner mit den „Schmetterlingen"[40] unterwegs war, Michaela Satzke.[41] Sie war klassisch ausgebildete Pianistin und ich verdanke ihr sehr viel. Sie zwang mich förmlich zu den Notenblättern, (denn) es genügte ihr nicht, mich nur „nach dem Gehör" zu unterstützen, da die Vertonungen der Brecht-Lieder von Kurt Weill, Hanns Eisler und Paul Dessau, die zu meinem Repertoire gehörten, Stücke sind, die eine genaue Einhaltung der Pausen und Fermaten verlangen.

Mein damaliges Management vermittelte mir einen einträglichen Job, denn man verpflichtete mich zu einer Woche Moderation für eine Werbeaktion in einem bekannten schwedischen Möbelhaus. Das Wahrzeichen dieses internationalen Konzerns war damals noch der Elch, der auch als Maskottchen angeboten wurde. Schon vor dem Eingang empfing einen ein überlebensgroßer Elch mit riesengroßen Elchschaufeln und in allen Größen hockte da auf fast jedem Ausstellungssofa ein Stoff-Elch mit treuherzigem Blick und ebenfalls ausladendem Elchgeweih.

Nach jeder vollen Stunde gab ich eine Gesangseinlage zum Besten, nachdem ich die diversen Gäste auf die provisorisch aufgebaute Werbebühne eingeladen hatte, was ich ganz und gar nicht zur Zufriedenheit meines Auftraggebers schaffte, denn ich verwechselte unter anderem den Namen eines Schlagersängers mit dem eines Fußballers – deren beider Namen ich zum Glück heute vollkommen vergessen habe. Ich sollte aber noch weitere Aufgaben erfüllen. Ich musste mit den begeisterten und staunenden, dort vor dem Einkauf der Eltern geparkten Kindern das Elch-Werbelied einstudieren:

Welch ein schöner Elch,
das kann unmöglich wahr sein,
welch ein schöner Elch, lalalalalala!
Wir kaufen heute schöne Sachen ein,
das wird den lieben Elch bestimmt erfreu'n.
Lalalala! usw.

---

40 Die Schmetterlinge waren eine österreichische Folk-Politrock-Band der 1970er- und frühen 1980er-Jahre mit kritisch-politischen Texten, die größtenteils von Heinz Rudolf Unger verfasst wurden. Quelle: Wikipedia, https://de.wikipedia.org/wiki/Schmetterlinge_(Band), abgerufen am 19.12.2022.

41 Michaela Satzke, Künstlername Miki Malör
Angelika Zach: *Die Inszenierung des Seins. Porträt der freien Theatermacherin Miki Malör.* In: *STICHWORT Newsletter.* Nr. 17, Wien 2004, S. 4–8.

Die übrigen Zeilen sind mir leider entfallen.

Nach einigen Tagen stolperte ich in eine regelrechte Trance, wie in einem Wachtraum rollte ein Film vor mir ab. Ein innerer Dialog stürzte mich in einen Gewissenskonflikt:

„Was unterstützt du da?", fragte ich mich. Der Elch ging mir nicht mehr aus dem Kopf. „Wie kannst du dich dazu hergeben, für Möbel aus tierischem Produkt zu werben? Wieso schämst du dich nicht und wieso denkst du gar nicht daran, wie viele Elche da geschlachtet werden, nur weil man aus ihren Geweihen diese Schickimicki-Möbel anbietet?" „Und schau dir doch an, wie sich die Leute drauf werfen *und kaufen, kaufen, kaufen!*"

Nach dem dritten Coca-Cola erwachte ich aus meinem Albtraum.

„Bin ich jetzt total übergeschnappt?", fragte ich mich erschrocken und schwor mir, nie wieder für Werbezwecke zur Verfügung zu stehen.

Es gab zwar vormals in den Siebzigerjahren *einen* gut bezahlten, dreimonatigen Demonstrationsjob in einer Computerfirma. Ich präsentierte den damals noch riesigen Rechner in einer weißen Uniform, die ich mit einer Kollegin abwechselnd zu unseren Einsätzen anziehen musste. Flüssig, als würde ich verstehen, was ich da von mir gab, erklärte ich Fachleuten den PC und dessen Funktionen, indem ich ein dreißigseitiges Manuskript auswendig herunterratschte. Unter dem Begriff „Dünnschicht-Kurzstabspeicher", der mir für immer im Gedächtnis bleiben wird, kann ich mir auch heute noch nichts vorstellen. Als es dann zur praktischen Vorführung des riesigen „Kastens" kam, verweigerte sich dieser und einige Techniker mussten ihn mit großem Aufwand in Fahrt bringen.

Einmal sprach ich fürs Radio eine Suppenwerbung, aufgrund derer ich meiner lieben Cousine Annie, weil sie so schöne braune Augen hat, den Namen Knorr-Goldaugen-Prinzessin verlieh. Ansonsten entkam ich schadlos der nie mehr wieder angestrebten Karriere als leider erfolglose Werbe-Ikone!

Mein Manager hatte mir anschließend doch noch einen Gig mit meiner One-Woman-Show in München vermittelt. Als ich dort wieder einmal allein – die Pianistin Michaela Satzke kam mit einem späteren Zug nach – alles auf der Bühne aufgebaut hatte, stellte sich heraus, dass der Veranstalter kein einziges meiner vorausgesendeten Plakate aufgehängt oder Werbematerial aufgelegt hatte und der Kartenverkauf dementsprechend spärlich ausfiel. Das Management wollte mich daraufhin kurzfristig in ein anderes Etablissement umsiedeln. Ich weigerte mich, denn ich hatte zum Glück eine kleine Fangemeinde, die ich schon von Wien aus mobilisiert hatte. Das Management zog sich beleidigt zurück, Michaela und ich bestritten den Auftritt mit großem Erfolg, das kleine Lokal hatte sich zum Glück doch gefüllt, und ich baute nach der

Vorstellung, da meine Pianistin schon zu einem anderen Auftritt früher abfahren musste, wieder alles im Alleingang ab. Der große Korb mit den Requisiten stand bereit, ein Taxi zum Bahnhof wurde bestellt, und die Einnahmen reichten gerade knapp für die Gepäckaufbewahrung und die Transportkosten im Zug. Die Zugkarte für den übernächsten Tag, nach Innsbruck, hatte ich schon bei mir. Ich übernachtete nun in München in einer kleinen, zum Glück noch vom Management bestellten und bezahlten Pension. Am nächsten Tag hatte ich frei und da ich ab 11 Uhr mein Zimmer räumen musste, machte ich mich, in Erinnerung an die Plätze, die ich mit Hermann vor Jahren kennengelernt hatte, zu einem Bummel durch Schwabing auf. Ein großer bunter Flohmarkt war, nachdem ich noch mit Freunden gut gefrühstückt hatte, eine meiner Stationen. Ich flanierte von Stand zu Stand, kaufte mir mit den letzten Mark unter anderem eine Currywurst und anschließend eine fesche Schild-Kappe.

Während ich diese probiere, steht nicht weit entfernt ein hochgewachsener dunkelhaariger Mann, der einem Werbeplakat für Herrenunterwäsche entstiegen sein könnte, allerdings sittsam in Jeans und Tweed-Sakko gekleidet. Er beobachtet mich durch den dort aufgestellten Spiegel. Seinem wohlwollenden Blick entgegne ich mit gekonntem Augenaufschlag, wir kommen ins Gespräch, er ist so schön, dass es mir vorkommt, als würde ich neben ihm immer kleiner und unbedeutender zusammenschrumpfen. „Was will der von mir??? No ja, was soll's!“, geht es mir durch den Kopf. Wir vereinbaren, uns in einer halben Stunde beim Langos-Stand zu treffen, um anschließend in eine nahe gelegene Kneipe zu gehen, in die er mich einladen möchte. Wir trennen uns, ich schlendere weiter und begebe mich in einen Wachtraum. Ich stelle mir vor, wie ich mit einem fiktiven Baby im Tragetuch entspannt und glücklich, ohne dazu einen Mann zu brauchen, durch die Länder fahre, von Stadt zu Stadt, Konzerte gebe ... Da sehe ich meinen Schönen, wie er mit einer außergewöhnlich zarten, langhaarigen, modelgleichen Erscheinung in eine Unterhaltung vertieft, sie mit Blicken verschlingend, charmant und fröhlich schäkert! Blitzschnell drehe ich mich um und entfleuche dem ganzen Rummel. Die passt doch viel besser zu ihm! Und ich erwache aus meinen Träumen, flaniere durch die Straßen und Plätze. Fast versäume ich meinen Zug, beeile mich zum Bahnhof, schmeiße mich in den reservierten Sitzplatz und wieder schrumpfen meine Schultern und mein Rücken, mein Bauch rumort und die bekannten Koliken finden sich wieder ein. Ich tupfe mir das Chinagold, das ich mir noch zuallerletzt dort am Markt gekauft hatte, auf die Schläfen. Ich bin völlig ausgebrannt und kann mir nicht vorstellen, wie ich den Auftritt in Innsbruck bewerkstelligen soll.

Am nächsten Tag erfahre ich von den Veranstaltern dort, dass die Vorstellung ausverkauft ist. Die Pianistin wartet schon auf mich. Mein Requisitenkorb ist rechtzeitig mit mir angekommen. Das Konzert wird ein voller Erfolg. Diesmal fahren wir gemeinsam zurück nach Wien und Michaela erzählt mir von ihren Plänen.

Als sie sich in der Folge einige Jahre später statt Michaela Miki Malör nannte, legte sie neben ihrem Namen auch die weiße Bluse und den Schottenrock ab. Sie entfaltete sich zu einer virtuosen Kabarettistin und Theaterregisseurin. Als sie, nur in einen überdimensionalen Penis gekleidet, in einer ihrer schillernden Performances sich selbst am Klavier begleitend Franz Schuberts Ave Maria grandios interpretierte, war mir klar geworden, warum ich mich in bester Freundschaft von ihr getrennt hatte. Weniger radikal zog ich meinen Weg weiter durch die Lande. Musiker aus allen Sparten begleiteten und begleiten mich zum Teil noch heute. Deren Namen werde ich im Laufe dieses Berichts noch nennen. Ich kann fast allen nur Gutes nachsagen. Es war meist ein harmonischer und respektvoller Umgang miteinander. Diejenigen, mit denen es nicht funktionierte, nenne ich nicht beim Namen.

Nicht unerwähnt bleiben darf Anita Prammer, sie betreute mich PR-mäßig, war immer zur Stelle und griff oft ein, wenn etwas schiefzugehen drohte. Als wir nach einem Auftritt aus dem verschneiten Kärnten über „unwägbare" Straßen im tiefsten Winter die Heimfahrt antraten, war ich nach einigen Kilometern mit meinen Autofahrkünsten am Ende. Angespannt und zitternd das Lenkrad verkrampft umklammernd, schlitterte ich den R5 über die Straßen, und ich begann mir ernstlich zu überlegen, wie ich uns in dieser finsteren eisigen Nacht heil nach Hause bringen sollte. Anita mit ihren dicken Brillen, sie war kurzsichtig (ich glaube, sie hatte mindestens 10 Dioptrien), nahm mir bei der nächsten Tankstelle die Autoschlüssel ab und fuhr uns sicher nach Wien; ich bin ihr bis heute noch herzlich dankbar.

Musiker – Flops – Erfolge

Ohne mein Management, dem ich seit dem „München-Debakel" Adieu gesagt hatte, meinte ich auch in dieser Hinsicht „selbstständig" agieren zu können. „Roter Faden Sehnsucht" – so lautete der Titel einer neuen Aufführungsserie, die leider ein abruptes Ende nahm!

Ein ganz Großer seiner Zunft vertont meine Texte, die Musiker finden sich im Proberaum ein, es wird intensiv gearbeitet, alle Notenblätter sind verteilt, alle machen sich an die künstlerische Umsetzung, nur für mich beginnt ein Seiltanz. Der Bandleader ist im Jazz zu Hause und alles, was er komponiert, ist hochwertig, aber leider meiner Stimme gegenläufig.

All das, was da erarbeitet wird, klingt avantgardistisch, modern und jazzig, hat aber mit mir, meinen Texten und auch mit meiner Art und Weise, vorzutragen, rein gar nichts zu tun. Nach jedem dieser Treffen zahle ich die Proben-Gagen aus, und dann platzt das Ganze und stürzt in sich ein wie unfertig gebackener Kuchen. Ich stoppe die Produktion, entschuldige mich verschämt … Es ist eine der peinlichsten Situationen während meiner Laufbahn als freischaffende Künstlerin.

Ein weiterer Flop sollte mir für einige Zeit den Mut rauben. Edi Köhldorfer, ein sehr begabter junger Gitarrist, würde mich ab nun begleiten. Wir probten intensiv und es plagt mich noch heute das schlechte Gewissen, denn ich hatte unsere Auftrittsserie in der Kleinkunstbühne Spektakel mangels Erfahrung unglücklicherweise für den Zeitraum der Osterfeiertage angesetzt; der Kartenverkauf war spärlich, eine Vorstellung mussten wir sogar absagen. Deprimiert, traurig, enttäuscht und verzagt, zahlte ich dem Musiker die spärliche Gage für nur zwei Vorstellungen. Er hatte sich sicher mehrere Auftritte mit mir erwartet. Sorry, lieber Edi. Ich verkroch mich und verschwand für einige Zeit von der Bildfläche, wie es mein schwarzer Kater Samy auch immer zu tun pflegte, wenn er vom Kasten herunterfiel und sich schämte.

Kleine besinnliche Unterbrechung
Zur Selbstung
Zur Frischung steht Ihnen ein prächtiges
Buffet zur Fügung
Weiter geht's dann zu Ihrer Bauung
Nach der Pausung
Tschirio

TEIL 5

Friedenszug – Ausstieg – Trennung – 1980er-Jahre

Ich tingelte nun einige Jahre weiterhin mit meinen Produktionen durch die Kleinbühnen in Wien und die allmählich auch in den Bundesländern entstandenen Kulturinitiativen. Als Zugabe sang ich ja jeweils ein „jiddishes lid". Mein Repertoire zu diesem Thema hätte einige Stunden gefüllt, aber diesem Kulturschatz eine ganze Produktion zu widmen, dazu fehlte mir noch der Glauben an das Interesse des Publikums.

Anlässlich des Gedenkens an den im KZ Buchenwald ermordeten, erst sechsundzwanzigjährigen, österreichisch-jüdischen Dichter Jura Soyfer[42] trat ich 1975 gemeinsam mit der Politrock-Gruppe „Schmetterlinge" mit dem jiddischen Partisanenlied „Sog nit keynmal as du gejst dem letzen weg"[43] im Auditorium Maximum der Universität Wien auf. Die Reaktion der Studenten sollte meine Bedenken doch aufweichen. Was Jura Soyfer betrifft, sollte mir dessen Werk während meiner künstlerischen Laufbahn wieder begegnen, aber davon später.

---

42 Der Vater war Industrieller, die Mutter führte ein großes Haus – dem gehobenen Bürgertum entsprechend. Jura und seine ältere Schwester Tamara hatten englische und französische Gouvernanten. 1920 verließ die Familie aufgrund der politischen Verhältnisse die Ukraine und kam über Konstantinopel schließlich im April 1921 nach Wien. Bald danach ließ sich die Familie in Baden nieder, um 1923 wiederum nach Wien zu ziehen. Soyfer besuchte das Gymnasium in der Hagenmüllergasse, Wien III. 1927, nach dem Justizpalastbrand, trat er den Sozialistischen Mittelschülern bei, 1929 begann er für das „Politische Kabarett" der Sozialistischen Veranstaltungsgruppe zu schreiben, ab 1930 publizierte er regelmäßig in der „Arbeiter-Zeitung". Im Mai 1936 führte das „ABC", dessen Hausautor Soyfer wurde, sein erstes Mittelstück „Weltuntergang" auf. Diesem folgten im März 1937 „Die Botschaft von Astoria", im September „Vineta – die versunkene Stadt" und im Dezember „Broadway-Melodie 1492". Die „Literatur am Naschmarkt" brachte im Oktober 1936 das Mittelstück „Der Lechner Edi schaut ins Paradies" heraus. Am 13. März 1938 wurde Soyfer an der schweizerischen Grenze von österreichischen Beamten verhaftet und ins KZ Dachau gebracht. Dort entstand u.a. das berühmte „Dachau-Lied", das Herbert Zipper vertonte. Im September wurde Soyfer ins KZ Buchenwald transportiert, wo er am 16. Februar 1939 an Typhus verstarb. Vater, Mutter und Schwester konnten 1939 nach New York emigrieren. Quelle: Österreichisches Kabarettarchiv, https://www.kabarettarchiv.at/Biografie-Jura-Soyfer, abgerufen am 19.12.2022.

43 Das Lied geht auf den Wilnaer Dichter Hirsch Glik zurück. Die Stadt Wilna (jiddisch Vilne) hatte vor der Shoah eine zu rund 40 % jüdische, jiddischsprachige Bevölkerung, die nach dem Einmarsch der Wehrmacht 1941 im Wilnaer Ghetto zusammengetrieben wurde. Als im April 1943 die Nationalsozialisten verstärkt Juden aus Wilna abtransportierten, tauchte Hirsch Glik unter und ging zu den Partisanen. Hirsch Glik schrieb den Text des Liedes *Sog nit kejnmol* Ende April 1943 unter dem Eindruck des Aufstandes im Warschauer Ghetto zur Melodie des russischen Marsches „Tereks Kosaken-Marschlied" (Терская походная), der von Dmitri Jakowlewitsch Pokrass und seinem Bruder Daniel Jakowlewitsch Pokrass für den 1937 erschienenen sowjetischen Film „Ich, ein Sohn des arbeitendes Volkes" (Я, сын трудового народа, nach dem gleichnamigen Roman von Walentin Petrowitsch Katajew) komponiert worden war. Schnell wurde das Lied zur Hymne der jüdischen Partisanen der *Fareinikte Partisaner Organisatzije* (FPO). Hirsch Glik fiel jedoch im Kampf gegen die deutschen Streitkräfte. Quelle: Wikipedia, https://de.wikipedia.org/wiki/Zog_nit_keynmol, abgerufen am 19.12.2022.

Im Mai 1982 demonstrierten allein in Wien vom Rathausplatz ausgehend 70.000 Menschen friedlich über die Ringstraße gegen eine sich international zuspitzende atomare Bedrohung. Diese Initiative hatte in ganz Österreich Verbreitung gefunden und wurde neben Demonstrationen von vielen Künstlern weitergeführt.

Internationale Stars wie Harry Belafonte, Miriam Makeba, Konstantin Wecker und Abdullah Ibrahim (Dollar Brand) unterstützten diese „Friedenskonzerte". Am 6. November 1982 traten in der Wiener Stadthalle 200 Künstler unentgeltlich vor ca. 10.000 Menschen auf. Parallel zu all diesen Aktivitäten hatte André Heller einen Friedenszug[44] ins Leben gerufen. Da trafen Künstler aus den verschiedensten Sparten zusammen und wir begaben uns gemeinsam auf die Reise durch Österreich. Vom Rocksänger Wilfried über Hansi Dujmic und Wolfgang Ambros bis zur klassischen Sängerin Christa Schwertsig, den Liederlich Spielleuten (eine Folkgruppe) sowie Schauspielerinnen und Schauspielern wie Erika Pluhar, Otto Taussig und Klaus Höring vom Burgtheater und vielen anderen, reicht der Bogen. Als Moderator hatte sich der großartige Schauspieler Erwin Steinhauer zur Verfügung gestellt. Unter dem Titel „Künstler für den Frieden" traten wir mit unseren Gesängen und Mahnungen von Bregenz bis Eisenstadt auf.

HIROSHIMA[45]

Als alles vorbei war
Als wir die Schatten
Der Menschen
In Mauern gebrannt fanden
Als Zeugnis des Infernos
Zählten wir die Toten
In Hiroshima und Nagasaki
Und es waren viele
Zu viele

---

44 Notizen zur Friedensbewegung von Irene Suchy, erschienen in der Tageszeitung „Die Presse" vom 3. November 2007. **„Latzhosen und Lange Haare"**. Am 16. November 1982 wurde der Verein Friedensbewegung offiziell angemeldet. Es gab Kundgebungen mit Zehntausenden Teilnehmern, einen Friedenszug mit unterschiedlichsten Künstlern. Quelle: http://www.irenesuchy.org/joomlafile/Publikationen/pressefrieden.pdf, abgerufen am 19.12.2022. Acht Seiten mit Notizen und Beiträgen vom österreichischen Friedenszug im Juni 1983, unter anderen mit Otto M. Zykan, Lena Rothstein, Wilfried, André Heller, Erika Pluhar, Erwin Steinhauer, Konstantin Wecker, Georg Danzer. Quelle: https://margit-niederhuber.com/downlaod/kultur/1983-Friedenszug.pdf, abgerufen am 19.12.2022.

45 Der Ginkgo-Baum war die erste Pflanze, die 1945 nach dem verheerenden Atombombenabwurf auf die japanische Großstadt Hiroshima wieder anfing, gesunde Blätter zu tragen. Quelle: Wikipedia, https://de.wikipedia.org/wiki/Christiane_Eichenhofer_Stiftung#Tour_Ginkgo, abgerufen am 27.04.2022.

Als alles vorbei war
Als wir die Schatten
Der Menschen
In Mauern gebrannt fanden
Als Zeugnis des Infernos
Sahen wir aus Schutt und Asche
Fremdartige Knospen sprießen

Eine Pflanzenwelt
Von erlesener Schönheit
(Degenerierter Auswuchs der Natur)
Schmückte die menschenleeren Wiesen
Zauberhafte Gewächse
Täuschten unserer Fantasie
Eine Hoffnung vor

Auf einer dieser Stationen, in Linz abseits des Geländes der großen Festhalle, am Waldesrand, geschützt durch einen hoch aufgetürmten Holzverschlag, probte ich mit dem Violinisten Herwig Strobl und dessen Kindern ein jiddisches Partisanenlied ein, „Shtil di Nakht is oysgesternt“[46], welches wir gleich anschließend auf der Bühne konzertierten. In einer improvisierten Garderobe probte ich gemeinsam mit den „Liederlich Spielleuten“, dem schottischen Pianisten Steve Ferguson und afrikanischen Perkussionisten die „Legende vom toten Soldaten“ von Bertold Brecht ein, die wir vor einem begeisterten Publikum aufführten. Die Tournee versprach ein voller Erfolg zu werden, spontan gesellten sich im Laufe dieser Gastspiele weitere Künstler aus den verschiedenen Städten hinzu. Die Mischung der unterschiedlichen Stilrichtungen war einzigartig, besonderes Aufsehen erregte Otto M. Zykan, der mit seiner unkonventionellen One-Man-Performance „Ping Peng Peng“ Begeisterungsstürme entfachte.

Ich vermerke erschauernd, an wie viele ich mich erinnere, als wäre es gestern gewesen, und wie viele davon schon von uns gegangen sind. Sie sollen in Frieden ruhen und uns, wo immer sie auch sind, weiter unterstützen.

46 **Hirsh Glik** wurde am 24. April 1922 in Vilnius geboren. Mit sechzehn Jahren gründete er mit jungen jüdischen Literaten die Gruppe „Yungvald“. *„Shtil di Nakht is oysgesternt“* widmete er Vitka Kempner, die in einem mutigen Sabotageakt einen Wehrmachtszug mit Waffen an die Ostfront in die Luft gesprengt hatte. Glik wurde im September 1943 verhaftet und in das Lager Goldfilz deportiert. Es wird berichtet, dass er unter den grausamen Lebensbedingungen der Lager weiter Texte verfasst hat, doch ist nichts von ihnen erhalten geblieben. Im Juli 1944, kurz vor dem Heranrücken der Roten Armee, gelang Glik mit 40 Mitgefangenen die Flucht in die umliegenden Wälder zu einer Gruppe von Partisanen, wo er in einem Kampf mit Deutschen getötet wurde. Quelle: Gedenkorte Europa 1939-1945, https://www.gedenkorte-europa.eu/de_de/article-hirsh-glik-1920-ndash-1944.html, abgerufen am 19.12.2022.

An einem der vielen Auftrittsorte, es war in Salzburg, beschlossen Mitglieder der KPÖ, die sich diesen freien, überparteilichen Veranstaltungen angeschlossen hatten, einzugreifen. Mit fadenscheinigen Argumenten versuchten sie unsere im kreativen Prozess entstandene, auch für späterhin wertvolle künstlerische Zusammenarbeit zu unterbinden. Als wir nach einem unserer umjubelten Auftritte von der Bühne gingen – es waren überall riesige Zelte und Hallen für unsere Gastspiele freigestellt worden –, erfuhren wir, dass eine Programmänderung geplant sei. Es war einer der kommunistischen Funktionäre (die eigentlich niemand gebeten hatte, dabei zu sein), einer von denen, dessen Namen ich nicht nennen möchte, der mir erklärte, dass die „Legende vom toten Soldaten" von Bertold Brecht bei der nächsten Vorstellung nicht mehr von uns aufgeführt werden sollte. Man hätte diese dem Burg-Schauspieler Klaus Höring als Rezitation zugeteilt.

„Warum das?", fragte ich konsterniert und bekam zur Antwort:

„Weil wir arrivierte Protagonisten mit einem höheren Bekanntheitsgrad einbinden sollten. Diese werden unserer Bewegung für den Frieden werbemäßig mehr Reichweite eröffnen. Ihr Jungen werdet noch genügend Gelegenheit bekommen, unsere gerechte Sache zu vertreten."

Ich war sprachlos und den Tränen nah. All unser Einsatz, die Proben, die Kontakte, die da geknüpft wurden, all das für die Katz?

Der Burg-Schauspieler Klaus Höring stand bei einem unserer Auftritte hinter der Bühne, applaudierte uns nach unserem Abgang wohlwollend, und indem er sich zum Glück vehement weigerte, diese „Umbesetzung" mitzumachen, stellte er sich gegen den in seinen Augen absurden Änderungsplan.

Wir zogen also weiter von Bühne zu Bühne. Erwin Steinhauer sang das Lied „Auf einen Schlag" von Arthur Lauber, André Heller gemeinsam mit Wolfgang Ambros den Bob-Dylan-Hit „Forever young – für immer jung" auf Deutsch und die Kommunisten hielten während unserer Auftritte ihre mit Hammer und Sichel versehenen roten Fahnen vor der Bühne hoch. Alle anderen Gruppierungen und Organisatoren, wie Othmar Karas von der jungen ÖVP als auch Josef Cap von der SPÖ und viele andere, auch der spätere Bundeskanzler Gusenbauer, blieben bescheiden im Hintergrund. Alle hatten sich an das Motto gehalten, hier überparteilich zu agieren. Allmählich wurde es mir wieder einmal im Brustkorb immer enger. Ich fragte mich, ob diese „politische Heimat" tatsächlich meiner Vorstellung von Zugehörigkeit entsprach. „Lässt du dich von diesen Unbelehrbaren ans Gängelband nehmen?", fragte mich mein „geläuterter" Vater, als ich mich bei ihm ausweinte. „Haben die noch immer nicht kapiert, wie mit Themen, die alle Menschen angehen, umzugehen ist? Diese Wichtigmacher, die sich vordrängen, alles an sich reißen, euch Künstler einverleiben wollen, um euch ganz schnell wieder fallen zu lassen.

Die den Prager Frühling mit Gewalt zerstörten! Und nichts, aber auch gar nichts dazugelernt haben seit 1968, dem Einmarsch der sowjetischen Machthaber in die Tschechoslowakei." Wie recht er hatte, ich verließ nicht lange nach diesen Erfahrungen die KPÖ, die unbedeutend bis heute im Nirwana verschwimmt, und so wie es meiner Mutter einstmals ergangen war, verlor auch ich zu einigen mir wertvoll erschienenen Freundschaften die Verbindung.

Ein berührendes Ende unserer improvisierten Tournee fand nahe von Linz in einem Jugendheim statt. Unter anderen (alle kann ich nicht aufzählen, sorry) hatten sich Künstler wie Sigi Maron, Ludwig Hirsch, Maria Bill, Hans Theessink und der charismatische französische Barde Maxime Le Forestier, der extra aus Paris angereist war, unserem Friedenszug angeschlossen. Einige Künstler hatten sich schon auf den Heimweg begeben. Wir, die noch zahlreich Verbliebenen, saßen eng aneinandergereiht an langen Holztischen, man hatte uns einen kleinen Imbiss serviert und nun sollte in diesen Abendstunden der Abschied nahen, die letzten Mitwirkenden sich ebenfalls auf die Heimreise begeben. Busse und private Fahrgelegenheiten standen schon parat, langsam ging die Sonne unter, das Licht im kargen Speisesaal wurde rötlich-dämmerig, es herrschte eine etwas bedrückte Stimmung, wann würden wir je wieder so zusammenkommen? Da packte Maxime Le Forestier seine Gitarre aus, stimmte einige Takte einer Melodie an, einer der Musiker nahm ein Messer und ein anderer eine Gabel, sie klopften an den Gläsern und Tellern den Rhythmus mit, andere packten nun ebenfalls ihre Instrumente aus, und leise, immer konkreter stimmten immer mehr Anwesende ein. Es waren an die vierzig bis fünfzig Personen beteiligt, Musiker, Sänger, Schauspieler, Organisatoren, freiwillige Helfer, Männlein wie Weiblein, die bis in den Morgen zu einer nicht enden wollenden Jam-Session abhoben.

Mein damaliger Liebster, der mir nachgefahren war, hatte sich zu uns gesellt und bedrängte mich mit seiner Eifersucht, die wieder einmal – wie schon so oft – ins Unermessliche stieg. Die Heimfahrt in meinem R5 trat ich ohne ihn an. Vor dem sich leerenden Parkplatz stand er noch lange in der nun wieder aufgehenden Sonne auf der Straße, und ich sah ihn im Rückspiegel immer kleiner werden, bis er nach der ersten Kurve aus meinem Blickfeld verschwunden war. Kurze Zeit später trennten wir uns, ich zog aus und war wieder einmal wohnungslos!

Da ist noch Bitterkeit
wenn ich dich seh
bitte geh

Tunesienreise – Enttäuschung – 1983

In meinem Bemühen, mir ein privates Glück in Zweisamkeit, Eintracht und Nachhaltigkeit zu schmieden, versagte ich kläglich. Aber wie sonst hätte ich interessante Menschen kennengelernt, hätte ich nicht gewagt, mich über Konventionen und Vorurteile hinweg in Abenteuer zu stürzen? Mit einigen Freunden und Khaled, der unsere kleine Truppe anführen sollte, planten wir eine Entdeckungsreise in dessen Heimat, nach Tunesien, weitab von touristischen Attraktionen. Khaled hatte ich bei meiner Freundin Lore in der Bäckerstraße kennengelernt. Meine Cousine Annie, wir waren inzwischen unzertrennlich, verliebte sich Hals über Kopf in ihn, dessen blitzende grüne Augen sie in ihren Bann zogen. Selten konnten Männer ihr widerstehen, doch unser Khaled war anderwärtig engagiert – er trauerte einer großen Liebe nach, und so war die geplante Reise eine schöne Ablenkung für ihn. Annie ließen wir zu Hause. Zu Bounty, unserem Poeten aus Bremerhaven – einem Studienfreund unseres Reiseführers, den es auf den Spuren Franz Kafkas nach Wien verschlagen hatte – und seiner Freundin Elis, einer jungen Puppenspielerin und Grafikerin aus Wien, gesellte sich André, der einstmals in Polen ein umschwärmter Philosophieprofessor gewesen war und sich nun in Wien mit einer Handelsfirma, Import und Export von Champignons, über Wasser hielt. Als Gastgeber sollte nun Khaled – studierter Soziologe, der freiberuflich für den Hörfunk arbeitete und mit dem Handel antiker Kelims sein Brot verdiente – unsere bunte Gruppe begleiten.

Der Beginn unserer Reise war etwas holprig. André, Bounty, Khaled und Elis waren Tage zuvor in Andrés nagelneuem Auto von Wien aus losgefahren. Ich hatte noch einige Auftritte zu absolvieren und kam später mit dem Flugzeug nach.

Am Flughafen in Wien hatte es bei meinem Start 12 Grad minus, bei meiner Ankunft in Tunesien hatte es circa 30 Grad plus. Mir war schwindlig, es war eine lange Reise gewesen mit Zwischenlandung in Tunis, wo ich einige Stunden Aufenthalt hatte. Ich schloss mich dort nichtsahnend vier deutschen Touristinnen mittleren Alters an, die mich einluden, mit ihnen auf den Markt zu gehen. Sie kamen, wie sie erzählten, jeden Sommer hierher.

Als uns eine Schlange lästiger, kichernder und feixender Herren aller Altersstufen folgte, bemerkte ich, dass eine der Damen unter ihrem Sommermantel, den sie nun lässig über den Arm geschwungen hatte, ein durchsichtiges, weißes Nylonspitzenkleid anhatte. Man sah ihr bis auf die Unterwäsche, direkt auf den nackten Bauch und ihre schwabbeligen Schenkel. Sie wiegte sich in den Hüften, möglicherweise wollte sie eine orientalische Bauchtänzerin imitieren. Ihre hölzernen Bewegungen muteten eher peinlich an, die Männer johlten und pfiffen. Geistesgegenwärtig hielt ich ein vorüberfahrendes Taxi an, stürzte mich hinein und ließ mich schnurstracks zurück zum Flughafen fahren. Dort kaufte ich mir am Kiosk die Autobiografie von Joan Baez in französischer Sprache und ließ während der Lektüre all ihre wunderbaren Songs mental in meinem Kopf vorbeiziehen. Ich stieg dann in den Flieger nach Houmt Souk und freute mich auf das Wiedersehen mit meinen Freunden.

Sie holten mich gemeinsam mit Khaleds Schwager vom Flughafen ab, sie hatten Andrés Auto in Gabès bei Khaleds Familie stehen gelassen. Blass und mit ernster Miene schienen sie gar nicht erfreut, mich zu empfangen, und benahmen sich seltsam. Es stellte sich heraus, dass sie von der Polizei verhaftet worden waren und quälende Stunden im Gefängnis verbringen mussten.

Elis hatte in ihrem Pass einen israelischen Stempel, was die Polizeibeamten dazu veranlasste hatte, sie mehrmals unter blendenden Scheinwerfern zu verhören. Aufgeregt berichtete Elis, die noch ziemlich verstört war, wie diese Befragung vor sich gegangen war:

„Sagen Sie es uns! Was haben Sie in Israel gemacht? Was wollen Sie in unserem Land? Arbeiten Sie für Israel?“, so weit der drohende Beamte. Auch die Freunde wurden befragt. Khaled wurde von der Gruppe getrennt. Aus Nebenräumen waren Schläge und Schreie zu hören. Die Befürchtung, dass Khaled der Geschlagene war, hat sich zur Erleichterung aller nicht bewahrheitet. Es war ein Betrunkener, der von den Beamten misshandelt wurde.

Zum Glück konnte Khaled Kontakt mit seinem Schwager aufnehmen – er war ein einflussreicher Polizeichef – und nach langem Verhandeln wurden alle vier durch dessen Intervention entlassen.

Dieses bedauerliche Missverständnis über den Zweck unserer Reise war nun bereinigt: Ich hatte zum Glück kurz zuvor einen neuen Reisepass beantragt, da mein alter abgelaufen war (da wären einige israelische Ein- und Ausreisestempel aufgeschienen), und wurde daher nicht behelligt.

Khaled hatte in weiser Voraussicht ein offizielles Papier, ausgestellt von der Redaktion des Radiosenders Ö1, vorzeigen können. Nach stundenlangem Hin und Her und banger Wartezeit war letztendlich alles aufgeklärt und unserer Expedition stand nichts mehr im Wege. Es war dies der vertragliche Auftrag für ein Reise-Feature durch Tunesien.

Wir mussten uns nur noch bei einer tunesischen Behörde eine offizielle Genehmigung für unsere Interview-Arbeit einholen, um nicht wieder in Schwierigkeiten mit eifrigen Polizeibeamten zu kommen.

Man brachte uns zu einem Amtsgebäude, einem einschüchternden, mehrstöckigen, hohen, dunklen Haus. Dort führte man uns in einen Raum mit schäbigen Holzbänken ohne Rückenlehne, die links und rechts vor einem Schreibtisch standen, auf denen wir Platz nehmen mussten. Man ließ uns etwa fünfzehn

Minuten warten, dann ging ein kleines Schiebefenster am Ende des Saales auf und Papiere wurden zu uns hereingereicht. Nun führte man uns in das nächste Stockwerk. Dort befand sich ein identischer Raum, allerdings waren die Holzbänke gepflegter und hatten Rückenlehnen. Wieder wurden nach etwa fünfzehn Minuten aus einem Schiebefenster Papiere gereicht und wir wurden wieder ins nächste Stockwerk geleitet, in einen identischen Raum, nur standen hier etwas bequemere braune Plastikstühle. Dieses Ritual wiederholte sich noch bis hinauf in den letzten Stock, nur dass wir dort auf goldenen, rotgepolsterten Leder-Fauteuils Platz nehmen durften. An den Wänden hingen Bilder. Offenbar waren wir nun in der Chefetage. Eine Türe öffnete sich und ein gepflegter Herr in feinstem Seidenanzug begrüßte uns äußerst höflich. Er bot uns freundlich arabischen Kaffee und gebrannte Mandeln an und übergab uns schließlich eine offizielle Genehmigung für Interview-Aufnahmen in seinem Land.

Nun ging es endlich zu Khaleds Familie. Die Fahrt war äußerst unbequem, zuerst auf einer überfüllten Fähre von der Insel Djerba hinüber zum Festland, von dort kutschierte uns Khaleds Schwager, der uns in seinem Kleinbus chauffierte, bei offenem Fenster auf schlechten, staubigen Straßen nach Gabès.

Erschöpft kam ich endlich am ersten Ziel meiner Reise an.

Das zweistöckige, lehmfarbige Haus, in dem unser Freund das Licht der Welt erblickt hatte, steht an einer schmalen Straße; der Vorhof zum Teil Lehmboden, die Küche gemauerte Kochstellen, alles sehr einfach. Die Mutter, Nayla, in prächtigem langen Gewand, die Haare, die unter ihrem locker geschlungenen Kopftuch hervorschauen, Henna-rot gefärbt, die Schwestern eine hübscher als die andere, begrüßen mich freundlich, während eine Schar Kinder in allen Altersstufen um Onkel Khaled herumtanzt und mir strahlend die Geschenke zeigt, die dieser bei der Ankunft vor drei Tagen verteilt hat.

Die Gesichtszüge von Khaleds Mutter gleichen mit ihren schwarzen Mandelaugen und den hohen Backenknochen ein wenig denen meiner Mutter, die vor kurzem gestorben war. Nicht nur bedingt durch das Unvermögen, sich sprachlich auszutauschen, fühle ich mich allmählich von ihr heimlich beobachtet, während sie mich gleichzeitig ignoriert. Erst kurz vor meiner Abreise werde ich die Ursache für ihr unnahbares Verhalten erkennen.

Am Abend kommen noch die Brüder und weitere Schwager einer nach dem anderen von der Arbeit nach Hause, alle sehr höflich uns gegenüber.

Beim gemeinsamen Essen hocken wir alle am Boden rund um die großen Schüsseln, in die frisches Fladenbrot getunkt wird und aus denen mit den Händen geschickt Fleischstücke herausgefischt werden. So appetitlich, wie man uns das vorzeigt, vollbringen wir das natürlich nicht.

Nachdem alles weggeräumt ist, wird vor dem Fernsehgerät mit den Kindern gekuschelt, bis sich dann alle für die Nacht zurückziehen.

Am folgenden Tag, nachdem wir versucht hatten, uns auszuschlafen, wurden wir um fünf Uhr Früh von einem durch Lautsprecher über die ganze Stadt verstärkten, auf Tonband gebannten Allahu-Akbar-Ruf geweckt.

In mein Reisetagebuch notiere ich:

„Nachmittag schließen Elis und ich uns der am Boden sitzenden Runde von Khaleds Schwestern, Nichten und Neffen an. Kleine Buben dürfen an der Seite der Frauen bleiben, sobald sie größer sind, ist es nur mehr die Männerrunde, an der sie teilnehmen.

Gemütlich kauern wir auf Schaffellen und bunten Teppichen um ein großes Tablett, das auf kleinen geschmiedeten Füßchen steht. Darauf ist ein Behälter aus Ton, gefüllt mit glühender Holzkohle, brodelndes Wasser, verschiedene Kannen, Gefäße mit Zucker, Mandeln und Minze. Ein geheimnisvolles Ritual hebt an: Der Tee wird gereicht.“

Mit dieser Schilderung hätte ich gerne unsere Radioreportage eingeleitet, unterlegt mit unseren bis dahin hoffentlich erfolgreich getätigten Musikaufnahmen, den Gesängen der Einheimischen. Aber am Ende der Reise war klar: Khaled würde dieses Feature, zu dem ich als Mitautorin eingeladen war, im Alleingang erledigen. Unsere Diskussionen über die Stellung der Frauen in seinem Land hatten zu sehr meine Befindlichkeit ihm gegenüber getrübt. Wir wurden uns leider nicht einig.

Aber vorerst starteten wir entdeckerfreudig und erlebnishungrig unsere Erkundigungen. Wir fuhren zu den entlegensten Stätten. Durch die Fenster einer kleinen, unscheinbaren Moschee, in die Elis und ich als Frauen nicht hineindurften, sahen wir die blutverschmierten Wände, wo Derwische sich angeblich in verbotenen Ritualen selbst züchtigen. Mit vorgehaltener Hand flüsterte uns der Fremdenführer vor Ort Hintergrundinformationen zu. Wir verstanden bedingt durch sein schlechtes Englisch kein Wort und Khaled hüllte sich demonstrativ in Schweigen. Das Thema war hiermit beendet.

An einem anderen Tag waren wir mit Andrés Auto (dieses hatte die Reise nur mit vielen Schrammen überlebt) wieder im Lande unterwegs und gerade als wir eine Pause einlegen mussten, um den überhitzten Motor abkühlen zu lassen, winkte uns ein alter Mann zu. Er lud uns höflich in sein Haus ein, wir waren neugierig und kamen gern mit.

Es war eine typische Berberhöhle. Für mich war es die erste Behausung dieser Art, die ich sah. Er lebte dort mit einer jungen Frau, seiner Tochter, wie sich bald herausstellte, und seinem kleinen Enkelsohn.

Stolz führte man uns durch die ineinander übergehenden hohen Räume, die überraschenderweise kühl und von Licht durchflutet waren.

Die Frau bot uns Tee an und lud uns zum Essen ein. Khaled lehnte ab und wollte, dass wir besser am nächsten Tag wiederkämen, wir würden Lebensmittel mitbringen. Das wäre durchaus üblich, erklärte er uns, und sollte nicht den Stolz der Familie verletzen.

So verblieben wir und kehrten am nächsten Tag mit vollen Einkaufstaschen wieder zurück. Die Frau machte sich gleich daran, ein köstliches Eintopfgericht aufs Feuer zu stellen.

Schon am Vortag hatte die Familie eingewilligt, dass wir Tonaufnahmen von den Gesprächen mitschneiden dürften. Während sie die Speisen zubereitete, erzählte die noch junge, hochgewachsene Frau – eine Schönheit, die in Europa als Model wahrscheinlich Millionen hätte verdienen können – aus ihrem Leben.

Ihr Mann war in die Stadt gegangen, er sollte dort auf einer Tankstelle arbeiten und war nie mehr zurückgekommen.

Die Regierung hatte Häuser bauen lassen, erzählte sie weiter, hatte versucht, die Bewohner der Höhlen umzusiedeln. Ihr Vater und sie wollten aber lieber hier leben. Das Klima in der Höhle ist ja viel besser – und sie kostet keine Miete.

„Ist es nicht beschwerlich, hier zu leben?“, fragten wir.

„Ohne Mann ist es schon schwer“, antwortete sie. „Ich kann nicht allein auf den Markt gehen und manche Arbeiten werden für meinen Vater schon zu schwer. Aber ich möchte trotzdem nicht in die Stadt. Wir werden hier bleiben, so Gott will.“

Einige Stunden später, bei einem Besuch in einer abgelegenen, kleinen Teppichmanufaktur, in die keine Touristen je Eingang gefunden hatten, sahen wir verstohlen kichernde, kopftuchtragende und in dieser Hitze bis zum Hals in ihre Gewänder gehüllte junge Mädchen, einige fast noch Kinder, mit dem Rücken zu uns an der Wand eines Felsen kauern. Vor ihnen war ein riesiger hochgestellter Webstuhl installiert, an dem sie ihre Schuss-Schiffchen hin- und hergleiten ließen. Sie durften die Arbeit nicht unterbrechen und auch Fragen unsererseits wurden von den Männern, die die Aufsicht hatten, geflissentlich überhört. Die Mädchen durften jedenfalls kein Wort mit uns austauschen.

Wir konnten nur staunen, als uns wenige Kilometer weiter eine unverschleierte, hochgewachsene Berberin in ihre Höhle einlud. Wir fanden dort einen Biedermeierkasten vor, Messingbetten und Tischchen mit Spitzendecken und an der Wand Fotos von deutschen Fußball-Stars, deren Namen ich leider vergessen habe. Als wir uns schmunzelnd gegenseitig anstießen, stellte sie uns zur Rede. „Wir sollten ja nicht über sie lachen. Wir beteuerten, über ihre Gastfreundschaft erfreut zu sein, und sie zeigte uns, wie sie die Wolle der Schafe auf einer Spindel spann und sang uns dabei mit ihrer schönen gutturalen Stimme ein Lied vor. Ich war wie verzaubert. Dann betraten ihre drei wunderschönen Töchter und deren Vater den Raum. Es war ein matriarchalisch orientierter Berberstamm, dem wir da begegnet waren, in dem die Frauen die Belange des Lebens bestimmen, während die Männer draußen die Tiere hüten und verpflegen.

Eines der schönen Berbermädchen und unser polnischer Freund André verliebten sich auf den ersten Blick ineinander. Sie korrespondierten noch einige Monate auf Englisch – sie hatte eine Schule besucht und hätte gerne ein Studium angetreten. Was aus ihr und aus der angehenden Liebe der beiden geworden war, konnte ich nicht verfolgen, unsere Wege trennten sich bald nach dieser Reise.

André hätte mir auch ganz gut gefallen, doch meine undeutlichen, zaghaften Avancen wurden nicht wahrgenommen.

Bei anderer Gelegenheit lernten wir Youssef, den Dichter und Vorstand eines Berberdorfes, kennen, der sich zu einem Interview bereit erklärte. Nachdem wir in der freien Natur, auf Felsen und Baumstümpfen im Kreis um ihn gruppiert dessen Gedichten höflich gelauscht hatten (wir hatten – bis auf Khaled – kein Wort verstanden), schockierte uns ausgerechnet unser Poet Bounty mit der Frage an den Vortragenden, ob er uns den prozentuellen Niederschlag, sprich Regenanteil im Bezug zur Luftfeuchtigkeit in dieser Region *näherbringen* könne. Nachdem Khaled diese Frage übersetzt hatte und wir das Unverständnis in den Augen des alten Mannes bemerkten, nahm André sein Luftpölsterchen, das er immer mit sich führte, begab sich zu einem in der Nähe stehenden Baum, lehnte sich an den Stamm und ächzte: „Ich gehöre ab nun nicht mehr dazu!"

Wir lachten noch ausgiebig auf der Heimfahrt über die Situation, die Stimmung war gelöst, und als wir Khaled baten, uns doch die Aufnahmen der Lieder und Gedichte, die wir in den letzten Tagen gehört hatten, vorzuspielen, erklärte er uns, dass er das Aufnahmegerät weder in der Wüste noch in den Bergen eingeschaltet hatte. Er hatte vermeiden wollen, dass womöglich Sand und Wind einen Schaden an den teuren Geräten verursachen könnten. Ich war sprachlos und wütend und konnte es nicht glauben!

Am nächsten Tag wurden wir in das Haus von Said, dem Bruder Khaleds, und dessen großer Familie eingeladen, die uns an einem nach westlicher Art gedeckten Tisch herzlich bewirtete.

Eine junge Frau, die Witwe eines in Paris bei einem Verkehrsunfall verunglückten Cousins von Saids Frau, und deren Kinder, die gnadenhalber dort wohnen durften, wurden offensichtlich ignoriert. Bei all der für uns bezeugten Gastfreundschaft durfte die junge Mutter mit ihren Mädchen nur am Rande dabei sein.

Die traurigen Augen dieser schönen Frau, deren eigenes Leben nach dem

Tod ihres Mannes nun nichts mehr wert war, und die verschämten Blicke ihrer beiden Kinder zerrissen mir fast das Herz. Welch ein Gegensatz zu der offen gelebten Fröhlichkeit uns gegenüber! Man hatte einige Gänge an herrlich duftenden Köstlichkeiten aufgetischt, wir wussten nicht, wo zuerst zuzulangen, und waren insgeheim erleichtert, einmal nicht auf dem Boden zu hocken, sondern wie gewohnt auf Sesseln zu sitzen und mit Messer und Gabel zu essen.

Unvermutet, nach knapp zwanzig Minuten, drängte Khaled plötzlich zum Aufbruch. Er hatte am anderen Ende der Stadt einen Termin für Aufnahmen mit einer tunesischen Musikgruppe vereinbart; es täte ihm leid, aber wir sollten dort pünktlich erscheinen. Nicht nur unsere Gastgeber waren perplex, auch wir konnten diese Unhöflichkeit nicht fassen und mussten uns bedauernd, tausendmal entschuldigend, verabschieden. Khaled wollte ein Publikum dabeihaben, wegen des Beifalls auf den Aufnahmen, so gab es für uns kein Entrinnen.

Wir wurden in einen Kleinbus verfrachtet und saßen bald darauf vor einer Gruppe großartiger Musiker, die in einem mit Teppichen abgedichteten dunklen Raum aufspielten, als koste es das Leben. Die Fenster waren ebenfalls verhangen – wegen der Akustik, wie wir im Nachhinein erfuhren. Wir applaudierten höflich, in Gedanken bei dem festlichen Mahl, an dem wir bedauerlicherweise nur die Vorspeisen hatten verkosten dürfen.

Khaled hatte diesen vertrauensseligen Musikern in Aussicht gestellt, anhand dieser Aufnahmen Konzerte in Wien für sie zu organisieren. Davon war aber nie mehr die Rede, die Tonbänder wurden später von Khaled als Hintergrund für das Radio-Feature eingespielt, mehr kam da nicht zustande.

Mit den Schwestern Khaleds ging es für Elis und mich an einem der folgenden Tage ins Hamam. In diesem schummrig-heißen, schwer duftenden Raum, schmierten sich die Frauen, in leichte Unterhemden gekleidet, plaudernd und kichernd gegenseitig Henna in die Haare. Elis und ich wurden von hilfreichen Händen eingeseift und geduscht und konnten uns nur schwer erwehren, ebenfalls mit rot getöntem Haar nach Hause zu kommen.

Der Höhepunkt dieses Hamam-Besuches war, dass ich mich wie eine Puppe auf dem Schoß einer dunkelhäutigen, fülligen Masseurin wiederfand. Ich wurde von ihren flinken Händen mit einem festen Schwamm abgeribbelt und hin- und hergerollt, meine Gliedmaßen wurden geschickt um mich geschlungen und gleich wieder entwirrt. Ich konnte gar nicht anders, als all dies geschehen zu lassen. Jedenfalls fühlte ich mich nach dieser ungewohnten, aber angenehmen Prozedur wie neu geboren.

Als einer der feierlichsten Programmpunkte, an dem wir teilnehmen durften, war ein dreitägiges Hochzeitsfest vorgesehen, das unsere Sinne berauschen sollte.

Der nicht mehr junge Bräutigam konnte Deutsch, da er zwanzig Jahre in Deutschland gelebt und gearbeitet hatte und es auf diesem Wege zu einem für tunesische Verhältnisse wohlhabenden Mann gebracht hatte. Er konnte es sich nun leisten, eine junge Frau zu heiraten.

Ob er sich in Deutschland einsam gefühlt hatte, wollten wir wissen.

Da kämpfte er mit den Tränen. „Ich hatte in diesen Jahren eine deutsche Freundin, die ich sehr liebte."

„Warum heiratest du dann eine andere?", wollten wir wissen.

„Ich kann doch keine Deutsche heiraten und außerdem ist sie zu alt. Ich bin ja nur nach Deutschland gegangen, damit ich genug Geld verdiene, um mir hier ein Haus zu bauen und eine Frau zu nehmen und eine eigene Familie zu gründen. Die Braut hat meine Familie hier in Tunesien für mich ausgesucht."

Diese sehr junge Braut saß blass und mit stark geschminkten, schwarz umrandeten Augen unter einem kleinen Baldachin. Ihr wurden von den singenden Frauen um sie herum in einer Zeremonie die Hände mit Henna bemalt und sie starrte dabei sichtlich unglücklich vor sich hin.

Abends, als in dem mit glitzernden Girlanden geschmückten Hof die Musiker mit großem, ohrenbetäubenden Trara und Getrommel loslegten und unter dem Sternenhimmel das Tanzfest anhob, waren wir in freudiger Erwartung dabei.

Vortänzer, die mit geschmeidigen Bauchtanz-Bewegungen zum Tanz aufforderten, fischten einzelne Gäste mit einem Tuch ein und umschmeichelten sie gekonnt im Rhythmus der Musik.

Weder Elis noch ich bemerkten in dem schummrigen Licht, dass da keine Frauen anwesend waren. Als wir den Aufforderungen der Männer, mit ihnen zu tanzen, nachkamen, war es fast zu spät. Wir hatten uns ja „deklariert", nun waren wir Freiwild, europäische Huren. Sie fingen an uns zu betatschen und uns enger und enger an die Wand zu drücken. Khaled saß da und beobachtete uns grinsend.

Ich machte mich blitzschnell frei, indem ich wütend das Knie anhob, und der zudringliche Tänzer ließ mich los, bevor ich ihn in seine Weichteile traf. Ich packte Elis an der Hand und wir flüchteten ins angrenzende Zelt, wo wir die Braut und die Frauen vorfanden, die uns fröhlich in ihren Kreis aufnahmen. Wir tanzten und lachten mit ihnen bis in den frühen Morgen.

Am nächsten Tag zogen wir inmitten einer johlende Menge durch den Ort und ich traute meinen Augen nicht:

Ich hatte zwar davon gehört, aber dies mitzuerleben, war doch erschreckend. Ein blutbeflecktes Leintuch wurde auf einem Balkon, für die Menge gut sichtbar, hoch über unseren Köpfen aufgehängt.

„Wehe, wenn die Braut keine Jungfrau gewesen wäre", dachte ich mir bestürzt. Man versicherte mir, dass dem Bräutigam für den Notfall Hühnerblut mitgegeben wird! Konsterniert beobachtete ich, wie das Leintuch geschwenkt wurde; das Gekreische, die schrillen Zungentriller, die Tröten und die Trommelwirbel setzten zu einem Furioso an … und dann – als hätten sie alle zugleich ausatmend einen gemeinschaftlichen genussvollen Orgasmus erlebt – wurde schweigend der Weg nach Hause angetreten.

Am nächsten Tag luden mich zwei Nichten Khaleds ein, mit ihnen ins nahe gelegene Warenhaus zu gehen. Dort konnte ich beobachten, wie diese jungen Mädchen, hinter Mauerecken und Säulen versteckt, zwischen Kleiderständern, hochgehängten Ledertaschen und aufgestellten Spiegeln mit flanierenden jungen Männern verstohlene Blicke tauschten. Einer von ihnen kam lächelnd näher und spuckte mir vor die Füße. Es hatte sich im Ort herumgesprochen: „Da ist eine Jüdin bei Khaleds Familie zu Gast."

Als ich die beiden Mädchen, die mir am Abend vor meiner Heimreise heimlich auf dem Flachdach, nachdem sie sich vorsichtig umgesehen hatten, ihre Tanzkünste vorführten, fragte, wie sie sich ihre Zukunft vorstellten, erfuhr ich: Die eine war fünfzehn Jahre alt und ihre Schwester gerade zwölf geworden, und sie träumten beide davon, Medizin zu studieren, aber vorerst würden sie auf jeden Fall, so hofften sie, zum Militär eingezogen.

„Warum das?", fragte ich erstaunt.

„Um gegen Israel zu kämpfen."

Da meine Flugkarten separat ausgestellt waren, erfolgte auch mein Rückflug drei Tage später. So blieb ich, nachdem meine Freunde abgereist waren, noch einen Tag länger bei Khaleds Familie. Nun gab es keine gemeinsamen Mahlzeiten mehr, keine Tee-Rituale, provokant servierte man mir mein Essen in einem schmalen, dunklen Vorraum, wo gerade ein Sessel und ein kleines Beistelltischchen Platz fanden. Radebrechend erklärte man mir, dass ich doch sicher lieber allein essen würde. Ich wurde ostentativ isoliert. Später erfuhr ich, dass Khaled seine Mutter, um von dieser nicht mehr zu einer Heirat mit einer Einheimischen gedrängt zu werden, in dem Glauben gelassen hatte, mit mir eine Verbindung anzustreben. Eine Jüdin in der Familie? Das wäre unzumutbar gewesen! Unzumutbar wäre für mich eine Verbindung mit Khaled schon aus anderen Gründen gewesen.

Am nächsten Morgen fuhr mich Khaleds Schwager auf die Insel Djerba nach Houmt Souk zum Flughafen. Wieder ein Tag des Wartens. Ich checkte in einem Touristenhotel ein. Es war am Meer gelegen, ein wunderschönes Areal, nur hatte ich die Rechnung ohne den Wirt gemacht. Eine alleinstehende Frau! Juchuuhhh! Alles, was Hosen anhatte, vom Kellner über den Rezeptionisten bis zum Kofferträger – alle waren sie anzüglich, frech und unhöflich.

Ich hatte vorgehabt, den Tag zu nützen, um hier auf Djerba die berühmte, im maurischen Stil erbaute, älteste in Nordafrika erhaltene sephardische Synagoge zu besuchen. Als ich mich vor dem Hoteleingang an der Bushaltestelle einfand, wurde ich von allen Seiten belästigt oder zumindest angesprochen. Offenherzige Touristinnen hatten in Tunesien leider einiges an Kontaktgelegenheiten ermöglicht, die den dortigen Männern, die an einheimische Mädchen schwer herankamen, Türen und Sonstiges geöffnet hatten.

Ich war dem Stress nervlich nicht gewachsen, kehrte um und setzte mich an die zum Hotel gehörende Strandbar. Nachdem ich, um weitere Anzüglichkeiten zu vermeiden, bei meiner Bestellung des obligaten süßen Thé à la Menthe verkündet hatte, dass mein Ehemann und meine fünf Kinder, drei Buben und zwei Mädchen, am kommenden Tag einchecken würden, hatte ich meine Ruhe. Ich ordnete meine aufgewühlten Gefühle und Gedanken und trug meine Reiseerlebnisse und Eindrücke in das kleine Notizbuch ein, das ich immer bei mir trage.

Die einmalige Gelegenheit aber, „La Synagogue El Ghriba“[47] zu besichtigen, hatte ich durch diese leidigen Umstände leider verpasst. Jene Synagoge, in die einige Jahre später, am 11. April 2002, ein Selbstmordattentäter mit einem Lastwagen, dessen Tank mit fünftausend Liter Flüssiggas gefüllt war, in voller Geschwindigkeit hineingefahren war, um diesen inmitten der zahlreichen Besucher zur Explosion zu bringen. Mehr als zwanzig Menschen waren auf der Stelle tot und wie viele der schwerverletzten Männer, Frauen und Kinder überlebten, ist nicht dokumentiert. Bekannt hatte sich zu diesem terroristischen Anschlag die al-Qaida. Manche der damals zu einigen Jahren Haftstrafe verurteilten Mittäter sind heute wieder auf freiem Fuß.

---

47 Ein einzigartiges religiöses Bauwerk ist die jüdische **„La Ghriba“ (auch El-Ghriba)-Synagoge auf der Insel Djerba** in Tunesien. Sie ist weltweit die älteste Synagoge außerhalb Israels. Eine Legende besagt, die Errichtung der Synagoge gehe auf die Flucht der Hohepriester nach der Zerstörung des salomonischen Tempels durch die Babylonier unter Nebukadnezar II. im Jahre 586 v. Chr. zurück. Die Hohepriester sollen eine Tür und einen Stein des Altars des zerstörten Tempels mitgebracht haben. Heute können die Besucher einen Stein betrachten, der in eines der Gewölbe der Synagoge eingegliedert wurde und der als Bindeglied zwischen Jerusalem und der jüdischen Diaspora angesehen wird. Die Synagoge wurde nach einer geheimnisvollen Frau benannt, der Heiligen La Ghriba (= die Wundertätige), über die es ebenso viele Legenden gibt. Quellen: (1) Travelcontinent, https://travelcontinent.at/la-ghriba-synagoge-auf-insel-djerba-tunesien/, abgerufen am 20.12.2022; (2) Wikipedia, https://de.wikipedia.org/wiki/El-Ghriba-Synagoge, abgerufen am 20.12.2022.

Das Lied vom Kirschbaum (Alles bewegt sich)

Nach zeitenlangem Schweben
Stehen die Bäume
Auf ihrem Platz
Das Abendlicht inhalierend
Wenn der dichte Staub kommt
Ist es zu spät
Und die Blütenfülle
Wiegt sich im Sturm
Und wird zum Ende verweht

Refrain: Alles bewegt sich
Und ich will mir mein Leben
Noch geben
Und den vollen Kirschbaum
Nicht verspielen

Und ich will mir mein Leben
Noch geben
Doch ein Flatterwind
Verströmt mir das Lied
Das alles überbrückt
Und von Ferne ziert
Ein Funkelstern helle
Die brechende Welle
Als die Glocke erklang
Kam die Taube zurück

Refrain: Alles bewegt sich
Und ich will mir mein Leben
Noch geben
Und den vollen Kirschbaum
Nicht verspielen

Und ich will mir mein Leben
noch geben
Meine Lust mit euch teilen
Eure Freude verstehn
Eventuell wird das gehn
Eventuell man wird sehen

Refrain: Alles bewegt sich
Und ich will mir mein Leben
Noch geben
Kommt wir wollen
mit den wilden Rosen ziehen
Und den vollen Kirschbaum
Nicht verspielen

Erinnerungsschnipsel aus dem Dachboden-Chaos

Zu Hause erwartet mich die Stille eines Spätsommerabends. Meine beiden Katzen fremdeln, ich werde wieder Tage brauchen, bis sie mich begrüßen kommen. Sind Katzen beleidigt, wenn man sie allein lässt? Sie wurden gefüttert, aber wer hat sie gestreichelt, wen konnten sie herzen? Sie spielen miteinander, rasen durch die Zimmer, schmeißen alles herunter – was sonst gar nicht ihre Art ist – und ignorieren mich. Ich habe alle Hände voll zu tun, putze ihre Kistchen, stelle das Futter auf den kleinen Klopf-Balkon, lasse die Türe offen die ganze Nacht, sie schnuppern draußen herum und Todesängste verfolgen mich. Und wenn Amoma wieder hinunterspringt, dem kleinen Vogel nach, der sie schon wieder neckt? Und wenn der Samy wieder übers Geländer klettert, der Neugierige? Aber ich lasse ihnen die Freiheit. Wie sollte ich sie denn sonst versöhnen? Nach ein paar Tagen habe ich sie wieder so weit. Ich liege auf der Couch, beide Katzen auf mir, die Schnauzen vergraben im Frottee des Bademantels, ich lege die Video-Cassette ein – zum wie vielten Mal? „Les enfants du Paradis – die Kinder des Olymp“ mit Jean-Louis Barrault. Ich heule Rotz und Wasser und wiege mich von meinen beiden Wächtern fürsorglich bewacht in den nächsten Morgen.

Beistand – Nachholzeit – Abschiede – 1985

Krebs ist eine trügerische Krankheit. Während der letzten Monate vor dem Tod meiner Mutter, den wir nun gar nicht mehr erwartet hatten – sie war gut erholt, hatte die Chemotherapien überstanden, es ging eigentlich aufwärts –, saß ich stundenlang an ihrem Spitalsbett, streichelte ohne Unterlass ihre Stirn und ihre Hände. Sie war durchsichtig geworden, immer schöner und zarter. Die Ärzte hatten ihr nach der großen Operation höchstens ein halbes Jahr gegeben. Diesen Schock überwand mein robuster, sportlicher Stiefvater nicht. Wie gesagt, er verfiel nach dieser Diagnose in tiefste Depression und starb kurz danach. Sein schon überwunden geglaubter Darmkrebs war wieder ausgebrochen – oder war es das Herz, das gebrochen war? Sein Tod hatte einer Zweisamkeit für mich Platz gemacht. Endlich hatten meine Mutter und ich wieder zusammengefunden. Alles hatte ich hintangestellt. Es gab nur einen Mittelpunkt, nämlich die Zeit mit ihr zu verbringen, nachzuholen, was wir versäumt hatten. Heilsam für sie und für mich? Und nun sollte ich mich für immer von ihr verabschieden? Sie war erst dreiundsechzig Jahre alt!

Ihr letztes Jahr verbrachten wir in regem Austausch, in Verbundenheit und Erinnerungen, wobei wir uns dennoch nicht aneinanderklammerten.

Es kommt mir vor, als wäre ich erst im Alter von 42 Jahren vor dem Tor zum Erwachsenwerden angestellt. Mein Lerneifer ist ausgebrochen, die verhuschte Schulzeit wird nachgeholt. Es sind die Wochenenden, die ich zu diversen Ausbildungen nutze, alles, was ich ohne längere Unterbrechungen in Wien erledigen kann, nur nicht auf Tournee gehen, einfach in Mamas Nähe bleiben ...

Wie ein Schwamm sauge ich alles auf, was sich da an Interessantem anbietet: asiatische Körperarbeit wie Tai-Chi und Qi Gong, körperorientiertes Stimmtraining, systemisches Aufstellen, ich studiere diverse Kommunikationsmethoden, sammle Zertifikate ein und besuche Feldenkrais-, Alexandertechnik- und Meditationsseminare.

Die zweijährige Ausbildung als Schauspiel- und Stimmbildnerin wird das Fundament sein, als zweites Standbein dienen, als Unterstützung meiner freiberuflichen Musikerinnen-Laufbahn.

Mama reiste im letzten Lebensjahr noch ohne mich nach New York zu ihrer Freundin Naomi und deren Mann Hans Alkalay – zu jenen, die es „geschafft hatten“ – und ich begab mich zu Meditations-Schweige-Wochen nach Scheibbs ins buddhistische Zentrum. Nein, es war keine neue Religion, in der ich Erfüllung hoffte, es waren meine Befindlichkeit und meine Kraft, die ich zu kultivieren suchte. So viel hatte ich schon, wie eine harte Schlangenhaut, Zug um Zug abgestreift. Die neue zarte, weiche Schutzhülle war noch empfindlich, noch ungenützt. Ich musste mich wappnen, denn dann ging es schnell ... „weckt mich nicht auf, ich lieg auf samtenen Polstern und perlenbestickten seidenen Decken, lasst mich doch träumen ...“ Es waren ihre letzten Worte in ihren letzten Tagen, im Sterbezimmer des AKH. Es war schwer, loszulassen.

Immer öfter hatte sie mein Vater besucht, als sie immer wieder geschwächt nach den zahlreichen Chemotherapien noch zu Hause auf dem Sofa ruhte. So bleibt mir das Glücksgefühl in Erinnerung, als ich vom Nebenzimmer aus erleben durfte, wie die beiden stundenlang miteinander plauderten. Was sie da besprachen, konnte ich nicht verfolgen, aber das war auch nicht für mich bestimmt. Sie starb im April 1985.

Nach ihrem Begräbnis nimmt mich mein Papa zu sich nach Hause mit und seine Enkel spielen für mich auf ihren Kinderinstrumenten ihre Kindermusik und er spielt dazu auf der Flöte. Mit Topfdeckeln begleitet das Nachbarskind dieses unperfekte, aber stimmungsvolle Konzert. Scheidung und Verlassenheit? Darüber wird nicht geredet. Es war einfach alles wieder gut.

Vier Jahre später stirbt auch mein Papa. Nie wieder die fröhlichen Skitouren, die vielen Kinderfeste, die ich seinetwegen für all seine Enkerl und Kinder von Freundinnen und Freunden organisierte, nur um mitzuerleben, wie liebevoll er mit diesen kleinen Menschen umging. Seine Spielfreude war ein nie versiegender Quell an Ideen und Ausdauer. Nachdem Peter, sein älterer Sohn, mit achtunddreißig Jahren ganz plötzlich an Herzversagen starb, wurde Papas geliebte Enkeltochter, die knapp zweijährige Nina, vom zweiten Mann ihrer Mutter adoptiert. Wie sollte nun das weitere Treffen mit der Kleinen umschrieben werden? Um Komplikationen aus dem Weg zu gehen, sollte die Bezeichnung Großeltern nicht erwähnt werden. Um eine schmerzliche Trennung zu vermeiden, einigte man sich auf Georg und Hansi, Freunde der Familie, und so sollte es viele Jahre gehandhabt werden. Nina hatte viel später die Wahrheit erfahren, und um sicherzugehen, rief mein Papa sie kurz vor seinem Ableben vom Spitalsbett aus an: „Morgen werde ich nicht mehr hier sein“, meinte er und wollte sich noch versichern, dass sie ihn als ihren Großvater im Gedächtnis behalten würde.

Ich möchte nochmals erwähnen, wie er sich in seiner Sterbestunde an mich wandte: „Um dich hab ich mich nicht genug gekümmert.“ Manchmal genügen wenige Worte.

Amerika – Cliffhouse – Baumhäuser – 1985 bis 1986

Mein amerikanischer Meditationslehrer Norman Rosenberg und seine Frau, die Voice-Trainerin Leeny Sack, Performancekünstlerin aus der berühmten Wooster Group[48], sind meine Meister, so etwas wie Ersatzeltern.

Ein Retreat unter deren Leitung sollte mich nach New York bringen. Vorsorglich buche ich meinen Flug so, dass ich drei Monate bleiben kann, denn wie oft kommt man schon in die Staaten. Ich habe viel vor! Ich besuche dort unter anderen Naomi, die Jugendfreundin meiner Mama, die es geschafft hatte, ihre Eltern nachzuholen. Man führt mich durch die Sehenswürdigkeiten der aufregenden Stadt, lädt mich ins Theater ein, wir besuchen Musicals und Jazzkonzerte! Viel kann sie mir aus ihren heiteren gemeinsamen Jugendtagen mit meiner Mama damals in Wien erzählen, bis ... ja, bis sich deren Wege auf schmerzliche Weise trennten.

Sie und ihr Mann Hans Alkalay (in Wiener Neustadt als Sohn eines jüdischen Weinhändlers geboren) sind mir beide wie nahe Verwandte, und doch ergreift mich ein Hauch von Neid, als ich mitbekomme, wie gut sie es hier haben, wie sie sich mit viel Mühe und Ausdauer eine sichere Existenz aufbauen konnten. Ihre erwachsenen Kinder sind beide, sowohl die Tochter als auch der Sohn, Rechtsanwälte ... wäre das meinen Eltern auch gelungen? Hätte ihre Ehe gehalten hier in Amerika? Oder wäre dann ein anderer mein Papa geworden? Mamas verschmähter Verlobter Poldi? Und wäre dann auch ich eine andere geworden? Ich mache Poldi (Leopold Winter) in Kalifornien ausfindig, mache extra einen Sidestep nach San Francisco, um ihn dort zu besuchen, und finde einen kleinen, zarten, älteren Herrn vor – dichtes, gekraustes graues Haar, höflich distanziert der Blick durch dicke Brillengläser. Er wirkt zerstreut und unverbindlich, als ich ihm von Mama erzähle, und scheint sichtlich froh zu sein, als ich im Cliffhouse, wo wir uns trafen, meinen Orangensaft austrinke und mich verabschiede.

Das Cliffhouse ist ein Café-Restaurant an der Küste, unweit von der Golden Gate Bridge entfernt, und ist ganz oben in schwindelerregender Höhe an ein

48 Die **Wooster Group** ist eine Künstlergruppe mit Sitz in New York City, die Werke für Theater, Tanz und Medien produziert. Wir entwickeln und führen unsere Werke in der Performing Garage in Manhattan, 33 Wooster Street, auf. Darüber hinaus bringen wir sie auf nationalen und internationalen Tourneen auch an andere Spielstätten in New York sowie in andere Theater auf der ganzen Welt. Das Ensemble hat seit Mitte der 1970er-Jahre ein hauptberufliches, fortlaufendes Ensemble. Wir verändern uns ständig. Mit unseren vielen künstlerischen Mitarbeitern haben wir über fünfzig Werke unter der Leitung von Elizabeth LeCompte erstellt und aufgeführt. Unser Engagement, als Ensemble zu arbeiten und außerhalb des kommerziellen Systems selbst zu produzieren, hat es uns ermöglicht, über lange Zeiträume hinweg Werke zu schaffen, die in die Tiefe gehen. Diese Arbeitsweise definiert unsere künstlerische Praxis und die sich entwickelnde Ästhetik. Quelle: https://thewoostergroup.org/blog/, abgerufen am 20.12.2022.

Felsenriff angelehnt. Das Fundament ist ein um 1920 entstandenes Hallenbad mit angrenzender Eislauffläche, das 1950 großzügig umgebaut wurde. Die alten Eisenkonstruktionen sind erhalten, rundum durch große Fenster reicht der Blick auf einen Felsen im Meer, um den sich die Robben tummeln. Die Wände sind mit Fotos berühmter Schauspieler tapeziert.

Als ich am nächsten Tag in dieser besonderen Lokalität an einem Tisch mit grandiosem Rundblick mein Frühstück einnehme, staune ich nicht schlecht, als ich dort Jovan treffe, eine Zwischenliebe aus Wien, ein Flirt aus dem legendären Szenelokal „Oswald & Kalb", damals Treffpunkt der neuen lockeren Gemeinschaft jüdischer und nicht-jüdischer Künstler, Journalisten und Intellektueller. Ich hatte ihn dort an der Bar kennengelernt, nach einer Demonstration gegen Kurt Waldheim, der als österreichischer Präsident kandidieren sollte. Dieser war während der Nazizeit als Offizier der Wehrmacht in Saloniki stationiert gewesen, wo hunderte kleine jüdische Geschäfte zerstört, jüdische Familien zu tausenden deportiert wurden, und wo er angeblich, wie er beteuerte, von all diesen Vorgängen nichts gewusst, ja sogar nichts bemerkt und vor allem auch nichts gesehen haben wollte. Nach so vielen Jahren des Schweigens erhoben in Österreich jüdische Menschen endlich ihre Stimmen und schlossen sich den zahlreichen Protest-Demonstrationen gegen Waldheims Kandidatur an. In einer koscheren Pizzeria in der Hollandstraße im zweiten Bezirk traf man sich, um die diversen Vorhaben und öffentlichen Aktionen zu besprechen. Vorne saßen in der Gaststube die „Frommen" an karierten Tischtüchern, zinnernen Tellern und dazu das passende zinnerne Besteck. Männer mit Schläfenlocken, den sogenannten Pajes, und Frauen mit Perücken oder Kopftüchern. Es war eine völlig fremde Welt und als Kontrast dazu fanden getrennt im Hinterzimmer unsere Zusammenkünfte assimilierter junger jüdischer Menschen statt, die ihr Judentum endlich offen leben wollten oder gerade wieder entdeckt hatten. Am Stephansplatz war vor dem Dom eine Holztreppe aufgebaut, zwischen zwei Rednern erklomm ich spontan das improvisierte Podest und sang a cappella aus voller Kehle „Es brent brider es brennt", ein ergreifendes „jiddishes lid" von Mordechaj Gebirtig, dem Verfasser so vieler berührender Lieder aus dem Ghetto von Krakau. Am nächsten Tag hörte ich in den Mittagsnachrichten dieses Lied, von einer Frau intoniert, und erkannte erstaunt, „das bin ja ich, die da singt!" Ob dies der Start war für meine Entscheidung, den Mut aufzubringen, endlich mit jiddischen Liedern durch die Lande zu ziehen?

Den jüdisch-serbischen Amerikaner Jovan, dessen Vater während der Nazizeit von den faschistischen Tschetniks in Kroatien als Jude und noch dazu als Serbe gehängt worden war, interessierte diese Entwicklung in Österreich, und er interessierte mich. Er war gerade seine jüdische Wiener Mama besuchen. Bei dieser Gelegenheit lernten wir uns demnach kennen, nachts an der

Bar des Oswald & Kalb in der Wiener Innenstadt. Es war eine kurze Liaison, bevor er wieder heimwärts flog.

Er ist genauso wie ich sehr erfreut über unsere Begegnung hier in San Francisco und lädt mich ein, mit ihm zu kommen. Er zeigt mir das Haus, in dem er einmal gewohnt hatte, und den Zaun, den er dort errichtete, und er erzählt mir, wie er seinen Töchtern nach seiner Scheidung allein aufzuwachsen half, wie er in der Schule von Neills berühmtem Internat „Summerhill“[49] bei der Ausübung der antiautoritären Erziehung auch seiner Kinder mitgeholfen hatte. Eine Methode, die sehr wohl, wie ich erfahre, gegen vermeintliche Vorurteile ganz bestimmten Strukturen folgte. Jovan hatte sich jahrelang, bevor es ihn nach San Francisco verschlug, im New Yorker Künstlerviertel Greenwich Village als Koch und Schachspieler verdingt und sich vor allem mit Dissertationen, die er für andere verfasste, sein Brot verdient. Nur für sich selbst hatte er nichts zu erreichen versucht. Er war Alkoholiker, Spiegeltrinker und seine Räusche kamen jeweils nur nach Wochen des regelmäßigen Genusses von Kognak oder Rum oder manchmal Whisky hoch. Meine Neugier übersah diesen Defekt, zu interessant schien mir diese abenteuerliche Lebensweise, wie ich sie wohl nie wieder entdecken könnte, wenn ich da nicht mitginge.

Nicht allzu weit von San Francisco erstreckt sich das Camp Meeker in Sonoma County in der Nähe von Santa Rosa. Es ist in einer ehemaligen Holzarbeitersiedlung in den Red Woods gelegen, einem Nationalpark, in dem immergrüne Küstennadelbäume von riesigem Ausmaß wachsen – daher auch Mammutbäume genannt, denn sie werden bis zu 110 Meter hoch. Ich lerne dort Aussteiger kennen, die – so wie bei uns die kleinen Nebenerwerbsbauern ihren erlesenen Wein – dort eben reines Marihuana zum Eigenbedarf anbauen. Was nicht unbedingt ausschließt, dass im Einzelhandel, sozusagen über die Gasse, hie und da ein Päckchen den Besitzer wechselt. Ich lerne Professoren kennen, die im nicht zu weit entfernten Berkeley unterrichten. Ich freunde mich gleich auf den ersten Blick mit Maggy an, einer begnadeten Gärtnerin, die auf dem Weg nach Mexiko dort schon vor Jahren hängen blieb. Auf der Terrasse ihres Baumhauses blühen und ranken sich die seltensten Pflanzen und Blumen. Ich lerne auch Harry und Kathy kennen, die aus dem lauten New York geflüchtet sind und inmitten ihrer drei Baumhäuser, wovon sie eines bewohnen, und die anderen zwei vermieten, ein neues friedliches Zuhause gefunden haben. Nebenbei bestreiten sie ihren Lebensunterhalt mit selbst produzierten bunten Papierdrachen, die sie auf den in Kalifornien beliebten, mittelalterlichen Jahrmärkten verkaufen. Die Baumhäuser sind keine luxuriösen Gebilde, wie man sie aus

49 **Summerhill** ist eine reformpädagogische Schule und gilt als eine der ältesten demokratischen Schulen der Welt. A. S. Neill gründete sie im Jahr 1921. Quelle: Wikipedia, https://de.wikipedia.org/wiki/Summerhill, abgerufen am 20.12.2022.

Filmen kennt, sie sind solide gebaute Ganzjahres-Unterkünfte, die den Holzarbeitern in den Dreißigerjahren, als das nahe gelegene San Francisco mit genügend Holz versorgt war und das Camp des Herrn Meeker aufgelöst wurde, von diesem kostenlos zur Verfügung gestellt worden waren. Die Holzarbeiter zogen allerdings weiter, verdingten sich woanders und die Baumhäuser standen in der Folge bald leer und wurden neu belebt. Nach und nach hatten sich Menschen aus den verschiedensten Gründen zusammengefunden und die unbewohnten Baumhäuser adaptiert. Da waren Aussteiger und Nonkonformisten, Experimentierfreudige und Suchende, die neue Lebensformen ausprobieren wollten und die sich in diesem rauen, infrastrukturarmen Ambiente wohl fühlten. Sie führten ein karges, aber freies Dasein und waren sich gegenseitig in aller Freundschaft verpflichtet. Sie gingen ihren Berufen nach, sie arbeiteten viel und halfen einander beim Ausüben der alltäglichen Erledigungen, wie Babysitten oder auch Stromleitungen, Wasserleitungen oder Regenrinnen zu warten und sonstige Reparaturen, die anfielen, durchzuführen. Da waren alle Türen offen, man übte sich in neuen Formen des Zusammenseins.

Manchmal rauchte man sich ein, manchmal war's der rote Wein, bei dem man bis in die Nacht hinein Gedanken austauschte, man liebte sich nicht nur zu zweit. Die Welt war groß und weit und man war bereit. Bis allmählich alles vorbei war, sich im Nebel verlor und die Freunde sich in alle Welt verstreuten.

Das Lied von den verlorenen Freunden

In den Wipfeln der Bäume
Wandelten sich unsere Träume
Wie im Roman
Wir waren nie allein
Wir fühlten uns daheim

Refrain: Und als sich die Nebelfetzen vom Himmel lösten
Wart ihr schon so weit fort
An einem anderen Ort
David und Jeany, Leeny, wo seid ihr heut

Ich habe euch gesucht
Ihr seid nach altem Brauch
Im weiten Land verstreut
Habt diesen Weg versucht
Habt euch soweit gefunden
Kinder habt ihr auch

Refrain: Und als eine Möwe aufflog, im Morgenrot
Wart ihr schon so weit fort
An einem anderen Ort
Harry und Kathy, Sandy, wo seid ihr heut

Nur Maggy lebt allein
Jovan zieht durchs Land
Man weiß auch nichts von Seth
Und die bunten Träume
Aus vergangener Zeit
Scheinen schon so weit

Refrain: Wo sich die Nebel lichten,
Wenn andre sich's richten
Wart ihr schon so weit fort
Wo seid ihr heut,
Ach, Freunde von gestern, Brüder und Schwestern, wo seid ihr heut

Jovan hatte mich also vom Flughafen in San Francisco abgeholt und es wurde eine längere Reise, den Big Sur entlang, da wir gezwungenermaßen die Fahrt unterbrechen mussten. Der Keilriemen war gerissen und wir mussten die Werkstätte von Jovans Freund Bill aufsuchen, der – obwohl es Sonntag war und wir ihn vom Mittagessen weggeholt hatten – uns zum Glück diese Reparatur binnen zwei Stunden erledigte. So kamen Jovan und ich endlich und ziemlich spät im Camp Meeker an. Wir wurden von der großen, aber überschaubaren Anzahl der Bewohner herzlichst begrüßt. Ein paar Wochen vorher war einer ihrer Freunde, Besitzer eines nun leeren Baumhauses, an Aids gestorben. Man übergab mir die Schlüssel für diese für mich in schwindelerregender Höhe schwebende Hütte und todesmutig wagte ich mich mit meinem – Gott sei Dank – leichten Rucksack die steile Holzleiter hinauf, um mich für die bevorstehenden Tage, so gut es ging, wohnlich einzurichten. So finde ich

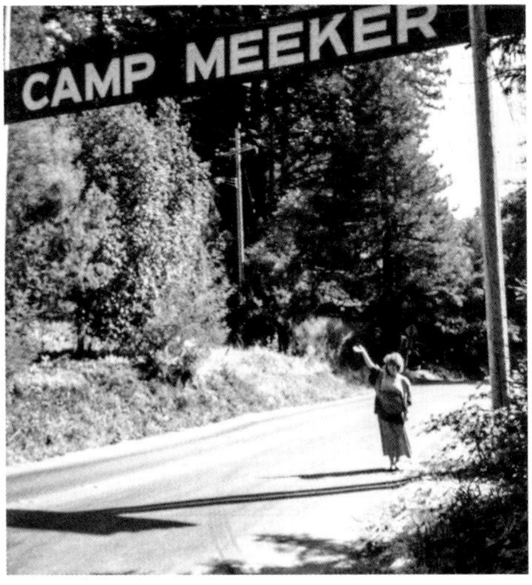

Ankunft im Camp Meeker, 1990.
Foto: Jovan Bijinsky

mich wieder in den Wipfeln eines gespenstischen, da lautlosen Waldes. Vögel sind allergisch auf die Ausdünstungen der roten Mammut-Baumwälder und der Autoverkehr verläuft ziemlich weit entfernt. Um morgens zu Maggy zum Frühstück zu gelangen, laufe ich durch die Waldschneise, umringt von Hunden, die dort frei herumlaufen, zahm sind, aber mich vor Angst in Schweiß baden lassen. Auch Katzen sitzen und streunen herum, die finde ich possierlich und besänftigend. Ich komme bei Maggy an, inzwischen sind Jovans hübsche Töchter auch dazugekommen und wir fahren gemeinsam auf einen mittelalterlichen Markt. Im Eichenwald treffen wir in den dort verstreuten Jahrmarktsbuden auf Feen, Ritter und Marketenderinnen. Eine irische Musikgruppe spielt auf, immer mehr Menschen gesellen sich zu uns, und so tanzen wir in großen Kreisen gemeinsam in die Nacht. Ich bin überwältigt!

Am darauffolgenden Tag führt mich Jovan ins nördlich gelegene Glen Ellen und ich traue meinen Augen nicht, denn ein riesiges Areal umgibt eine inmitten von blühenden Bäumen und endlosen Wiesen stehende imposante Ruine: das Wolf House.[50] Es wurde 1911 von dem Schriftsteller Jack London erbaut, der damals eine Art Kommune gründen wollte. Die Arbeiter auf den Feldern und in den Werkstätten sollten zu gleichen Teilen an seinen landwirtschaftlichen Einkommen beteiligt werden. Leider verlor er alles, als seine überdimensionale Villenburg nach zwei Jahren, 1913, bis auf die Grundmauern abbrannte.

Jovan erzählt mir die ganze Geschichte und wir dürfen die wenigen Räume, die erhalten geblieben sind und die nun als Museum dienen, besichtigen. Dann besuchen wir das Grab Jack Londons und ich nehme mir vor, alle seine Romane, die ich als Jugendliche verschlungen hatte, noch einmal zu lesen. Ich hoffe, dass ich mir bald die Zeit werde nehmen können. Bis heute habe ich es noch nicht geschafft.

Als es zu meiner bevorstehenden Abreise kommt, frage ich Jovan zögernd, ob ich vielleicht für immer bleiben soll? Er antwortet lange nicht, dann – seine Stimme klingt heiser – antwortet er unsicher und zaghaft: „Das kannst nur du wissen." Ich spüre plötzlich die Fremdheit zwischen uns, die mich in Watte hüllt. Nein, hier bin ich nicht als Jüdin fremd, es gibt hier zum Glück viele, hier bin ich als Wienerin fremd! Oder bin ich eine Fremde, wo immer ich auch bin? Werde ich vielleicht nie irgendwo ganz zu Hause sein? Am letzten Abend steige ich über eine kleine Anhöhe hinauf zu dem großen Mistablageplatz, von dem aus sich eine überwältigende Aussicht ergibt, und überschaue die angrenzende Landschaft, die im Sonnenuntergang rötlich glimmert, wandere nach-

50 **Wolf House** war ein Herrenhaus mit 26 Zimmern in Glen Ellen, Kalifornien, das vom Schriftsteller Jack London und seiner Frau Charmian London erbaut wurde. Das Haus brannte am 22. August 1913 nieder, kurz bevor die Londoner einziehen wollten. Quelle: Wikipedia, https://en.wikipedia.org/wiki/Wolf_House_(Glen_Ellen,_California), abgerufen am 20.12.2022.

denklich hinunter zum Strand und nehme auf einem angeschwemmten Baumstamm Platz. Ich sitze lange da und lausche dem großen Pazifik, diesem wilden, rauen Meer, das mich an dieser Küste nicht zum Baden einlädt. Der abendliche Himmel ist nun grau bewölkt, es ist kühl und ein Wind hebt an. Ich fröstle und ich weiß, ich muss zurück nach Wien.

Für Jovan

Über uns
Der schönste Himmel
Der Nacht
Und doch vergesse ich
Die Sterne
Nicht mit dir
Atme den Staub
Fremder Länder
Wo immer
Ich bin

TEIL 6

Die Grupos – Entdeckungen – neue Kontakte – 1985 bis 1990

Der aufgehende Mond wird bald durch die verglasten Terrassentüren in meine Atelierwohnung scheinen, meine beiden Katzen Amoma und Samy schmiegen sich in allen Tonlagen schnurrend an mich. Ich sitze auf meinem Meditationskissen und versuche die Gedanken und die Gefühle, wie ich es in den vielen Seminaren geübt habe, wie Wolken vorbeiziehen zu lassen.

Durch das große Schrägfenster an der Front des Raums beobachte ich die Krähenschwärme, wie sie über die Baumwipfel und die Jugendstilkuppel der – wie auf einem Gemälde sichtbaren – Steinhofkapelle auf der Baumgartner Höhe über den Himmel ziehen.

Ich habe sie zurückbekommen! Die damals verloren geglaubte, so sehnlichst erwartete Eigentumswohnung, dreifach, dreihundertfach! Sie hatte nicht vergessen, meine nun vom Schmerz erlöste Mama. Nachdem sie geduldig hatte zusehen müssen, wie ich eine Zeitlang von Wohngemeinschaft zu Wohngemeinschaft zog; nachdem sie miterlebt hatte, wie ich in so viele Beziehungsversuche immer wieder zu schnell hineingestolpert war und in dem aussichtslosen Bemühen, es nicht meinen Eltern gleichzutun, dort zu lange verharrte, bis ich letztendlich wieder einen neuen Wohnsitz suchen musste.

Nachdem mein Stiefvater gestorben war, hatte meine Mama, trotz ihrer schweren Krankheit mit allen Folgen und Schwächungen durch Bestrahlung und Chemotherapie, ihr nun leeres Haus im Weinviertel verkauft und im Gegenzug diese Atelierwohnung unter dem Dach des Hauses Lainzer Straße 11 erstanden. Sie war heimgekehrt nach Hietzing, den Stadtteil Wiens, in dem sie ihre behütete, sorgenfreie Kindheit verbracht hatte und wo ich nun endlich meine Zelte aufschlagen konnte.

„Ein intelligenter Mensch macht einen Fehler nur einmal“, meinte sie, als wir gemeinsam beim Frühstückstisch saßen, „aber du machst den gleichen Fehler immer wieder, das wird jetzt endlich vorbei sein. Nie wieder sollst du irgendwo hinziehen müssen! Bald wirst du diese Wohnung übernehmen! Denn sie steht dir zu.“

Ich halte den Atem an – spricht sie von ihrem Ableben, von dem, was nachher sein wird?

„Ich habe für morgen“, fährt sie fort, „einen Termin bei einem Notar vereinbart, um die Übergabe an dich rechtlich festzuhalten, und folge meinem guten Rat – bleibe dann allein! Lebe dein Leben, versuche es, und glaube mir, du wirst nicht einsam sein, du wirst endlich ein Zuhause haben, und das wird dir niemand mehr wegnehmen, spät aber doch …“

Ich hielt mich viele Jahre an diese Worte, und es hat mir nicht geschadet, obwohl die Sehnsucht – so wie auch die Hoffnung – nie ausstirbt.

Beim Notar wurde gleichzeitig zur Schenkung das „Fruchtgenussrecht“ vereinbart, das bedeutete, dass meiner Mutter zu Lebzeiten das Wohnrecht einzuräumen sei, der Besitz aber auf mich übergehen sollte.

Hier lebe ich nun nach ihrem so schmerzlich frühen Tod in dieser schönen, großräumigen Atelierwohnung und ein neuer Lebensabschnitt eröffnet sich!

Ich stehe früh auf, versorge noch schnell meine Katzen und mache einen Sprung in den im Haus gelegenen Supermarkt, um für das gemeinsame Frühstück einzukaufen.

Heute werden wir wieder proben, mit meinen „Grupos“, wie ich die Musiker nenne, die in den verschiedensten Formationen mit mir auftreten: Adula Ibn Quadr, der halbe Engländer mit der wilden Geige, und Hakan Gürses, der virtuose Instrumentalist, der als Türke besser Deutsch spricht als so mancher Österreicher, der einer griechischen Bouzouki so ganz selbstverständlich in die Saiten greift, so wie er auch auf seiner orientalischen Ud musiziert, so ganz selbstverständlich auf der Querflöte trillert und im Hintergrund mit seiner schönen Stimme meine Lieder verziert, ein Musiker für vier! Später wird er mit seiner eigenen Band seine eigenen Lieder aufführen und seine und meine Fangemeinde werden dabei sein. Gerhard Reiter aus St. Pölten, der international gefragte Perkussionist mit dem Gesicht wie aus einem alten Gemälde, der als Inder oder Araber oder alttestamentarischer Jude durchgehen könnte, und der blondgelockte, engelhafte Klaus Hörschläger – er ruhe in Frieden –, der auf seinem Kontrabass die zartesten Melodien zaubert, sie alle vervollkommnen unsere Arrangements. Auch der temperamentvolle Gitarrist Diego Garfias zieht mit uns mit, der chilenisch-jüdische Jüngling, der seine Flamenco-tanzende Mutter Muriel bei ihren Auftritten auf seiner Gitarre begleitet. Er hat soeben erst maturiert und bringt alles in Blitzeseile hinter sich, und während wir durch die Lande tingeln, schließt er, anscheinend ganz nebenbei, noch das Jusstudium ab. Er ist der Erste aus der Gruppe, der heiratet und da ist auch schon bald sein erstes Töchterchen auf die Welt gekommen, die kleine Nicole, die mit den beiden Söhnchen von Gerhard, dem Perkussionisten, während unserer Proben spielt. Dazu kommt noch als Gast, wenn Diego es zeitlich mal nicht schafft, Antonis Vounelakos, unser Grieche mit seiner Flamencogitarre, den wir ob seiner klassischen Schönheit Adonis nennen!

Hier in diesem lichtdurchfluteten Atelierraum inmitten von Frühstücksgeschirr und Croissants konnte ich diese wunderbaren Musiker um mich vereinen. Der Gitarrist Klaus Trabitsch und der Bassist Herwig Thöny sind dabei zu erwähnen, die das Projekt „majne jiddishn lider & di swingedijke klezmerkapelje“ gemeinsam mit Adula Ibn Quadr, Heimo Trixner und Christoph

Petschina mit mir starteten. Der brillante Pianist Erwin Schmid vertont meine Texte, der Jazzer Bertl Mayer begleitet uns auf der Mundharmonika und mit dem Bassisten Uli Langthaler erarbeiten und arrangieren wir die Vertonungen meiner Texte von Alegre Corrêa, dem Brasilianer. Erich Meixner von den „Schmetterlingen" und Levent Tarhan, der Virtuose an der Darabuka, Mehmet Emir, der trommelnde Kurde, Metin Meto und Ayhan Agirbas, die ihn manchmal vertreten, begleiten mich bei zahlreichen Auftritten, so wie Gerhard Graml, der eines Tages für Klaus Hörschläger einspringen muss. Mit Metin Meto und Mansur Bildik bereise ich die polnischen Städte Krakau und Warschau. Eine weitere Formation entsteht: die Produktion „Stationes" mit dem Weltmusiker Georg Graf an Saxofon und Klarinette und unter all den anderen der swingende Bassist Peter Strutzenberger, genannt Struzzi, und Toni Perusich am Akkordeon. Als wir zu den „Wellenklängen", einem Musikfestival, das jährlich in Niederösterreich in dem idyllischen Lunz am See veranstaltet wird, in einem großen, für Konzerte neu adaptierten Sägeholzwerk auftraten, entdeckte einer aus dem Publikum an einer Seitenwand ein Hakenkreuz, sichtlich übriggeblieben aus einer braunen dunklen Zeit. Da wir ja jüdische Musik interpretierten, hatte diese Entdeckung einen etwas bitteren Nebengeschmack.

Türken und Griechen, serbische, jüdische und israelische, ukrainische, österreichische, lateinamerikanische und polnische Musiker begleiten mein Repertoire. Wir alle bilden allmählich eine eingeschworene Familie, gemeinsam mit den jeweiligen Angehörigen, sowie unserer Freundin Geli Thaler samt deren Bruder und Schwester und Cousinen, die sich in unserem Stammlokal Celeste – dem Restaurant des Aladin Al-Serori, unseres irakisch-kurdisch-jüdischen Wirten und Gastgebers – regelmäßig treffen. Mit dabei ist seine kleine Tochter, Leila Al-Serori, die später Karriere als Journalistin machen wird. Sie ist im Jahr 2019 maßgeblich an der Aufdeckung des politischen Skandals beteiligt, der als „Ibiza-Affäre" in die Annalen der österreichischen Geschichte eingehen wird. Es ist ein Kommen und Gehen in diesem Künstlertreff aller Sparten, und es gibt auch einen Veranstaltungsraum im Keller, in dem Musiker aus allen Stilrichtungen und Nationalitäten auftreten. Das Celeste, in dem wir noch an vielen Abenden bis in den Morgen feiern werden, befindet sich in der Hamburgerstraße im fünften Bezirk, gleich neben dem angrenzenden Kleinkunsttempel „Spektakel", in dem ich auch noch viele Auftritte absolvieren werde. Das Celeste hat kein Schild und ist immer bummvoll, da werden wie gesagt Nächte durchgefeiert, auch meine zweite Hochzeit mit Tony Scholl werden wir dort die Nacht durchtanzend verbringen. Später werden wir auch die Hochzeiten von Diegos Töchtern Camilla und Nicole feiern, oben im Wienerwald im Mirli auf dem Heiratsberg, und in der Kellergasse im Arbesthal, aber so weit sind wir noch nicht.

Sollte ich einige, die als meine Wegbegleiter dabei waren, nicht genannt haben, sorry, aber da gingen so viele Projekte über die Bühne – einige sprangen auch wieder von dem Zug ab, aber alle haben sich hier, liebe Mama, zusammengetan, um der Stimme deiner Tochter zu Glanz zu verhelfen.

Da war der Pianist Micky Landau aus Jerusalem, der mit mir hebräische Lieder einstudierte, und ebenfalls am Piano Michael Kneihs, der Ausnahme-Musiker, mit dem ich die Lieder der französisch-jüdischen Chanson-Ikone Barbara unter anderem in der Broadwaybar des Béla Korény und in der Spielbar des Wiener Volkstheaters aufführte. Da war auch Sascha Shevchenko mit seinem Akkordeon, der als ausgebildeter Musiker, obwohl er virtuoser spielt als alle seine Lehrer, in Wien nochmals inskribieren muss, da er andernfalls hier keinen Aufenthalt bekommt. Gemeinsam mit dem sensiblen Gitarristen Vladimir Blum und dem Komponisten Franz Fellner an der Mandoline trete ich zur zehnten Verleihung des Marie-Luise-Kaschnitz-Preises an Robert Menasse mit den sephardischen Liedern, passend zur Lesung seines Romans „Die Vertreibung aus der Hölle", in der Evangelischen Akademie Tutzing bei München auf. Wir erobern mit unseren weiteren Produktionen „Metamorphosen", „Ingeborg Bachmann eine Verinnerung" und mit den multikulturellen „Spelunkenliedern" in der Szene Wien bei Norbert Ehrlich das Publikum. Mit meinem neu gegründeten Ensemble S.P.H.A.R.A.D.I.M produziere ich zwei CDs, „cantos judeo espanoles" und „como la rosa", bestreite neben Tourneen in Deutschland, Holland, Belgien, der Schweiz und Israel von

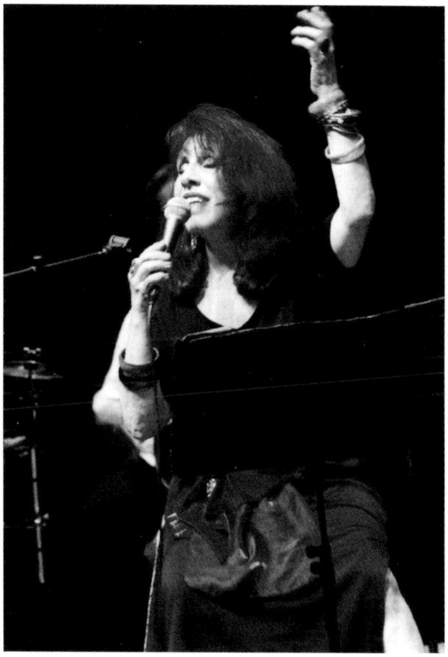

SZENE WIEN, CD-Präsentation COMO LA ROSA. Foto: Bettina Frenzel

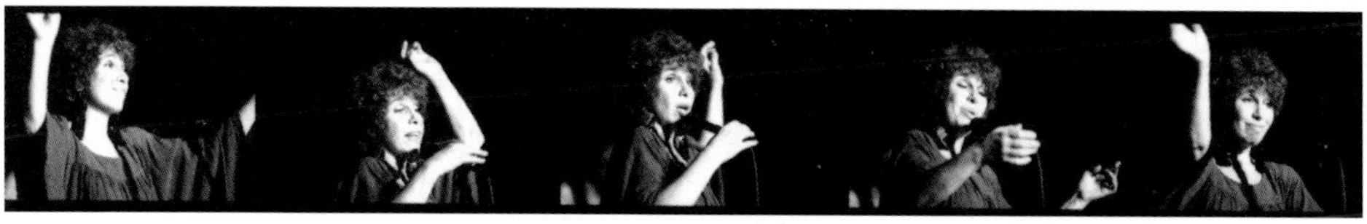

THEATER am SPITTELBERG, Ensemble S:P:H:A:R:A:D:I:M, eingemietet in den Sommer-Wochenenden 1990 bis 1994. Foto: Ernst Greindl

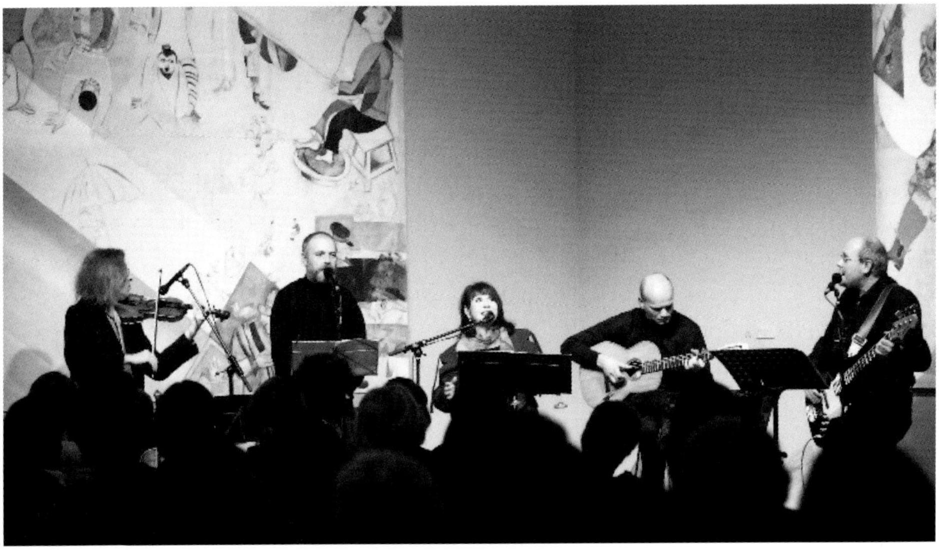

KUNSTFORUM WIEN, BELA UND MARC CHAGALL – EINE LIEBE mit den MANIAKS 2006. Foto: Bettina Frenzel

1991 bis 1994 kontinuierlich und darüber hinaus zahlreiche Wochenendauftritte auf der Sommerbühne des Theaters am Wiener Spittelberg, dem ehemaligen „Jura Soyfer Theater". Interessanterweise, aber doch sehr schmerzhaft ist festzustellen, dass ich ab 2004 nach einer ausverkauften Vorstellung ebendort keine Konzerte mehr lukrieren konnte. Die neue Veranstalterin, die gleichzeitig ihre eigenen Produktionen präsentierte, ging ihrer eigenen Wege. Man grüßt sich freundlich, aber man ist nicht mehr gefragt. Mancherorts müssen freischaffende Künstler und Künstlerinnen sogar horrende Summen im Vorhinein hinblättern, um überhaupt noch auftreten zu können. Die Veranstalter werden von den diversen Kulturämtern mit Jahresförderungen versehen, wovon das ausübende Künstler-Volk nur träumen kann. Nichtsdestotrotz führen wir mit der Gruppe MANIAK, den austro-amerikanisch-jüdischen Brüdern, die „Liebesgeschichte Marc und Bela Chagalls" unter den Gemälden des Künstlers im „Bank Austria Kunstforum", im „Jüdischen Museum" in Wien und in diversen anderen Museen auf. Da ist der grandiose Jazzpianist Paul Urbanek, der die Gedichte der Ingeborg Bachmann begleitet, die wir gemeinsam mit Bertl Mayer im Porgy & Bess aufführen. Den ins Klavier hineingeborenen Otmar Binder nicht zu vergessen, der letztendlich alle meine eigenen Songs sowie die Songs, die dieser sowie Alegre Corrêa und Michael Kneihs, Alfred Winter und Erwin Schmid für mich komponiert haben, mit mir aufführen wird. Halt, ich presche schon wieder vor.

Ich werde nun wieder versuchen, den chronologischen Ablauf der Ereignisse darzulegen.

Erinnerungsschnipsel aus dem Dachboden-Chaos

Während ich mich hinter der Bühne in den engen, ungemütlichen Räumlichkeiten auf den künstlerischen Beitrag, der diese Veranstaltung auflockern soll, vorbereite, halten vor dem Vorhang diverse Persönlichkeiten des öffentlichen Lebens ihre Laudationen zur feierlichen Eröffnung des „jüdischen Instituts für Erwachsenenbildung" in den Räumen der Volkshochschule, gelegen in der Praterstraße im zweiten Wiener Gemeindebezirk.

Selten war ich so aufgeregt wie vor diesem Auftritt. Werde ich doch in Kürze vor einem illustren und, wie ich annehme, fachkundigen Publikum stehen, mit jiddischen Liedern, einem Kulturgut, das vielen in diesem Auditorium geläufig ist, manchen fremdartig anmutet – wie sich später herausstellen wird – und für manche mit ganz persönlichen Erinnerungen behaftet ist.

Lieder in der alten Sprache, die lebendig geblieben ist – man muss ihr nur wieder zu Glanz verhelfen. Lieder, deren Melodien den Klang subtil geformter Konsonanten mit dem Geist schwebender Vokale verbinden. Lieder, die aus der Geschichte hervorklingend uns schmerzliche Erfahrungen nahebringen. Lieder, die berühren und neben der unendlichen Trauer auch große Lebensfreude versprühen.

Viele Konzerte habe ich mit meiner „swingedijken klezmerkapelje" schon absolviert – das Publikum war da, mit uns, aber werden mir die Honoratioren der jüdischen Kultusgemeinde ebenso gnädig sein? Einer, die nachgeboren ist, die diese Sprache erst erlernen musste? Erst nachdem die Waldheim-Affäre[51] *uns jüdische Menschen zueinander gebracht hatte, war ich fündig geworden, hatte ich allen Mut zusammengerafft und mich voll und ganz diesem „jiddischen" Erbe gewidmet. Außer den in der assimilierten Familie geläufigen Sprichwörtern, Anekdoten und Witzen bin ich doch weit weg von einem traditionsbewussten jüdischen Leben aufgewachsen. Dass ein Chaver ein Haberer auf gut Wienerisch ist oder Mazel Tov „viel*

---

51 Seit ihrer Wiederbegründung am 27. April 1945 hatte sich die Republik als „erstes Opfer" des Nationalsozialismus definiert und erfolgreich jede Verantwortung für Verbrechen des NS-Regimes von sich gewiesen. Der Konflikt um die Kriegsvergangenheit Kurt Waldheims brachte die Opferthese zu Fall. Waldheim, ehemaliger Generalsekretär der Vereinten Nationen, wurde von der ÖVP als Präsidentschaftskandidat nominiert. Anfang März 1986 wurde bekannt, dass er seine Mitgliedschaft in einer NS-Organisation und seinen Kriegseinsatz auf dem Balkan verschwiegen hatte. Später stellte sich heraus, dass Waldheim nicht unmittelbar selbst für Kriegsverbrechen verantwortlich war, aber von Terror und Deportationen gewusst haben musste. Seine Ausflüchte machten die „Waldheim-Affäre" zum Wendepunkt in der Erinnerung an NS-Verbrechen und rückten erstmals Fragen nach der Mitverantwortung Österreichs ins Zentrum. Quelle: Haus der Geschichte Österreich, https://hdgoe.at/waldheim_affaere_1986, abgerufen am 20.12.2022.

Glück" bedeutet oder Schlamassel eben weniger Glück, und Kieberer auf Hochdeutsch Polizist, ist ja weitgehend bekannt. „Eingewienert" sind so manche jiddische Ausdrücke, aber echte „jiddishe lider", das ist was anderes, das ist Poesie – kein abfälliges, denunzierendes „Jüdeln" ist da zugelassen.

Das Publikum applaudiert höflich den diversen Damen und Herren, die da vor uns auftreten, und harrt zwar geduldig der Dinge, die da noch kommen sollen, aber es ist schließlich elf Uhr Vormittag und man hat an diesem Tag weiß Gott noch genug zu tun.

Hinter einer Trennwand am Ende des typischen Volkshochschulen-Saals stehen verborgen unter weißen Tüchern köstliche koschere Leckerbissen an langen Tischen, als Pausensnacks vorbereitet. Man ist schon neugierig, denn Koscheres bekommt man nicht jeden Tag zu kosten. Haben sich die Lieder länger in der Erinnerung jüdischer Herzen bewahrt, denke ich mir, als der Geschmack des „jiddischen Kaviars" aus gehackter Hühnerleber, Eiern und feingeschnittenen Zwiebeln, eine Delikatesse für „orime leit"[52]*?*

Wie viele Redner sind denn noch vorgesehen, fragen wir uns ungeduldig, nachdem schon der Oberrabbiner Paul Eisenberg und die Frau Kulturministerin Hilde Hawlitschek und noch einige andere schöne Worte gefunden haben. Die Musiker, die mich seit unserer Zusammenarbeit auf dem Friedenszug begleiten, sind auch schon ziemlich nervös, denn wer geht schon gerne in aller Frühe auf die Bühne?

Wie durch einen Schleier dringen die Worte der illustren Persönlichkeiten an mein Ohr. Man rühmt die Initiatoren und auch ein bisschen die Helfer des Projektes; alle Schwierigkeiten, die das Zustandekommen hätten verhindern können, dürften vergessen sein. Auch die Gage stimmt, denke ich mir noch, bevor wir auftreten. Endlich! Das Ensemble intoniert das erste Intro zu meinem Einsatz und dann beflügeln mich die Lieder. Sie tragen mich und lassen mich alles ringsum vergessen.

Nach dem umjubelten Konzert werden wir gebührend gefeiert. Georg Haber, ein alter Freund meines erst kürzlich verstorbenen Vaters, umarmt mich ganz fest und wir weinen beide um den Schurl, der zu früh gegangen ist. Sein Sohn Paul Haber lädt mich zum Geburtstagsfest seines Vaters ins Hotel Stefanie auf der Taborstraße ein. Er hält dort eine Rede zur Würdigung des alten Herrn. Ich bin zu Tränen gerührt. Dann setzt sich Micky Landau ans Klavier und ich singe das Lied vom Margaritkelech, alle klatschen begeistert, dann fahr ich mit dem Taxi in meine schöne Wohnung.

Viele Auftritte folgen im Rahmen der IKG, der jüdischen Gemeinde. Alljährlich treten wir beim jüdischen Straßenfest auf. Auch unsere diversen Gastspiele im jü-

52 Anm. der Autorin: „arme Leute"

dischen Museum möchte ich nicht missen. Wir sind aus keinem Festival der jüdischen Kultur in Wien wegzudenken.

Dennoch, es wird immer enger um das Akquirieren von Förderungen, auf die ich angewiesen bin, um meinen Grupos die Gagen sicher auszahlen zu können. Nein, da steht niemand hinter mir, keine familiäre Unterstützung, kein finanzieller Polster. Wie soll ich das alles unter einen Hut bringen?

Aus dem Ausland kommen Angebote. Da müssen aber mehrere Konzerte organisiert werden, und um eine Tournee zusammenzustellen, braucht es intensive Vorbereitungen. Ein professionelles Management muss her, das die Verhandlungen übernimmt!

Wie werde ich das alles schaffen?

Deutschlandtournee – Probleme – CD-Produktion – 1989

Nach meiner bitteren Erfahrung, nämlich meiner Überforderung, das Management für meine Produktionen selbst zu bewältigen, suchte ich verzweifelt jemanden, der uns professionell und seriös betreuen würde. Anita Prammer stand zwar nach wie vor für die PR zur Verfügung, aber: Auftritte checken – das ist eine andere Geschichte. Die Notwendigkeiten und Anforderungen dieser Organisationsarbeit wuchsen mir über den Kopf. Einige Versuche waren ja schon wieder schiefgegangen.

Da hatte sich zum Beispiel eine sehr nette Theaterwissenschaftlerin bei mir angetragen, das Management zu übernehmen. Sie war mir sehr sympathisch und sie schien sehr engagiert, nur leider war sie, wie sich bald herausstellte, so schüchtern, dass sie nur telefonisch und per Fax kommunizierte. So musste ich die persönlichen Kontakte mit den diversen Veranstaltern wieder selbst übernehmen und hatte weiterhin genug zu tun, um Förderungen und Sponsorengelder aufzutreiben. Als wir uns trennten, empfahl ich ihr eine Psychotherapie und das nicht gerade im freundlichsten Ton – und stand wieder allein da.

Was die Musiker betrifft, ist es für mich ein ungeschriebenes Gesetz – und damit bin ich immer gut gefahren –, diese niemals in Probleme finanzieller oder organisatorischer und schon gar nicht privater Natur einzubinden. Ich muss meine Künstler bei Laune halten, sie betreuen, vor allem auf Tournee – als ob es sich um einen Ausflug oder gar um einen Urlaub handelte, den man gemeinsam mit Kindern unternimmt.

Meist chauffierte Herwig Thoeny, „unser Liechtensteiner", den Bus. Immer wenn wir bei einer unserer Deutschlandtourneen das kleine Fürstentum durchquert hatten, musste Herwig sich den gleichen blöden Witz anhören:

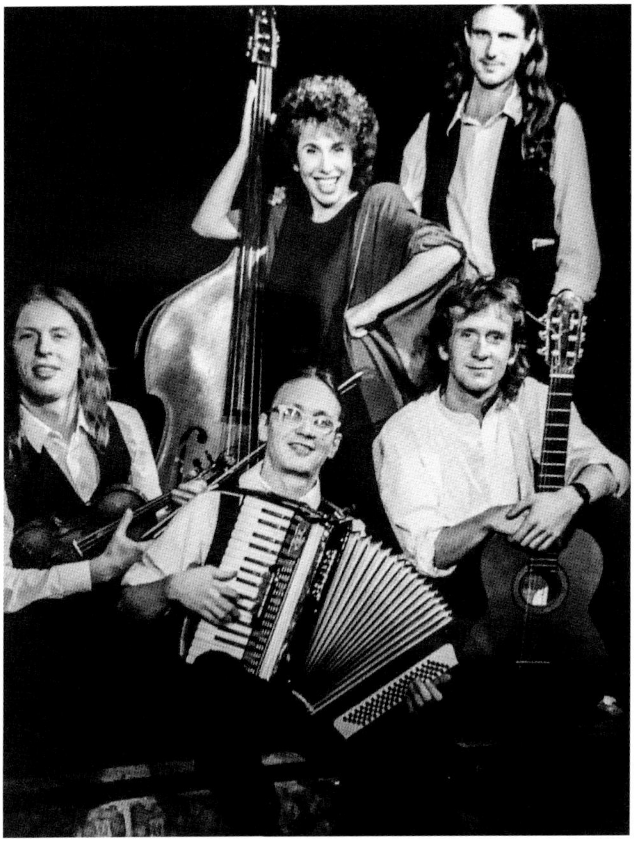

majne jiddishn lider – *mit* ***di swingedike klezmerkapelje****, v.l.n.r.: Adula ibn Quadr, Helge Hinteregger, Klaus Trabitsch, stehend Lena Rothstein und Herwig Thöny. Foto: Ernst Mark*

„War das schon Liechtenstein? Was, schon vorbei?“

Ich konnte in all den Jahren durch die Bank ein besonderes Verhalten jedes einzelnen Bandmitgliedes, das mit mir unterwegs war, beobachten: Kaum hatte man im Tourneebus Platz genommen, setzte so etwas wie Regression ein, die Bedürfnisse passten sich anscheinend Kindergewohnheiten an. Auf der ersten Autobahn-Raststätte, an der angehalten wurde, hortete man flaschenweise Schoko- und Erdbeermilch, die man das ganze Jahr über niemals angerührt hätte. Alle möglichen Sorten von Knusperriegeln und andere Leckereien wurden gehamstert, als wäre man am Verhungern.

Diesen Konsum-Schlachten musste ich mich entziehen, denn die Stimme durfte ja nicht durch falsche Ernährung in Mitleidenschaft gezogen werden! Schokolade, Käse und Knabbergebäck, Nüsse und vieles andere waren für mich tabu. Das alles verschleimt – und dazu noch die Allergien und die lästigen Unverträglichkeiten! Wenn wir unterwegs in einem Restaurant abstiegen, aß ich während der ganzen Tournee hindurch Erdäpfel mit grünem Salat, manchmal eine Eierspeis mit Reis oder ein Naturschnitzel und trank mit Todesverachtung Wasser oder grünen Tee dazu.

Meistens bekommen die Künstler in den Etablissements eine warme Mahlzeit oder zumindest einen Snack serviert. Begehrlich sah ich zu, wenn die Grupos „reinhauten“, wie es auf gut Wienerisch heißt. Vor der Vorstellung konnte ich überhaupt nichts hinunterbringen und nach der Vorstellung musste ich die Gagen kassieren, die Honorarnoten ausstellen, die Musiker auszahlen, und meist gab's dann kein warmes Essen mehr, denn die Küche war schon geschlossen. Diese Essensgewohnheiten taten zwar der Figur und – ich hoffe nicht in fälschlicher Annahme – der Stimme gut, mein Nervenkostüm aber wurde auf diese Weise nicht gerade gut gepflegt. Rauchen war für alle während der Fahrt im Bus natürlich verpönt und die Seitenfenster mussten geschlossen bleiben, denn Zugwind ist für meinen Hals nicht zuträglich ... Nicht nur meine Geduld, auch die Geduld meiner Grupos wurde oft auf harte Proben gestellt. Ich jedenfalls kam mir in dieser Rolle vor wie die Mutter der Kompanie und wurde manchmal auch dementsprechend – zwar liebevoll, aber doch ausgiebig – gehänselt.

Eines Tages empfahl man mir einen Absolventen, der auf der Uni sein Studium für Kulturmanagement abgeschlossen hatte und auch schon einige Jahre in diesem Metier Erfolge aufzuweisen hätte. Er erwähnte einige Musikgruppen, die er in Deutschland gemanagt hatte – ich kannte leider keine von denen, war aber sehr beeindruckt. Ambitioniert, mit großer Begeisterung beiderseits, schlossen wir einen professionell formulierten Vertrag ab.

Unser erster Auftritt, den der junge Manager mit *„majne jiddishn lider & di swingedjike klezmerkapelje“* organisiert hatte, fand in Spitzingsee am Spitzingsee, einem Bergsee in den bayrischen Alpen, statt. In einem Seminarhotel, zum Abschluss einer Schulung ... Mir völlig egal, sage ich mir, Hauptsache, wir spielen durchgehend einige Konzerte hintereinander, denn da drinnen steckt ja genug an Probezeit, die sich jetzt endlich rentieren muss. Die Gage hat er gut verhandelt, der Tourneeplan steht, die Hotels sind gebucht – und auf geht's. Ricci, ein alter Freund, Stammgast, Publikum der ersten Stunde, bot sich an, uns ohne jedwede Verrechnung von anfallenden Kosten mit seinem VW-Bus zu chauffieren. Er übernahm sogar die Rechnungen für das Benzin! Ein echter Sponsor! Er macht mir sehr subtil den Hof ... aber nein, bitte nicht, denk ich mir. Da gilt die eiserne Regel: Nur nix vermischen, Job bleibt Job! Ich halte mich daran, abgesehen davon, dass er absolut nicht mein Typ ist. Er hatte ziemlich schnell begriffen, dass da von meiner Seite nichts lief. Seine Liebe zur Musik überwog und seine Freundschaft mit den Musikern glich die Enttäuschung aus.

Als er uns eines Tages zum Geburtstag seiner jüdischen Mutter als „Überraschung“ für ein Konzert zu ihr nach Hause engagiert hatte, stellte sich heraus, dass seine Mama absolut keinen Wert auf Jüdisch-Sein legte. Es war ihr sichtlich peinlich, die Stimmung war eisig. Der Einzige in dieser Familie, der sich jüdisch dünkte, war anscheinend allein Ricci, und der einzige Grund für mich, diesen Auftritt nicht gleich abzubrechen, war die ausgemachte Gage.

Wieder zu Hause war ich sehr erleichtert, als ich mich für einige Wochen vergraben konnte.

Jedenfalls ging es mir nach solchen Erfahrungen, die leider nicht immer zu vermeiden sind, oft sehr schlecht. Manchmal aber konnte ich auch nach großen Erfolgen die Tiefs danach nicht gut verkraften und einige Tage die Wohnung nicht verlassen. Da ich ja oft länger auf Konzerttourneen unterwegs war, bemerkte niemand in meinem Freundeskreis, dass ich mich zurückzog und manchmal sogar wochenlang nicht zu sprechen war. Es gab noch kein Handy, und so war man gewohnt, dass ich oft nicht erreichbar war.

Das Thema war aber in jedem Fall tabu für mich und niemand sollte wissen, dass es mir schlecht gehen konnte. Ich war eine, die zu strahlen hatte; auf der Bühne gelingt das ja sehr gut. Wie hatte doch meine Mama damals gemeint: „Schau nicht so bös, du wirst ganz hässlich, wenn du so ein Schnoferl ziehst!"

„Immer nur lächeln und immer vergnügt." So weit die Zeilen eines Liedes aus der Operette von Franz Lehár – „Das Land des Lächelns". Der diesen Text verfasste, war der jüdische Librettist und Schriftsteller Fritz Löhner-Beda, der in Auschwitz am 4. Dezember 1942 ermordet wurde.

Ob ich depressive Phasen durchlebte oder ob sich da echte Depressionen anbahnten? Oder war es eine vegetative Dystonie, wie die Diagnose lautete, die mir eine Ärztin ausstellte, nachdem sie mir Medikamente verschrieben hatte, die ich leider nicht vertrug. Sie stellte mir nach und nach immer wieder neue Rezepte aus, sodass ich ein ganzes Kästchen an Antidepressiva wie in einem Bauchladen vor mir hertragen hätte können.

Wie heißt es doch so treffend? „Gleich und gleich gesellt sich gern." Die kurze Liaison mit einem Schauspielkollegen, der an schweren schizophrenen Schüben litt, öffnete mir die Augen und Sinne. So schwer es mir fiel, ich musste mich von ihm trennen. Das wurde ein aufreibender Prozess, denn er war liebenswert und anhänglich, aber auch gewalttätig und wurde dann auch unberechenbar, bald auch gefährlich.

Nach therapeutischer Hilfe gelang es mir zum Ersten, all die Medikamente abzusetzen, und zum Zweiten, meine verlorene Liebe zu verkraften.

Nun aber weiter zu unseren Erfahrungen im deutschen Lande:

Im tiefsten Winter, unter blitzblauem, glasklarem Himmel und klirrender Kälte, kamen wir zur Eröffnung unserer Tournee in Spitzingsee in den Bayrischen Alpen an.

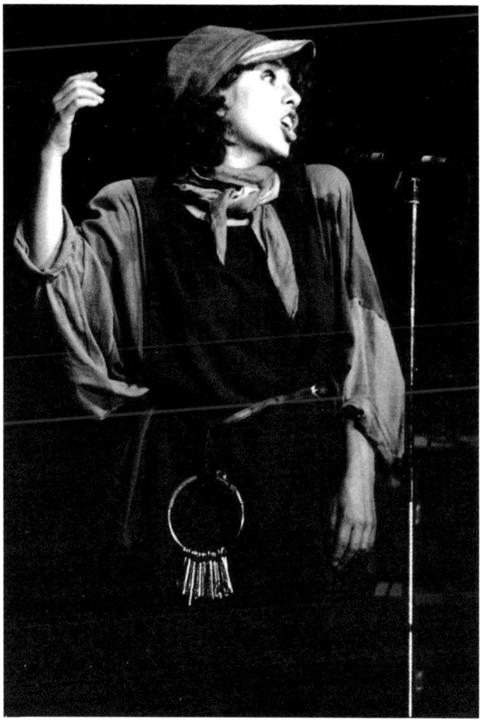

Song des Avreml aus ***majne jiddishn lider****.*
Foto: Ernst Mark

Die Tonanlage wird aufgebaut, ich ziehe mich zurück in die jeweils für die Künstler improvisierte Garderobe. Sobald ich mein Auftrittskleid angezogen habe und das Einsingen zelebriert war, muss ich meine Requisiten herrichten. Da ist das alte Sommerkleid aus den Dreißigerjahren, welches ich bei dem Lied der „Grinen Kusine" vor mich halte, um damit Tango zu tanzen. Ich lege mir den Schlüsselbund und die Schiebermütze zurecht, die ich bei dem Lied des kleinen Taschendiebs zur Illustrierung brauche. Ich schminke mich, schnell noch einige Lockenwickler auf den Kopf, und nun fokussiere ich all meine Konzentration auf die bevorstehende Performance. Da ich Schauspielerin bin, genügt mir das Singen nicht. Jede Figur, die in den Liedern vorkommt, ist einer Geschichte entsprungen, die muss anschaulich dargestellt werden. Das macht den Charme dieser Lieder aus, die eine versunkene Welt zum Leuchten und Schwingen bringen.

Im nüchternen Seminarsaal des Hotels, wo keinerlei Bühnen-Scheinwerfer vorhanden sind, ist es doppelt schwer, eine Atmosphäre zu schaffen. So ein Mehrzwecksaal ist nicht so leicht zu bespielen. An den Wänden hängen Hirschgeweihe, wie das in einem bayrischen Berghotel wohl angebracht ist.

Nun strömt das Publikum herein. Es sind ungefähr achtzig junge Herren, die hier zu kaufmännischem Personal ausgebildet wurden. Völlig konsterniert über das, was sie da vorgesetzt bekommen, applaudieren sie höflich zwischen den diversen Liedern und Solis der Musiker und warten sichtbar ungeduldig auf den anschließend angesagten Beginn ihrer Abschiedsparty. Es ist ja ihr letzter Abend nach diesem einwöchigen Kurs. Nach der Vorstellung verabschieden sie sich und bedanken sich freundlich. Es hat ihnen ganz gut gefallen, erklären sie! Ha Ha Ha! Wir bleiben über, im wahrsten Sinn des Wortes.

Ricci organisiert eine Flasche Calvados und meine jungen, dynamischen, feschen Herren Musikanten tanzen und musizieren ausgelassen bis in den

Morgen, während ich mich so schnell es geht in mein Hotelzimmer zurückziehe, mir eine Ausnahme bewillige, indem ich aus der Minibar eine Toblerone und drei Packerl Manner Schnitten verschlinge. Diese erinnern mich immer an die Besuche im jüdischen Stadttempel, wenn an uns Kinder zu Simchat Thora – dem Fest, an dem die Thora, die heilige Schrift der Juden, zu Ende gelesen und wieder von vorne begonnen wird – allerlei Süßigkeiten verteilt werden. Wie eben das „Manna", das „vom Himmel fiel". Noch heute verzehre ich diese rosafarben ummantelten Manner Schnitten mit einer gewissen Hochachtung.

Am nächsten Tag verließen wir Spitzingsee und fuhren durch eine herrliche Winterlandschaft, an schneebedeckten Bergen vorbei, Richtung Berlin. Dort waren wir für einen Auftritt im Quartier Latin, benannt nach dem Pariser Stadtviertel, gebucht, einem der damals angesagtesten Musiktempel in Westberlin in der Potsdamerstraße 96. Nicht nur Herbert Grönemeyer trat dort auf, auch für Nena und Udo Lindenberg und viele andere begannen da deren Karrieren. Wir waren also in bester Gesellschaft. Diesen Gig hatte ich selbst „aufgerissen", denn ganz hatte ich meinem neuen Management nicht vertraut.

Hier empfing uns ein fröhlicher, freundlicher Konzertveranstalter, alles klappte wie am Schnürchen, das Publikum jubelte uns zu – das Konzert, ein voller Erfolg!

Der sympathische, vor allem schwer begeisterte Veranstalter bot sich an, uns für weitere Gastspiele unter seine Fittiche zu nehmen, und das entschädigte mich tausendmal für das Spitzingsee-Debakel.

Leider habe ich seinen Namen vergessen, aber ich erinnere mich sehr gut an die durchfeierte Nacht. Da tags darauf frei war, das nächste Konzert war erst zwei Tage später angesetzt, konnte diesmal auch ich guten Gewissens mitmachen. Wir zogen von Lokal zu Lokal, landeten in der Künstlerkneipe Zwiebelfisch am Savignyplatz in Charlottenburg, das heute noch von Schauspielern, Filmemachern, Schriftstellern und allen, die dazugehören wollen, frequentiert wird. Erinnerungen an alte Zeiten damals mit Hermann in Berlin tauchten auf.

Mehr als einmal hatten wir zu dieser Zeit in der Künstlerkneipe Zwiebelfisch Nächte durchdiskutiert, und wenn Hermann auf dem Heimweg nach einigen Humpen Bier mit dem dazu hinuntergestürzten Korn leicht schwankte, durfte er sich bei mir einhängen und so erreichten wir, fröhlich die Brecht-Lieder von Kurt Weill, Paul Dessau und Hanns Eisler grölend, unsere Wohnung in der eleganten Fasanenstraße, um die Ecke des Kurfürstendamms, nahe der als mahnende Ruine erhaltenen Gedächtniskirche ... Nun ja, ich komme ins Schwelgen! Tischfußball und Flippern waren im Zwiebelfisch beliebte „Sportarten" gewesen, und neben – oder manches Mal mit – den Filmemachern Ulrich und Peter Schamoni und Rainer Werner Fassbinder oder den Schauspielerinnen Sabine Sinjen und Ingrid Caven oder Hanna Schygulla ein Spielchen zu riskieren, das war schon was!

Um wieder zurück zu meinen Tournee-Erlebnissen zu kommen, muss ich erwähnen, dass mir die Erinnerung an folgende Ereignisse in leichtem Nebel verschwimmt. Zu später Stunde landeten wir in oben erwähnter Nacht in einem irischen Pub. Ich weiß nur, dass ich nach drei kleinen Gläsern Guinness Bier – die Grupos hatten mindestens das Dreifache, wenn nicht Zehnfache konsumiert – nur schwankend und leicht belämmert den Nachhauseweg antrat.

In unserem Hotel angekommen, verlangte der Nachtportier, der seinen Kollegen abgelöst hatte, unsere Ausweise zu sehen. Empört rief Ricci im urwienerischsten Dialekt aus: „Was wollts es denn! Wir san imma diesölben, aber es seids ja alleweil wer andrer!"[53]

In meinem Zimmer angekommen, war ich jedenfalls nicht imstande, meine Stiefel auszuziehen, und da es mir nicht gelang, meinen engen Jeans-Overall über diese zu streifen, schlief ich in dieser Nacht eben angekleidet! Am nächsten Morgen gelang es dem Zimmermädchen, die Reißverschlüsse der schicken kniehohen Stiefel mit Zuhilfenahme von Seife zu öffnen, und niemand außer ihr erfuhr von meinem Desaster!

Unsere letzte Station auf dieser Tournee war ein Auftritt, der uns zu dem berühmten Filmmogul Artur Brauner führte. Er hatte uns spontan in freudiger Erwartung als Überraschung für seine jüdischen Freunde eingeladen. Diesen Termin hatte unser neuer Berliner Impresario für uns vereinbart. Ausgerechnet an diesem Tag ereignete sich in Israel ein Terroranschlag auf einen vollbesetzten Bus. Dass dies auf das Publikum verstörend wirkte – man hatte Verwandte und Freunde dort –, war verständlich. Auch ich machte mir natürlich Sorgen um Freunde, die erst kürzlich nach Israel ausgewandert waren. Während der Pause saßen wir alle vor dem Fernsehschirm, der dort in dem Festsaal installiert war, die Stimmung war gedrückt. Wir spielten das Konzert zu Ende, aber nachdenkliche, besorgte Gesichter, Seufzer und gedämpfte Gespräche hatten überhandgenommen. Man verabschiedete uns freundlich. Bevor wir am nächsten Tag unsere Heimreise antraten, wollte ich mich telefonisch bei unserem neuen Berliner Manager bedanken. Erschüttert erfuhr ich, dass dieser ganz plötzlich und völlig unerwartet im dreiundvierzigsten Lebensjahr in dieser Nacht einem tödlichen Herzinfarkt erlegen war.

---

53 Anm. der Autorin: „Was wollt ihr denn! Wir sind immer dieselben, aber bei euch ist immer jemand anderer da!"

Auf der Heimfahrt nach Wien war meine Stimmung noch immer dementsprechend gedämpft. Besorgt überlegte ich mir: Wie weitermachen? Wieder sollte ich zurück an den Anfang, wieder ein neues Management suchen.

Um weiterzukommen, braucht eine Musikgruppe einen Tonträger, damals war es eine Compact Disc, die CD, die als modernes Medium auf dem Markt die Schallplatte ablöste. Zu dieser Zeit war die Herstellung einer solchen noch ein teures Unterfangen. Die Tonstudio-Miete und der tontechnische Aufwand, all das war finanziell in unerschwinglichen Höhen angesiedelt. Die CD mit den sephardischen Liedern sollte ja erst viel später entstehen, diesmal ging es um die CD mit „jiddishen Liedern", die noch viel später bei einem Auftritt im „Interkulttheater" mitgeschnitten wurde und zum damaligen Zeitpunkt leider nicht zustande kam.

Die grafische Gestaltung des Covers hatte uns der begabte Maler Wolf Werdigier gleich im Voraus ausgeführt. Also raffte ich mich auf, um den unangenehmen Weg der Finanzierung zu beschreiten. Sponsoren zu akquirieren war und ist bis heute meine Schwachstelle, meine Achillesferse, als Bittgängerin in eigener Sache versteh ich mich nicht gut. Wieder half Ricci uns aus der Patsche. Ein angeblich anonymer Spender hatte „eine beträchtliche Summe für euch locker gemacht", wurde uns von seiner Seite fröhlich vermittelt.

„Wie kommt der dazu?", fragte ich neugierig.

„Er hat was gutzumachen", lautete die kryptische Antwort. Insgeheim denk ich mir: „Aha, ein alter Nazi, dem es jetzt leid tut? – Wiedergutmachung?"

Ich fragte nicht weiter! Das Ganze war mir unheimlich, doch ich verdrängte meine Skepsis und mietete demnach ein Studio, der Tontechniker wurde angeheuert, ein Produktionsleiter engagiert und wir machten uns an die Arbeit.

Nach einigen Tagen erklärte mir der Inhaber des Studios, dass er leider nicht verlängern könnte, denn die Kosten würden, sollten wir noch länger an unseren Tracks feilen, die vereinbarte Summe um ein Vielfaches übersteigen! Hilflos und wütend versuchte ich zu durchschauen, was da gespielt wurde – reine Erpressung oder schlecht verhandelter Vertrag? Es stellte sich heraus, dass der Studio-Typ das benötigte Equipment für einen limitierten Zeitraum selbst ausgeliehen hatte und nun für die überzogenen Tage entsprechend mehr Miete zahlen sollte. Wir waren mitten im künstlerischen Prozess. Durch die von mir geleistete Anzahlung fürs Studio und die Auszahlung der Gagen war das Geld schon dahin und für die Feinarbeit wie Mischung und Verbesserungen – alles Arbeiten, die wir ohne Studio nicht erledigen konnten – hätte der von mir dafür beiseite gelegte Restbetrag reichen sollen. Die bis dahin getätigten Aufnahmen, erklärte man mir, gäbe es nur auf mitgeschnittenen Tonband-Kassetten, die ich für diese Summe noch finanzieren konnte und die ich dem anonymen Spender durch Ricci zukommen ließ. Weiterhin floss aber von dieser Seite keine Summe mehr, die eine Finalfertigung ermöglicht hätte, und ich wollte auch nicht urgieren.

Wie sagt die Scarlett in dem Film „Vom Winde verweht", wenn es brenzlig wird: „Verschieben wir es doch auf morgen!"

Die Schaffenspause, ausgelöst durch meine tiefe Enttäuschung, in die ich nun geriet, war zu lange. Die Zusammenarbeit mit den Musikern überdauerte diesen Tiefpunkt nicht. Was sollten wir mit einer halb fertigen CD? Hatte ich mehr Initiative von deren Seite erwartet? Die wandern schnell ab, spielen mit anderen Sängern, bilden neue Formationen, es ist ihnen nicht zu verübeln. Ade, ihr Lieben, einige von euch werden mich, wie sich später herausstellen wird, auch wieder in kommende Abenteuer begleiten. Der Maler Wolf Werdigier hatte den Entwurf für das Cover unserer CD als Gemälde fertiggestellt. Ich hoffe, er hat es gut verkauft!

Telefongespräch

– „Eine samtige, ausdrucksvolle Stimme, die zu Herzen geht …", zitiert meine Mutter aus der Kritik im „Standard".

– „Ach bitte … Mammi …"

– „Und da, hör doch nur, es geht ja noch weiter!"

Meine Mutter jubelt, ihre Stimme überschlägt sich vor Freude und Stolz und ausgestandener Angst, die sie ja nie verbergen konnte, wenn ich mich welcher Aufgabe auch immer hatte stellen müssen. Den Telefonhörer in der linken Hand, weit weg von meinem Ohr, versuche ich ihrer lautstarken Begeisterung standzuhalten.

Mittlerweile hat sich, vorwurfsvoll miauend, eine grünlich-grau gestreifte Samtkatze auf meine rechte Schulter geschwungen. Mit Mühe gelingt es mir, den Pfefferminztee mit Ingwer und Honig nicht zu verschütten. Auf den Knien balanciere ich die aufgeschlagene Kulturseite des „Standard", aus dem meine Mutter gerade vorgelesen hat. Rund um meinen Fauteuil, dessen Überzug noch immer nicht genäht ist, sondern provisorisch mit Sicherheitsnadeln von mir festgesteckt wurde, häufen sich noch andere zerfledderte Gazetten. Seit Jahren verrutscht mir der herrliche sündteure, aber etwas verblasste Frank-Stoff aus den Wiener Werkstätten (der mit den rankenden Philodendron-Blättern). Eigentlich ein Vorhangstoff, der vom Designer (wieder einer, der vor den Nazis aus Wien flüchten musste) auch zum Absitzen gedacht war. Wenn man den Fauteuil zwecks Staubsaugen wegrückt, verheddern sich die losen Stoffteile und reißen ein … ach, so viele schöne Überzüge habe ich schon wegwerfen müssen. „Morgen näh ich endlich die Enden fest", schwöre ich mir immer wieder.

„Ach, Puppilein, das sind doch wunderbare Kritiken!", schwärmt am anderen Ende der Leitung die begeisterte Mammi.

„Ich hab's nicht anders erwartet. No ja, sagen wir, ich hab's erhofft, aber was hab ich davon?", seufze ich, während mein zweiter Mitbewohner, der schwarze Kater, sich auf meine andere Schulter schwingt, abrutscht und auf und davon preschend ein heilloses Durcheinander auf dem Couchtisch hinterlässt. Immer wenn ihm etwas misslingt, schämt er sich so, dass er sich stundenlang versteckt, ehe er wieder mit aufgestelltem Schwanz seinen Erkundungen nachgeht. Meine Katzen tun immer so, als wären sie das erste Mal unterwegs in dieser Wohnung, als gäbe es immer wieder etwas Neues zu entdecken, dabei leben wir schon seit geraumer Zeit hier zusammen.

„Da, hör doch!" Das Rascheln von Zeitungspapier knallt durch den Telefonhörer wie Feuerprasseln an mein Ohr.

„Ein Abend voll Wehmut und Sehnsucht, exotisch und fremd und doch so ergreifend!" Stolzgeschwellt die Stimme der sonst so überkritischen Mutter.

„Bitte hör auf, ich halt das nicht mehr aus. Ja, Mami, alle Kritiken ein einziger Jubel, und das Publikum liebt mich ..."

Natürlich baut mich das auf, genau einen Abend lang schwelge ich im Glanz vermeintlichen Glücks, und was bringt's mir, bitte? Am nächsten Tag bin ich vollkommen ausgebrannt: Ich sitze vor der Glotze und kotze. Bildlich gesprochen. Aber dieses Bauchweh ist schon wieder da. Und außerdem habe ich eine verstopfte Nase und Halsweh.

„Nein, ich komm nicht zum Essen. Nein, auch nicht am Sonntag ..."

Mir wird schon schlecht, wenn ich nur an ihr fettes, zwiebeltriefendes Letscho unter den fetten Schweinskoteletten denke.

„... Mammi, hast du schon wieder vergessen? Verstehst du das noch immer nicht? Ich bin völlig fertig, in drei Tagen habe ich einen Auftritt, ich muss Diät halten, wie oft soll ich es dir noch sagen! Ja, ich weiß. Es ist nicht nur wegen der Figur, es ist wegen dieser Allergien, na ja, nenn es Unverträglichkeit, ist doch wurscht. Nein, Wurst schon in Maßen, aber keine Milchprodukte, keine Zwiebel und vor allem keinen Knoblauch ..."

„Den Knoblauch kann ich ja weglassen ..."

„... Nein, lass nur, ich koch mir einen Naturreis mit Curcuma und gebratenes Gemüse dazu."

„Gebraten?"

„Ja, gebraten, bitte diskutieren wir das jetzt nicht weiter, ich bitte dich! ...

Wann es losgeht? Das habe ich dir doch schon x-mal gesagt, du hörst mir nie zu! In Graz spielen wir übermorgen, in den Minoriten, und dann geht's gleich weiter: Innsbruck, München, Berlin, halb Holland ..., keine Ahnung, Rotterdam, Eindhoven, Arnhem und irgendwelche Kleinstädte, ja, auf Amsterdam freu ich mich schon sehr, dort hatten wir immer Standing Ovations! Ja, die Katzensteins und die Fröhlichs werden sicher zur Vorstellung kommen, und natürlich die van der Verders, da geht's dann nachher bis ziemlich spät in die Nacht weiter ..."

„Ach, Mammilein", denk ich mir, „ich weiß gar nicht, wie ich diese Tournee überstehen soll. Wenn Sommer wär, aber es ist kalt und regnerisch, genau das richtige Wetter für meinen armen Hals."

In den Telefonhörer zwitschere ich zum Abschied: „Also baba, ich melde mich dann von unterwegs, Bussi!"…

Erinnerungsschnipsel aus dem Dachboden-Chaos

Ich lege den Telefonhörer auf und bin wütend auf mich. Warum habe ich nur abgehoben, ich warte doch sonst auch immer auf die Message aus dem Anrufbeantworter, bevor ich drangehe!

Ja, ich habe wirklich eine schöne Stimme, aber sie hält nicht immer durch, so überempfindlich. Vielleicht weil es mir so oft „die Red' verschlagt", wie es auf gut Wienerisch heißt? Oder weil ich diese Stimme schützen muss vor wildgewordenen Regisseuren, vor selbstdarstellerischen Musikern, vor geldgierigen Managern, vor gutmeinenden Kulturmachern und ebensolchen Müttern.

„Jüdische Lieder" – oh Gott, was habe ich mir da angetan! Menschenschlangen an den Abendkassen … das tut natürlich gut, das tröstet hinweg über die Einsamkeit nach den Proben, die verzweifelte Sponsoren- und Förderungssuche, die aalglatten Ministerialbeamten, die geheimnisvollen Beiräte; die sowieso nur ablehnen können, was man ihnen vorlegt, weil kein Geld da ist und sie sowieso nichts beurteilen können, weil ihnen jegliches Verständnis fehlt – kulturell und natürlich auch persönlich, was mir allerdings wurscht sein könnte. Manchmal sitzen in der Kommission des Kulturamts welche aus Fleisch und Blut, Kollegen oder Kolleginnen, froh über die paar Scheine, die er oder sie sich da als Fachmann oder Fachfrau, als „Kompetente", während ein paar Wochen im Jahr dazuverdienen können. Ein bisschen Macht ausüben, zweifelhaft beruhigend.

„… Ihre Stimme trägt Melodien weiter unter einem Himmel, der alles gesehen hat", so weit die Überschrift im „Standard". Wie geschraubt und wie schmeichelhaft.

„Unter einem Himmel, der alles gesehen hat …" Ein Zitat aus meiner Feder als Überschrift des Interviews mit dem Kulturkritiker. Gut gestohlen, mein Lieber! Zwischentexte nennt man diese Art von künstlerischem Erguss. Wie soll ich mich selbst ernst nehmen?

Und wenn dann alles vorbei ist, nach dem Applaus, den ich noch sehr genieße: Smalltalk und Gagen an die Musiker auszahlen, an den Tonmeister, die Helfer, Assistenten … und … und … und. Schwach und unfähig fühl ich mich, bekämpft bis aufs Letzte.

Und dann verliert sie jeden Glanz, meine Stimme, und sie reibt sich an aussichtslosen Versuchen. Bis ich es vorziehen werde, endlich aufzuhören mit den lästigen Gesangsübungen. Warum quatsch ich auch stundenlang mit allen möglichen Leuten auf diesen langweiligen Partys, wo man aus lauter Verzweiflung nur ein einziges Vergnügen hat, nämlich das Kosten (Was heißt Kosten! Das Schlingen!) von kalten und warmen Happen. Die Buffets quellen über, alles auf einmal möchte ich mir einverleiben, nur den einen halt ich mir vom Leib: Jean-Jacques, meinen französischen Liebhaber, der auf Stromboli ein Restaurant betreibt. Klingt romantisch: „auf Stromboli" – warum einfach, wenn's auch kompliziert geht.

Premierenpartys sind wirklich schlimm. Ich verliere die Kontrolle. Nein, kein Alkohol ist da im Spiel, leider. Das wäre ehrlicher, denn da wäre ich wenigstens berauscht, so bin ich nur gedämpft. Am nächsten Tag ist der Bauch unbeweglich und jeder Ton klingt, als wäre Sandpapier zwischen die Stimmbänder geraten.

Es naht der Termin des nächsten Auftritts und allmählich lässt das Knarren nach. Meine zaghaften Versuche fruchten. Die angestimmten Töne übertauchen den Hustenreiz. Die Resonanzkörper schwingen und das Vertrauen wächst. Ich werde wieder singen. Wird auch die Lust wiederkehren? Für wen, für was? Was macht ihren Schmelz aus? Die „Befindlichkeit"? Meine Sehnsüchte? Die uralten Muster, Liebeswerben? Trennungsschmerz? Lebensfreude und Todesahnung? Wie banal und schwer erreichbar! Woraus schöpfen? Eingeordnet werden in die Normalität künstlerischen Schaffens oder Traditionspflege? Oh ja, die Musik, die mag man, und überhaupt – Juden und Zigeuner sind immer schon Künstler gewesen, jedes Wienerlied ein jüdisches, jeder Interpret ein Zigeuner-Virtuose. Wir lieben unsre Künstler.

Ich bin dem Kampf nicht gewachsen. Diese zarte, zerbrechliche Stimme!? Ist das wirklich meine? Schonen muss ich sie vor neidigen Ohren, vor grenzenlosem Missbrauch, diese meine Stimme, für die ich nichts kann, der ich „zugeboren" wurde in einer Nacht, zu einer Zeit, die ich mir nicht aussuchen konnte. Ein Kind der Liebe, hoffentlich ... damals in den Jahren der Zerstreuung. Wie lautet der Auftrag? Was aber soll sie verkünden? Ich frage mich.

Auszeit – Lehrtätigkeit

Ich nehme mir eine Auszeit. Keine Auftritte, keine Manager, keine Liebhaber, nur einfach Auszeit. Da kommen mir nun die vielen Ausbildungen zugute. Ich verdinge mich an verschiedenen Schauspielschulen, bis ins Reinhardt Seminar reicht meine „Karriere" als Unterrichtende. Aber am liebsten arbeite ich in meinen Seminaren mit Vortragenden oder Lehrenden, mit ganz „normalen" Leuten, die mit ihrer Stimme nicht umgehen können! Das betrifft Menschen

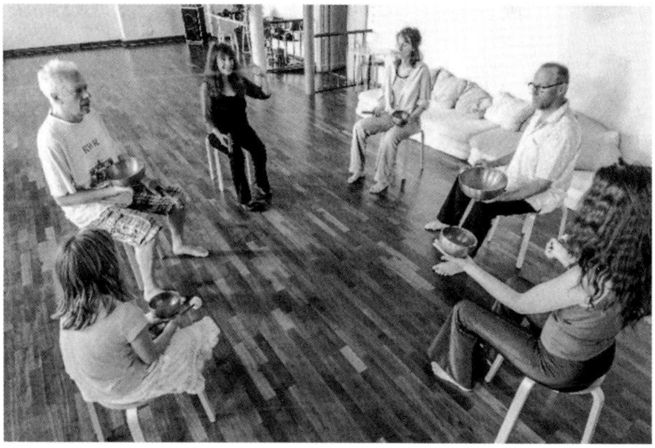

SEMINARZENTRUM FOCUS, Seminarleitung „Lass Deine STIMME fliegen", 2010. Foto: Peter Sehnal

aus allen Sparten, vom Gewerkschafter bis zum Bankdirektor. So erarbeite ich mir ein Standbein über Honorare, die ich alle in meine künstlerischen Aktivitäten investiere, indem ich die Einnahmen nicht mir persönlich zuschreibe, sondern in den uneigennützigen Verein einfließen lasse, den mir zu gründen der Referent im Kulturamt der Stadt Wien empfohlen hat und den mein Steuerberater betreut, um die Kosten für die Konzerte und deren Vorbereitung zu ermöglichen.

Dies wird, sobald ich in Rente gehen werde, zu meinem in finanzieller Hinsicht persönlichsten Debakel führen, denn da bleibt nicht viel übrig. Fast alle Einnahmen, die durch diese freiberufliche Arbeit getätigt wurden, sind da verpufft. Ich hatte mir selbst die kleinsten Gagen auszahlen lassen, um ja die Auftritte, die Musiker, die PR und das Management finanzieren zu können.

Die temporär fixen Anstellungen als Schauspielerin an den diversen Bühnen, als Dozentin an den Schauspielschulen und als Trainerin an diversen Institutionen werden nicht gewährleisten, mir eine ausreichende Altersversorgung zu ermöglichen. Da waren zeitlich bedingt zu große Lücken! „Blauäugig" war ich, könnten manche sagen – nun ja, Voraussicht, finanzielle Absicherung – wer denkt da schon rechtzeitig dran! Ich hatte dies verabsäumt. Aber so weit bin ich ja noch nicht, da mussten noch einige Jahre vergehen.

Wie ich nun in meiner Auszeit nach längerer Pause feststelle: Noch brennt es in mir, auf die Bühne zu gehen, meine Lieder mit meinem Publikum zu teilen, das Tourneeleben zu genießen und jedwede Management- und sonstigen Probleme weiterhin hintanzustellen. Ich mache mich also wieder bereit – finanziell eine Katastrophe, aber ich weiß mich um des schnöden Künstlerlebens Willen zu bescheiden.

Ich besuche mit Annie, der Freundin aus dem jüdischen Kinderheim – meiner so spät entdeckten Cousine zweiten Grades –, den Flamencoabend von Muriel Garfías, der jüdischen Chilenin, die 1973 vor Pinochet[54] flüchten musste. Ihr Sohn Diego an der Gitarre könnte bald mit mir das neue Projekt starten, denke ich mir, gleich neue Pläne schmiedend. „Aber ich bin doch noch nicht bereit, bin zu müde, zu ausgelaugt!", lautet eine warnende Stimme in mir. Geflissentlich wird diese überhört – und das ist gut so! Manchmal muss nicht der Kopf, sondern müssen das Herz und der Bauch entscheiden.

„Komm, Annie!", rufe ich einige Tage darauf durchs Telefon, „wir gehen zu einem Chanson-Konzert, die treten im Celeste auf. Ich hab schon einen Tisch für uns reservieren lassen. Man kann dort auch sehr gut essen!"

Annie stupst mich, denn ich wäre fast eingeschlafen. Das Konzert der drei Damen ist zu Ende, aber ich hatte nach einiger Zeit gar nicht mehr zuhören können, diese Selbstdarstellerinnen langweilten mich unendlich!

Nein, und auch nicht jeder Musiker, der sein Instrument beherrscht, ist automatisch einer, der mir etwas nahebringen kann.

Virtuosität kann auch sehr kalt und unnahbar klingen. Die drei Sängerinnen kreischten mir in die Ohren und der Background-Sänger der Gruppe grölte vor sich hin.

Natürlich bin ich überkritisch, aber ich bin schon wieder ganz bei der Sache.

Einige Tage später spielt die griechisch-türkische Band Lakis und Achwach im Celeste auf und die Musik der Levante berührt meine Seele.

Woher komme ich? Was klingt da an in mir? Der Großvater väterlicherseits? Der Lederhändler aus der „Gelben Straße", wie vor dem Krieg die Ferdinandstraße, ein kleines Gässlein im zweiten Bezirk genannt wurde, wo die türkisch-jüdischen Lederhändler und Gerber ihre winzigen Läden hatten? Im selben Jahr, 1492, als Christoph Kolumbus' Schiff auf die große vermeintliche Reise nach Indien auslief, um letztendlich Amerika zu entdecken, waren diese Juden aus Spanien vertrieben worden. Als „Sepharden", wie sie sich selbst nannten, waren sie dann jahrhundertelang in Nordafrika und im Osmanischen Reich ansässig gewesen. Viele jüdische Kaufleute aus der Türkei hatten sich schließlich auch in Wien angesiedelt. Hier durften nach dem Frieden von Passarowitz diese ursprünglich spaniolischen Juden offiziell leben und wurden

---

54 **Augusto José Ramón Pinochet Ugarte** (* 25. November 1915 in Valparaíso; † 10. Dezember 2006 in Santiago de Chile) war ein chilenischer General und von 1973 bis 1990 Diktator Chiles. Pinochet war am 11. September 1973 maßgeblich an dem von den USA geförderten Militärputsch gegen den demokratisch gewählten marxistisch-sozialistischen Präsidenten Salvador Allende beteiligt. Von diesem Tag an regierte er Chile bis zum 11. März 1990 diktatorisch, zunächst als Vorsitzender einer Militärjunta, ab Juli 1974 als „Oberster Staatschef" *(Jefe Supremo)* und seit dem 16. Dezember 1974 als Präsident. Er wurde nie demokratisch gewählt. Auf die enorme Zahl an Menschenrechtsverletzungen während der Diktatur, darunter mehrere Tausende Ermordete, mehrere zehntausend Fälle von Folter und eine hohe Zahl von gewaltsam „verschwundenen" Chilenen (so genannte Desaparecidos) reagierte ein Teil der Weltöffentlichkeit mit Anklage und Kritik. Quelle: Wikipedia, https://de.wikipedia.org/wiki/Augusto_Pinochet, abgerufen am 20.12.2022.

im 19. Jahrhundert als treue Untertanen des Kaisers offiziell eingebürgert. Hundert Jahre vor den diskriminierten Aschkenasim[55], den Juden aus dem Osten, konnten sie ihre sephardische Gemeinde gründen. Der türkisch-jüdische Tempel in der heutigen Zirkusgasse im zweiten Bezirk könnte Zeugnis davon ablegen, wurde aber leider – wie so viele Synagogen – in der berüchtigten Reichskristallnacht vom 9. auf den 10. November 1938 von wütenden Nazihorden und deren Wiener Helfershelfern bis auf die Grundmauern abgefackelt.

Er hatte gekämpft, mein Großvater, hatte in der Schlacht von Isonzo sein Leben riskiert für das österreichische Vaterland! „Selbst schuld", möchte ich sagen, sag ich aber nicht! In seiner Familie wurden noch die jüdischen Feiertage gehalten; in seiner Heimatstadt Wien, aus der man ihn, wie er dachte, sicher nicht vertreiben würde.

Ist es diese Mischung meiner Vorfahren, meines Vaters aus der Levante und meiner Mutter aus dem Mährischen, die mich prägt? Vaters grüne Augen funkeln oft wie ein fremder Edelstein aus der Ägäis, aus dem Türkis geboren, und Mamas braune Mandelaugen, die ich nie vergessen werde …?

Mein Männerbild? Sehnsucht, Erfüllung, Vollendung? Nun ja, wozu gibt es Therapiesitzungen?

Während Hakan Gürses aus dem Ensemble Lakis und Achwach ein fulminantes Solo auf seiner Bouzouki hinlegt, stupst mich Annie wieder an und flüstert mir ins Ohr.

„Nein, Annie", weise ich sie in der Pause zurecht, „dass der Bouzouki-Spieler urfesch ist, soll jetzt nicht ausschlaggebend sein. Es geht um Musik, nur um Musik und um die Liebe zur Musik."

Und es geht *mir* um spezielle Musik, um sephardische Lieder aus einer multikulturellen Epoche, aus einem „goldenen Zeitalter", damals im Spanien des vierzehnten Jahrhunderts.

Meine Liedersammlung schreit nach Verbreitung. Gehört werden sollen die wunderschönen Melodien – durch mich!

Diese sephardisch-spaniolischen Lieder haben griechische und türkische Elemente und erinnern mich an die Schabbes-Abende im jüdischen Kinderheim in Neulengbach. Damals reichten wir als Kinder, von unseren Betreuern geleitet, Brot und Salz und einen Becher Wein (für uns Kinder war es allerdings roter Traubensaft) in der Runde herum und sangen und tanzten Hora ums Lagerfeuer. Es waren diese Klänge, die in der Seele Fuß fassten, die mich

55 Als **Aschkenasim** bezeichnen sich mittel-, nord- und osteuropäische Juden und ihre Nachfahren. Sie bilden die größte ethno-religiöse Gruppe im heutigen Judentum. 1939 waren 94 % aller Juden aschkenasischer Abstammung, und im 21. Jahrhundert machen sie etwa 70 % aus. Der Name ging mit der Zeit auf alle europäischen Juden über, mit Ausnahme der in Portugal und Spanien ansässigen Sepharden. Quelle: Wikipedia, https://de.wikipedia.org/wiki/Aschkenasim, abgerufen am 20.12.2022.

bis heute nicht loslassen, sowie die tiefgehenden Gesänge des Kantors im Wiener Stadttempel. So bin ich nun weiter auf der Suche.

Musiker finden? Nein, das ist nicht so einfach, da gibt es Virtuosen, die nur im eigenen Licht glänzen wollen ... aber eine Sängerin begleiten? Da muss vieles passen, vor allem die Liebe zu den gemeinsam gefühlten musikalischen Wurzeln, da muss die Synergie da sein, der Gleichklang kann nur fließen, wenn ... ja wenn!!

Erinnerungsschnipsel aus dem Dachboden-Chaos

Ich suche, schaue mich um, muss dem „Fleischhauer" an seinen schönen Instrumenten entkommen. Ich habe mich da auf einen Blender eingelassen. Ein Musiker? Ein Selbstdarsteller, dem meine Stimme zu Höhenflügen verhelfen soll, indem er sie zerschlägt und niedermacht, bis sie beschämt verstummt. Schweigend beobachte ich seine kläglichen Versuche. Wird es ihm nun gelingen, die Botschaft endgültig zu verbiegen, zu zerfetzen, zu banalisieren, da ihm ja jeder andere Zugang verwehrt ist? Wenn sein wunderschönes Instrument die ungefüllten und hohlen Töne gefällig wiedergibt, wiegt er sich im vermeintlich künstlerischen Ausdruck und meint doch nur sich selbst und hat doch gar nichts zu sagen. Kein gemeinsames Schwingen, keine Aneignung von Inhalten, die Noten, die er hinter meinem Rücken spielt, stimmen ungefähr, wie Vampire saugen sie sich an die Melodie-Bögen fest, die ich mit aller Kraft verteidigen muss. Die instrumentalen Solopassagen werden mit routiniertem Geschick dem Instrument entlockt, aber sie fließen nicht, sie langweilen, und sie berühren niemanden. Ich ließ mich verführen. Ausgehungert nach schönen Klängen traute ich ihm zu, dem vermeintlichen Mitspieler, mit mir zu atmen.

Jüdisches Laubhüttenfest – Begegnungen

Lied zum jüdischen Erntedank

Und dann wird kommen ein Tag
Da wachsen die Bäume zum Himmel
Und die Kinder tanzen von Haus zu Haus
Und sie sammeln die Früchte
Und bringen sie vor das Dorf hinaus
Und wenn alles gerichtet ist
Und der Tisch frisch gedeckt
Dann zündet die Mutter die Kerzen
Und alles wird erhellt
Und alle singen wir aus vollem Herzen
Unter dem Himmel der Bäume
Die Lieder der Liebe
Im Laubhüttenzelt
Die Lieder der Träume
In allen Sprachen dieser Welt[56]

„Erinnerst du dich noch", sagte ich zu Annie, „ich hab dich doch manchmal mitgenommen, wie wir ganz allein am Schabbes in den Tempel gegangen sind."

„Ja", antwortet sie, „ich kann mich erinnern, die Erwachsenen haben uns immer erstaunt nachgesehen."

„Genau, ich war ja sehr oft mit der Familie Kriss dort, wo ich immer nach der Schule war, um mit der Yvette die Aufgaben zu machen."

„Und ich war immer sehr eifersüchtig auf die Yvette", antwortet Annie.

„Annie, du warst auf alles und jeden eifersüchtig."

Annie schwärmt nicht nur für den Bouzouki-Spieler, auch der Gitarrist aus der levantinischen Musikgruppe gefällt ihr zusehends.

„Ich würde mit beiden auf der Stelle einen One-Night-Stand hinlegen", erklärt sie mir schwärmend.

„Bist du verrückt geworden? Das ist doch selbstverständlich, dass man sich mit Musikern nicht einlässt!"

„Was hast du gegen Musiker?", antwortet sie erstaunt, während sie schon

56 **Sukkot** (hebräisch סֻכּוֹת, deutsch „Laubhütte", jiddisch *Sukkes* oder *Sikkes*) oder **Laubhüttenfest** gehört zu den jüdischen Festen. Das Fest wird im Herbst, fünf Tage nach dem Versöhnungstag, im September oder Oktober gefeiert und dauert sieben Tage. Quelle: Wikipedia, https://de.wikipedia.org/wiki/Sukkot, abgerufen am 20.12.2022.

unverschämt mit dem feschen Sänger flirtet, der sie von der Bühne herunter angrinst.

„So ein Trottel“, denk ich mir, „der soll sich lieber auf seinen Einsatz konzentrieren!“

„Ich hab gar nichts gegen Musiker“, erkläre ich ihr ungeduldig, „aber wenn ich die zukünftige Frontfrau meiner neuen Gruppe sein will, ist alles andere tabu, sonst machen die mit mir, was sie wollen!“

Nach dem Konzert – der Kontrabassist Klaus Hörschläger hatte ja früher in der Band mit den jüdischen Liedern mit mir gespielt, da habe ich einen Anhaltspunkt – besuchen wir denselben am Künstlertisch, wo sich Musiker aus dieser Szene gerne noch nach ihren Auftritten zusammensetzen. Ganz nebenbei frage ich höflich gratulierend Hakan Gürses, den besagten Bouzouki- und Ud-Spieler mit der schönen Stimme, ob ihn sephardische Musik interessiere.

Gerhard Reiter, der Perkussionist, der sich zufällig neben uns eine angeraucht hat, spitzt die Ohren:

„Es gibt nichts Schöneres als die spanisch-jüdischen Lieder!“, ruft er verzückt aus und schon sind wir alle in einer regen Diskussion. Der Gitarrist Diego Garfías, der Sohn von Muriel, der Chilenin, kommt dazu und während die Biere und der Rotwein fließen, nachdem die Pizzen und Kebabs verspeist sind, packen alle ihre Instrumente aus und wir stimmen gemeinsam die schönen alten Lieder an. Endlich macht mir das Singen wieder Freude. Aus voller Kehle intoniere ich die Lieder „Minouche“ und „Gülpembe“ und ich ahne: „Das ist die Geburt meines neuen Projekts.“

Das neue Ensemble – heimliche Liebe – 1990

Das verlorene Land

Kennt ihr das Lied vom verklungenen Stern
aus längst vergangenen Tagen
das uns von einem Land erzählt
in dem Poeten und Musikanten sich eingefunden hatten
es zu beschreiben
immer wieder und wieder

Wir träumen es immer noch

Hügel und Flüsse und Berge und tiefe Gewässer
gaben dem glatten Grund die Form
Farne und Gräser und Strauch und Baum
boten Gestein und Sand Halt und Stand

Ach es schmückten Gärten voll herrlichster Kräuter
die fruchtbare Erde
aus der goldenes Brot wuchs
und schimmernde Sonnenblumensterne säumten die Wege
üppige Wiesen entlang

Springende Glitzerfische, bunte Früchte
und Blütenfülle von zartem Duft
verschönten den Tag

Und die lauen Nächte
in denen die süßesten Vogelstimmen erklangen
die je gehört worden sind
waren sanft und still

Das SEPHARAD ward dieser Inselfleck genannt
zum einen Teil der Mutter Erde verbunden
zum anderen grenzend an ein schäumendes Meer

Und dort wo sanft geschwungene weiße Strände
in tanzenden Wellen badeten

Dort wo Riesenpfaue in schillernden Kleidern
die Pfade entlang stolzierten

Dort wo
die Tiere des nahegelegenen Waldes
aus friedvoll glänzenden samtenen Augen
unter edelsteinbesetzten Tauwimpern
hervorlugten am frühen Morgen

Dort bauten einst die Menschengäste
ihre geborgten Städte

Das Ensemble S.P.H.A.R.A.D.I.M war entstanden! Geschafft, endlich! Mein heimlicher Traum war wahr geworden! Die alten Lieder aus der Epoche des „Siglo de Oro“, des „Goldenen Zeitalters“, als in Spanien Juden, Christen und Araber friedlich miteinander lebten und wirkten, sollten auferstehen. Künste, Musik, Architektur, Wissenschaft und letztendlich Handel erlebten damals eine Hochblüte, die erst – wie schon erwähnt – 1492 mit der Vertreibung durch die katholischen Könige Ferdinand und Isabella, nach akribischer Vorbereitung durch die Inquisition, ein brutales und grausames Ende fand. Juden, die konvertierten, nannte man die Marranen. Sie wurden heimlich beobachtet und wenn z.B. am Schabbes kein Rauch aus den Kaminen aufstieg, war bewiesen: Sie hatten sich an die religiösen Vorschriften gehalten und an diesem Tag nicht gekocht. Damit waren sie überführt, infolgedessen wurden sie als Ketzer auf dem Scheiterhaufen verbrannt. Diejenigen Juden aber, die ihre Herkunft nicht verleugnen wollten, die sich nicht taufen ließen, begaben sich auf die Flucht. Oft ließen sie Hab und Gut zurück, nur ihr Liederschatz begleitete sie über die nordafrikanischen Länder bis ins Osmanische Reich, wo sie Aufnahme fanden. Das nun von mir gegründete Ensemble S.P.H.A.R.A.D.I.M hatte die Spannweite, konnte den Bogen schaffen und war Vorreiter für viele Künstler, die in den folgenden Jahren aufgrund von Einwanderung und Asylgewährung die multikulturellen Einflüsse in Österreich bereicherten.

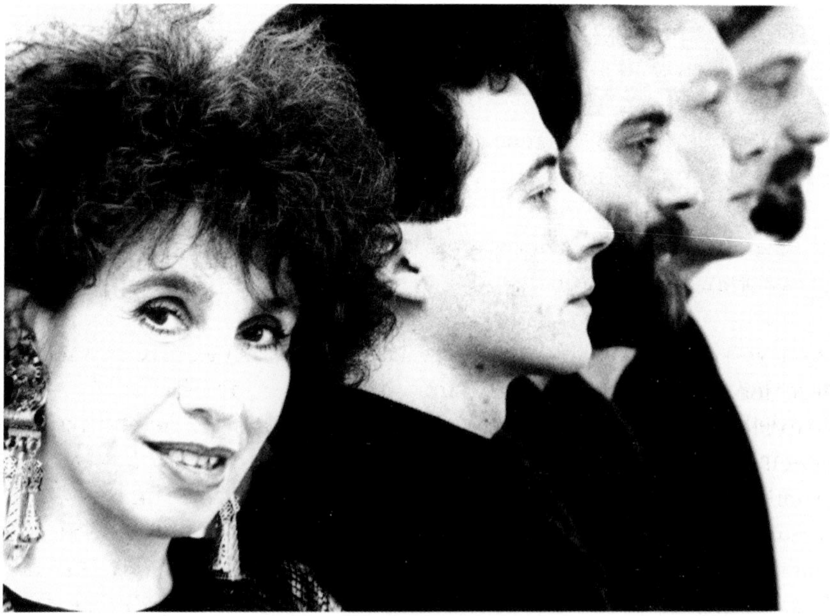

Ensemble S:P:H:A:R:A:D:I:M: Lena Rothstein, Diego Garfias, Hakan Gürses, Klaus Hörschläger, Gerhard Reiter. Foto: Ernst Mark

Wir wurden zu einem eingeschworenen Team. Gemeinsam mit unserem immer zahlreicher gewordenen Publikum entstand eine Gemeinschaft, in der die Liebe zu unseren Arrangements über eine Spanne von vielen Jahren die Herzen erfüllte.

Ich checkte, ich organisierte wieder einmal alles allein, aber immerhin war ich wieder motiviert. Und so zogen wir durch die Lande: Hakan Gürses, Diego Garfías, Gerhard Reiter, Klaus Hörschläger, später auch Gerhard Graml, Antonis Vounelakos, Mehmet Emir, Herwig Thoeny und dazu die Tontechnikerin Herta Trisko, die einsprang, wenn unser lieber Alfred Pahola wieder einmal in Spanien weilte. Er war nicht nur unser Tonmeister, er spielte vor allem auch virtuos die Flamencogitarre und als echter Wiener gehörte er mit seinem Instrument auch wunderlicherweise als Begleiter der spanischen Flamencosänger im tiefsten Süden Spaniens zu einem der Begehrtesten.

Nicht immer alle zugleich, aber zumindest zu fünft waren wir meistens unterwegs und das waren wir immer öfter. Jeder Auftritt war ein Erlebnis.

Aber gehen wir wieder chronologisch vor:

Ich hatte in Amsterdam, dort, wo viele 1492 auch aus Portugal vertriebene Juden eine neue Heimat gefunden hatten, in einigen Museen und Institutionen gemeinsam mit meiner Freundin, der Historikerin Martha Keil, Material über die Kultur der Sepharden, wie sie sich nannten, zusammengesucht. Ebenso hatten wir in Israel geforscht und dort Liedmaterial für meine zweite CD „como la rosa“ gesucht.

Nachdem ich im Diasporamuseum in Tel Aviv ebenfalls fündig geworden war, machte ich die Entdeckung, dass meine erste CD „cantos judeo-españoles“ dort nicht nur im Shop angeboten wurde. Der im Museum beschäftigte Archivar gestand mir, dass diese CD von der Sängerin Lena Rothstein eine von denen war, die er am liebsten immer wieder auflegte.

Ich gab mich zu erkennen: „Well, that’s me!“

„That’s you?“

„Yes, here you can read my name Lena Rothstein, and look at me and see the photo on the cover! Do you want me to show you my passport?“

„No, I believe you“, antwortete er begeistert und er kam zu allen Konzerten, die wir anschließend in Israel in den folgenden Jahren gaben. Er hatte mir meterweise Tonbandmaterial von Native-Sängern und -Sängerinnen zur Verfügung gestellt – mit der Auflage, diese nirgends öffentlich abzuspielen. Nur für mich als Künstlerin würden sie freigegeben. Ich hielt mich daran. Auf diesen Tonbändern singen fast ausschließlich Frauen, zumeist a capella, die alten Lieder, die sie über Generationen bewahrten und die wir mit unseren Arrangements wiederbeleben durften.

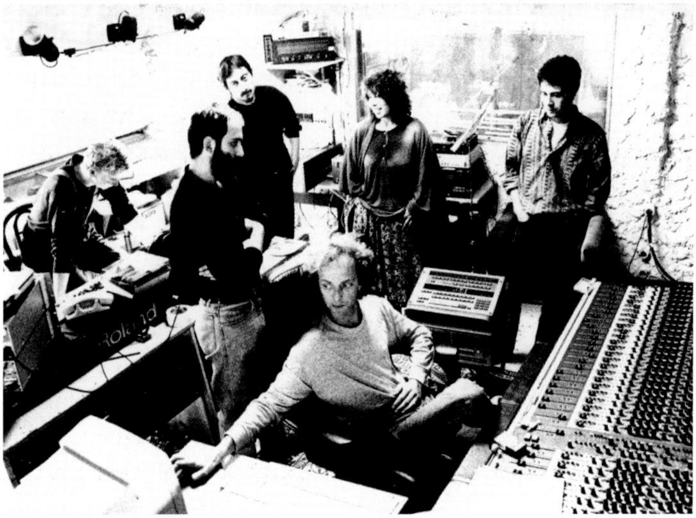

TONSTUDIO MIC TAPESER, mit dem Ensemble S:P:H:A:R:A:D:I:M, 1990. Foto: Ernst Mark

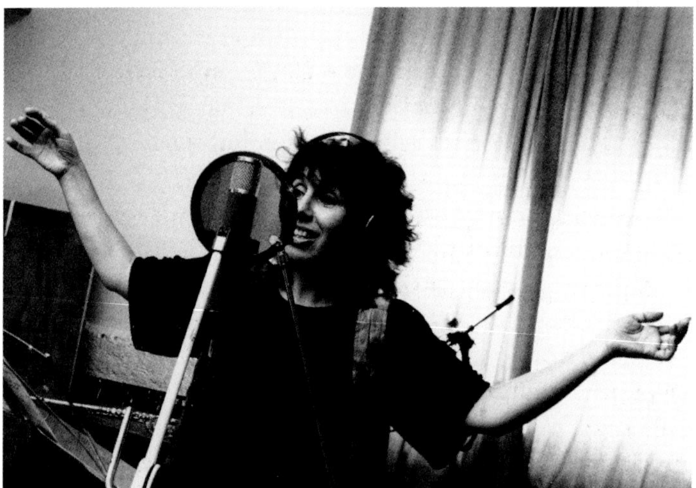

Aufnahmen sephardischer Lieder, CD-Produktion CANTOS JUDEO ESPANOLES, 1990. Foto: Ernst Mark

Ob wir in Israel auftraten oder im großen Olympia-Stadion und in der Black Box in München, in Wien im Metropol oder an den Wochenenden vier Sommer lang hintereinander im Theater am Spittelberg gastierten, in Graz in den Minoriten, auf Kleinkunstbühnen in diversen Städten oder bei Festivals in Italien, Berlin, beim Tivoli Vredenburg Festival in Utrecht/Holland oder in großen Konzertsälen wie in der Frankfurter Oper – wir ernteten Standing Ovations und überall hatten wir die Herzen des Publikums erreicht.

Was wir nicht immer erreichten, waren die Börsen der Kultursponsoren, aber dieses Thema hielt ich meinen Musikern vom Leibe. Ich kümmerte mich um die Gelder und die Finanzierung der Tourneen. Meine neue Agentur in Frankfurt organisierte Tourneen durch Deutschland, Holland und Dänemark, wir traten als Vorgruppe bei Konzerten von Giora Feidman auf. Alles klappte endlich wie am Schnürchen, bis die für uns verantwortliche Managerin einen Herzinfarkt glücklicherweise knapp überlebte, der sie aber dazu veranlasste, alle Aktivitäten einzustellen.

In der Herkuleshalle in München war daher unser letzter Auftritt in Deutschland. Auf eigene Faust aber hatte ich schon vorgeplant: Nun ging's endlich wieder nach Israel!

Israeltournee – neue Fans – Mea Sharim – 1992 und 1993

Das Einchecken am Flughafen in Wien beim Schalter der El Al Airlines war schon ein Abenteuer.

Es wurde uns mit unseren Instrumenten, dem riesigen Kontrabass-Koffer und den diversen Nationalitäten, die wir da in unserem Ensemble waren – aus Chile, Griechenland, der Türkei, Liechtenstein und Österreich –, eine besondere Behandlung zuteil.

Hakan Gürses, unser Türke, jammerte, denn er hatte drei Instrumente, die jeweils aus den Koffern und Behältern herausgeholt werden mussten. Herwig Thoeny war empört, als er beim Vorzeigen seines Reisepasses vom eigentlich nur für das Gepäck zuständigen eifrigen Beamten zu hören bekam: „Liechtenstein, that's a country?"

Ich musste erklären, woher ich die Musiker kannte, wie lange ich sie kannte, usw. Alle Routinefragen doppelt und fünffach, für einschließlich mich und die fünf Musiker, die sowieso extra befragt wurden. „Könnte das nicht den Zeitrahmen sprengen?", dachte ich mir besorgt. Zum Glück hatte Leon Zelman, der leider verstorbene Leiter des „Jewish Welcome Service Vienna", uns freundlicherweise angekündigt und so lief die ganze Prozedur glimpflich ab. Die Instrumente wurden endlich verstaut und wir konnten rechtzeitig im Flieger nach Tel Aviv Platz nehmen. Nach dem Start gab es noch einige Aufregun-

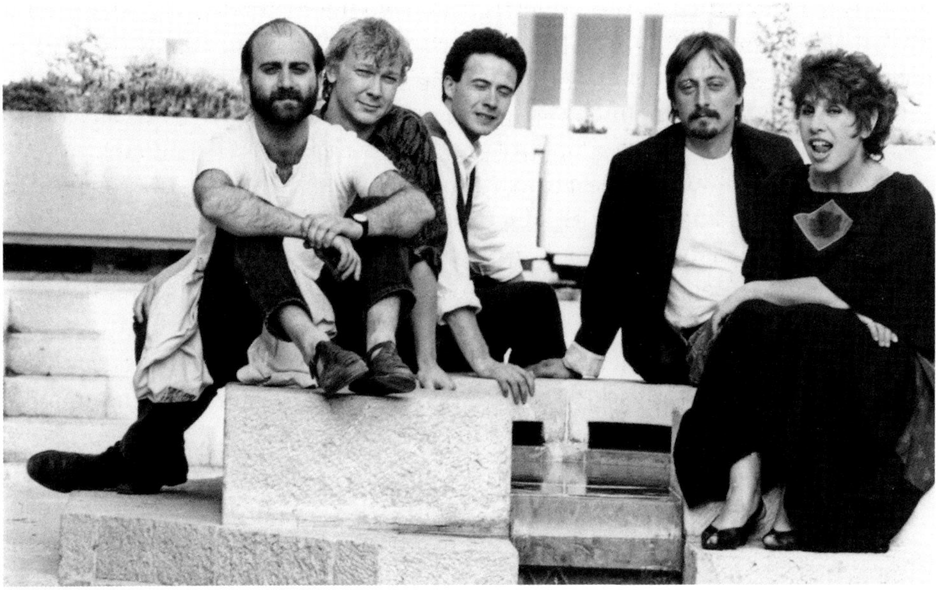

Israeltournee mit dem Ensemble S:P:H:A:R:A:D:I:M, v.l.n.r.: Hakan Gürses, Klaus Hörschläger, Diego Garfias, Gerhard Reiter, Lena Rothstein. Foto: Mehmet Emir

gen, denn die Israelis sind ein Volk, welches um seine Rechte zu kämpfen gelernt hatte. So sprangen diejenigen auf, die annahmen, einen anderen Platz neben anderen Mitreisenden entgegen der zugeordneten Platznummer gebucht zu haben. Ein wirres Hin und Her begann, bis endlich jeder und jede mit ihren Plätzen zufrieden war. Als das Essen serviert wurde, bestanden die Vegetarier darauf, auch gleichzeitig koscher bestellt zu haben. Es entspann sich unter den Fluggästen diverser Herkunft die Diskussion, ob koscher denn vegetarisch wäre – nein, es stellte sich heraus es gibt eben koscher für alles, für Gemüse und für Fleisch!! Diejenigen, die Huhn bestellt hatten, verweigerten den koscheren Rindfleischsalat; die anderen, die koscher bestellt hatten, bestanden auf den Kalbsrücken usw. Nachdem die Stewards und Stewardessen geduldig allen Beschwerden nachgekommen und alle Missverständnisse aus dem Weg geräumt waren, kehrte Frieden ein.

Ich setzte mir die Kopfhörer auf und suchte mir auf dem Bildschirm vor meinem Sitz einen Film aus: „Mrs. Doubtfire". Neben mir saß ein älterer Herr mit einer bunten gehäkelten Jarmulke[57], der sich von seinem Platz aus neugierig herüberbeugte. Während der Film lief, stieß er mich mehrmals an und ich musste ihm, da er ja ohne Kopfhörer – die er, ebenso wie auch seinen eigenen

57 Anm. der Autorin: Kippa; Kopfbedeckung männlicher Juden.

Bildschirm einzuschalten, verweigerte – nichts hören konnte, den Verlauf der Story berichten. Seine Kommentare waren ebenso urkomisch wie der ganze, nicht zum ersten Mal von mir konsumierte Klassiker mit Robin Williams.

„Wieso geht sie mit ihm essen? Ich würde das nicht tun!" – „Dass sie überhaupt noch mit ihm redet!" – „Na sowas!" – „Was machen die denn jetzt?"

Ich übersetzte und erklärte ihm die Handlung, während ich mit Sehnsucht auf die Landung wartete, denn diese Form der Fernsehkultur war mir doch fremd und sehr anstrengend. Ich war gespannt, was da noch alles auf uns zukommen würde. Begonnen hatte diese Tournee jedenfalls etwas wundersam.

An der ersten Anlaufstelle in Jerusalem im Beit Shmuel, einem großartig modern angelegten Kulturhaus in der Eliyahu Shama St 6, empfing uns die dortige Leitung erstaunt: „Wieso seid ihr jetzt schon da?"

„Na, was sonst?", antwortete ich perplex, „das haben wir doch per Telefon und Fax alles terminisiert!"

„Wir haben erst in zwei Wochen mit euch gerechnet", lautete nach einigem Zögern die Antwort. Das war natürlich eine Ausrede, denn ich bin sicher, sie hatten unsere Kontakte verschlampt, oder da ja keine Agentur oder Management hinter uns stand, nicht ernst genommen, oder ... „Was kann man schon aus Österreich erwarten?" Vorurteile gibt es allerorten.

Ich verbarg mein Entsetzen.

„Wenn das so anfängt, wie soll ich meine Grupos zusammenhalten?", dachte ich mir. „Wenn es zu viele Schwierigkeiten gibt, zerbröselt mir noch alles."

Ich bestürmte mit all meinem Charme, den ich aufbringen konnte, die Herren Organisatoren, und – das gibt's wieder nur in Israel – es klappte am nächsten Tag wie am Schnürchen. Die Tonanlage samt Techniker wurde bereitgestellt, aus der sephardischen Gemeinde wurden die zahlreichen Mitglieder für den übernächsten Tag zu unserem Auftritt eingeladen und Freunde meiner Freunde aus der Wiener Community hatten weitere Freunde verständigt.

Mittlerweile hatten wir Zeit für Sightseeing, bummelten durch Jerusalems alte Gassen und konnten uns nicht sattsehen. Natürlich führte unser Weg schnurstracks zur Klagemauer. Dort angekommen, steckte unser jüdisch-chilenischer Gitarrist Diego, der erst kürzlich geheiratet hatte, ein Zettelchen zwischen die Steine und betete darum, dass seine Frau Claudia nicht allzu böse wäre! Denn sie war schwanger und er auf Tournee! Zum Glück ging sich alles gut aus!

Ich hatte mich vorerst irrtümlich auf der Seite der betenden Herren an der Klagemauer eingefunden und wurde höflich, aber unmissverständlich auf die Frauenseite verwiesen. Feixend beobachteten meine Grupos meinen Fauxpas.

Auf der Frauenseite wollte mich schließlich eine Dame anheuern, ihre religiöse Siedler-Kommune zu besuchen. Ich kam ihr zuvor und warb sie für unser Konzert im Beit Shmuel an. Sie kam tatsächlich und brachte Rabbi Witt mit. Den kannte ich aus Wien, da er sehr oft Shlomo Carlebach auf dessen Tourneen begleitete. Shlomo Carlebach, ein singender Rabbiner, der von Wien bis New York und von Jerusalem bis Amsterdam seine Fangemeinde hatte, war so etwas wie ein Guru der jüdischen Musik. Ursprünglich kam seine Familie aus Baden bei Wien. Unser Kontrabassist Klaus Hörschläger war von ihm, so oft er in Wien gastierte, angeheuert worden und so hatte sich unser blonder Engel aus Linz schon längere Zeit, bevor wir mit ihm zusammenkamen, mit jüdischer Musik befasst.

Wir spielten am darauffolgenden Tag vor vollem Zuschauersaal unser Konzert, wobei wir mit unseren verschiedenen Instrumenten den Weg dieser Lieder über Griechenland, die Türkei und Nordafrika nachzeichneten. Die vollzählig anwesenden Mitglieder eines Chors, welche die Tradition der sephardischen Musik pflegten, waren vollauf begeistert von unseren Interpretationen. Nach der Vorstellung sangen wir gemeinsam mit ihnen unser ganzes Repertoire noch einmal durch!

Wir waren euphorisch, glücklich und zufrieden und wir beschlossen noch nachzufeiern. Ich kannte in Jerusalem dank des früheren Aufenthalts mit meiner Mutter ein sehr schönes Lokal, das in einen Felsen eingebaut war, und

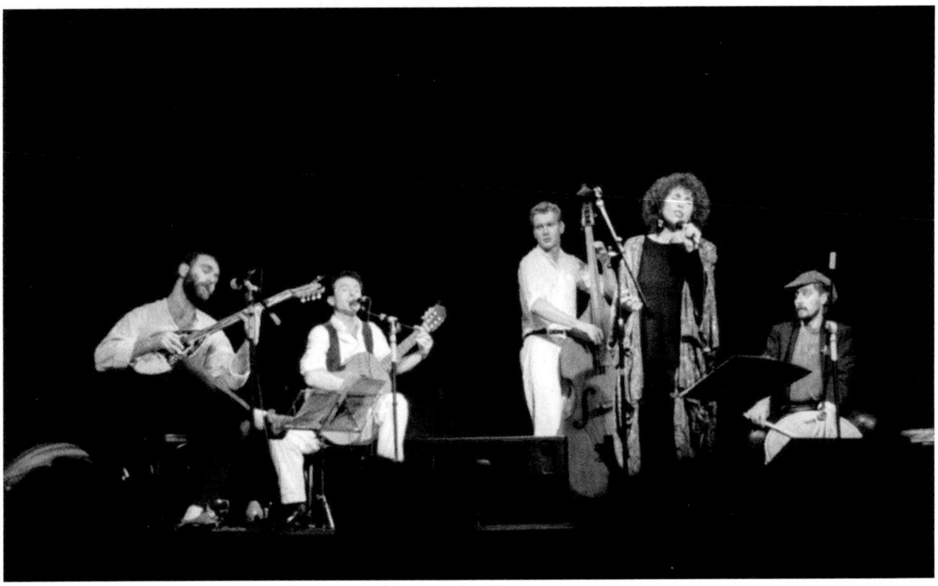

Israeltournee Ensemble S:P:H:A:R:A:D:I:M, 1992.
Foto: Mehmet Emir

schwärmte meinen hungrigen Spielgefährten vor, wie gut das Essen dort wäre. Dank meiner schlechten Orientierung suchten wir das Restaurant längere Zeit, irrten durch schräge Gassen und entlang der Stadtmauern, bis wir endlich darauf stießen. Es stellte sich heraus: Das Lokal lag genau um die Ecke unserer Pension!

Warum ich bei dieser Suche nicht aufgeben konnte und verhindern musste, dass wir in ein anderes auf dem Weg liegendes Lokal einkehrten und ich auf diese Weise die Geduld meiner Mitarbeiter strapazierte? Nun, das ist leicht zu erklären: Ich hatte mir für dort ein Rendezvous mit meinem israelischen Liebsten Jakov Lewinsky ausgemacht. Wir hatten uns zwei Jahre zuvor in Wien kennen und lieben gelernt und wollten uns unbedingt wiedersehen. Das waren meine Grupos nicht gewohnt, dass ich am nächsten Tag nicht allein am Frühstückstisch in unserer Pension saß.

Ich ignorierte geflissentlich ihre heimlichen Bemerkungen und nahm mir vor, mein Privatleben weiterhin bedeckt zu halten. Ich war die Frontfrau, die Sängerin, die Checkerin, und das war's, mehr ging sie nichts an.

Annie, meine liebe Annie, war uns nachgereist und an einem der Freitagabende, als wir wieder frei hatten, begleitete sie mich zu der Familie von Rabbi Witt in Mea Shearim.[58] Annie war sich zwar ihrer Herkunft als Jüdin bewusst, hatte aber zu der jüdischen Religion und den feierlichen Ritualen zu Schabbes oder anderen Feiertagen keine Beziehung und auch wenig Interesse. Es begann damit, dass sie meinte, wir müssten doch etwas mitbringen, Kuchen oder sonstige Süßigkeiten für die Kinder. Nun, Koscheres an einem Freitagnachmittag – dem Beginn des Schabbes – zu besorgen, war aussichtslos, aber an einem Stand, wo gebrannte Mandeln angeboten wurden, waren wir trotz Annies Naserümpfen fündig geworden. Wir kamen also in Mea Shearim zu Rabbi Witts Haus, ein dunkles enges Steinhaus, angenehm kühl im Inneren und bei Kerzenschein (zu Schabbes darf man ja als gläubiger Jude kein elektrisches Licht andrehen) mittelalterlich anmutend.

Eine Schar Kinder empfing uns neugierig – es waren zwölf, darunter Zwillinge – und die Hausfrau begrüßte uns freundlich. Sie war sichtlich im letzten Monat schwanger. Die gebrannten Mandeln wurden mit großer Freude angenommen, während noch andere Gäste eingetrudelten: Es war ein doch etwas

58 **Me'a Sche'arim** ist heute ein Viertel im Westteil Jerusalems, wo die Alltagssprache vornehmlich Jiddisch ist. Seine Bewohner, die verschiedenen ultraorthodoxen, chassidischen oder misnagdischen Gemeinschaften angehören, halten sich an die traditionelle Auslegung der Tora und an die Mitzwa, die schon seit mehr als 3300 Jahren von Lehrer zu Schüler, Vater zu Sohn und Mutter zu ihren Kindern weitergegeben wird. In Me'a Sche'arim gilt die strikte Einhaltung der Schabbatruhe, der jüdischen Feiertage, der Familienreinheit. Es gilt als bekannt, dass hier die politische Opposition zum Zionismus und zum Staat Israel vorherrscht. Quelle: Wikipedia, https://de.wikipedia.org/wiki/Me%27a_Sche%27arim, abgerufen am 20.12.2022.

liberalerer Haushalt, denn es kamen auch noch eine Singlefrau und ein Tramper mit Rucksack und Akkordeon dazu sowie ein sehr eleganter, frommer Arzt mit Frau und drei Kindern. Alle saßen wir sehr eng aneinandergereiht in zwei Reihen hintereinander um den runden Tisch in der engen ärmlichen Stube. Leise flüsterte ich Annie ins Ohr:

„Siehst du, so haben unsere Vorfahren gelebt."

„Nein!", fuhr Annie verhalten auf und flüsterte entsetzt zurück: „Wenn mein Vater mich hier sehen würde, er wäre schockiert!"

„Meiner ebenso", dachte ich mir, und nun konnte ich beobachten, wie ein Junge mit dicken Brillen heimlich mit seiner auf Besuch weilenden Cousine gegenüber am Tisch verstohlene Blicke tauschte.

Dann begann der Schabbes. Die Frau des Hauses entzündete die Schabbes-Kerzen und dann wurde der Kiddusch[59] über einen Becher Wein gesprochen, anschließend gingen wir alle hintereinander in die winzige Küche, um uns mit einem Segensspruch die Hände zu waschen. Ich kannte zum Glück die Gebräuche, aber Annie flüsterte mir wieder ins Ohr:

„Muss ich mir an diesem gemeinsamen Handtuch auch die Hände trocknen?"

„Ja, das musst du", antwortete ich schon etwas genervt. Wie würde ich diesen Abend aushalten, auf der einen Seite die freundlichen Gastgeber, auf der anderen Seite die quengelnde Annie und dazwischen ich, ausgleichend und ja darauf bedacht, niemanden merken zu lassen, wie Annie sich da heimlich mokierte!? Nun, der Abend ging dahin, einiges musste ich mir von Annie noch anhören: „Muss ich das wirklich essen?" und „Ist das Plastikgeschirr auch sauber?" usw.

Nach dem Essen, als ich schon eifrig überlegte, wann ich mich verabschieden könnte, ohne unhöflich zu sein, fragte Rabbi Witt, ob ich nicht ein Lied singen möchte. Das fehlte noch. Ich war völlig verkrampft und verspannt, und das Letzte, was mir gelingen würde, wäre jetzt ein Lied anzustimmen.

„Ach", sagte ich zuvorkommend „lass doch Benny mit seinem Akkordeon beginnen, dann können wir alle gemeinsam einstimmen!", und es geschah dann so, wie ich es vorgeschlagen hatte.

Als wir endlich am Nachhauseweg waren, meinte Annie nachdenklich: „Eigentlich war das schon sehr entspannend, wie wir dann alle zum Schluss musiziert und gesungen haben."

„Na, dann sei du nur zufrieden", dachte ich und sehnte mich nach meinem Bett in der kleinen Pension, in der ich neben meinem Zimmer noch ein kleines

---

59 Anm. der Autorin: Der Übergang von der Arbeitswoche zum Shabbat wird bei Juden mit heiligen Worten und Wein zelebriert und heißt auf Hebräisch Kiddusch.

für Annie reservieren hatte lassen. Ich hätte sie, da sie ja auch wie ein Schlot rauchte, in einem Zweibettzimmer nicht ausgehalten und war froh, nach einer kurzen kühlen Dusche mich und meine angespannten Schultern zu lockern, und nach ein paar tiefen Atemzügen fiel ich trotz der heißen, stehenden Luft in einen erholsamen Schlaf.

An einem unserer anderen freien Tage erkundigten wir uns an der Rezeption, ob ein Spaziergang in der Altstadt gefährlich sei.

Einer der Pensionsbesitzer antwortete lakonisch, als er den sehr schlanken, extrem langhaarigen Herwig Thoeny die Treppe heruntersteigen sah:

„That's not dangerous, and of course I see that you have Jesus with you!"

Auf der Hauptstraße Jerusalems, auf der Ben-Yehuda, entdeckte ich an diesem Tag, bevor es weiter nach Tel Aviv ging, einen kleinen Plattenladen. Ich kaufte mir eine Kassette mit sephardischen Liedern, gesungen von Abraham Perera, meinem absoluten Favoriten, was die Interpretation dieser Lieder betrifft. Der Besitzer des Geschäfts, Herr Stern, ein älterer Herr in kurzen Hemdsärmeln, sprach ein wienerisches Deutsch, und als ich ihn fragte, wann er denn hier eingewandert sei, antwortete er mir: „Gar nicht, ich bin hier geboren!"

Seine Eltern waren schon in den Zwanzigerjahren aus Wien kommend in das damalige Palästina eingewandert. 1948 hatten die Engländer das okkupierte Land sich selbst überlassen, erklärte er mir, und fuhr fort:

„Die UNO hatte nun 1948 vorgeschlagen, zwei Staaten zu gründen: Palästina und Israel. Die arabischen Länder verweigerten die Gründung Palästinas, und am Tag nach der Gründung Israels flogen die Bomben aus allen umstehenden, angrenzenden arabischen Ländern. Es kam, wie man weiß, zu einer immer härteren Kluft, die zwischen Arabern und Juden leider noch immer besteht."

Das war Geschichtsunterricht pur und ehe er fortfahren konnte, klingelte es, die Eingangstür ging auf und ein ebenfalls älterer Herr erschien. Die beiden tauschten sich aus und diskutierten gleich weiter über damals und heute und über Gott und die Welt und über die Österreicher und die Nazis. Ich nahm all meinen Mut zusammen und präsentierte schüchtern meine CD „cantos judeo-españoles", mit meinem Porträt auf dem Cover.

„Aha, singen Sie so schön, wie Sie ausschauen?", fragte der dazugekommene Herr, ebenfalls im wienerischen Dialekt, und es stellte sich heraus, er war tatsächlich Musiker aus Wien und sang mir das Lied „In einem kleinen Café in Hernals" vor!

Herr Stern bestellte 50 CDs – die hatte ich zum Glück aus Wien mitgebracht – und ich ließ sie ihm noch am selben Tag zukommen. Er bezahlte den verlangten Betrag bar auf die Hand. Mein Wiener Plattenverleger Harald Quendler von der legendären „Extraplatte" wunderte sich Monate später, wieso ich in Israel mit meinen CDs so präsent war. Er hatte die CDs bisher doch nur in Taiwan, Holland und Frankreich vertrieben. Ja, in Paris hatte ich sie auch in einem kleinen Laden im Marais in einer Auslage entdeckt.

Wir gastierten im „Suzanne Dellal Center“[60] in Tel Aviv und im großen Theatersaal des Haifa-Museums, der bis auf den letzten Platz ausverkauft war.

Meine israelischen Freunde und Freundinnen hatten weitere Freunde zu den Aufführungen zusammengetrommelt und wir eroberten im Nu die Herzen der Israelis.

Wir traten auch im *Neve Shalom Wahat al-Salam,* dem Friedensdorf in der Nähe Tel Avivs, auf, das 1970 von Bruno Hussar gegründet worden war und in dem jüdische und arabische Israelis friedlich zusammenlebten. Es war ein wunderbares Beispiel, wie so eine Koexistenz funktionieren kann.

Nach dem Konzert saßen wir noch lange unter dem freien Sternenhimmel musizierend und singend mit den Bewohnern zusammen.

Wie Hakan Gürses mir viele Jahre später gestand, hatte er die ganze Nacht in seinem Bett aufrecht gesessen (wir waren in neu erbauten Bungalows mitten in der Wüste bequem untergebracht) und hatte kein Auge zugetan aus lauter Angst, von einer Schlange überrascht oder von einem Skorpion gebissen zu werden.

Der wienerisch-israelische Journalist Ari Rath hatte uns in einem der ältesten Kibbuze Israels, in Neve Eitan – in der Nähe Tiberias nicht weit vom See Genezareth –, ein Gastspiel vermittelt, wo uns die schon ziemlich alten Veteranen der Bewegung empfingen. Als wir ankamen, staunten wir nicht schlecht: Da fanden wir unter Palmen, Eukalyptusbäumen und Zypressen ein richtiges Theater vor! Eine kleine, voll ausgestattete Bühne mit Samtvorhang und kompletter Beleuchtung stand zur Verfügung, professionelles Bühnenpersonal unterstützte uns. Abends dann entdeckte uns zufällig eine Touristengruppe aus Barcelona, die in Israel Urlaub machte. Man war sichtlich überrascht, hier spanisch-jüdische Lieder zu hören, die ihnen bis auf die Sprache völlig fremd waren.

Als wir uns nach dem Konzert in der Kantine selbst bedienten, häufte sich unser Pechvogel Hakan eine gelbliche Creme auf den Teller zu den mit scharfem Harissa gewürzten Fleischbällchen, die, wie sich herausstellte, eine

60 Das **Suzanne Dellal Center for Dance and Theatre** präsentiert israelische und internationale zeitgenössische Tanzkompanien. Das 1989 gegründete Suzanne Dellal Center hat es sich zur Aufgabe gemacht, die Kunst des zeitgenössischen Tanzes in Israel zu pflegen, zu unterstützen und zu fördern. Das Zentrum verfolgt diese Mission, indem es verschiedene Performances, Veranstaltungen, Festivals und Workshops aus der Welt des zeitgenössischen Tanzes, des Theaters und der darstellenden Künste anbietet. Das Suzanne Dellal Center hat zwei Hauptziele: erstklassige Tanzproduktionen und ansprechende Bildungsaktivitäten zu schaffen. Quelle: Wikipedia, https://hmn.wiki/de/Suzanne_Dellal_Center_for_Dance_and_Theater, abgerufen am 20.12.2022.

picksüße Vanillecreme war. Er hatte diese mit dem Kartoffelpüree, das ebenfalls angeboten wurde, verwechselt. Ohne mit der Wimper zu zucken, aß er mit Todesverachtung alles auf, denn er wollte aus Höflichkeit auf keinen Fall den vollen Teller stehenlassen und dadurch die Gastgeber beleidigen. Wir beglückwünschten ihn ob seiner Tapferkeit, denn diese Speisenzusammenstellung war sicherlich keine Gaumenfreude.

Den Abschluss unserer Israeltournee veranstalteten wir in einem jemenitischen Gastgarten nahe des Flusses Yarkon, am Stadtrand von Tel Aviv, inmitten von Hühnergeschnatter und Haschisch-Wolken. Im Publikum saßen der damalige ORF-Berichterstatter Ben Segenreich und seine Frau sowie der österreichische Botschaftssekretär Marian Wrba. Diese fragten mich verwundert, wieso ich diese etwas verkommene Stätte für meinen Auftritt ausgesucht hätte. Es war Jossi Sela, ein israelischer Märchenerzähler, der in Wien gastiert hatte und der mich eingeladen hatte, ihn anzurufen, sobald wir in Israel angekommen wären. Das tat ich auch – ohne große Erwartung –, aber er organisierte spontan diesen ungewöhnlichen Spielort.

Die Zuschauer, unter ihnen viele Musiker, waren vollkommen verblüfft, dass aus Österreich Menschen mit orientalischen Instrumenten angereist waren. Und nach unserem Konzert musizierten wir wieder einmal gemeinsam, zur Freude des Publikums, bis in den frühen Morgen.

Erinnerungsschnipsel aus dem Dachboden-Chaos

Die hatten sich schon sehr gewundert, meine Grupos, als sie mich in Jerusalem in der kleinen Pension mit meinem Liebsten beim Frühstück antrafen. Mein Privatleben ist ja ansonsten für meine lieben Mitarbeiter tabu. Annie konnte das nie verstehen, denn jeden Einzelnen hätte sie gerne abgeschleppt, aber das wusste ich zu unterbinden. Annie war für mich wie eine kleine Schwester, die ich zu beschützen hatte.

Jakov, meinen israelischen Liebsten, habe ich nun hier in Wien wiedergefunden. Wie lange war die Trennung gewesen! Nun ist er abgestiegen bei seiner Wiener Mama – wieso die meisten meiner Liebhaber eine Wiener Mama haben müssen? Zufall? Bestimmung?

„Komm“, sagt er begeistert, „Wir fahren los! Wir fahren ins Blaue!“

„Wie lange?“

„Einige Tage, frage nicht.“

Ich hole den gepackten Koffer, er steht ja immer bereit. Nur schnell noch ein paar Kosmetika, das neue, geile Nachthemd, und auf geht’s. Ich sitze wieder einmal daneben, träume in die vorbeifahrende Sonne, inhaliere das satte Blau, die steirische Weinstraße führt in die Unendlichkeit. Wir machen Rast, wir umschlingen uns und halten uns fest, die ganze Nacht in dem rotkarierten Bettzeug. Und wieder ein Heiligenbild, diesmal an der Wand vis-à-vis. Eine sanfte Mutter Gottes segnet uns.

Das Mietauto ist geräumig, ein Kastenwagen, zur Not könnte man darin sogar übernachten.

Wir fahren weiter, weiter, weiter, aus dem Autoradio verzaubern uns Jan Garbarek und Paco de Lucia und Jordi Savall. Ihre Musik lässt uns die Autobahnen entlangschweben, in den siebenten Himmel. Wir brauchen nicht viele Worte, wir haben uns nichts zu erzählen, wir lassen den Alltag hinter uns, wir wissen alles. Wir liegen auf breiten, flachen Felsen in der Abendsonne Istriens, die uns wärmt und tröstet, denn manchmal kommen uns die Tränen. Nichts würden wir halten können, jeder kostbare Moment schon Vergangenheit.

Am nächsten Tag erreichen wir Dubrovnik, wir gehen die Stadtmauern entlang, sehen die roten Ziegeldächer und weiter unten das blaue, ins Türkis schimmernde Meer, die kleinen weißen Schaumkronen im Wind. Wir essen gebratene Fische und fahren mit der Fähre auf die Insel Lokrum. Die Zikaden bieten ein Dauerkonzert, die Pinienhaine duften, alles riecht warm und trocken wie nach guter Küche. Rosmarin und Bougainvillea kitzeln unsere Geruchsnerven und der einfache weiße Käse mit den frischen Paradeisern wird zur Delikatesse. Und allmählich werden wir uns auf die Heimreise begeben müssen.

Wir verabschieden uns. Von der Macchia, den Gesängen der Zikaden, dem prickelnden Meer, wir begeben uns in die Nacht der Nächte wieder in ein fremdes Zimmer, in dem die Betten quietschen, wir rollen eng umschlungen über den Teppichboden, diesmal ist uns nicht zum Lachen. Wieder eine Fernbeziehung? Er in Jerusalem, ich in Wien? Ich werde dann vermutlich wieder einmal einem Eifersüchtigen ausgesetzt sein, seinem Misstrauen, den ewigen Fragen. Das kenne ich doch zur Genüge! Die Erinnerung an schöne Tage würde dahinschmelzen, alles vernichten, ich würde wieder und wieder verhört werden...

Wieder ellenlange Telefongespräche, ein auf Mail und SMS reduziertes Liebesleben?

Kranker Engel – jüdische Seele – 1993

Da war nun der große Einbruch, die Katastrophe. Krankheit. So jung und so krank! Klaus Hörschläger – unser blondgelockter, helläugiger Engel mit seiner großen Seele, einer klingenden Seele, die jede Gefühlsregung in Musik umsetzte. Klaus, am Kontrabass, den keiner je so anstimmen wird wie er, der immer fröhliche Klaus, den wir alle so liebten und der an Leukämie erblasste. Der immer schwächer wurde und der nicht aufhören wollte aufzutreten, bis er in seiner Verzweiflung Hand an sich legte, sich die Pulsadern aufschnitt und in allerletzter Minute gerettet wurde.

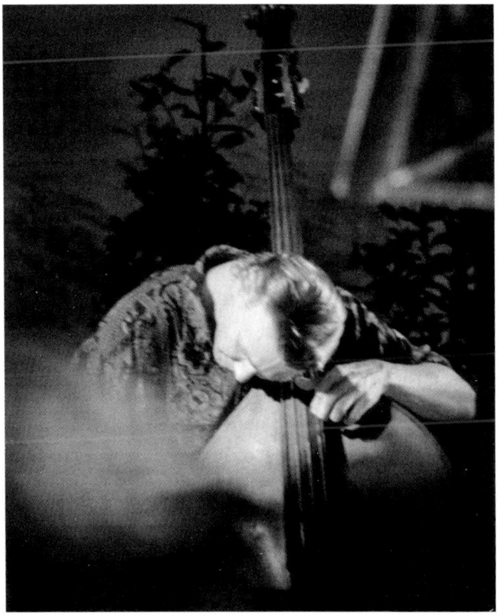

Unser Ensemblemitglied Klaus Hörschläger nach seinem letzten Auftritt in der Olympiahalle in München. Er starb am 24. Juni 1993 im Alter von 28 Jahren an Leukämie. Foto: unbekannt

Wie sollten wir nun weitermachen?

Konnte man das überhaupt, wenn man so zusammen eingespielt war? Klaus hinterließ ein abgrundtiefes Loch.

Bei einem der letzten Konzerte mit ihm, in der Olympiahalle in München – wir saßen in der Pause auf einer der Tribünen –, fragte er mich flüsternd, denn sein Mund war ganz wund von der Chemotherapie: „Wieso hab ich immer jüdische Musik gespielt?“

Ich antwortete nachdenklich: „Vielleicht hast du eine jüdische Seele?“

„Was ist eine jüdische Seele?“, fragte er mich staunend.

„Eine jüdische Seele ist eine, die die tiefste Trauer kennt und dennoch lächelnd durchs Leben zieht!“ Mehr fiel mir dazu nicht ein.

Wir verabschiedeten uns von Klaus, der den Weg ins Studio nicht mehr mit uns gehen konnte, wo wir dabei waren, unsere zweite CD zu produzieren. Der Kontrabassist Heinz Jäger sprang für Klaus ein, und Herwig Thoeny übernahm den gestrichenen Bass auf dem Cello bei dem Lied „Lavaba La Blanca Niña“. Wir hatten uns vorgenommen, diese Sequenz vor den anderen Takes einzuspielen – Zufall oder Vorahnung? Als mit dem letzten Ton die Aufnahme stand, erreichte uns der Anruf von seinem Bruder Reinhold Hörschläger: „Jetzt ist er von uns gegangen.“

In Klaus’ Tagebuch, das mir Reini, wie wir seinen Bruder nennen, einige Monate später zu lesen gab, entschuldigte er sich bei mir ob seiner Schwäche und dass er es nicht mehr „geschafft hatte ...“.

Gerhard Graml, ein guter Freund des Verstorbenen, war nun eingesprungen und obwohl noch viele Konzerte stattfanden, war uns nach immerhin zehn Jahren allmählich der Wind aus den Segeln genommen. Die Musiker wechselten sich ab, es kamen neue hinzu und die besondere Verbundenheit, die Herzlichkeit bei den gemeinsamen Proben, nach den gemeinsamen Erlebnissen, den vielen Konzerten und Erfahrungen war dahin. Nach einigen Jahren musste uns auch unser Gitarrist Diego aus beruflichen Gründen verlassen. Er hatte fertig studiert und machte sein Praktikum in einer großen Anwaltskanzlei. Hakan Gürses wurde bald darauf als frisch gebackener, studierter Philosoph an der Wiener Universität engagiert. Gerhard Reiter ging nach Kuba. Die Gruppe löste sich langsam auf.

Barbara, la femme qui chante – 2002

Meine zweite Schaffenspause nach Klaus' Tod war zu lange gewesen, meine Grupos waren mittlerweile in der Welt verstreut. Diego war inzwischen bei einer großen Firma als Jurist vertraglich gebunden und flog zwischen Chile und Wien hin und her. Hakan hatte neben seiner Tätigkeit an der Uni geheiratet und performte seine eigenen Konzerte mit eigener Gruppe. Gerhard hatte es nach Kuba weiter in die Welt hinausgeführt, und Antonis war dem Flamenco verfallen. Wir waren zwar zu Freunden geworden und diese Freundschaften halten, aber mit dem Ensemble S.P.H.A.R.A.D.I.M war es, wie schon angekündigt, endgültig zu Ende.

Ich musste, getrieben wie ich war, ein neues Ensemble aufbauen. Annie, meine entfernte Verwandte traf ich immer seltener. Nachdem sie sich ent-

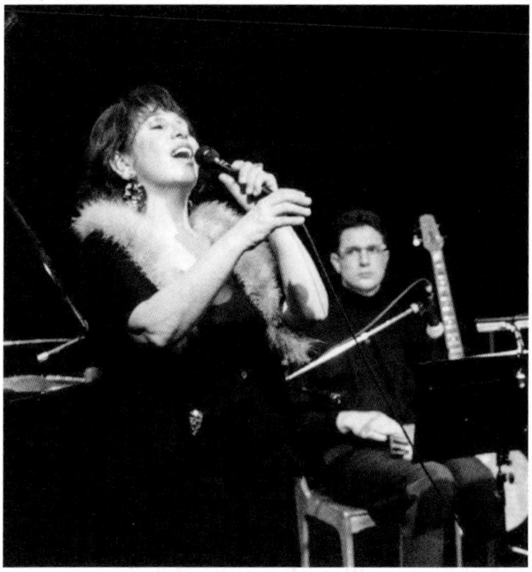

Auftritte in der BRODWAY BAR, im THEATER DES AUGENBLICKS sowie im PORGY & BESS mit den Chansons von BARBARA, der Ikone des französischen Chansons in den 2000er-Jahren. Foto: Bettina Frenzel

schlossen hatte, Klaus bis zum Ende zu begleiten, war sie eine andere geworden. Nun war sie wieder einmal weiter entfernt denn je und mit einem Philosophen verheiratet, der sie auf Händen trug. Meine einzige echte Cousine, die aus der Uchatiusgasse, hatte sich schon lange mit Mann und Tochter in Deutschland niedergelassen.

Ich war mutterseelenallein!

Lore, meine liebe Lore – mit der ich einige Sommer in Saint Paul de Vence in einer Künstlerkolonie war, wo wir in einem Haus wieder einmal in fröhlicher (da absehbarer) Gemeinschaft unter einem nicht fertiggestellten Dach aus Plastikfolie unter Sternen die Nächte verbrachten –, hatte sich nach ihren vielen Reisen zuletzt in Bali zur Ruhe gesetzt und kam nur hie und da nach Wien, um eine Ausstellung mit ihren Bildern zu organisieren. Nach einem schweren Unfall sitzt sie nun im Rollstuhl und ist geistig verwirrt. Sie hatte eine Hirnblutung, aber ihr Lebensgefährte wartete vier Tage, bis er viel zu spät endlich um ärztliche Hilfe rief. Eine Tragödie, die wir, ihr Freundeskreis, hatten kommen sehen, denn Lore hatte sich seit längerer Zeit auf den Falschen verlassen. Zum Glück aber holte sie ihre Tochter nach Österreich und versorgt sie nun, so gut es geht. Yvette war schon seit langem verheiratet, hat einen entzückenden Sohn und bereits zwei Enkel. Sie führte ein ganz anderes Leben als ich.

Meine schmerzliche Erkenntnis, vielleicht eine einsame alte Dame zu werden, die in Erinnerungen an versäumte Gelegenheiten ... ? Stopp!

Der Auftrag des Kosmos-Theaters war verlockend. Ich sollte über eine bekannte Sängerin einen Abend gestalten. Spontan fiel mir BARBARA ein, die französische Ikone des Chansons, und ich sagte zu. Ja, das mache ich!

„Und wie? Mit wem?“, fragte ich mich. Wie konnte ich es wagen, die Lieder meiner so verehrten Barbara zu singen, deren Schallplatten ich so lange auf und ab gespielt hatte, dass jeder Kratzer, jedes Rauschen mir vertraut waren!

Mit großer Ehrfurcht machte ich mich an die Arbeit. Ich hatte einiges zu tun.

Der wunderbare Pianist Michael Kneihs setze sich ebenfalls mit den Chansons von Barbara auseinander, dazu gesellten sich abwechselnd Sascha Shevchenko am Akkordeon oder Bertl Mayer junior an der Mundharmonika. Wir feierten große Erfolge in der Broadway Bar des Bela Korény und im Volkstheater in der Roten Bar, damals noch unter dem Namen Spielbar, sowie im Jazztempel Porgy & Bess.

Als ich während der Erarbeitung dieser Produktion immer tiefer in Barbaras Biografie eintauchte und von ihren Stimmproblemen erfuhr, wurde mir bang. Hatte ich doch gerade ebenfalls eine Stimmbandoperation hinter mir und fürchterliche Sorge, meine Stimme nie wieder auf gleich zu bringen. Nicht so sehr durchs Singen – das war immer heilsam gewesen – war ich ausgebrannt, aber durch das „Rundherum“, das war schon sehr anstrengend.

Schließlich aber war ich dann doch überfordert gewesen, hatte trotz Verkühlung und nicht vollständig ausgeheilter Lungenentzündung zu viele Konzerte gesungen und musste mich einer Laseroperation an den Stimmbändern unterziehen.

Erinnerungsschnipsel aus dem Dachboden-Chaos

Jetzt hat es mich erwischt, *so wie Barbara hab auch ich meine Stimme verloren. Auf immer? Panik ergreift mich. Wenn man krank ist, hat man viel Zeit. Eigentlich sollte es frau heißen. Wenn frau krank ist, hat frau viel Zeit. Mir gefällt diese Sprache nicht. Ich verfeinde mich mit feministischen Freundinnen. Das fehlte gerade noch. Fieber und Husten, aber leider ist da ein Telefon zur Hand. Dabei habe ich Sprechverbot. „Wie soll der Husten abklingen, wenn Sie ununterbrochen quasseln?"*

„Aber ich habe so viele Termine verschieben müssen, Herr Doktor, bitte nicht schimpfen!"

Und alle Leute sind jetzt so lieb zu mir. Das Mitleid tut so gut. Die heisere Stimme wird bedauert und die Zuwendung ist enorm. Ich bin krank!

Das kann doch niemand gleichzeitig bewältigen. Konzerte organisieren, die Musiker rekrutieren, das Programm zusammenstellen, die Gagen aushandeln ... Hilfe! Dann noch schön singen? Aber das Publikum liebt mich!

Wenn alles gut läuft, alle Broschüren rechtzeitig von der Druckerei geliefert wurden, die Kuverts für die Post gebündelt sind (abends beim Fernsehen, so nebenbei), dann sind wir ausverkauft.

Wo lebe ich? Im falschen Land? Zur falschen Zeit? Das hatten wir schon. Es ist nie die richtige Zeit, es ist nie der richtige Ort.

Unsere Veranstalter – nicht wir, die Künstler – erhalten Subventionen, nun ja, und es zwingt mich ja niemand. „Wenn Sie Kohle machen wollen, dann werden Sie doch Kohlenhändler", hatte ich einmal einem Veranstalter gesagt. Bei dem kann ich seit langem nicht mehr auftreten.

Der hübsche kanadische Journalist *in Warschau versinkt mit mir nach meinem Auftritt in Englisch und dann kommen wir drauf, Französisch ginge besser. Das Interview nimmt seinen Verlauf. Die Funken sprühen. Noch ein kleines bedauerndes Augenzwinkern und dann entführt man mich auf die After-Show-Party. Dort sehen wir uns nochmals flüchtig, heimliche Blicke, aber er ist noch schüchterner als ich. Ciao!*

Der Veranstalter hier in Krakau, *unser Gastgeber, umarmt mich und bedankt sich für das herrliche Konzert. Als kleiner Bub in Istanbul hatte er – wie wir im*

Laufe unseres Gesprächs, das wir ebenfalls auf Französisch führen – entdeckt, dass er im dortigen Lycée français denselben Latein-Lehrer namens Monsieur Boissel wie ich in Wien hatte, an den wir uns lebhaft erinnern. Wie klein doch die Welt ist.

Rückflug, spiegelnde Marmorböden, königlich anmutender heimischer Flughafen. Der Empfang? Gar nicht! Mein Renault Twingo, 27. Reihe links. Friedlich schlängelt sich die Autobahn durchs Grüne. Gepflegte Dämmerung, der orangene Himmel gleitet ins funkelnde Nachtlicht einer Stadt, die anders ist.

„Haben Sie denn keinen Marktwert, meine Liebe? Sie haben ja immer so tolle Kritiken, also Kopf hoch!"

Eigentlich hat sie recht, die Kulturtussi im Ministerium. Ja, sie hat recht! Aber es geht sich trotzdem nicht aus ohne finanzielle Förderung, ohne Unterstützung.

***Im Hof der portugiesischen Synagoge zu Amsterdam** erklingen bekannte Töne und es ist meine Stimme, die sich da an den Wänden des uralten Gebäudes entlang in den blauen Frühlingshimmel emporschwingt.*

„Das bist ja du!", stellt mein Begleiter begeistert fest.

Ja, das bin ich, das ist meine CD mit den sephardischen Liedern, die sie hier im angrenzenden Shop des Jüdischen Museums anbieten. Jedes Mal, wenn ich sie besuchen komme, legen sie diese CD von mir auf.

Mein holländischer Verehrer umarmt mich stolz. Wärme und Geborgenheit in seinen starken Armen – für ein paar Tage.

„Hello, Shalom!" Meine Fans, meine Freunde in Holland! Wie sie sich freuen, mich zu sehen, mich schätzen, wie man mich achtet!

Eine jüdische Künstlerin aus Wien! Und ... ja ... und? Ich würde irgendwann den Glanz abgeben, meine schillernden Stimmbänder würden rostig sein und verbraucht. Hilfe, Lungenentzündung! Und was dann? Existenzängste passen nicht zu gefeierten Stars. Also bleibt man/frau lieber zu Hause, wenn die Kraft wieder einmal nicht reicht, den privaten Auftritt effektvoll zu gestalten.

Das gehört auch dazu. Wieso nur auf der Bühne glänzen? Wie mir das gelingt, immer wieder, ich staune selbst. Was beflügelte mich da?

***Bei Kanzlerfesten in Wien** zum Beispiel ist es anstrengender.*

„Hallo, Süße, du siehst ja bezaubernd aus!"

„Treff ma uns einmal?"

„Ja, gerne."

„Kumm, lass mi an Boogie mit dir tanzen, weil des kannst ja wia ka andere."

Und so schwinge ich mit Alt-Sozi Josef Buzek das Tanzbein.

Er ruft mir, schon etwas verschwitzt, zwischen zwei Drehungen zu: „Wie machst du das nur? Du schaust ja immer jünger aus."

„Ich weiß!"

***Vollmond, mein Fernverliebter** wird mich heute anrufen. Wir werden wieder gemeinsam träumen, den Mond anheulen und uns nahe fühlen. Er in Jerusalem, ich in Wien. Ich kann nicht leben ohne Liebe!*

„Ich muss endlich mein Selbstbewusstsein kräftigen", sage ich vorwurfsvoll zu mir. „Wenn ich nicht endlich diszipliniert meine Übungen mache, wird mir die Stimme endgültig wegbleiben."

Also gut, jeden Tag eine Stunde Meditation, anschließend durch Schönbrunn die Gloriette rauf- und runterjoggen, dann eine Stunde Qi Gong, Yoga, Chakra-Töne, Feldenkrais – huch – was noch alles!!! Vergiss es, vergiss es, vergiss es!

Meine kleine Prinzessin Amoma, die Graue, miaut kläglich, zieht alle ihre Register, das Tigerkatzenmädchen, und sieht mich vorwurfsvoll an mit ihren schrägen, verschleierten Augen.

„Also komm schon!" Und ich hebe sie auf. Sie schmiegt sich an meinen Hals. Mit ihren Katzenärmchen umarmt sie mich zärtlich. Sanfte Pfoten, hat eine Katze Krallen? Sie vergräbt ihre Schnauze in meinem Nacken und beginnt genüsslich zu schnurren und zu schmusen, die Süße. Hat sie Hunger oder liebt sie mich so sehr? Samy, der Kater, hat sich nach unserem gemeinsamen Kuscheln in sein Körbchen zurückgezogen. Sein Augenaufschlag ist unwiderstehlich!

Trügerisches Glück – gelenkte Tagträume

Nun war nicht nur eine Auszeit angesagt, es ging ganz dringend um Bedenkzeit.

Dieses Gefühl, mit meinen diversen musikalischen „Ersatzfamilien" glücklich zu werden, hatte sich als etwas trügerisch entpuppt. Zwischen den Zeiten der Auftritte stellte sich eine diffuse Traurigkeit ein; ja manchmal – wie schon an anderer Stelle angedeutet – war da oft schon nach einem Auftritt eine Melancholie, die mich wie Watte umhüllte. Dieses Gefühl einer Gelähmtheit, diese Wattewolke, die auf mich zukam, der ich nicht entrinnen konnte, kannte ich seit meiner Kindheit, ebenso dieses Loch im Boden, in das ich in meinen Träumen immer tiefer und tiefer fiel, bis ich – aber nicht in jedem Traum – unten ankam und mich ein klares Bächlein auffing und forttrug.

Neben einer nun einsetzenden Antriebslosigkeit nahmen meine bekannten Bauchweh zeitweise überhand, und ich wusste, ich kam nicht umhin, mich diesen störenden Zwischentönen zu stellen.

Endlich, auf der Suche nach einer adäquaten Therapie, kam ich an eine sehr kompetente Familientherapeutin, Sigrid Winter, die mich anhand gelenkter Tagträume meine Sehnsüchte und Träume klar erkennen ließ. Durch diese intensive Arbeit klärte sich einiges. Einer dieser Tagträume ist mir noch heute in allen Farben gegenwärtig:

Ich sitze mit meiner Gitarre in Afrika auf einer weißgekalkten niedrigen Mauer und singe gemeinsam mit meinen Freunden, deren Kindern und deren Freunden Lieder in allen Sprachen dieser Welt. Es kommen immer mehr Menschen aller Hautfarben aus den verschiedensten Nationen dazu und am Ende singen alle mit und das funktioniert ohne Mikro, ohne Bühne, einfach so!

Nie hatte ich mich im wirklichen Leben unter Menschenmassen wohl gefühlt, aber in diesem Traum war das ganz anders. Ich war nicht mittendrin, aber auch nicht durch Bühnenscheinwerfer getrennt. Ich hatte den Überblick und ich leitete mit meiner Stimme das Geschehen. Mein Respekt für die Teilnehmenden führte durch die Lieder und Geschichten, die diese erzählten. Alle verstanden sie und in allen Sprachen.

Vieles war da aufzuarbeiten. Wie in konzentrischen Kreisen bewegte sich eine Einsicht zur nächsten – von Sitzung zu Sitzung.

Eines Tages bekam ich von meiner Therapeutin Sigrid Winter, mit der ich heute noch freundschaftlich verbunden bin, eine Hausaufgabe. Ich sollte mich in meinen Schutzengel hineinversetzen, mir seine Gedanken und seine Worte aneignen und spontan alles, was sich da assoziativ entwickelt, schriftlich in Form eines Briefes seitens meines Schutzengels an mich festhalten.

Kopfschüttelnd und skeptisch dachte ich mir am Nachhauseweg: „Das ist doch ganz schön esoterisch, was soll das schon bringen?" Aber ich hatte mich tatsächlich hingesetzt. Ebenfalls in einer Schachtel zwischen Notenblättern und Liedtexten hatte ich diesen Brief wieder gefunden:

Mein liebes Lenilein,

nun schaue ich Dir schon so viele Jahre zu und sehe von meinem Himmelswolkerl aus, was Du da so tust und wie Du Dich fühlst und wann Du Dich gut und wann Du dich schlecht und wann Du Dich überhaupt nicht fühlst, dort unten auf der Erde.

Ich kann kein System erkennen, es ist alles zufällig und es wechselt so schnell, Dein Befinden. Manchmal kommt es mir vor, als würdest Du die Zeit zurückleben, wirst Du immer jünger? Nein, nicht unbedingt, einige Spuren sind sichtbar, war da ein Kampf? Es scheint mir, als wäre er noch nicht vorüber; und wie ich bemerke, geht es Dir zurzeit zwar nicht himmelhoch jauchzend, aber auch nicht zu Tode betrübt, das ist doch immerhin schon ein Fortschritt.

In meiner langen Laufbahn als Schutzengel ist mir so jemand wie Du noch nie untergekommen. Du bist nämlich was ganz Besonderes und Du willst es nicht wahrhaben! Warum nur? Immer wieder stellst Du Dich in den Schatten von anderen, die Dir gescheiter als Du vorkommen, hübscher, lebenstüchtiger, glücklicher, begabter und was weiß ich noch alles.

Natürlich ist es schön, immer Neues zu lernen, spannend ist es, den eigenen

Horizont zu erweitern, aber man kann auch übertreiben. Wäre es nicht an der Zeit, aufzuhören, alles um Dich herum wie ein Schwamm aufzusaugen, wäre es nicht an der Zeit, alle diese wunderbaren Dinge, die Du Dir seit Jahren „reinziehst", einmal auch abzugeben? Rund um Dich türmen sich, wie hohe Wolken, Energien, die gebunden scheinen und sich um Dich legen, nicht wie Samt und Seide, sondern wie Plastiksäcke, luftundurchlässig und trüb von gestauter Flüssigkeit, beschlagen wie Autoscheiben im Regen, die lange nicht gewaschen wurden. Im Schweiß Deines Angesichts, ich flehe Dich an, nütze doch endlich das Wunderbare, das Du Dir doch schließlich selbst erarbeitet hast. Nütze diesen Zustand der Freiheit, den Du Deiner geliebten Mama zu verdanken hast. Vergiss die Schmerzen, die Dir zugefügt wurden und reiße Deine Wunden nicht immer aufs Neue auf. Narben bleiben, aber die sind auch Zeichen eines Heilungsprozesses, den Du selbst in Gang gesetzt hast. Schau Dich doch an, keine Krücken, keine künstlichen Ersatzteile („ja, ein paar Backenzähne, na auch schon was!") Das „mir zuliebe" von anderen darf zu „Dir zuliebe" werden. Ja, und damit bist Du gemeint, also bitte! Menschen, die Dich enttäuscht haben, sind Dir was schuldig, und nicht umgekehrt! Halte Dein Mitleid mit anderen in Grenzen und setze Dich lieber an Deine Stelle als an deren Stelle. Wenn Du gibst, ist es ganz natürlich, auch etwas zu erwarten, das ist Dein Recht und das steht Dir zu. Selbstlos sind nicht einmal meine Kollegen hier im Himmel, in keiner Abteilung, glaube mir. Aber verzeih, auch Schutzengel werden mitunter müde! Warum es Dir so schwerfällt, das mit den Aufgaben, dem Leistungsanspruch? Ich weiß es doch auch noch nicht, aber Geduld – Rom wurde auch nicht an einem Tag erbaut. Wir müssen jetzt schlafen gehen, gute Nacht, träum gut, meine Süße, ich melde mich ganz bald wieder. Ciao, bye bye, Dein Dich liebender … .

Mit dem Kunsttherapeuten Dieter Kraft erarbeite ich mir, indem ich blind mit beiden Händen zugleich Kohlestifte über weißes Papier gleiten lasse, meine inneren Strukturen, wobei wir nach vollbrachter Tat diese Werke analysieren. Die zarten, durchscheinenden hellen Bilder hängen heute noch in meinem Wohnzimmer in zwei Reihen an der weißen Wand. Dieter Kraft ist es, der mich in meinem Vorhaben bestärkt hat, mein Leben hier in diesen Aufzeichnungen als ein großes Puzzle, das nun auf sein offenes Ende zugeht, zu schildern. Mir damit einen Überblick zu verschaffen, indem ich darlege, wie ich zu meinen Zielen kam; über das, was diese Ziele für mich bedeuteten und wie ich diese auch an ein Publikum vermitteln wollte. Hier im Folgenden noch die allerletzten Notizen aus meinem Dachboden-Fundus, die ich zwar schon zu Beginn dieser Niederschrift gefunden hatte, diese aber erst ganz ans Ende meiner Ausführungen stellen möchte. Der Weg war nicht einfach und ein Künstlerleben verpufft gerne „im Universum", dennoch … vielleicht bleibt da doch etwas zurück.

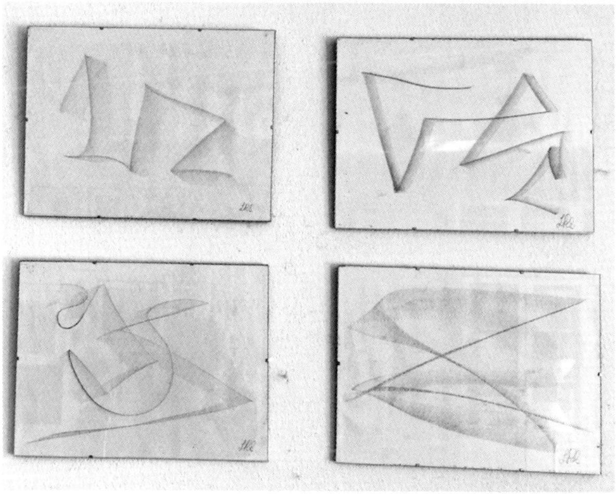

BLINDMALEN mit dem Therapeuten Dieter Kraft, 2007. Foto: aus meinem Archiv

Erinnerungsschnipsel aus dem Dachboden-Chaos

***Eine, die Hans im Glück gespielt hat** und so gerne für die Liebe leben würde. Liebevoll gepflegt werden die Tonträger, meine CDs, die man sich bei den Konzerten kaufen kann, als Souvenir. Beim Extra-Vertrieb von Harald Quendler, des ehemaligen Schneiders, bekommt man sie auch. Und im Archiv des Diaspora-Museums in Tel-Aviv liegen sie auf. Und in Taiwan und in Paris, ja auch in Wien, Amsterdam, Brüssel, London, New York, bei Virgin wurden diese hinterlegt.*

Das Wissen, in so vielen Häusern Kinder zum Tanzen zu bringen! Zu wissen, dass beim Anhören meiner Lieder so viele Tränen des Glücks und der Berührung geweint wurden! Zu wissen, dass ein verliebter Franzose in seinem Terrassen-Café auf der Vulkaninsel Stromboli die Tonanlage anstellt und meine Stimme über das Meer schweben lässt. Im Sonnenuntergang verschlingen die Klänge und Farben sich gegenseitig in einem gewaltigen leidenschaftlichen Furioso, er fährt sich durch das dichte, sonnengefleckte Haar, und seine Sehnsucht erreicht mich nicht mehr. Zu wissen, dass in Jerusalem einer seinen Lockenkopf über die Brüstung des Balkons beugt und über Kopfhörer meine Stimme gegen den Straßenlärm anklingen lässt. Meine Stimme trägt die alten Lieder über die schäumenden Wellen in die Herzen der Suchenden. Fündig wurden viele und das tröstet. Aber: Wie zahle ich die Telefonrechnung, die Betriebskosten, die Kreditrate? Wo muss ich mich noch anstellen, um die Finanzierung zu garantieren? Wenn meine Stimme sich aber immer weiter verweigert? Lungenentzündung! Was fällt mir noch ein zu diesem Thema? Mein chinesischer Arzt meint lakonisch: „Haben Sie denn keine Sponsoren?"

***Wo finde ich ihn, den kongenialen Partner,** der mithilft, meine Stimme aus den Kratern auferstehen zu lassen? Verloren! Alleingelassen! Ein bekanntes und doch nicht benennbares Gefühl. Haben die einsamen Kindernächte diese Stimme angeleitet? Waren es die langen Straßenbahnfahrten eines kleinen, legasthenischen Mädchens, das immer wieder die Orientierung verlor und sich doch hervorragend zurechtfand? Bis ich mich dann endlich eingefunden hatte, beim Religionsunterricht, im letzten Stock eines dunklen Hauses im jüdischen Viertel; dieses geheimnisvollen Hauses, das schon lange verschwiegen worden war und nicht einmal benannt wurde als das was es war. Seine ehemaligen Bewohner: zu Asche geworden. Die Erinnerungen mussten allmählich aus den kalten Öfen hervorgeholt, zusammengekratzt und zusammengeflickt werden.*

***Musste es dieses einsame Kind sein,** dem die Aufgabe zufallen würde, die uralten Gesänge wieder zu entdecken? Geübt im Zuhören war ich, dem Radio und dem Plattenspieler und dem würdigen Rabbiner im Jugendstiltempel. Die Matthäus-Passion hat doch nichts zu tun mit dem verschollenen jüdischen Kulturgut. Oder doch? Ich legte die Platte mit den Bach-Kantaten immer wieder auf: „Ich will den Kreuzstab gerne tragen“ und „Ich habe genug“, „Ich freue mich auf meinen Tod“ und „Da leg ich den Kummer auf einmal ins Grab“ und ich konnte mich nicht satthören.*

***Im Religionsunterricht lernen wir** die jüdischen Gebete und im Kinderheim singen wir die hebräischen Lieder und wir können keine Noten, wir verstehen nicht die Texte, aber das Herz bebt und zittert. Wie glühende Lava stürzen meine Bewegungen in den Raum. Mit meinem Tanzpartner, der Türschnalle, übe ich Rock ’n’ Roll. Bill Haley elektrisiert mich, versetzt mich in andere Dimensionen, da Arme und Beine wie von selbst fließen und in den Raum kreisen. Ich werde ganz leicht. Manches Mal muss auch die kleine dicke Cousine herhalten, die schwerfällig ist und doch schon lernbereit meine fliegenden Schritte spiegelt. Aber ich seh sie nicht sehr oft.*

Eine Schwester hätte ich gerne. Am liebsten eine Zwillingsschwester.

TEIL 7

Wiedersehen – große Liebe – Familienbande 2002

Der Kreis schließt sich nun. Eines Tages überreden mich Annie, Lore und Erni Frank, die Malerin, zum Geburtstagsfest von Toni Spira mitzukommen. In die „Fromme Helene", ein typisches Wiener „Edelbeisl" in der Josefstädterstraße im achten Bezirk.

Das Wiedersehen mit Toni Spira ist herzlich! Hermann, der Schauspieler (mein Schauspieler), ist mittlerweile seit vielen Jahren mit Toni glücklich verheiratet, sie haben eine kleine Tochter (ein kleiner Eifersuchtsstich streift mich kurz).

Das Buffet ist prächtig bestückt und dann gehe ich mit angehäuftem Teller an die Ausschank, um mir ein Getränk zu genehmigen. An der Theke lehnt ein nicht sehr großer Herr, der mir bekannt vorkommt. Ich sehe ihn nur von hinten, aber dank meines Personengedächtnisses und anhand seines trotz breiter Schultern auffallend zarten Nackens beuge ich mich vor und frage etwas zaghaft, ihn von der Seite ansprechend: „Bist du nicht der Tony Scholl?"

Er wendet sich mir zu und fragt geistesgegenwärtig: „Und bist du nicht die Lena Rothstein?"

Den Teller ließ ich stehen und ab diesem Moment ließen wir uns nicht mehr aus den Augen und alle Anwesenden wussten es schon vor uns – die beiden werden sich nicht mehr trennen, die sind ab jetzt ein Paar. Tony legte seinen Arm um meine Schultern und so ineinander verschlungen stellten wir uns vor

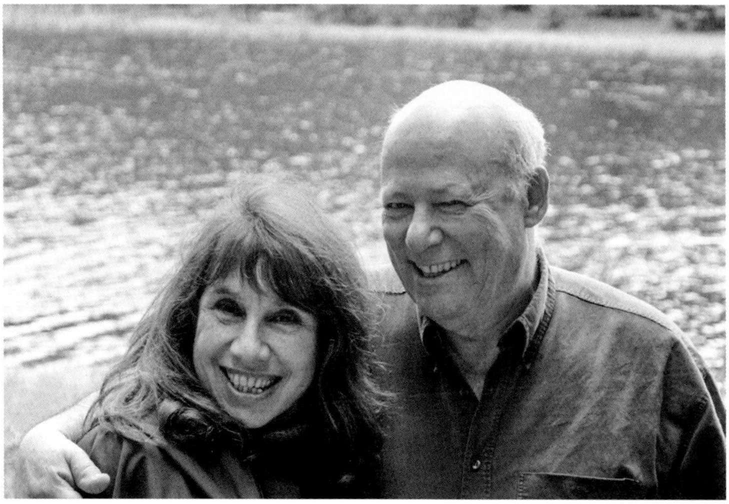

Junge Liebe – Lena und Tony, 2002. Foto: Ronald Bron

seine Mama – die ja meine Mama noch aus der Diaspora in England kannte: „Mama", sagte Tony triumphierend, „wir haun uns jetzt auf ein Packl."[61] „No, das wer ma uns anschauen", erwiderte sie schmunzelnd.

Tony und ich wurden nach so vielen Umwegen tatsächlich unzertrennlich, denn immer, wenn wir im Laufe der vergangenen Jahre aufeinandergetroffen sind, waren wir ja anderwärtig gebunden gewesen. Wir rauften uns nun zusammen, zwei Persönlichkeiten, die jede für sich schon schwierig genug ist, und erst recht zu zweit ... Nun ja, es hat geklappt, ein Jahr später waren wir verheiratet und zogen zusammen.

Schweren Herzens trennte er sich von seiner wunderschönen Wohnung in der Argentinierstraße und kurz darauf tauschten wir auch meine Wohnung, die uns zu zweit zu eng wurde, gegen ein Haus im Weinviertel, das von Feldern und nicht weit entfernt gelegenen Wäldern umringt ist. Dieser Wechsel war sowohl für ihn als auch für mich als Stadtmenschen eine Herausforderung. Zusammenleben muss aber sowohl da wie dort gelernt werden: Er war seit einigen Jahren Witwer, ich seit einigen Jahren Single.

Ich übte mich mit ihm im Landleben sowie im privaten, alltäglichen Leben. Ich entdeckte allmählich meine alte Familie – meine Cousins und Cousinen und deren Kinder, meine Nichten und Neffen aus der zweiten Ehe meines Vaters mit Hansi –, die mir immer mehr ans Herz wuchs, und meinen Nichten und Neffen aus der Ursprungs-Patchwork-Family. Diese Beziehungen wurden immer herzlicher und enger. Entzückend die kleinen „Nachwuchs-Kinder",

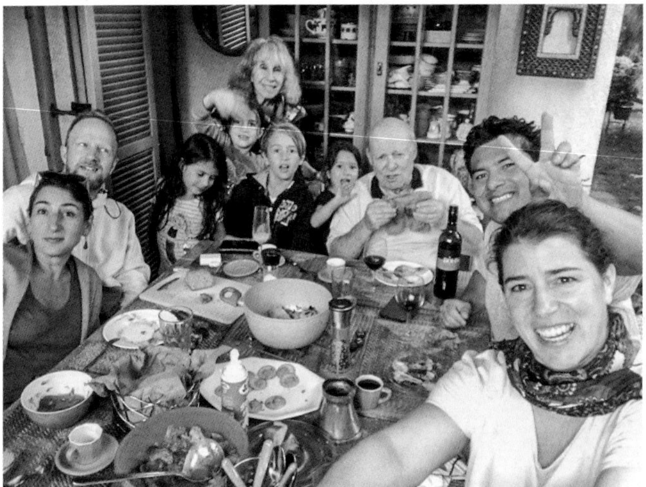

Die Patchwork-Family, Sommer 2019.
Foto: aus meinem Archiv

61 Anm. der Autorin: „Wir tun uns jetzt zusammen."

deren Besuche Tony und ich herzlichst genossen. Langsam wurde mir deutlich vor Augen geführt, wie sehr ich mich durch meine „Berufung“ als Künstlerin immer weiter isoliert hatte; nur die lockeren vergänglichen künstlerischen „Liaisonen“ hatten gezählt, die bald nachdem die Auftritte vorbei waren, eben zur Erinnerung wurden. Als Tony und ich uns entschlossen, wieder zwei Katzen in unser Leben einzuschließen, sollte nicht wieder ein schwarzer Kater, wie mein verstorbener Samy, und auch keine Tigerkatze, wie die ihm in den Katzenhimmel gefolgte Amoma, unser Haus mit uns teilen. Mir schwebte eine dreifärbige Glückskatze und ein rothaariger Garfield vor. Es kam anders. Zwei junge Veterinärstudenten, die sich zur Aufgabe gemacht hatten, Streunerkatzen zu sterilisieren, bevor sie wieder in die Freiheit entlassen werden durften, boten uns Katzenbabys an – wir sollten einfach vorbeikommen. Wir machten uns einen Termin aus und als uns die Türe geöffnet wurde, staunten wir nicht schlecht. Eine Schar kleiner Fellknäuel flitzte durch die Räume, da purzelten und spielten miteinander die süßen Katzenkinder und bezauberten uns, sodass ich mich außerstande sah, da eine Wahl treffen zu können. Aber es stellte sich heraus, da war nicht viel zu tun! Es waren die beiden – natürlich ein schwarzer Kater und eine schwarzgraue Tigerkatze (Räderkatze) –, die uns auswählten! Alle stylischen Vorhaben, von wegen Farbe, Aussehen oder sonstige Vorstellungen, waren dahin. Es waren diese beiden. Aron, der kleine schwarze, war ein Findelkätzchen, das in einem Stiegenhaus ausgesetzt worden war, und die Tigerkatze Sarale war die Tochter einer Streunerin. Sie fühlen sich sauwohl mit uns, leben tagsüber in der freien Natur und schmusen abends zur Couchpotato-Zeit mit uns, abwechselnd ihre Gunst verteilend. Manchmal besucht uns ein Garfield aus der Nachbarschaft und nach anfänglichen Revierkämpfen darf er sich ab und zu auf der Gartenschaukel ausruhen.

Tonys Familie lebt – durch die Naziherrschaft in der Welt verstreut – zum Teil in Schweden, Frankreich und teilweise in San Francisco. So komme ich, nachdem ich in Paris vor seinen Cousins mit meinem Französisch glänzen durfte, in freudige Erwartung, denn als ich Tony zu seinen Treffen mit dessen Familie in Kalifornien begleite, hoffe ich, einige Freunde und Freundinnen im Camp Meeker in den Red Woods wieder besuchen zu können.

Als wir nach längerem Herumirren endlich die idyllische Baumhaus-Siedlung finden, ist diese völlig verändert, wie ausgestorben. Kein Jovan, kein Harry und keine Kate, das schöne Haus von Maggy leer und unbewohnt, ich bin maßlos enttäuscht. Es gibt zwar noch die Bäckerei und einen kleinen Lebensmittelladen, aber die Baumhäuser sind leer. Die meisten Menschen, die ich dort kannte, sind weggezogen oder verstorben. Nachdenklich und traurig kehre ich zurück nach San Francisco in die schöne Behausung der Cousine von Tonys Mutter, Hannah Ron, die in Wien geboren wurde und als Greißlerstochter[62] im Bretteldorf[63] – einer Armensiedlung, die am Rande der Donau lag – aufgewachsen war. In ärmsten, aber liebevollen Verhältnissen hatte sie, wie auch Tonys Mama (diese jedoch im Stuwerviertel[64]) ihre Kindheit verbracht. Die fünfzehnjährige Hannah konnte 1938 über Kladovo[65, 66] als eine, die von 200 Personen unter 822 noch gerettet wurde, in Palästina überleben und hatte die Gründung Israels in dem damals englischen Protektorat miterlebt. Unter schwersten Bedingungen – man hauste in kleinen Baracken und hielt sich durch harte Arbeit am Leben – machte sie eine Ausbildung als Krankenschwester, bis die Familie ihres frisch angetrauten Ehemanns die beiden nach San Francisco holte. Ihr Schwiegervater war Landvermesser und noch heute gibt es fast keine Hochbauten in San Francisco, die nicht von der Familie Ron auf ihre Sicherheit geprüft werden.

Hannah weinte ihrem geliebten Tel Aviv noch lange nach und hat bis heute schreckliches Heimweh nach Wien, aber wie sie uns erklärte, wäre sie niemals auf die Idee gekommen, in ein Land, aus dem sie so brutal vertrieben worden war und in dem sie so viele Tote zu betrauern hätte, zurückzukehren.

Hannah und ich verstanden uns auf Anhieb; sie war überglücklich, als ich ihr Semmelknödel, Kaiserschmarrn und Wiener Schnitzel zubereitete, und war froh, ihren Lieblingsneffen aus Wien, ihren geliebten Tony, so gut unter der Haube zu wissen.

---

62 Anm. der Autorin: Ein Greißler war ein Lebensmittelhändler.

63 Das Bretteldorf war ein etwa 1,2 km^2 großes Gelände, das am Ende des 19. Jahrhunderts aus Bretterhütten mit kleinen Gärten illegal entlang der Donau entstanden war. Es zählte von 1850 bis 1938 zum 2. Wiener Gemeindebezirk. Quelle: Wien Geschichte Wiki, https://www.geschichtewiki.wien.gv.at/Bretteldorf, abgerufen am 20.12.2022.

64 Ursprünglich war ein Teil des heutigen Stuwerviertels aufgrund seiner Lage an der damals noch unregulierten Donau Augebiet mit Wiesen, Waldstücken und häufigen Überschwemmungen. 1766 öffnete Joseph II. den bis dahin dem Kaiserhof vorbehaltenen Wiener Prater für die Öffentlichkeit. Teilweise auf dem Gebiet des heutigen Stuwerviertels entstand dann der Wurstelprater oder Volksprater als Vergnügungspark. Das Stuwerviertel war berüchtigt; Prostituierte und Kleinkriminelle wohnten Kopf an Kopf mit Familien aus dem Arbeitermilieu. Quelle: Wikiwand, https://www.wikiwand.com/de/Stuwerviertel, abgerufen am 20.12.2022.

65 Der **Kladovo-Transport** war ein am 25. November 1939 von Wien aus gestarteter, illegaler jüdischer Flüchtlingstransport von 822 Personen, dessen Ziel Eretz Israel (Britisch-Palästina) war. Aufgrund des frühen Zufrierens der Donau mussten die Flüchtlinge im jugoslawischen Hafen von Kladovo überwintern. 1940 warteten sie vergeblich auf ein Hochseeschiff für die Weiterfahrt, sie mussten in den Hafen von Šabac an der Save übersiedeln, wo sie 1941 von den Nationalsozialisten eingeholt wurden. Nur rund 200 Jugendliche sowie wenige Erwachsene konnten gerettet werden oder aus eigener Kraft flüchten. Die Männer des Transportes wurden am 12. und 13. Oktober auf Befehl von General der Infanterie Franz Böhme von Einheiten der Wehrmacht erschossen. Die Frauen wurden Anfang Jänner 1942 in das KZ Sajmište überstellt und zwischen 19. März und 10. Mai 1942 unter Herbert Andorfer in einem Gaswagen ermordet. Quelle: Wikipedia, https://de.wikipedia.org/wiki/Kladovo-Transport, abgerufen am 20.12.2022.

66 Siehe auch: Douer, Alisa (2002): Kladovo – Eine Flucht nach Palästina. Wien/Berlin: Mandelbaum Verlag.

Partnerschaft – frische Bühnenluft – ab 2004 bis 2023 und in die Zukunft

Tony und ich pflegten und frischten beide unseren Freundeskreis auf. Unvergessen die vielen fröhlichen Sonn- und Feiertage bei Nora Aschacher, Redakteurin bei Ö1, die ich seit meiner dortigen Mitwirkung als Radiosprecherin bei der legendären Ö3-Musicbox, kannte. Gemeinsam mit ihrem Mann, dem Dichter Dieter Berdel, und den jeweiligen Gästen bestürmte man uns, nachdem wir stundenlang jiddische Witze erzählt hatten, diesen Kulturschatz doch öffentlich aufzuführen. Nun, sowohl Tony als auch ich kommen aus jüdischen Familien, die diesem Brauch des Witze-Erzählens huldigen; eine Tradition, die bei uns haltbare Spuren hinterlassen hat, mehr als beispielsweise die Religion oder die Pflege der Feiertage.

„Auf die Bühne mit euch!“, meinten sie und wir riskierten es. Wir stellten die Witze aus unserem Repertoire zusammen und es wären fünf Stunden für

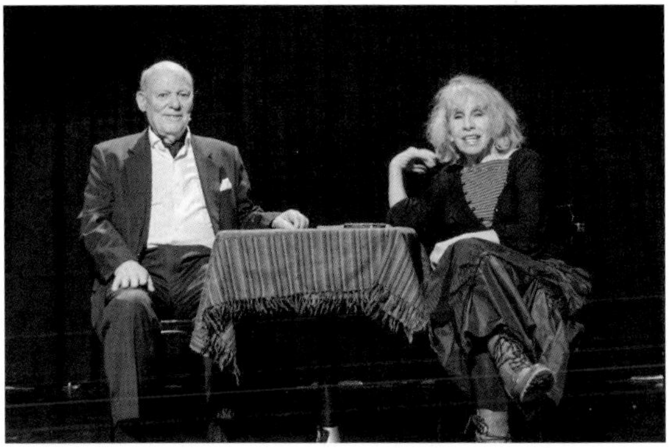

Kleinkunstbühne KULISSE, JÜDISCHER HUMOR IN WORT UND LIED, mit Tony Scholl. Foto: aus meinem Archiv

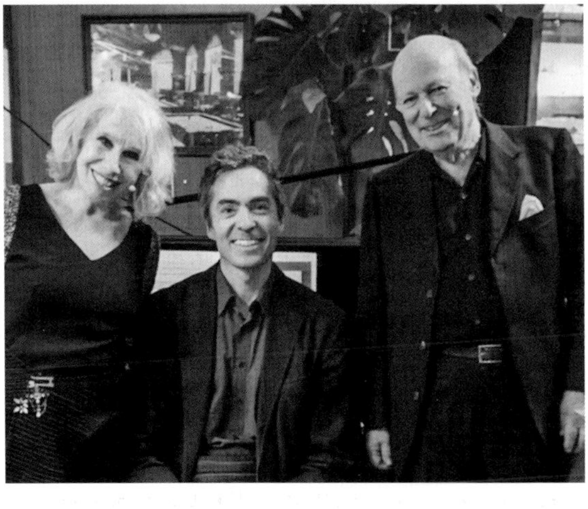

Kultur im Café SCHMID HANSL, nach einem Auftritt mit unserem JÜDISCHEN HUMOR-Programm mit Michael Kneihs am Piano. Foto: aus meinem Archiv

eine Aufführung zustande gekommen, hätten wir nicht händeringend und in ziemlich harten Auseinandersetzungen da und dort einige wieder herausgestrichen und uns von vielen Lieblingswitzen schweren Herzens getrennt. Bei einem gemeinsamen Kartenspiel mit unseren Freunden, das wir wiederum durch Witzeerzählen aufgelockert hatten, kam uns eine Idee. So inszenierten wir ein kartenspielendes Ehepaar, das inklusive Streit und Triumph zwischen den gewonnenen und verlorenen Kartenpartien einer Struktur folgt. Von Polen und der Levante übers alte Wien bis über die russische Ära ins Exil nach Amerika und Israel, bis in den Himmel, wo wir auf Einstein treffen, begleiten wir mit unseren Witzen und Anekdoten auf humorvolle Weise die nicht immer freiwilligen Reisen der jüdischen Bevölkerung. Als das Manuskript fertiggestellt war, forderte Tony mich vehement auf, mit meinen Liedern, vor allem den jiddischen, die Handlung weiterzuführen und zu ergänzen. Ich soll wieder singen? Ich war ob dieser Idee ungläubig und verzagt, vorerst skeptisch und nervös, bereitete aber meine Stimmbänder akribisch vor, nahm wieder einige Gesangsstunden bei meiner hochverehrten Lehrerin Sabine Agirbas, die mich unermüdlich wieder aufbaute und mir Mut zusprach. Und als wir den Pianisten Michael Kneihs baten, dieses Konzept mit uns zu verwirklichen, gelang uns dies auf Anhieb. Mit Bravour gestalteten wir zahlreiche Auftritte und mein Zugang zur Bühne war glücklicherweise wieder geschafft. Ebenso überraschend war auch die Selbstverständlichkeit, mit der sich Tony mit seinem Erzähltalent in dieses Metier einfand.

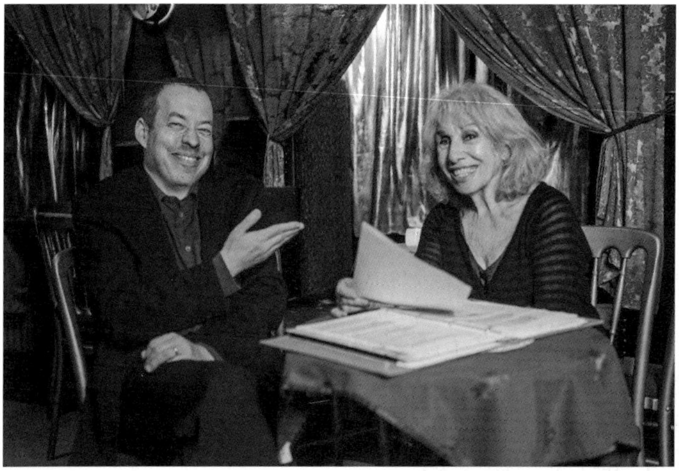

ARENA BAR, Vorbereitung zu MIXED PICKLES – Chansons à la carte – meine Lebenslieder, Chanson-Abend mit dem Pianisten Otmar Binder. Foto: André Wanne

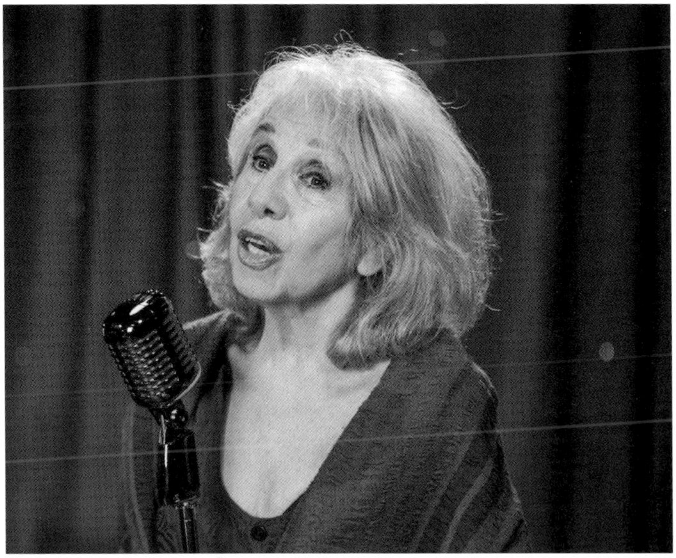

Aus der Produktion MEINE LEBENSLIEDER – CHANSONS À LA CARTE. Foto: André Wanne

Er ist übrigens, wo er doch Zeit seines Lebens ein IT-Mann gewesen war, auch meist textsicherer als ich, was mich bei den Proben, wie ich neidvoll zugeben muss, immer wieder beschämt. „Ich bin doch der Profi!", dachte ich mir manches Mal verärgert, aber das relativiert sich – Begabung bleibt Begabung, wie spät sie auch entdeckt werden sollte.

Sowohl meine als auch Tonys Eltern hatten sich in England in der Diaspora im Young Austria Center kennengelernt. Tonys Vater war vor seiner Vertreibung aus Wien schon Arzt gewesen und hatte nach dem Krieg das Zentrallaboratorium und die Blutbank im Wiener Wilhelminenspital als Primararzt aufgebaut.

Als Tony in meinen neuen Produktionen „Chansons à la carte" und „Meine Lebenslieder", an die ich mich mit neuem Elan erfolgreich herangewagt hatte, zwei von mir vorgetragene Lieder aus dem Stück „Astoria" von Jura Soyfer hörte, erzählte er mir, dass sein Vater mit diesem befreundet gewesen war. Allmählich kamen wir dem Privatleben des von uns beiden so verehrten Dichters immer näher. Der Freundeskreis um Tonys Vater, den dieser als Heranwachsender ebenfalls kennengelernt hatte, verdichtete sich. Immer mehr erfuhren wir über das Leben und den Tod des noch so jungen österreichischen, jüdischen Dichters. Dazu kamen die Erinnerungen Tonys an einige Wegbegleiter des jungen Jura, die auch er persönlich gekannt hatte, wie dessen erste Liebe Marika Szécsi sowie den Schriftsteller Kurt Mellach, der den grausamen Tod des so jungen Jura Soyfer hautnah miterlebt hatte und dessen Kinder Anna und Alexander öfters unsere Vorstellungen besuchen. Tony erinnerte

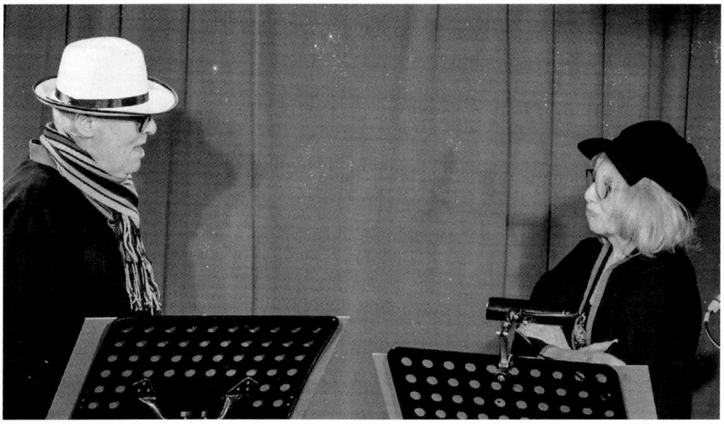

THEATERMUSEUM, Jura-Soyfer-Collage, Szene Hupka und Pistoletti aus ASTORIA, mit Tony Scholl, 2022. Foto: Edith Bachkönig

sich unter vielen anderen auch an Hugo Ebner, den Anwalt, den auch ich kennengelernt hatte, denn dieser hatte sowohl meine Mutter als auch meinen Vater rechtlich vertreten, als es darum ging, die Opfer-Ausweise und Staatsbürgerschaftsangelegenheiten der Holocaust-Vertriebenen zu regeln. Hugo Ebner schildert in den Tonbandaufzeichnungen eines Gesprächs eindringlich die misslungene Flucht, die ihn und Jura ins KZ gebracht hatte.

Die Erinnerung an die an anderer Stelle von mir erwähnte Veranstaltung in den Siebzigerjahren, als ich mit den „Schmetterlingen" im Audimax der Wiener Universität zu Jura Soyfers Gedenken aufgetreten war, veranlasste mich, Sämtliches an Literatur und Liedmaterial sowie die vielen Theaterstücke, Liebesbriefe und Gedichte aus den Unterlagen, die mir damals Erich Meixner zur

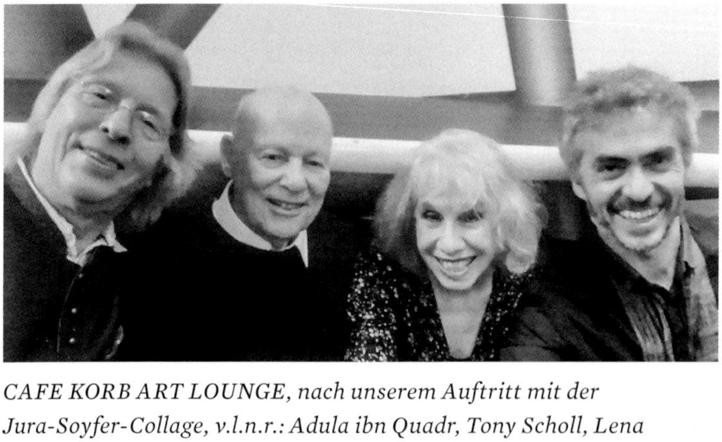

CAFE KORB ART LOUNGE, nach unserem Auftritt mit der Jura-Soyfer-Collage, v.l.n.r.: Adula ibn Quadr, Tony Scholl, Lena Rothstein, Michael Kneihs, 2022

Verfügung gestellt hatte, hervorzukramen. War es Zufall, dass ich einige Jahre im Jura-Soyfer-Theater am Spittelberg mit sephardischen Liedern aufgetreten war? Sollte sich da ein Kreis schließen?

Tony und ich machten uns mit großem Enthusiasmus an die Arbeit und es entstand eine Bühnencollage aus Jura Soyfers Liedern, Gedichten und Szenen sowie Briefen und Schilderungen von Zeitzeugen und Lebensbegleitern aus dessen Umfeld, die Tony ja noch kennengelernt hatte. Jura Soyfer hatte schon in den Dreißigerjahren die vehementen Warnungen vor dem herannahenden deutschen Faschismus in satirischer Treffsicherheit literarisch verarbeitet.

So ziehen wir beide, Tony und ich, Nicht-mehr-Einsame unter vielen, Corona-Zeiten und Inflation trotzend auf intimen Kleinkunstbühnen durch die Lande. Und wenn sich keiner und keine mehr leisten wird können, Eintritt zu bezahlen, werden wir auf der imaginären kalkweißen Mauer aus meinem Tagtraum sitzen und mit den Beinen baumelnd mit unseren Freunden aus aller Welt unsere Stimmen erheben.

Ich klagte lauthals
Meine Trauer
Aus entkernter Seele

Saftige Kirsche
Auf Würmer untersucht
Zweigeteilt
Die kleine Frucht
Makellos
Doch nicht mehr genießbar

Der Zorn aber
Altes Prinzip
Meiner Lüste
Beflügelt meine Handlungen
Meine Stimme
Wird nun nicht mehr heiser
Über das Unrecht

Süß und schmeichelnd
Schwingt sie sich
Über die Berge
In den schönsten Tönen
Also hörbar

Als mir bei der Einladung einer Jugendfreundin meines Mannes Tony, den ich begleitete, das „Geburtstagskind", die gefeierte Psychoanalytikerin Hanna Wagner-Fürst, zur Begrüßung die Hand schüttelt, stellt sich heraus: Das ist ja meine Hanni aus dem englischen Kindergarten, meine kleine Schwester, mit der ich damals gemeinsam „evakiert" gewesen war!

Bei der Gegeneinladung, diesmal zu meinem Geburtstag, überreicht mir Hanna Wagner-Fürst eine Zeichnung aus ihren Kindertagen, die ihre Mutter fotografisch festgehalten hatte! Ich bin perplex und gerührt – nicht nur ich hatte unsere Trennung als schmerzhaft empfunden.

Wieder hatte sich ein Kreis geschlossen.

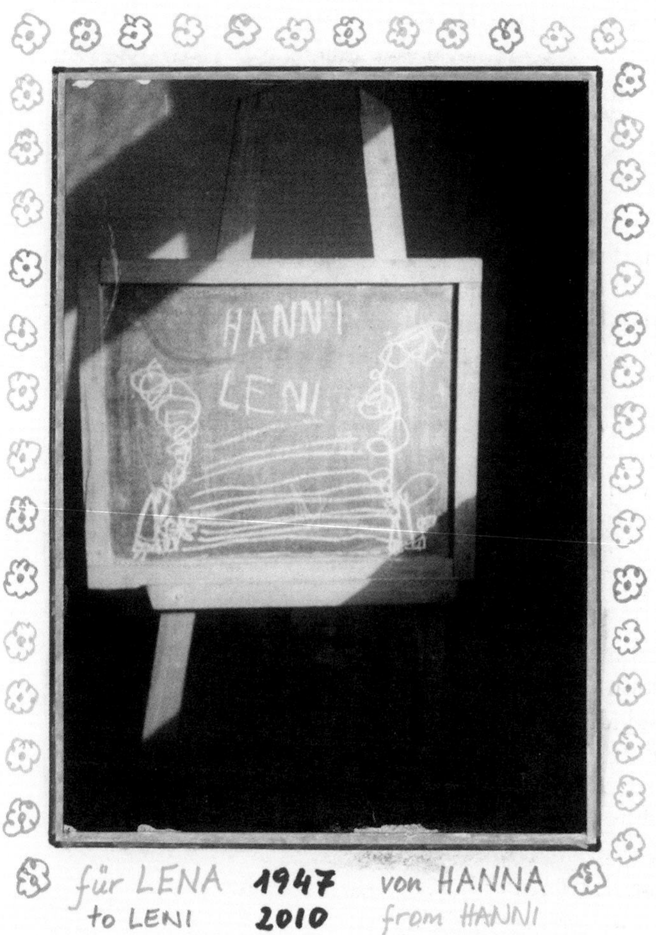

Getrennt und wieder gefunden! Dieses Bild hat Johanna Wagner-Fürst als kleines Kind anlässlich unserer Trennung gezeichnet, ihre Mama hatte das damals fotografiert. (Foto: Koka Fürst)

Ich sänge gern ein Liebeslied

Ich sänge gern ein Liebeslied
in einer Zeit
die außer sich geriet
es ist so weit

Ich sänge gern ein schönes Lied
ich bin bereit
doch wär es vielleicht verfrüht
in dieser Zeit

Ich sänge gern vom Glück und so
was du drunter verstehst
und ich bin schon ziemlich froh
wenn du da mit mir gehst

Wir singen dann ein freches Lied
weil Lachen uns vereint
Ton für Ton aneinandergereiht
und frisch gereimt

Ich sänge gerne dir ein Lied
von wunderschönen Dingen
ich sähe gern du bliebest hier
es mitzusingen

Ich sing für dich das Blumenlied
und es gedeiht, wenn
uns nicht bald die Welt verglüht
s' bleibt nicht viel Zeit

Ich sing dir auch das Wolkenlied
wenn alles dann so weit
und ich hoff dass ich die Angst besieg
noch vor der Zeit

Ich hoff dass ich die Angst besieg
mit meinem kleinen Lied
und den Grund dieser Angst vertreib
vor dem Ende der Zeit

Meinen herzlichen Dank an:

Dieter Kraft, den Kunsttherapeuten, der mich ermutigte, zu beginnen, indem er mir in vielen Sitzungen half, die ersten Schritte zu setzen, um eine Struktur zu entwickeln.

Anna Melach, die mir half, aus dem Chaos zu schöpfen, und die mich immer wieder anspornte, meine Erinnerungen zu ordnen, um die Chronologie vor dem Abbiegen zu bewahren. Die sich die Zeit nahm, jedes Kapitel öfters durchzuarbeiten, Änderungen vorschlug, um weitere Korrekturen einzufügen, der wie nicht nur mir manchmal der Kopf rauchte.

Helene Siklossy, die mir psychisch beistand, wenn mich die Themen zu überwältigen drohten, und die mir Mut zusprach, weiterzumachen, auch wenn mir manchmal Zweifel kamen.

Georg Siklossy, der mir zu verstehen gab, dass ich meine persönlichen Befindlichkeiten bei der Schilderung meiner Erfahrungen nicht aussparen sollte.

Nina Maltha, meine Nichte, die mir von Dänemark aus, wo sie lebt, mit den Recherchen zu unserer Familie im Internet tatkräftigst beiseite stand und anhand von bisher unentdeckten Dokumenten vieles Verborgene ans Licht brachte.

Christian Novak, der mir half, einen Verlag zu finden, und dem ich die Zusammenarbeit mit dem Verleger Peter Sachartschenko verdanke.

Tony Scholl, meinen Partner und strengsten Kritiker, der sich geduldig immer wieder vorlesen ließ, die richtigen Fragen stellte, mich seelisch auffing und moralisch unterstützte, wenn mir das Ganze über den Kopf zu wachsen schien und ich alles hinhauen wollte.

Hermann Schmid, meinen alten Freund, der nach einigen Seiten des Durchlesens dieser Kostproben schon sehr begeistert war und mit Spannung auf das Ergebnis wartete, aber einige Monate vor dem Erscheinen des Buchs für immer die Augen schloss.

Ich bedanke mich auch für die Förderung dieses Projekts beim Bundesministerium für Kunst, Kultur, öffentlichen Dienst und Sport, Abt. Literatur.

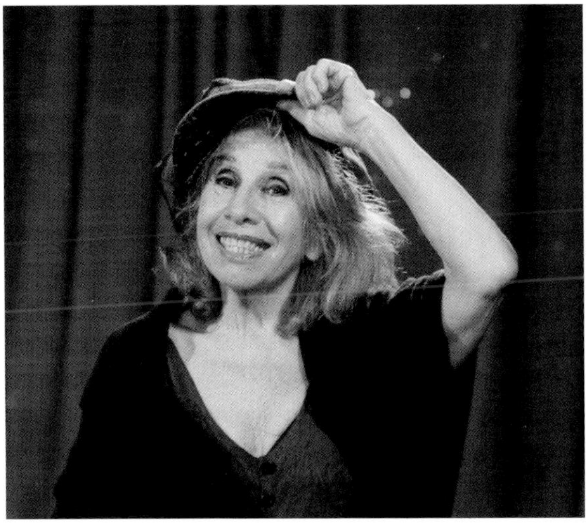

Foto: André Wanne